# 忧乐为天下

## 范仲淹与庆历新政

林嘉文 著

山西出版传媒集团　山西人民出版社

图书在版编目（CIP）数据

忧乐为天下：范仲淹与庆历新政/林嘉文著.—太原：山西人民出版社，2016.1（2016.4重印）
ISBN 978-7-203-09321-3

Ⅰ.①忧… Ⅱ.①林… Ⅲ.①范仲淹（989~1052）-人物研究 Ⅳ.①K827=441

中国版本图书馆 CIP 数据核字（2015）第 256229 号

忧乐为天下：范仲淹与庆历新政

| | |
|---|---|
| 著　　者： | 林嘉文 |
| 责任编辑： | 崔人杰 |
| 装帧设计： | 张镤尹 |
| 出 版 者： | 山西出版传媒集团·山西人民出版社 |
| 地　　址： | 太原市建设南路 21 号 |
| 邮　　编： | 030012 |
| 发行营销： | 0351-4922220　4955996　4956039　4922127（传真） |
| 天猫官网： | http://sxrmcbs.tmall.com　电话：0351-4922159 |
| E-mail： | sxskcb@163.com　发行部 |
| | sxskcb@126.com　总编室 |
| 网　　址： | www.sxskcb.com |
| 经 销 者： | 山西出版传媒集团·山西人民出版社 |
| 承 印 厂： | 山西出版传媒集团·山西人民印刷有限责任公司 |
| 开　　本： | 720mm×1010mm　1/16 |
| 印　　张： | 23.75 |
| 字　　数： | 400 千字 |
| 印　　数： | 7001—12000 册 |
| 版　　次： | 2016 年 1 月　第 1 版 |
| 印　　次： | 2016 年 4 月　第 3 次印刷 |
| 书　　号： | ISBN 978-7-203-09321-3 |
| 定　　价： | 59.00 元 |

如有印装质量问题请与本社联系调换

救斯文之薄

胡瑗墓神道 (周扬波摄)

宁鸣而死,不默而生

《范文正公像》,原载《吴郡名贤图传赞》卷二,转引自四川大学出版社2007年11月版《范仲淹全集》,李勇先提供。

# 序

李裕民

半年前，我老伴张平生上网，跟我说：网上传一个中学生研究历史，很火。我不以为然地说：哪有这事，历史是积累型的。过了不久，7月22日，北师大研究生张闳等来访，一位小年轻跟随其后，他自我介绍：林嘉文，高二学生，西安人。送我两本书。我接过来，看了一眼，着实吃了一惊，那不是儿童读物，而是有学术含量的著作。一本是已经出版的《当道家统治中国：道家思想的政治实践与汉帝国的迅速崛起》，写的是汉朝建国与道家的关系。和一本待出的书稿《救斯文之薄：北宋庆历年间的新政、党议和新儒学运动》，写的是范仲淹领导的北宋第一次改革运动。两本书均有30多万字。我很纳闷，现在中学生应付作业和考试，都忙不过来，哪有时间看书写作？还写得那么厚重。我在五六十年前上中学时，看一些课外书，读《纲鉴易知录》，知道一些课外的历史，写点心得笔记，就算不错了，写书的事压根儿不曾想过，更不必说付诸实践了，真不可思议。临别，小林拿出予在2009年出版的《宋史考论》，请我题词，我写了一句："考据是治学的基本功。"

10月17日，嘉文来电话，说山西人民出版社将出版他的书，书名改为《忧乐为天下：范仲淹与庆历新政》，请我写个序。我说：写序可以，只是现在忙于准备下月去武汉讲学、赴杭州参加国际宋史学术讨论会，11月20日后才有时间。小林与编辑商量，可以。

11月11日自杭返西安，用了几天时间对即将发表的论文做些修改寄出，这才有时间坐下来，读一读林的书。给我印象最深的是，完全符合学术规范，言必有据，注文长达6万多字（编者按：出于行文流畅的考虑，略有删节），占全书五分之一以上。博览群书，引证古籍127种，今人论著311种，其中外国著作四十余种。充分吸收了国内外有关范仲淹与庆历新政的成果，对于有争议的问题，作了认真的分析，提出取舍意见。其治学态度是严肃认真的。其水平放诸当今有关范仲淹庆历新政较为优秀的论著之列，也是当之无愧的。

说实在的，我对当今史学界存在的粗制滥造成风、学术垃圾成堆的现象十分担忧，颇有一代不如一代之感。当我看到年轻中学生林嘉文的新作，令我确信，不可小看年轻一代，他们中间是有好苗苗的，衷心希望好苗苗茁壮成长，成为学术界的新星。我一向不愿为年轻人的书作序，我的硕士生、博士生修改论文后出书，请我写序，都拒绝了，而今自破其例，为了鼓励这位年轻人，我欣然答应作序。此书的优点，读者自会鉴别，我就不多说了。我只想说，现在仅是良好的开端，千万不可以此为满足，从研究角度讲，还没有真正上路，要更上一层楼，必须知道自己的缺陷，只有不断克服缺陷，才能不断前进，前进的过程就是克服缺陷的过程。

治史大致可分写史和研史两类。写史是描述历史，如人物传、历史事件等。历史转瞬即逝，又不断翻新，它不可能重复出现，纷繁复杂的历史过后，只留下一些残片碎末，后人只能根据有限的材料去复原历史，这就需要一定的想象去拼接，所以胡适认为这是文学家的任务。研史是研究历史问题，材料有真有伪，需要辨别，许多疑难问题，需要解决，表象背后隐藏的奥秘，需要去探索。胡适认为，这一切才是历史学家的任务。当然两者之间，并没有鸿沟，现在搞历史的往往二者兼顾。

写史可分三个层次，第一个层次，是搜集有关材料，连缀成文，不看他人有关的研究成果，不做考证。这类论著比较浅薄，缺乏学术含量。第二个层次，是尽量吸收他人成果，这类论著能反映当前已达到的学术水平，但缺乏新的突破。第三个层次，则是在作者自己做过深入研究的基础上写成的，能表现最新最好的水平。本书属第二个层次。这一层次的局限性在于，对有分歧的见解，可以有自己的分析和判断，对尚无不同看法的见解往往会照单全收，如有人说宋代是"文不换武"，本书就说"文臣们铁了心'文不换武'"（页42）。事实上，宋代武换文、文换武两种现象一直同时并存。王应麟（1223—1296）《玉海》卷127："宋朝文武无轻重之偏，有武臣以文学授文资者，若兴国三年王操，淳化二年和崏，咸平三年钱惟演（977—1034）。有文臣以智略易右职当边寄者，若雍熙四年柳开（947—1000），祥符九年高志宁，天圣元年刘平，四年刘牧，庆历七年杨畋（1007—1062），皇祐四年苏缄（？—1076），治平二年种诊、谔（1027—1083），三年种古及张亢（999—1061）、刘几（1008—1088）、李丕谅之属，熙宁五年三月戊戌立文武换官法。"除上举各例外，文官主动要求换武者尚有景泰（《长编》卷128康定元年九月己未）、吕渭（《长编》卷167皇祐元年冬十月壬戌）、李时亮（《长编》卷275熙宁九年五月己卯）、苏子元（《长编》卷378元祐元年五月壬午）、赵叔盎（《长编》卷492绍圣四年冬十月壬辰）等，后者还是宋皇室成员。

摆在林嘉文面前的任务是如何提高至第三个层次，这绝不是做一些修改所能达到的，必须从写史走进研史之路，向历史学家迈进。即不能满足于看他人的论著，而必须从阅读原始资料着手，切记一定要有问题意识，带着问题去读，才能发现新问题，然后设法解决新问题，写出有独到见解的论文来。

对于一些热门话题，要想走出自己的路，一定不要轻易相信已有的结论，要多问几个为什么？就范仲淹庆历新政而言，论著多得不胜枚举，似乎已无文章可作，但，如果深入思考一下，需要研究的问题还很多，如范仲淹凭借什么取得仁宗和大臣信任，支持他实行变法？为什么后来仁宗又改变主意，不再支持？为什么范仲淹静观变法终止，没有采取任何挽救措施？为什么新政的积极支持者，才过二十来年，到王安石变法时统统成为反对派？他们为什么那么一致地变成保守派？为什么王安石从来没有正面赞扬范仲淹的新政？……

下面，就多数人视为定论并被林书所接受的一些问题，如认为祖宗之法是保守的，范仲淹新政的矛头指向祖宗之法等，谈一下我的不同看法，供作者参考。

我认为，祖宗之法是先进的，而不是保守的。它的宗旨是"防弊"，防止一切可能危害政权的弊端，为此，创造了皇帝与士大夫共治天下的体制，完善了用以限制皇权和相权的台谏制度。应该说，这是中国几千年历史中最好的体制和制度。它的实施，使唐末五代军阀专政的混乱局面得以终止，历史上曾经发生过的皇室内乱（如八王之乱）、太后篡权（如武则天建大周）、宰相篡权（如曹操）、外戚（如王莽）、宦官篡权乱政，不再重演。它使宋文化达到了中国数千年来文化的顶峰。

任何改革都需要寻找一个权威力量作支撑，在古代，权威力量有两种，一是祖宗之法，二是儒家经典。范仲淹依托的是前者，王安石依托的是后者。当社会出现种种问题，但尚未达到政权覆亡的程度，一些有远见的政治家会站出来变法，对一些直接背离祖宗之法的，可以变回去，对新产生的问题，则用祖宗之法的精神去解决。在研究庆历新政时，不可局限于范仲淹（989—1052）个人，这是一批精英共同的行动，特别不应忽视新政的第二号人物富弼（1004—1083）的作用。

2011年，我在第二届岭南宋史会上提交了《"祖宗之法"是实施庆历新政的武器——富弼〈三朝政要〉研究》的论文，并作主题发言，指出新政是范仲淹与富弼共同策划的，在范实施变法的同时，富弼组织欧阳修（1007—1072）等人编写《三朝政要》二十卷，此书虽佚，但仍散见于宋代各书中，我辑得佚文近80条。从佚文中可以看出，富弼等人把太祖、太宗、真宗三皇帝言行分门别类汇编成书，所选事例，全是为纠正时弊、实行庆历新政提供史实依据，其内容多与范仲淹的变法主张相对应（除了军事之外）。富弼在《政要序》中明确地说出编写此书目的，要用盛美的祖宗之法，去扭转近来法制不立的现状。书中所采用的史料，主要是反映祖宗之法的《圣政》和《宝训》。

正因为扛着祖宗之法的大旗，才得到皇帝和大臣的支持，使变法得以实施。然而当变法触及太多官员利益时，必然会遭到强烈的反对，在失去多数士大夫支持后，按照皇帝与士大夫共治天下的体制，仁宗只能下令终止新政，而范仲淹从维护共治天下体制的大局出发，也只能接受这一事实。新政虽然失败，但并不妨碍仍然出现庆历之治、嘉祐之治的繁荣局面。

王安石（1021—1086）变法动作非常大，他扛着儒家经典的大旗，对经典做出有利于变法的新解释，以此否定祖宗之法中的重要内容，这当然要遭到维护祖宗之法的庆历新政派的强烈反对。王安石为了推动变法的进行，一再鼓动神宗加强君主独断，使台谏官沦为宰相的附庸，破坏了皇帝与士大夫共治天下的体制。新法推行几十年，其后遗症非常严重，北宋之亡，他是难辞其咎的。

2015 年 11 月 22 日夜于西安

# 自　序

北宋的庆历之际是宋代一段极为重要的时期，这一时期的政治、文学、思想等领域都发生着变动，因而是一段迷人的历史。

我写庆历新政，一开始还是考虑到选题和现实的关联，但实际写在书里的现实关怀却显得气力微薄。诚然，在今天的中国，知识分子在公共话题上的参与度越来越高，这样的形势像极了北宋仁宗朝时士大夫自觉意识高涨的局面，舆论会推动改革，今天的中国确实也有着多方面的改革诉求。所以在很多人看来，近千年前发生的庆历新政或许对今天中国政治的发展能够有一定借鉴作用。

但是站在单纯的历史学写作的立场而言，我本想在行文中极力克制这种现实关怀的流露，我并不认同市面上一些近代史书籍中那种目的性过于明确的"影射史学"，因为我觉得那种过分的现实关怀让史学少了几分纯粹。在我看来，一味致用的史学无疑丧失了史学本身的魅力，落入影射史学的窠臼，至少于我而言，是不能接受这样不够纯粹的史学的。"以古鉴今"这一史学的社会性功能，尽管始终为那些惯用春秋笔法的史家所认可，但我有时候又觉得这可能是个伪命题，至少谁都不能否认，史学研究的社会功能基本可以被另外一些学科的社会功能所替代，史学研究者非要把自己的志业说得太过崇高，怎么看都让人觉得有功利的意味。至于那些希望通过历史来预见未来的人，其功利性更是明显。

余英时先生在其《论天人之际：中国古代思想起源试探》一书的代序中讲到，他自己也曾几经思量，最终还是放弃了"历史规律"这一概念。因为他发现，任何的逻辑实证论派的学者都不能否认史学家从未找出普适性历史规律的客观事实，且"历史演进一元论"与实证方法的史学研究在研究对象和可操作领域上都存在着很大的局限性。余先生的发现给予我启发，我以为，历史并不像陈寅恪文章里讲的学术前景，学术可以"预流"，但历史却不能。由于历史所给予今人的一切所谓的"经验"总是有着多样的局限，因而人们并不能通过掌握"经验"来获得足以预未来现实之潮流的"规律"。历史的发展与前进至多会是像欧立德教授所比拟的那样，这位美国"新清史"学派的代表学者曾在接受《晶报》访谈时说，历史作为整体不会再重复，却可以"押韵"，时空转换并不意味着不会再出现相似甚至重复的问题，这时用历史与现实做出的比较往往是有一定价值的。

然而历史也仅仅只是可能有着相似的问题而已吧，它绝不会完全周而复始，所以它的资鉴性注定是有限的、相对的。现代社会远远比古代社会复杂，历史的经验真不见得能帮今人多少，至多是给人们提供点自以为看透一切的心理安慰——这便是为什么我这本小书的现实关怀会是"气力微薄"的了。

庆历之际在唐宋历史上地位重要，论及这一段历史，很难避开"唐宋变革"论这一史学范式。我自认对之算是批判地接受。从最根本的想法上讲，我很质疑"唐宋变革"论。尽管我无意也无能力在本书中专门讨论这一理论说法，但常识告诉我，社会是复杂的，任何一个时代都不可能存在普适于每个方面的特性，所谓的唐宋变革、两宋变革、宋元变革、宋元明变革、元明变革，其实可能有点牵强，毕竟没有一种通论能够解释所有的历史。另外，我之所以尽量少地直接用到"唐宋变革"这一表述，还因为在我看来，在今天中国的宋史学界，对"唐宋变革"的研究和表述已经被严重泛化。诚然"唐宋变革"论的目的论背景尚有待商榷，但将"唐宋'变革'"泛化成一般意义的变化，显然并不合乎这一学说的本意。

"唐宋变革"论在今天的日本汉学界仍然是一种十分主流的学说，甚至还影响了日本通俗史学。我近来就看到一部从日本引进的通俗史学畅销书，这本书主要就是拿宋代和日本的近现代史类比来说明日本的发展需要借鉴中国近世的部分历史经验，这本书完全套用并继承了京都学派的宋代近世说，对宋代的历史地位过度拔高，导致了作者把宋朝制度等同于政治集权、经济自由化的制度。在该书作者看来，"中国化"即是废除了身份制度、流动限制的普遍主义社会制度；而"日本化"是特殊主义的。因而近代日本并不是"西洋化"了，而是"中国化"了。这种说法或许是典型的，对宋朝所谓的"民主"萌芽过度诠释，然后借题发挥，可能本身对日本现代化历程的认识没错，但对宋代显然有着过于偏激的认识。

现代中国学界里那些坚定的"唐宋变革"论者，或多或少都有着一点通论癖，他们大约对历史分期有着偏执的喜好，人们对历史分期的志趣，已经从上世纪史学论战的热潮中保持至今。然而深究其理，这应当还是由于人们存在欲寻找历史规律而不能的焦虑，可惜我以为历史真的没有、也不会有规律。"唐宋变革"论留下的中古贵族政治、宋代君主独裁等话题近来都不断被学人挑战，美国学界又以两宋变革和宋元明变革企图替代日本汉学的解释范式。相关的争论有很多，我自己作为晚辈后学，丝毫不敢对这种问题下手，但内藤氏论说的种种缺陷早已不乏人指出。变革大多是不同时且限于某一或某几个领域的，牵强地关联起每一个领域里在时间上存在一定差距的变革，无疑带着一种把历史解释简单化的嫌疑。现在似乎每个断代都有各种各样的变革说，这隐约算得上是种坏苗头。

在北宋仁宗朝初期，范仲淹及其领导的革新士人群对当时的政治和社会影响重大，他们引领起了一股高昂的士风，掀起了北宋士大夫政治的一个高潮。谈到这段历史的人，大多会对这一时期士人的生活状态有所钦慕。翻检史料，今人是很容易被一些对这一时期士风的溢美所感染的，我自己大约也难以做到时时都能克制那种情不自禁，但科学主义的精神告诉我，沉溺于对专制时代士人生态美化了的想象，是有违一个现代人的基本理智的。史学家田余庆先生作为研究东晋门阀政治的大家，曾强调门阀贵族政治仍是皇权政治的变种，这种认识是非常清醒的。我在写作中也反复温习田先生这种清醒，希望自己不要把宋代士大夫政治抬得过高。我有时读到一些论及北宋士大夫政治的文章，甚至会想，若干年后会不会有学人从学术史的角度，专门撰文讨论现代学人对宋代士人生态的想象。

然而范仲淹与庆历新政的确是一个很值得一说的话题，我很想尝试把这个话题以及与之有关的诸方面作以清楚的梳理和分析，并在这种过程中融入我对宋代政治史、思想史研究的一些理解、思路、看法，虽然我很怀疑自己能否最终做到自己想要做的那些。

最后，我要提前感谢那些将有可能耐着性子看完全书的读者。因为就凭这本书中令我不满之处的数量之多，如果没有读者的同情和支持，我的小书或许并不足以享受被人认真读完的殊荣。还望各位方家读过本书后对文中的愚见能多多指正，对我书里的谬误和冒失的断语能多多包涵。

林嘉文　2014 年 7 月 23 日初稿于北师大图书馆
2015 年 5 月 14 日定稿于西安

# 目录

序 ································································ 1
自序 ······························································ 1

**第一章　山雨欲来：范仲淹的早年经历与北宋前期的政治局势**
　一、岳州故事 ···················································· 1
　二、幼年坎坷 ···················································· 5
　三、苦学生涯 ··················································· 12
　四、北宋的建立 ················································· 19
　五、边患重重 ··················································· 24
　六、贫弱之局 ··················································· 34

**第二章　万千气象：仁宗朝初年的士人结盟与朋党政治**
　一、范仲淹早年的仕宦与思想 ····································· 40
　二、"救斯文之薄" ·············································· 47
　三、"儒者报国，以言为先" ······································ 57
　四、"四贤一不肖" ·············································· 67
　五、西北军政的压力 ············································· 75

**第三章　同道为朋：革新思潮下的同志士人与庆历新政**
 一、"患法之不变" ········································· 87
 二、天章阁对策 ········································· 97
 三、庆历新政的十条纲领 ································ 107
 四、吏治改革与其他 ···································· 118
 五、欧阳修的文史之学及其思想史背景 ···················· 137
 六、虚虚实实的"朋党" ································ 161
 七、庆历兴学与"宋初三先生" ·························· 175

**第四章　人散曲未终：新政的夭亡与北宋的士大夫精神**
 一、"天下议论相因而起" ······························· 193
 二、"当世已不容" ···································· 204
 三、"自知其不可行" ·································· 225
 四、政治、权势与"风" ································ 238

**尾声：波峰浪谷——近世清流的命运** ······················· 256
**附录1：晚唐至宋初社会历史大背景与庆历新政** ·············· 274
**附录2：关系、范式、历史想象——对历史研究的若干随想** ····· 316
**参考书目** ············································ 327
**后记** ················································ 351

# 第一章 山雨欲来：

## 范仲淹的早年经历与北宋前期的政治局势

### 一、岳州故事

庆历七年（1047）三月的一天，刚上任没多久的苏州知州、天章阁待制滕宗谅在苏州州府的黄堂与世长辞了，时年五十七岁的他死于不久前染上的病疾①。滕宗谅活着的时候，他是一个倜傥自任、乐善好施的人。作为一名有着丰富仕宦经历的官员，他有许多与他在政治立场上相同的朋友，也有许多与他在政治立场上不同的同僚。前者如范仲淹——他和滕宗谅一同于大中祥符八年举进士，还曾在滕宗谅被弹劾时挺身出面为他辩护，二人可谓挚友；后者如王拱辰——正是由于这位御史中丞的不断弹劾，才使得滕宗谅在三年的时间内先后被朝廷改判为三州的地方长官，令他车马劳顿，奔波于从虢州到岳州再到苏州的路途上。

事实上，在滕宗谅生前从政于地方的时候，他一向崇尚气节、重视

---

① ［宋］范仲淹：《天章阁待制滕君墓志铭》，《范仲淹全集》，360页。

教育，兴修了许多学校，江淮一带也遍布着他的弟子①。作为一位有着如此作为的官员是应当会在去世后受到一定褒奖的。后来发生的事也印证了这一点——作为滕宗谅好友知己的范仲淹在自己贬居的邓州为这位已经逝去的故人写下了一篇洋洋洒洒的祭文，同时还为他撰写了墓志铭。在《滕待制宗谅墓志铭》和《祭同年滕待制文》中，仲淹追忆了他和滕宗谅"忠孝相勖，悔吝相惩"的深厚交谊，盛赞滕宗谅为人为文都堪称楷模，叹惋他有才有德却没能完全施展开抱负。

在祭文中，有八个字于后人而言显得格外醒目，即"巴陵政修，百废俱兴"。这本是在讲滕宗谅"知岳州军州事"时政绩斐然，然而这八个字很容易让人联想到范仲淹《岳阳楼记》中的那句"庆历四年春，滕子京谪守巴陵郡。越明年，政通人和，百废俱兴"。再看墓志，开篇即述"君讳宗谅，字子京"。于是，我们明白过来，曾任参知政事、在北宋政坛和士林都有着非同一般的影响力的范仲淹，何以会为这样一个被贬谪的地方官员的去世，又写祭文又写墓志。因为这逝者正是曾与他一同在西北战场上对夏作战、经他举荐升迁、又在被诬陷时由他出面辩护的人物，他们之间的交情可谓由来已久。

然而，范仲淹真正成就了滕子京的作为，反倒是撰写那篇《岳阳楼记》的事。这篇立意卓越、境界阔远的千古名篇如今被刻石立在岳阳楼上，书石者苏舜钦不仅仅是著名书法家，也是范仲淹的老朋友了——在范仲淹还是参知政事的日子里，苏舜钦曾是他坚定的追随者，苏舜钦所经历的不幸遭遇，也和范仲淹当时主持的政治改革有着不可磨灭的关系。至于石刻的篆额者，则是当时著名的书法家邵𫗧。这楼、记、书石、篆额四者加在一起，在后世并称"四绝"。②

《岳阳楼记》是范仲淹于庆历六年（1046）九月十五日完成于邓州

---

① ［元］脱脱等：《宋史》卷三百三，10038 页。
② ［宋］王辟之：《渑水燕谈录》卷六，72 页。

春风堂的。在一年零三个月前①,滕宗谅给范仲淹寄来了一篇《与范经略求记书》,另附《洞庭秋晚图》一幅。在文章里,滕宗谅竭力向范仲淹阐明岳阳楼原先之雄壮以及为之做记的必要。可是,纵览全文,或许是出于不想让自己被贬的遭遇再次搅扰起仲淹内心的愁绪,宗谅在书信中全然不提国事,也不知这是否令心怀天下的范仲淹有所怅然。

不过范仲淹终究是愿意动笔的,正如滕子京所说,他请仲淹作记不单是因为他的文章"凛凛然为天下之时望",更重要的是,仲淹本人也"雅意在山水之好"。然而,滕子京为政不重民生却兴修楼宇,按照常理这不是仁政,仲淹又怎可能为之作下"政通人和"的断语呢。原来,滕宗谅重修岳阳楼时的集资办法,是昭告百姓,但凡捐献便可销抵在官府的旧债,他不久就集来了一万缗。因而在岳阳楼建好后,岳州人里没有人非议这项举措,反而人人称赞滕宗谅的行政才能②。

文章开头除了交代写作背景,还讲述了滕宗谅"刻唐贤今人诗赋"于岳阳楼上的业绩。这件事看似平常,却实打实的是推动岳州当地文治发展的举措,特别是宗谅组织人编排文章时不依照作者的官爵贵贱排序,更是别有风范。为此,宗谅还在庆历六年七月十五日写下一篇《岳阳楼诗集序》,文采斐然,也不枉仲淹曾说他"文思高若翔"③。

在文正公的这篇骈散结合的作品正式开始描绘岳阳楼周遭自然景物伊始,作者怀揣天下事的胸襟所表露出的气势便蕴藏于文字之间。凝练简洁的文字勾勒出的是洞庭湖水的浩荡澎湃,"衔远山,吞长江""浊浪排空,日星隐曜,山岳潜形",这种激昂震撼的描写,将作者的胸中丘壑、壮志宏图间接展现出来。此时的仲淹远离开封、谪居邓州,然而

---

① 出于对滕宗谅《与范经略求记书》中"又明年"的不同理解,李伟国认为宗谅之文写于《岳阳楼记》完成的三个月前即庆历六年的六月十五日。详参李伟国《范仲淹〈岳阳楼记〉事考》,《范仲淹研究文集(五)》,321~335页。

② [宋]司马光:《涑水记闻》卷十,196页。

③ [宋]范仲淹:《书海陵滕从事文会堂》,《范仲淹全集》,29页。

从他的文章中却感受不出丝毫的消极颓废之意。

紧接着,仲淹先写"去国怀乡,忧谗畏讥"之忧愁,后又写"心旷神怡,宠辱偕忘"之得意,于一忧一喜间豁然自处,足见仲淹"不以物喜,不以己悲"的崇高境界。同时这或也是仲淹在有意劝谏宗谅看淡宦海沉浮,要有不在乎得失荣辱的坦荡胸怀[1],毕竟众所周知,宗谅是个自负才高的人,对自己被贬谪的遭遇一向心有积怨,以致后来岳阳楼落成之时友人前来祝贺,他却仍郁郁不欢,只称自己想大哭一场[2]。

文至最后,仲淹以老健的笔力将全文的立意推上新的高度,一句"先天下之忧而忧,后天下之乐而乐"将儒家的普世价值观一语道破。仲淹虽处仕途的低谷,却完美地将自己的政治理想、宏大抱负、高风亮节表达出来。仅仅只是这句念起来并不复杂的话,却足以概括积极入世的宋代新儒家士人的精神纲领。

对于《岳阳楼记》这样一篇在中国文学史上有着难以撼动的地位的作品,再多的褒奖之词都是多余的。然而,从史学研究的角度考虑这样一篇文章,我们更多的,是从文章的"从容不迫,层次清晰,遣词精炼,灵活而富于形象"看出"作者的雍容气度,襟期磊落"[3]。看出范仲淹所活跃的那个时代里整个士大夫社群忧国忧民的情怀。

这也恰恰是范仲淹,在两三年前他身处权力核心层之时主持的那场政治改革运动中,所倡导的士大夫的核心思想精神。事实上,围绕着滕宗谅知岳州,当时文坛、士林几个重量级的领袖人物都应宗谅之邀留下足资后世的美文,除却《岳阳楼记》,同样是在庆历六年,欧阳修还在收到宗谅寄来的洞庭山水画后写下了散文名篇《偃虹堤记》,尹洙写下了《岳州学记》。他们三人在不久前的那场政治风云中都曾是举足轻重的人物,如今又都遭逢挫难,然而他们却都将自己的志向情怀寄托于文

---

[1] [宋] 范公偁:《过庭录》,《全宋笔记》第六编第五册,8页。
[2] [宋] 周辉:《清波杂志》卷四,《全宋笔记》第五编第九册,42页。
[3] 陈荣照:《范仲淹研究》,245页。

字中，让他们在岳州这不大的地方重新相聚，在文学的领域共同做出了新的建树。

然而，质疑常常会不期而至。对范仲淹而言，问题就出在那幅常常被人忽略的《洞庭秋晚图》上。古时的文人，几乎从未对《岳阳楼记》的写作背景产生过任何怀疑，然而到了近现代，学者却开始普遍质疑范仲淹有没有到过岳阳楼——这无疑是对范仲淹人格的冲撞。有许多学者大胆猜测，仲淹不过是依照着滕子京寄给他的这幅画中所画的洞庭湖景写出了这篇文章，而并未真正亲往领略过洞庭的水光山色。

事实上，这样的说法并非没有依据，因为今人向来查不到直接的证据证明仲淹在此前曾经有去过洞庭湖游赏。然而，滕宗谅也未尝表露过让仲淹作记前必先来岳州走一趟的意思，更何况宋时作记本也不必非要亲历其地①，故而因此指责仲淹为文不严谨则是毫无道理的。

然而仲淹到底有没有可能去过洞庭？

这还要从仲淹少年时代的经历说起。

## 二、幼年坎坷

在杭州西湖的边上，有两座美丽的宝塔，一曰雷峰，一曰保俶。这坐落于西湖南北的双塔各具特色。气势宏壮雷峰塔鼎鼎有名，自不必细说，宝石山的保俶塔则如一美人般身形苗条婀娜，另有一番风韵。

然而这保俶塔的命名背后却有着一个略显悲戚的故事。

开宝九年（976）十月十九日，开封城里突然下起了纷纷扬扬的大雪，浓密的乌云翻滚着在天上铺展开来，天气一下子变得很是寒冷。皇宫里，北宋开国皇帝宋太祖赵匡胤正和他的弟弟晋王赵光义在大殿内推

---

① 李伟国：《范仲淹〈岳阳楼记〉事考》，《范仲淹研究文集（五）》，321~335页。

杯换盏，畅怀对饮。赵匡胤屏退了宦者和宫妾，悠然享受着和弟弟把酒叙情的好时光。在这静默的夜晚里，唯有烛光映照下影影绰绰的人影晃动在大殿的窗户上，隐隐约约的，能看见赵光义时而起身避席，又作出一副惊慌的样子。

喝完酒时已是鼓漏三更，殿外的雪厚厚的积起了数寸。赵匡胤突然摸出一把斧子，拄着斧子猛然戳向雪中，回头大声地对弟弟喊道："好做，好做！"① 这呼声在这静谧的雪夜里显得分外清晰。接着，赵匡胤解下衣带，旋即昏昏睡去，鼾声如雷。

十月二十日，宋帝国风云突变。这日的四更天时，赵匡胤暴毙于万岁殿，得知这一消息的宋皇后急传宋太祖之子贵州防御使赵德芳，然而负责传令的内侍都知王继恩却径直奔赴开封府找来了赵光义，当宋皇后看见来人不是自己的儿子后，便知大势已去，只得惶恐地说道："我们母子的性命，都要托付给官家了。"赵光义赶忙安慰嫂子："共保富贵，无忧矣"②。

在这著名的"烛影斧声"的故事里，所有的迹象都将矛头指向了宋太宗赵光义，很难说不是赵光义篡弑了宋太祖③。

次日，赵光义即位，是为宋太宗。二十二日，赵光义宣布改元为太平兴国元年。

宋太宗即位之后为了巩固地位、树立威信，因而一心急于完成对其他政权的统一。展望整个汉族人统治的疆域，在没有悬挂着大宋旌旗的土地里，除却北方山西那个与辽结盟的北汉国，南方的割据政权里便只

---

① ［宋］文莹：《续湘山野录》，74页。
② ［宋］司马光：《涑水记闻》卷一，19页。
③ 关于这一问题，详参邓广铭《宋太祖太宗皇位授受问题辨析》，载《邓广铭全集》第七卷，251页。该文中对太祖之死和太宗的即位有过较为可信的解释，且不论赵匡胤主观上有无让光义接班的意图，"烛影斧声"的故事在细节上是"小说家言"的可能性并不小，但赵匡胤是非正常死亡，赵光义的皇位是逆取而来这两点是能够确信的。

剩下福建的陈洪进政权和江浙一带的吴越国了。

于是，一场预料中的凶多吉少的赴会发生在了吴越国王钱俶身上，那是在太平兴国三年（978）的三月，赵光义招他入朝觐见。

钱俶还记得，在太祖当政年间，他曾受到宋朝那样隆重的厚待。在赵匡胤的特别准允下，他是大殿上唯一可以配着剑、穿着鞋、宣召时不被点出姓名的人，那时的赵光义，也与他以兄弟之礼相见。

不过他也能记起，那时这种一团和气的氛围背后就已经不乏宋朝对吴越国轻蔑的意味了。当时他带着大量的奇珍异宝献给赵匡胤，然而赵匡胤却傲慢地说："这就是我仓库里的宝物，哪用得着你献！"①。好在钱俶最终是有惊无险，不仅后来顺利回到吴越国，还在建隆元年（960）被封为了天下兵马大元帅。

据传，当初钱俶在去见赵匡胤的时候，他的舅舅吴延爽组织民众为钱俶修筑了一座宝塔，取名为"保俶"，意在期盼外甥能平安归来、性命无忧。事实上，钱俶确实在宋太祖年间一时保住了性命，然依旧最终未能逃脱遇害的命运。

宋太宗年间的这次朝见实实在在的让吴越亡了国。随着太平兴国三年四月陈洪进被迫纳漳、泉二州十四县归降，钱俶也赶紧给宋太宗上表要卸去天下兵马大元帅的职务并打算回国，然而宋太宗却没答应。迫不得已，钱俶只得上表献出吴越国十三州一军八十六县，并举族归于京师。

十年后，也就是北宋端拱元年（988），此时的钱俶早已是患病多年，身体羸弱。这年春天，又到了钱俶的生辰，太宗皇帝派人赐予他"生辰器币"，热情的使者又和钱俶宴饮至暮。忽然间，有一颗大流星划过天际，落在正寝的前面，流星的光芒照亮了整个厅堂。当晚，宴饮过后的钱俶暴卒，死时正好六十岁。很难说不是宋太宗暗害了钱俶，联想

---

① ［宋］欧阳修：《新五代史》卷六十七，844 页。

到南唐后主李煜被赵光义派人毒死的悲剧，这种可能便更大了一些。

斯人已逝，不可挽回。吴越钱家彻底走向了衰落，唯有西子身旁岿然不动的保俶塔长久地静默在吴越故都，使后世的人们依然能时不时想起这个五代时雄踞于江浙的王国，想起末代吴越王悲剧的人生。

在太平兴国三年①和钱俶一同来到开封的还有吴越国的大臣们，这些大臣中很多人后来就进入了北宋的官僚系统，成了北宋"冗官"队伍中的一员。

这其中就包括范墉。范墉文化修养很高，不仅学问渊博，更是写得一手好文章②。才气横溢的他出生于苏州范家③，他在家里排行老三，范家这一代人堂兄堂弟满共六个：范坚、范坰、范墉、范埙、范垣、范昌言，他们原先都在吴越钱氏的手下做事，或多或少都有些本事。

说起来，范家也算是世宦家族了。尽管不少人所提到的范家的先祖乃是唐时宰相范履冰的说法并不那么可靠④，然而范墉的曾祖父范隋是北方人这点却毋庸置疑。这位生活于唐末乱世的士人曾经当过幽州良乡主簿⑤，在咸通十一年（870）调任处州丽水县丞。彼时中原局势纷乱，范隋遂举家定居苏州吴县。

范墉的祖父梦龄是范隋的长子，他和弟弟梦均一同仕于吴越国，成

---

① 范墉随钱俶归宋的时间，学界有分歧。笔者据《宋史》卷四百八十与范仲淹《续家谱序》之记载，取"范墉于太平兴国三年归宋"一说。

② ［宋］富弼：《范文正公仲淹墓志铭》，《范仲淹全集》，817页。

③ 范仲淹常自署为高平人，但据方健考证，此"高平"当为春秋时吴国都城高平里之所在，非郡名，此乃文人署名喜欢高古所致（《范仲淹评传》8～9页），与范仲淹籍贯属苏州一说并不矛盾。

④ 尽管范仲淹在其《续家谱序》一文中自称"吾祖唐相履冰之后"许多史料等也都沿用此说，但在《与中舍书》中范仲淹也说过"或是祖先元氏蓝田人，不知记否"，足见仲淹本人其实并不十分确切地了解他的家族在范隋往上的世系。

⑤ 宋人曾巩的《隆平集》中说："其先邠州人"。《宋史·范仲淹传》说沿用此说。据方健在氏著《范仲淹评传》第八页推测，邠州（今陕西彬县）或为幽州之误，盖因邠州在唐开元十三年（725）前一直叫豳州。但缺少直接有力的证据确实证明仲淹祖先为邠州而非幽州的说法不成立，故此说存疑。

为钱家的臣子。哥哥做了中吴军节度判官,弟弟则是苏州粮料判官。待到范墉的父亲赞时出生时,梦龄已经在此前有了三个儿子了。赞时是范墉以前的三代人里最出色的人物,他是少年神童,去世前官至吴越国的秘书监,死后还留下皇皇六十卷史学巨著《资谈录》。

然而范墉就没有这样的好运气了。他自己虽然学问不差,可也只不过是辗转于诸王幕府当个参谋而已,并没有什么显赫的地位。范家六兄弟在归宋后,虽然都当着官,可大抵日子都过得不太好,所获得的官位恐怕也是些闲职,享受不到高官厚禄,六人长期辗转于基层。比如范赞时之兄范光谋的儿子、"少好学,善属文,最长于诗"的范堉,在吴越的时候曾是重臣杜叔廉的幕僚,后来被杜叔廉荐举做了秀州司仓参军,官职不大,但好赖"上面有人"。在归宋后,范堉历任延州司法、廉州合浦主簿、虔州安远尉、同州朝邑主簿,辗转地方,依然是在基层工作,境遇没怎么改善,还缺少了重臣的赏识,仕途升迁更是无望①。

族人的这种境况,到头来就无可避免地使得家道中落,连家谱都失散了,晚辈族人各自流离②。

范墉始终过着碌碌无为的生活,在归宋后的十二年里,他辗转各地,先后担任了成德军、武信军、武宁军三地的掌书记,因而也就曾辗转定居于真定(今河北正定)、遂州(今四川遂宁)、徐州三地,然而不论职位如何变动,他不过是把庸庸碌碌的秘书工作做得越发精熟罢了,兢兢业业地工作,换来的不过是一份微薄的俸禄③。

在唐末,掌书记是名副其实的要职,在各方藩镇竞相崛起争雄的年月里,掌书记不仅管理着藩府内大大小小的往来文书,还"掌朝觐、聘

---

① [宋]刘师旦:《宋故同州朝邑县主簿范君墓志铭》。见赵振华《洛阳新出土宋代墓志研究三题》,载《出土文献研究(第七辑)》,367~380页。
② [宋]范仲淹:《续家谱序》,《范仲淹全集》,731页。
③ [宋]范能濬:《宋太师中书令兼尚书令魏国公文正公传》注,《范仲淹全集》,851页。

问、慰荐、祭祀、祈祝之文与号令升细之事"①。然而自打宋太祖听从赵普的意见，削夺了地方大员的实权、节制了节度使们的钱粮草谷、收编了地方节度的精兵，地方藩镇的势力便被中央政府牢牢地钳制起来。掌书记也随着节度使权力的削减而变成了一个无关紧要的官职，平日除了打理些往来文书便也无所事事，昔日能够操控军政大权的风光已然不再。

一切都在昭示着，时代变了，北宋的统一和巩固标志着唐末五代那个纷乱年代的一去不返，从此，书生的满腹经纶只能货于一家，武士的赤胆忠心只能报效于一姓，藩镇四处割据、政权频繁更迭的乱世终究是悄无行踪了。

归宋后的范墉始终过着太平庸的日子，以至于他的生平、行踪都不明晰。就连人们想知道他有没有到开封做过官，都难上加难。只能依据他的儿子范仲温生于京师这件事而产生些许怀疑，然而人们终究无法回避范仲温出生之时范墉只是恰好有事停留在京师这个显然更加合理的推测。

端拱二年（989）于范墉而言是个特殊的年份，这一年他又新得一子，这是他归宋后十一年来难得令他兴奋的事情之一。八月二十九日（公历10月1日）是这个新生命来到人间的第一天，此时的范墉尚在河北真定府任职，因而这个孩子应当是出生于成德军节度掌书记官舍。

五十五年后，如今这个尚在襁褓之中的婴孩、范墉最小的儿子②将出任北宋的参知政事，发起轰轰烈烈的"庆历新政"。他日后将成为杰出的政治改革家、文学家，会在中国古代历史的长河中留下一个闪亮亮的名字——"范仲淹"。

---

① ［宋］欧阳修、宋祁：《新唐书》卷四十九下，1309页。
② 关于范仲淹诸兄弟的状况，目前尚未有可靠公论，然而毋庸置疑的是，范墉的儿子中唯有仲温和仲淹最终长大成人。范仲淹自己就曾在给哥哥范仲温所撰墓志铭中说："先公五子，其三早亡。惟兄与我，为家栋梁。"

时间仓皇流逝，转眼已是淳化元年（990），已经调任为武宁军节度掌书记的范墉逝于任上，留下孤儿寡母。可以说，除却让范仲淹来到世上这一件事，范墉便再也没能为儿子做些什么。这种残缺的家庭环境注定会影响到范仲淹的生活和他未来的发展，尽管彼时他尚出世未久。所以日后，范仲淹在讲到自己的出身时就说自己"起家孤平"①，没了父亲范墉的庇护，范仲淹真正成了寒素之身，尽管他的家族旧历宦海，如今却也提供不了任何帮助。

　　没过多久，范墉归葬于自己的家乡——吴中（苏州）的天平山上。他的第一任夫人陈氏和他一同长眠于此。而范仲淹年轻的母亲谢氏②或许开始也是想守节的，然而架不住一个叫朱文翰的人的追求，又苦于生活贫困的状况，便嫁给了长山（今山东长山镇）朱文翰③——这也是一个略有文化的人。

　　时年两岁的范仲淹由此开始了新的生活。在跟随继父生活的日子里，他曾经来过澧州安乡县（今湖南安乡）——这是朱文翰做官的地方。这里离洞庭湖并不遥远，结合仲淹日后曾留下多篇描写洞庭水色的文学佳作来看，在这里读书、生活过一段时间的仲淹必定是造访过洞庭

---

① ［宋］范仲淹：《润州谢上表》，《范仲淹全集》，390 页。
② 关于谢氏的身份，一般人说她是范墉再娶的妻子，但李从昕《范仲淹身世、祖籍与出生时间地点考》（载景范教育基金会统筹《范仲淹研究文集（一）》，326~368 页。）一文却认为其为范墉之妾，诸葛忆兵认同此说（《范仲淹研究》19 页），方健对此问题未有涉及。但李裕民先生《范仲淹家世考》、《再谈范仲淹生母谢氏的身份问题》两文对此说提出了有力辩驳，充分指出了李从昕文中的诸多漏洞和谬误，笔者在阅读完两文后认为李裕民先生的说法更可靠。
③ 此说是李裕民《范仲淹家世考》一文中依据《族兄巨中嫂王氏姚氏合葬铭》中所载北宋知识分子郑巨中在亡妻后追求本在丈夫死后欲守节的姚氏成功一事做出的推测。

湖畔的，也必定登赏过岳阳楼①。当他看见那洞庭湖一带的奇山异水，当他听见夏秋两季被西南风激起的波涛发出的如擂鼓的声音②，当他登上岳阳楼感时伤怀之时，那颗"先天下之忧而忧，后天下之乐而乐"的精神种子已经悄然萌发着。

## 三、苦学生涯

安乡县是座三面被湖水包围的小城，在它的西面，有座兴国观，这是一处清旷之地，尤利于有志于学问者在这里颐养性情、读书治学。年少的朱说也正是看中了这里气候清凉干爽，春无蛙声吵搅，夏无蚊虫烦扰，因而才不论寒暑，日夜在这里苦读经书。

在兴国观里，朱说还拜到了一位道士师傅，联想到日后朱说有不少研究易学的文字流传于后世，他这位姓司马的道士师傅恐怕出了不少功劳。

朱说平日里所居的读书堂是在兴国观东隅的③。若干年后，那引得无数雅士名人吟诗作赋以称赞的"安乡八景"之一的"书台夜雨"，说的便是此处。从这里俯瞰下去，但见澧水波澜的水色、药山上芍药盛开的美景——这些都是位于澧阳县南八十里、洞庭湖畔的风景名胜。举目百里，视野开阔，在这样的地方读书，想必定能使人养出一副宏豁的胸襟。

---

① 笔者个人愚见，学界持仲淹到过洞庭说的学者其转述相对更为可靠且数量多，且一些对之持反对意见者未尝无可能是有逐求新奇的传奇故事之意。再者如李伟国述，宋时做记不必亲临所写之处。关于这一问题，学界在文献发掘和解读上几乎已经穷尽，恐怕再讨论下去意义也不大了。

② [宋]范致明：《岳阳士风记》，《全宋笔记》第二编第七册，80页。

③ 《安乡县志》卷一一所收《重修范文正公书台记》载读书堂在兴国观东隅，而同卷《重修儒学记》则载其在北隅。方健对两种说法并未作出辨析，笔者据《重修范文正公书台记》写于南宋宁宗庆元元年四月，而《重修儒学记》写于庆元三年十一月，因而采用完成时间相对更早的文献的记载。

日后朱说随着做官的父亲还一同去过池州（今安徽贵池），就在池州东面的青阳县，再往东二十里，有一座长山，朱说继续着他日夜苦读的生活，以致后来人们把这里改称"读山"。

然而朱说的读书时光更多是在长白山度过的。在他的父亲——那个生活并不富裕的小知识分子朱文翰——回到淄州（今山东淄博南）做长史的时候，此时尚不足二十岁[①]的朱说便就读于长白山醴泉寺。后来朱文翰又做了长山的县令。

不知道出于什么原因，或许是由于父亲那做县令官所得的微薄的俸禄在养活起一大家人时仍显不足的缘故，朱说在这里的生活过得异常艰苦。那时他和朋友刘某一同在长白山的僧舍里念书，每天的饮食不过是取两升粟米煮成粥放凉，划成四块，早晚各吃两块当作主食。然后切几把菜加上盐和醋做熟来吃[②]。

功夫不负有心人，年轻的朱说在历经了几年的寒窗苦读后终于从家族中脱颖而出。有一年长山本地走出来的名士姜遵回乡，这是位向来以为人刚严著称的士大夫。那日他在和众多拜访他的人告辞后独独留下了朱说，对着他的母亲谢氏说："朱学究虽然还年轻，但却是个奇士。我看他日后不仅要当大官，还会流名后世。"说完便盛情招待朱说，对待朱说时像对待自己的孩子般亲热，周围人都摸不着头脑[③]。

在长白山的日子里，朱说至少还有过两次出行，一次是与广宣大师结伴出游[④]，一次是二十岁那年漫游关中，结识了一名很有名士范儿的名叫王衮的士大夫，王衮爱喝酒更爱音乐，他的儿子王镐和朱说成了好友，他们常常结伴相游于鄠县（今陕西户县），和道士周德宝、屈元应

---

[①] 方健认为，楼钥《范文正公年谱》二十二岁条载仲淹此前在长白山读书三年，二十六岁条却说仲淹已在南都学舍读书五年，而仲淹27岁登科，这之中存在时间矛盾。因而推测仲淹在长白山开始读书的时间当比楼钥所述要早。

[②] ［宋］江少虞：《宋朝事实类苑》卷九，98页。

[③] ［宋］司马光《涑水记闻》卷十，181页。

[④] ［宋］范仲淹：《赠广宣大师》，《范仲淹全集》，117页。

一同在外读《易》经、鼓琴曲①——朱说是特别喜欢弹琴的,他曾经跟随大音乐家崔遵度学习过弹琴②,他尤其喜欢弹奏《履霜》③,因而平日里也是一副文士风雅的做派。与宗教人士的交往无疑对朱说个人思想的形成产生了影响,他并非一味地吸取儒家思想,对佛、道也有涉猎,日后他主持新政,讲"穷则变,变则通,通则久",就是来自于《易经》的思想。而当他在日后总结出"先忧后乐"的士大夫人格后,也有人就认为其中有他受佛教众生平等观点的影响④。

本身勤俭苦读的日子就足够劳人了,然而朱说紧接着迎来了更大的打击——这是关于他身世谎言被揭穿的事。

要知道,勤俭的朱说和朱家其他弟子的性情向来是不同的,对他们平日里浪费不节的行径,朱说早就看不惯眼,屡次劝说,可众兄弟却依旧我行我素。那日他们嚣张地对朱说讲:"我们花的是我们朱家的钱,跟你有什么关系?"朱说听完这句话很是震骇,几番打听之下,有人告诉他:"您是姑苏范家的孩子,当年谢夫人带着您嫁到了朱家"。可以想象,这样的真相,对于时年二十三岁的朱说来说,无异于晴天霹雳,没错,他就是二十一年前那个在徐州经历了丧父悲剧的两岁的婴孩——范

---

① [宋]范仲淹:《鄠郊友人王君墓表》,《范仲淹全集》,372 页。
② [宋]范仲淹:《与唐处士书》,《范仲淹全集》,144 页。
③ [宋]陆游:《老学庵笔记》,117 页。
④ [美]李弘祺:《西方历史学家对范仲淹的描述》,《范仲淹研究文集(五)》,315~320 页。该文提到 1959 年时汉学家瑞德(Arthur F. Wright,一般译作"芮沃寿")在其《Buddhism in Chinese History》一书中提出范仲淹"先天下之忧而忧,后天下之乐而乐"的思想受佛教影响的观点。关于此说,王汎森在其《记杜希德教授》(载 2013 年 12 月 1 日《上海书评》)一文中说这是杜希德的观点,但却未具体说明杜希德是于何时在哪篇文章中提出的。对此,笔者也无从考证。关于芮沃寿的这种观点,表面看起来似乎有以偏概全之嫌,毕竟宋代新儒家也有不少是排佛的,唐宋新儒学运动自韩愈而起,韩愈本身就是强调排佛的,欧阳修也持排佛的立场,不过,儒、佛、道杂糅确实是当时思想界的一个整体的宏观趋势,所谓的唐宋之际的新儒家,并非在一切问题上都有着完全统一的立场,这种个例的分歧,或许不足以颠覆宏观的认识。

仲淹！悲愤的仲淹在这突如其来的打击之下决定走出家门自立门户，佩剑带琴，径直往应天府（今河南商丘）求学去了。谢氏听到儿子愤然离去的消息也是急忙派人追赶，但仲淹心意已决，只为母亲谢氏留下了一句十年后登科迎亲的约定，便毅然决然踏上了往应天书院（也称南都学舍、睢阳书舍）的路程。

应天府的府学应天书院本名宋州南都学舍，是宋州当地的学者杨悫于后晋天福六年（941）建立的。杨悫死后，他的学生戚同文执掌学舍。后来，南都学舍发展成有着一百五十间学舍、数千卷藏书的、民建官办的大书院，而且有着极好的学风。戚同文曾经在这里树立起了良好的风气，他个人不仅向来以孝闻名，而且讲信义、做善事，经常扶贫济困。特别值得一提的是，戚同文还是一个好学到经年不解衣带的人①。这一点深深影响了范仲淹，他在应天从学五年，也向来没有解过衣带②，学习十分刻苦。

不过仲淹来时，戚同文已经去世了③，此时是他的孙子戚舜宾担任应天书院的院长。南都学舍是在大中祥符二年（1009）由宋真宗赐名"应天府书院"的，在此前的景德二年（1005），宋州被改名为应天府。

仲淹在这里通过学习有了很大收获，五年来他在这里饮食朴素，平常读书困了就用冷水洗洗脸，继续努力钻研学问，终究玉汝于成，基本通晓了六经的要旨，使得儒家思想成为奠基他士大夫人格的重要基础。

---

① ［清］黄宗羲原著、全祖望补修：《宋元学案》卷三《高平学案》，《黄宗羲全集》第三册，179 页。

② ［宋］朱熹：《五朝名臣言行录》卷第七之二，《朱子全书》第 12 册，208 页。方健认为这一记载跟对范仲淹在长白山的饮食状况的记载一样，是后人夸大后的记载（《范仲淹评传》34 页）。然而考戚同文亦有此举，即使并非真的从不解衣，但大体是有过这样的"姿态"的，这种形式主义实则宣扬着一种意识形态，即应天府学对刻苦学风的提倡。

③ 《宋元学案》卷三（179 页）、《宋史》卷三一四（10267 页）都说范仲淹直接师从于戚同文。而邓广铭《论范仲淹的师承——辨〈宋元学案〉所谓"高平所出"》考戚同文生活于五代末至宋初，死于仲淹出生前。今取邓说。

日后，仲淹与时任应天书院山长的戚舜宾书信来往密切①，特别是他还推荐了一位名叫孙复的贫寒儒生入院读书，此人日后成为泰山脚下以长于《春秋》研究而闻名的大儒②，与胡瑗、石介并称为"宋初三先生"，后来又同胡瑗、石介以及功利主义儒家的代表人物李觏一同在理论、思想上给予了庆历新政很大的支持。在戚舜宾任山长期间，仲淹与他书信来往密切

早年的范仲淹出身贫寒，学习刻苦，结交广泛，然而儒家讲"君子谋道不谋食，君子忧道不忧贫"。他追慕知识、生活勤俭，却并非为了荣华富贵，也不像一些人所说的那样是为了光耀门庭③。"直道岂求安富

---

① [宋]范仲淹：《范文正公尺牍》卷下《与睢阳戚寺丞书》，《范仲淹全集》，694页。

② [宋]魏泰：《东轩笔录》卷十四曾记载"有孙秀才者索游上谒，文正赠钱一千。明年，孙生复道睢阳谒文正，又赠一千，因问：'何为汲汲于道路？'孙秀才戚然却色曰：'老母无以养，若日得百钱则甘旨足矣。'文正曰：'吾观子辞气，非乞客也，二年仆仆，所得几何，而废学多矣。吾今补子为学职，月可得三千以供养，子能安于为学乎？'孙生再拜大喜。于是授《春秋》，而孙生笃学不舍昼夜，行复修谨。文正甚爱之。明年，文正去睢阳，孙亦辞归。后十年，闻泰山下有孙明复先生以《春秋》教授学者，道德高迈，朝廷召至太学，乃昔日索游孙秀才也"。见《全宋笔记》第二编第八册，109页。这段记载说明，孙复和范仲淹有师承关系，且从仲淹"于是授《春秋》"来看，显然这件事应该发生在仲淹在天圣年间执教应天书院时期。但方健据《与睢阳戚寺丞书》这份范仲淹向戚舜宾推荐孙复入学的信件，而指出魏泰所记孙复从学于仲淹一事有误，当为小说家言，孙复并非在范仲淹掌应天书院时入学睢阳，而是在戚舜宾掌院时期。见方健《范仲淹评传》34页。全祖望在《泰山学案》中也认为孙复的《春秋》未必直接受学于范仲淹。徐洪兴虽然肯定魏泰的记载，但是指出范仲淹和孙复在对《春秋》内容的观点上存在差异，孙复不像是师承于仲淹的《春秋》学，至多是从仲淹那里获得了一些启蒙。见徐洪兴《思想的转型：理学发生过程研究》，332~333页。综上，笔者部分肯定方健指出的问题，将孙复入学睢阳的时间定为戚舜宾时期。但笔者同时认为，孙复与范仲淹密切的学术交游也是可以确定的，尽管二人在学术观点上并不完全符合。

③ 漆侠：《范仲淹的历史地位》，《漆侠全集》第九卷，371~379页。漆侠认为范仲淹是地主阶级，他帮助和交往的也都是地主阶级，所以范仲淹并没有博爱的胸怀，仲淹读书也完全是为了一己之私、光耀门庭、谋求进身之阶。

贵，纯诚惟欲助清光"①"来早又抛泉石去，茫茫荣利一吁嗟"②，仲淹心中所想，乃是"不为良相则为良医""夫不能利泽生民，非大丈夫平生之志"③。他从小就树立起了一种关心民生、热心世事的士大夫品格，有着强烈的知识分子的责任意识，有着积极参与社会参与政治的想法。这样的志向无疑将在日后成就他，也将让他成就一个时代。

不过，值得注意的是，范仲淹早年"不为良相则为良医"的想法实际就暗含了一种从立功到立言的思想转向意识——当现实政治、仕途发展不如意时、当"得君"不成以致在他看来难以"行道"的时候，他自然而然就有了一种不屈从现实转而追求精神自由的意识。实际上，这种逻辑、这种人生选择的预设，正反映了一种由"外"到"内"的可能，刘子健在《中国转向内在》里认为北宋士人积极政治是一种外向心态，而南宋理学强调"性命之学"，实际是"转向内在"。所以刘子健认为两宋间的文化和思想有了明显的转型和变革，以此修正内藤湖南的"唐宋变革"论，认为两宋之变大于唐宋之变。可实际上从范仲淹的态度我们能看到，从北宋开始在士大夫的思想中就有了潜在的"转向内在"的想法，范仲淹年少时广泛交友佛、道人物，日后还与隐居高士林逋相知交，都体现出他思想中潜在的"转向内在"的意识，这种意识最终使得他在主持庆历新政时期以及其后的政治生涯中始终更注重对士风的改良，相对而言对现实政改的效果就缺乏足够的关注。

只不过对于此时尚未在仕途上尝试去做一番事业的范仲淹来说，"得君行道"、"内圣外王"的理想——即余英时先生所说的"儒家的整体规划"——于他而言更具吸引力，这种积极入世的心态，也是符合一

---

① ［宋］范仲淹：《依韵答青州富资政见寄》，《范仲淹全集》，131页。
② ［宋］范仲淹：《依韵酬章推官见赠》，《范仲淹全集》，103页。
③ ［宋］吴曾：《能改斋漫录》卷一三《文正公愿为良医》，《全宋笔记》第五编第四册，105～106页。

个一般年轻人的心性的①。

事实上，范仲淹出生的那个时代的的确确是值得他这样的有志者施展一番抱负的。

放眼二十七岁的范仲淹于大中祥符八年（1015）中进士及第之前宋朝的历史，这一时期正是所谓的狭义的"中原王朝"从分裂刚刚走向统一后的时期，在整个中华的版图之上由于不同少数民族政权的存在使得分裂依然是这个时代的主流②。

已经建立了二十八年的北宋帝国一统中原与江南，与崛起于草原之上的契丹族建立的幅员辽阔、国力强大的辽帝国相对峙。直到景德元年（1004），宋辽举行澶渊之盟，汉人政权和契丹政权之间的关系方才缓和下来。然而，新的矛盾出现在西北，党项羌人和回鹘诸部蠢蠢欲动。特别是党项人，在首领李继迁、李德明父子的先后带领下势力扩张迅速，崛起于辽、宋之间，它们于太平兴国七年（982）正式叛宋，俨然是要与辽、宋形成三足鼎立之势。在北宋的西南方向，还有着与宋交好的大理国（938~1254）和雄踞青藏的吐蕃诸部，可以说，北宋是建立在多个少数民族政权的包围之下的。因而总的来说，这一时期中华版图上局部的、小范围的动荡少了，然而不同政权之间的矛盾则在渐渐凸显，中原王朝与少数民族间的冲突不断加剧着。

除却外部的忧患，北宋内部的矛盾与问题也渐渐暴露。北宋建立之后实行"崇文抑武"的政策，这对宋代的士大夫和宋代的社会思潮也产生了深远影响，文臣们铁了心"文不换武"，以出任武职为耻。这种思潮日后也将强烈地影响到范仲淹，左右他的一些选择。在整个帝国的行政体系从上到下对军事和武士的排斥之下，北宋的边疆危机被加深，文

---

① 关于北宋士人"得君行道"的政治理想，参见余英时《从政治生态看宋明两型理学异同》。对范仲淹"不为良相则为良医"的分析，参考了朱刚《唐宋"古文运动"与士大夫文学》213~214页。

② 虞云国：《细说宋朝》，3页。

人对武人轻蔑的气焰也被助涨。北宋政坛上文人党议、党争愈发激烈这一状况的产生，也与此有关。

此外，伴随着"三冗"之弊的加剧，北宋政坛上的一部分官员也高声呼出了期盼革新的诉求，这些呼声代表了一个时代的愿望并左右过范仲淹的命运。体制的弊端引发革新的企盼，这为日后范仲淹主持的庆历新政提供了良好的践行基础和舆论支持。

事实上，仅凭这些简单的概述是不足以从宏观上准确地把握范仲淹出生前后大的时代背景和潮流的，我们所需要的，是对五代十国分裂局面结束的经过、北宋建国以来与周边民族政权之间的交往以及北宋初期的贫弱局势，作以更加细致的叙述。

## 四、北宋的建立

唐代诗人白居易曾有诗云："梁苑城西二十里，一渠春水柳千条。若为此路今重过，十五年前旧板桥。曾共玉颜桥上别，不知消息到今朝！"①，诗中写到的这处景色秀丽、曾是诗人送别之所的"板桥"即是后世所称的开封城外著名的"陈桥"。

陈桥确实是个有着别致美景的地方，王安石就有描述陈桥的诗句云：杨柳初回陌上尘，胭脂洗出杏花匀。②然而，这杏花娇艳、杨柳依依的陈桥却在960年上演了一场有阴谋的政变。那一年的正月初一，后周君臣上下还尚未从去年周世宗柴荣去世的阴影中完全走出，而七岁的幼主柴宗训毫无主政的能力。偏偏在这时，关于契丹与北汉合军入侵的消息却传散开来。慌忙之间，朝廷只得派遣镇宁军节度使慕容延钊领兵先去迎敌，让时任殿前都点检的赵匡胤出兵迎战。

---

① [唐] 白居易：《板桥路》，《白居易集》卷第十九，423页。
② [宋] 王安石：《陈桥》，《临川先生文集》第五卷，120页。

事实上，这一切都不过是赵匡胤为了发动政变而散布的假情报罢了。百姓们听到消息后一个个慌慌张张，他们都已经听说到出兵之日赵匡胤将被拥立做天子的传言，因而争相做起逃跑的打算①。一切阴谋都欲盖弥彰，唯有后周的皇族晏然不知。

正月初四，赵匡胤已经领兵行至开封城外的陈桥驿，醉酒昏睡的他在那天早晨被军士们拥立的呼声吵醒。只见军士们急忙忙地在他身上披上了黄袍，一切看起来都是别人的算计，赵匡胤摆出一副无辜的样子，推推搡搡地最终接受了军士们的要求。然而真相不言而喻，"陈桥驿上呼号拥戴的士兵和将领们，只不过供其（赵匡胤）驱使的一群傀儡，赵匡义、赵普、石守信，以及张永德、王溥等人，也只是平素预闻其事的参佐人物而已，其操纵指使之者，却还是宋太祖本人。"②

事情的结果可想而知，在960年那个温暖和煦的春日里，后周殿前都点检赵匡胤废周自立，建国号宋③。开封城里，赵匡胤的军队纪律严明，这实在是一幅难得的新气象，毕竟在军队拔城后"夯市"——即纵掠三日——在五代时本是司空见惯的事。

篡位成功的赵匡胤将作为孤儿寡母的柴宗训和符氏迁往洛阳居住，他将他们安顿的倒是很好，仍让他们享受皇家的礼遇。直到开宝六年（973），柴宗训去世之时，宋太祖还亲自为他穿孝服吊丧。

北宋虽然建立起来了，但危机与风险依旧存在。赵匡胤在建国后迅速平定了反对他的两支藩镇势力——在六月平定了后周昭义军节度使李筠的叛军，在十一月攻破了后周侍卫马步军都指挥使李重进驻守的扬州城。政权巩固之后，由于宋太祖担心重蹈五代时期短命的中原王朝的覆辙，因而统一十国便成了北宋立国稳固之后的当务之急。

首先并入北宋版图的是荆南和湖南。由于湖南军阀武平节度使周行

---

① ［宋］李焘：《续资治通鉴长编》卷一，1页。
② 邓广铭：《陈桥兵变黄袍加身故事考释》，《邓广铭全集》第七卷，232页。
③ ［元］脱脱等：《辽史》卷六，76页。

逢于建隆三年（962）病死后，其尚不过十一岁的儿子周保权继位，结果就引发了衡州刺史张文表的不满，最终导致张文表攻下潭州（今湖南长沙）自立。周保权急忙求助于北宋，宋太祖随即于乾德元年（963）派慕容延钊领兵南下，其间有意假道荆南。

彼时荆南的南平王高继冲自知势弱，派叔父高保寅来犒军，顺带打探虚实。延钊趁机派监军李处耘率轻骑直捣其都江陵，最终迫使高继冲献上了南平国辖下三州十七县。同年三月，宋军攻破潭州，又一路势如破竹，突破了周保权的防线，最终平定湖南的十四州一监六十六县，活捉了周保权。

荆湖地区的平定使得长江下游的南唐与上游的后蜀在军事上被分割开来，又使北宋获得了进攻南汉的前沿堡垒。同时，荆湖地区有着丰富的物产，可以说平定湖南后北宋占据了一个大粮仓，为其日后统一战争的开展提供了物质基础。

北宋接下来将集中精力平定雄踞两川的后蜀政权。宋军打算兵发荆湖之时，骄奢昏庸的蜀后主孟昶本有向宋遣使贡奉之意，却最终听架不住臣下的劝说，派人结好北汉意欲与之南北夹击北宋。乾德二年，他派大臣孙遇、杨蠲、赵彦韬三人为使前往北汉联络，然而行至开封，赵彦韬却偷偷拿了孟昶写给北汉国主刘钧的蜡丸帛书上交给了北宋当局。闻知此事后的赵匡胤大喜，高兴地说道："吾用师有名矣"①。

乾德三年（965）正月，宋西川行营都部署王全斌率军大败后蜀王昭远、赵崇韬军，宋将刘廷让（光义）、曹彬又率宋军溯嘉陵江而上，攻克夔州（重庆奉节）。随后剑门关失守，后蜀大势已去，孟昶上表请降。宋军仅用了六十六天就打下了两川的四十五州一百八十九县，犹如摧枯拉朽。

后蜀亡后，王全斌曾建议宋太祖继续向南讨灭云南的大理国，然而

---

① ［元］脱脱等：《宋史》卷四百七十九，13875页。

赵匡胤却拒绝了这一提议，他说："德行教化所到的地方，蛮夷们自然就会顺服，哪里用得着用兵"①，并下令以大渡河为界，不再向南行军②，云南最终免遭战祸荼毒。事实上，这并不是宋太祖心里最真实的想法，他是有鉴于唐朝时中原王朝和南诏国作战接连不利的教训才不继续南征的③，而且相较于山西北汉政权的威胁，大理国显然不足为虑，赵匡胤应是将统一战争的重点转移到了平灭北汉一事上了。

平灭后蜀之后，宋太祖在开宝元年八月北汉国主刘钧病死、北汉政局动荡之时，派李继勋、党进、曹彬讨伐北汉，宋军在北汉都城太原遭遇了名将刘继业（杨业）的死守。最终，由于李继勋担心即将到来的契丹援军会对宋军不利，因而撤军。

撤军之后，宋太祖又在次年二月亲征北汉——这是北宋统一战争中宋太祖唯一的一次亲征，直到五月份太原久攻不下，宋军瘟疫横行，这才撤兵。

转眼又过了五年，到了开宝三年（970）的九月，赵匡胤以潘美为主帅征讨两广的南汉政权。十六岁即位的南汉国主刘鋹是名副其实的暴君，不仅生活奢靡淫乱，对百姓的刑罚也是严苛残酷，征收的赋税繁多，百姓苦不堪言。最终导致国势倾颓，以致潘美等人率领的军队一路势如破竹。

宋军出奇兵沿着被南汉赖为天险的大庾岭、骑田岭、都庞岭、萌渚

---

① ［元］李京：《云南志略》，王叔武辑校，78 页。

② 此事后来被演绎成"宋挥玉斧"一事，清人顾祖禹撰《读史方舆纪要》中载："宋初乾德三年，王全斌平蜀，以图来上。议者欲因兵威服越巂，艺祖以玉斧画此河曰：'此外吾不有也'。昔时河道平广，可通漕船。自玉斧划后，河之中流忽陷下五六十丈，水至此澎湃如瀑，从空而落，舂撞号怒，波涛汹涌，舟筏不通，名为噎口，殆天设险以限中外"（《读史方舆纪要》卷六十六，3120 页）但据段玉明《大理国的周边关系》、宁超《"宋挥玉斧"辨》两文考，"宋挥玉斧"当为北宋中后期和南宋时期被后人演绎出的传奇故事，不足为信，不过太祖以大渡河为界不灭大理乃确有其事。

③ ［宋］李心传：《建炎以来系年要录》卷一百五，1978 页。

岭、越城岭等"五岭"的西侧迂回包抄南汉国都广州。闻讯大惊的南汉后主急地赶忙打算发足跑路，此时已是开宝四年（971）的正月，刘鋹找来十余艘大船，载上自己的金银财宝美妃娇嫔，打算逃遁到海上，结果船还没出发，宦官乐范与和几千名卫兵就盗了他的船逃跑了①。南汉后主最终出降，北宋的疆土又扩大了六十州二百四十县。

战后，北宋在广州设立了用于管理海外贸易的市舶司，由征南汉的正、副帅潘美、尹崇珂出任市舶使。这是宋代经济史上一个重要事件，因为"在北宋及南宋的很长一段时间内，广州港一直执海外贸易之牛耳，岁入曾居全国市舶总收入的十分之八九。是广南唯一可以办理贸易公凭的港口"②。

开宝七年（974）九月，由于南唐后主李煜托病不前往开封朝见赵匡胤，使得宋太祖以此为由任命曹彬为西南路行营都部署，潘美为监军，领兵十万征讨南唐，并于开宝八年（975）的二月抵达了秦淮河畔。情急之下，李煜派大臣徐铉前往开封请求宋太祖罢兵，同时让神卫军都虞候朱令赟领兵来援。然而一切都为时已晚，南唐援军在皖口被宋军击败，朱令赟被俘。而说客徐铉在开封也收到赵匡胤的答复，"不须多言，江南亦有何罪，但天下一家，卧榻之侧，岂容他人鼾睡乎！"③。十一月，李煜上表请降，南唐十九州三军一百零八县尽归北宋。

开宝九年（976）秋七月丁未，宋军第三次征讨北汉，这一次宋太祖本来是下了很大的决心要灭掉北汉的，他以侍卫马军都指挥使党进为河东道行营马步军都部署、宣徽北院使潘美为都监、虎捷右厢都指挥使杨光义为都虞候，又于当月丙辰指挥宋军兵出五路伐汉。④可惜这次北伐时间不长，这场战事到了十月二十日便因赵匡胤的去世而不了了之。

---

① ［宋］李焘：《续资治通鉴长编》卷十二，259 页。
② 黄纯艳：《宋代海外贸易》，25 页。
③ ［宋］李焘：《续资治通鉴长编》卷十六，350 页。
④ ［宋］李焘：《续资治通鉴长编》卷十七，375 页。

太平兴国四年（979）正月，宋太宗赵光义以潘美为主帅出兵讨伐北汉，石岭关都部署郭进承担了阻击契丹援军任务。二月，赵光义御驾亲征，战争持续到四月，在契丹援军被击溃、太原城被兵围数月的情况下，北汉国主刘继元投降，北汉十州一军四十一县尽归北宋。

至此，五代十国的纷乱局面正式结束，新兴的汉人政权——北宋不得不面对要与强大辽国为邻的现实。然而，对于整个北宋疆域内的百姓而言，这种汉人王朝统一的局面可以使他们获得安定的生活，从而带动文化事业的恢复与发展，社会生产得到恢复，这算是一个崭新大时代到来的开端。

这种相对安定的社会环境给予了范仲淹幼年时平静的生活，给予了他良好的教育条件，也为他日后出仕提供了机会——毕竟生逢乱世可能还是武士发迹的机会更大些。

然而，五代对北宋的影响也是显而易见的，除却藩镇的频繁叛乱使得宋太祖建国后严格限制了地方的权力，北宋统一过程中的杀戮、血腥也影响了那个时代。在灭湖南、后蜀、南汉、南唐、北汉的过程中，哪一次都少不了惨烈的厮杀。日后宋辽相战二十余年，每战战死万人很是常见，北宋的统一过程中有着浓重的血腥味。所以，大抵像是逆反心理一样，北宋社会的崇文风气很是昌盛，谁都不能否认这其中有经历了北宋统一战争后的百姓厌烦、畏惧战争的缘故。由此，北宋开启了一个"崇文抑武"的时代，这种风气对范仲淹更是影响深远。

## 五、边患重重

其实仲淹 27 岁中举的时候，恰恰是北宋的边事较为安宁的一个时期。至少那个雄踞于宋朝北面的契丹辽朝早在 10 年前就与宋朝签订了合约，两方从此再无大的战事。

正如札奇斯钦所说，"游牧民族与定居农业民族间的竞存，会是亚洲历史的主流之一"①。在整个十到十一世纪，契丹族所建立的政权与中原的汉人政权便一直上演着相互竞争的戏目。契丹族是中古时期的一个游牧民族，属于东胡。追根溯源，其先当是匈奴，契丹是从库莫奚中分化出的一部，库莫奚出自鲜卑宇文氏，而宇文氏出自匈奴，故史载"契丹者，古匈奴之种也"②和"契丹，本鲜卑之种也"③二说并不矛盾。

契丹经历了数百年的发展，势力不断壮大。它们在唐初出现了部落联盟④。到了唐朝的天祐四年（907），其迭剌部夷离堇耶律阿保机行柴册仪，燔柴告天⑤，即位为可汗，这位雄才大略的草原领袖领导契丹族解决了诸多的内忧外患，一再抵挡了中原汉人的侵略。直到契丹神册元年（916）春二月丙戌朔，在迭烈部夷离堇耶律曷鲁等人的劝进下，阿保机称帝，自号天皇王，国号契丹。史称辽太祖。

此后，契丹帝国一直和中原的汉人王朝保持着时战时和的关系，然而更多的时候还是以战为主。到了947年，契丹改国号为辽，改国号的原因是此时的辽朝皇帝太宗耶律德光在这一年灭掉了中原的后晋，并于同年的二月初一在开封按照中原皇帝的规格举行了登基典礼。

吊诡的是，平日里向来秉信着"帝力于我何有哉"、对于政权更迭几无触动的中原汉人却莫名其妙地先后揭竿而起反抗德光。辽太宗本有意在中原励精图治长久治理，但看到各地风起云涌的起兵状况，也只得感叹一句"我不知中国之人难制如此"⑥而于同年三月北返，并于四月

---

① 札奇斯钦：《游牧民族军事行动的机动》，《宋史研究集（第九辑）》，485页。
② ［宋］薛居正：《旧五代史》卷一百三十七，《旧五代史新辑会证》，4271页。
③ ［宋］王溥：《五代会要》卷二十九，455页。
④ 林干：《东胡史》，153页。
⑤ 关于契丹人燔柴的行为，王小甫认为这体现的是对火的崇拜，他又引用王民信观点，认为并非所有燔柴行为都与上尊号或即皇帝位有关。由此看来，柴册礼与燔柴在意义上是有所不同的。参见王小甫《中国中古的族群凝聚》，137页。
⑥ ［宋］司马光：《资治通鉴》卷二百八十六，9346页。

去世。德光的遭遇或许是中原人长久受儒家华夷之辨思想的影响而导致的。

耶律德光之后，辽朝皇位在继承上发生了矛盾，最终的结果是辽太宗的侄子永康王耶律阮登基称帝，是为辽世宗。世宗登基后于辽天禄五年（951）九月再次南征，目的是为了说明北汉抵抗后周的入侵，然而，辽军走到了归化州（河北宣化）祥古山时，军中发生了内乱，泰宁王耶律察割趁世宗君臣醉酒之际弑君自立，叛乱旋即被右皮室详稳耶律屋质和寿安王耶律璟平定。事后，耶律璟即位，改元应历，是为辽穆宗。

穆宗任上做出的最大举动是停止南征。耶律璟之所以有意在避免和后周发生战事，是因为辽朝内部在其即位之后就一直内乱不断，先是在辽应历二年（952）六月有了国舅政事令萧眉古得和宣政殿学士李澣密谋南降后周一事，又在同年七月发生了政事令耶律娄国、林牙耶律敌烈、侍中耶律神都、郎君耶律海里等人谋反一事，接着在辽应历三年（953）十月，耶律宛、耶律罨撒葛、林牙华割等人曝出谋反。辽朝内部的动荡使得契丹统治者无暇南征，但是契丹仍没有丧失对中原汉人统治区的影响力，穆宗年间，辽就曾同南唐、北汉等国交好，相约抵制后周。

等到北宋平灭北汉之时，辽朝已到了景宗耶律贤统治时期。此时北汉与契丹之间已经有了间隙，且辽景宗上台后一心想要改善宋辽两国之间的关系，因而在宋太宗灭北汉的过程中辽军对北汉的援助一直很消极。北汉的灭亡所表露出的宋辽关系实质上是体现了辽朝对征服中原的保守想法①。

宋辽第一次开战即是在北宋平定了北汉之后。辽军早已经在北宋伐北汉时就做好了对宋军兵发幽燕的防备。辽派往北汉的援军在听说北汉已经投降后旋即回守燕京。在乾亨元年（979）的七月，宋辽大战于高

---

① ［美］巴菲尔德：《危险的边疆：游牧帝国与中国》，221 页。

梁河，辽军在耶律休哥、耶律斜轸等人的指挥下大败宋军。

同年九月，辽景宗以韩匡嗣为都统南征，对宋太宗贸然北侵契丹作以反击。结果此次辽军大败，然而，这场败仗实质上是由于韩匡嗣指挥失误导致的，而并不能说明契丹国力的衰弱。次年冬天，耶律休哥再次攻占瓦桥关，辽军又一次取得了胜利。[①]

总览北宋初年的宋辽关系，两国之间是以战为主，但在相互攻伐中力量渐渐趋于均衡，因而必然会萌生出"和"的趋势。不过平心而论，辽在军事实力上还是胜过北宋一筹，只是辽朝统治者有意与宋和好，因而契丹并未发动大规模、具有持续性、指向性明确的征伐北宋的战争。

辽宋议和是在辽朝统治者有心与宋和好，且北宋在军事实力上略逊于辽这两方面情况导致的历史必然。然而议和终究需要条件和机遇，这一切都到来于辽统和二十二年（1004）。

辽朝在景宗以后便是圣宗耶律隆绪在统治。圣宗即位之初，其母承天太后萧燕燕临朝称制。萧燕燕形容当时的辽朝是"母寡子弱，族属雄强，边防未靖"。"母寡子弱"自不必说，"族属雄强"则是由于辽朝长期受到北宋侵扰，以致一些契丹权贵打着防备北宋入侵的名号趁机发展势力。

景宗死时，宋曾经趁乱于辽统和四年（986）以三路大军入侵辽国，此战中辽将耶律休哥忠肝义胆保家卫国，以少胜多打退了北宋的侵略。此后，宋辽相互对峙，其间再无大的战事，但仍有小的摩擦。北宋由于受到西北战事的牵连而慢慢开始有意与辽议和，而承天太后为了巩固内政也希望能够与宋议和。

由于宋辽之间长期以来宋相对处于劣势，因而议和的主动权最初是掌握在辽的手中。统和二十二年，萧燕燕和耶律隆绪领兵南下，然而此战据后世史家分析，当是承天太后有意以战促和的表现。猝不及防的宋

---

① 以上参考李锡厚《辽史》。

军接连战败，直到宋真宗在时任宰相、后来被范仲淹评为"能左右天子，如山不动，却戎狄，保宗社，天下谓之大忠"①的寇准的提议下亲征至澶州，战局才有所扭转。扭转的标志性事件是辽军统帅萧挞览被宋军弩箭射杀一事，同时宋军在辽东地区也击溃了部分辽军。

辽军显然对宋军势力估计不足且犯了孤军深入敌国腹地的错误，这个很明显的战略错误中，恐怕有萧燕燕有意为之的成分，这就更可以表明她以战促和的意图。总之，在辽军受挫的情况下，宋辽之间终于达到一种相对平衡的局面了。

于是在1005年一月份②，辽宋互相签订誓书，相约共保边境安宁，同时约定宋每年送给契丹二十万匹绢、十一万两银。史称"澶渊之盟"。

至此，辽宋议和达成，此后两国间虽然仍有小摩擦、有不信任，但直到辽朝末年北宋背盟，双方再无大的战事。澶渊之盟后，北宋和辽的边界意识也不断加强，这也在一定程度上维护了澶渊之盟带来的辽宋和议的局面。

仔细考察辽宋议和经过，有两点值得注意：

一是辽朝统治者追求民族平等的诉求。因为长期以来中原汉人总是对少数民族政权抱有负面情绪，在传统的"天下"意识与边疆认识下，中原人总习惯地认为少数民族都是蛮不讲理、缺乏文明的"夷狄"，这很令契丹统治者不满，因而辽宋议和后辽朝坚持两国互称南、北朝，并以真宗为兄，圣宗为弟。这种君主间亲属关系的确立、"南、北朝"称呼的出现③以及平等的外交礼仪和贸易关系的确立，都充分体现了澶渊

---

① ［宋］范仲淹：《杨文公写真赞》，《范仲淹全集》，168页。
② 宋真宗签署盟约的时间是宋景德元年十二月七日，即1005年一月十三日，而辽圣宗签署盟约的时间是辽统和二十二年十二月二日，即1005年一月十八日。
③ 辽人与北宋签订"澶渊之盟"时主动提出"以南、北朝冠国号之上"，辽人试图与北宋对等交往的精神就十分清楚了。关于此点，详参赵永春：《辽人自称"北朝"考》，载《史学集刊》2008年5期。

之盟后宋辽间开始平等外交的事实①。

另外,对于宋给辽岁币的行为,杨联陞说这是一种"倒过来的朝贡",对此我不能同意,表面上看确实如此,但"朝贡"本身是一种表达地位不平等的举措,而辽宋之间不仅互为南北朝、君王互称兄弟,且从长远来看,宋朝损失财物,却在文化上对契丹本民族的传统进行了改造,这种文化上的征服使辽对宋在心理和政策上几乎毫无优势,或者说,辽的内亚文化传统在涉宋事务中几乎不能再给契丹人带来足够的外交底气和文化自信,又怎能说存在"朝贡"这种预示着地位不平等的行为呢。

总的来说,将辽宋议和置于大的历史潮流来看,其实是中国历史上的一次多数民族同少数民族之间的平等沟通,缓解了双方的矛盾,维护了少数民族和汉族相互平等的地位。中国的封建专制政权在儒家思想的影响下很少能正视其与周边政权的关系,总认为中国天子乃是普天之下至高之君,"在相当长的一段时间内,在中国历代封建统治者的思想深处始终不曾想到,更不想承认,会有什么其他的民族或国家不在'真命天子'的阳光普照之下,不对中国天子'畏威而怀德'。按照传统的儒家学说,中国君主与其他各国君主的关系,必然是,而且只能是天子与诸侯间的君臣关系,绝没有可以与之分庭抗礼的君主或国家"②。这种偏执的心态不仅造成了中古和宋代时期中原政权同毗邻的民族政权间在外交关系上的紧张局面,也导致了1949年以前民族主义史学中对中国现代化历程悲观主义的叙事——蒋廷黻等人就将中国对西方冲击反应迟缓的原因认作是当时中国的统治精英对世界秩序的看法中缺少平等的现代外交观念③。

---

① 陶晋生:《宋辽间的平等外交关系:澶渊盟约的缔订及其影响》,《宋辽关系史研究》,11~29页。
② 王开玺:《清代外交礼仪的交涉与论争》,1页。
③ [美]李怀印:《重构现代中国:中国历史写作中的想象与真实》,53页。

二是北宋内忧外患的加剧。辽宋议和的一个重要背景是北宋在西北战场上的焦头烂额，同时，"以澶渊之盟为转折点，'崇文抑武'被作为祖宗之法不仅得到继承和贯彻，并且完全形成治国的思想与方略"①。北宋内部的政治斗争和崇文抑武的加剧助长了北宋与辽议和的需求。总的来说，宋辽议和实质上是北宋在经历了宋太祖宋太宗频繁的征伐后国力转向低靡的体现，尽管北宋经济发展得并不坏，文化也颇为昌盛，但事在人为，北宋政坛上下密布着一种贪恋现状的安稳情绪，宋太祖、宋太宗年间的锐意进取已难觅踪迹。这种政坛士风的颓废低靡延续到仁宗朝衍生出了青年官员喊出的革新诉求，最终成为导致范仲淹"庆历新政"诞生的一个重要因素。

辽朝虽然日后仍与北宋小有摩擦，但大的战事基本没有。而于范仲淹而言，毕竟澶渊之盟发生的时候，他还只是十六岁的朱说，宋辽和战的历史，也只能是作为宋代处理外交关系时的镜鉴，北宋在西北由党项族造成的边患与他及日后庆历新政中诸人物的关系才更为密切。

党项发源于汉魏时的西羌。党项在唐时有八个部落，分别是：细封氏、费听氏、往利氏、颇超氏、野辞（律或利）氏、房当氏、米擒氏、拓跋氏。每个部落下面又分为许多小部落，大一点的部落有万骑，小一点的也有千骑。在这之中，以拓跋氏的实力为最强②。然而，这样一个强势的部落却并没有显赫的背景渊源。关于党项拓跋氏出身于鲜卑拓跋部的说法，也只是众人难以证明的谣传罢了。真相恐怕远没有人们想的那样光辉，之所以有这样的传说，更多可能是因为在唐末被封为夏州节度使、赐姓李氏后拓跋氏首领拓跋思恭及其后人耻言其祖先是西北的戎狄——羌族，因而才攀附上了阴山贵种、鲜卑拓跋氏，并以之作为其政

---

① 陈峰：《试论宋朝"崇文抑武"治国思想与方略的形成》，载《宋代军政研究》，1~17页。

② ［五代］刘昫等：《旧唐书》卷一百九十八，5290页。

权合法性的重要来源之一。① 西夏的统治者出身于党项拓跋氏，跟鲜卑拓跋氏是没有关系的②。

党项人对于夏州地区的控制一直延续到了宋初，赵匡胤即位后，时任夏州节度使的李彝殷奉表来贺，并主动避宋太祖父亲赵弘殷的讳，改名李彝兴。彝兴逝后，赵匡胤为之废朝三日，足见宋夏交好。

其后彝兴之子李光睿嗣位，仍奉行与宋交好的政策，在赵光义即位后就识趣地主动避讳，改名为李克睿。然而党项对汉人政权的主动交好并未能避免其最终向北宋纳土归降的命运。光睿死后其子继筠即位，然而继筠没多久便在太平兴国五年（980）去世，其弟李继捧继而掌权。李继捧在太平兴国七年（982）五月迫于夏州政权内外交困的形势，向宋朝献出了党项人掌控的银、夏、绥、宥、静五州，举族降宋③。

这一切引发了定难军管内都知蕃落使、李继捧族弟李继迁的不满。生于银州无定河侧（今陕西米脂县）的李继迁少有大志，弓马娴熟，早就恼于党项被宋长期压制的局面，于是在宋朝接管五州之后便率众逃往地斤泽（今内蒙古鄂托克旗东北），公然反宋自立。北宋残忍地派遣已经改名为赵保忠的李继捧去讨伐李继迁，有意让他们兄弟相残。李继迁自知实力尚弱难敌宋军，便北结契丹以抗宋。辽以宗室女下嫁，封其为夏国王。

此后，宋夏之间有了十五年的拉锯战，北宋输多胜少，只得于至道三年（997）封继迁为定难军节度使、银夏绥宥等州观察处置押蕃落使。然而此时的党项人已经明确地认识到了宋夏间在利益分配上存在根本性

---

① 周伟洲：《唐代党项》，15页。

② 李范文：《试论西夏党项族的来源与变迁》，载氏著《李范文西夏学论文集》，264~279页。李蔚《西夏史》将西夏皇族说作是鲜卑拓跋部，当为误，见李蔚《西夏史》，14页。但史金波据俄藏黑水城文献 Инв.No.7894指出早期西夏确有与鲜卑人通婚。党项族其实是以广义的羌人为基础的、融合了多民族的共同体，党项的文化是多源头的，党项的民族性是建构主义的。

③ ［清］吴广成：《西夏书事》卷三，36页。

的矛盾,且北宋不可能放弃对党项人痛下杀手的心思。毕竟北宋人并不具备现代民族独立的价值观和历史的眼光,后人之所以对李继迁反宋评价不一,就是因为他的做法从历史发展的眼光看无疑有值得肯定之处,但这场战争从儒家传统价值观的角度来看本身又是非正义的①。

总之,李继迁并未因获封节度使而打算与宋交好②,反在其后接连攻下北宋的灵州(今宁夏灵武县西南)和西凉府(今甘肃武威市)。后来吐蕃首领潘罗支诈降,用计击败党项军。吐蕃人向来与党项为邻,"在党项政权辖地和后来建立的夏国版图内,南部与宋相邻的泾、渭二水上游河谷地,河西走廊中心地带的凉州,湟水流域、洮河流域的熙、河二州地区,以及岷江流域以西以南的广大地区"③都是吐蕃势力的范围,党项因此不得不与之和战频繁。李继迁在这场战役后因伤去世。

继迁死后,其子李德明嗣位。德明一直对辽国利益较为维护,尽量不招惹契丹,特别是在辽夏边界上一些党项部落的归属问题上,对辽国很是忍让。然而,随着后来宋辽关系的改善,以及党项在景德年间也开始与宋缓和关系,宋辽夏三方间的关系发生了微妙的变化。宋夏双方在边境开设榷场,北宋也经常给党项提供银绢茶等物资,这种友好局势"使得夏辽关系在某种意义上失去了共同对付宋朝的基础"④。然而这一切都是建立在党项人已经取得了民族独立并在其使北宋武力的威慑下能

---

① 汤开建:《略论李继迁反宋战争的性质》,《党项西夏史探微》,260～276页。

② 《西夏书事》卷八载李继迁死前曾对儿子李德明说:"尔当倾心内属,一表不听,则再请,虽累百表不得,请勿止也。"今人常以此言继迁、德明父子早有归宋之心,并认为德明与宋交好是遵父嘱,可这样的说法显然与李继迁之前的作为和表态不相符,对此,其实李焘在《续资治通鉴长编》卷五十六中早有解释:"德明未尝先纳款,其报张崇贵书云'未葬难发表章',观其意犹倔强不服,朝廷多方招谕,仅得其款附耳。继迁此等语,疑德明假托,故三年后乃言之,非其实情,当此时固未言也"。

③ 白滨:《元昊传》,29页。

④ 杜建录:《西夏与周边民族关系史》,113页。

对其平等相待的基础之上的,总的来讲,这一时期党项的对外政策还是利于党项政权自身发展的。

天禧四年(1020),李德明将党项政权的都城从西平府改迁至兴州(灵州怀远镇,今宁夏银川市),理由是怀远镇温泉山有"龙见之祥",且怀远地势卓越,西北有贺兰山之固,东南有黄河围绕,西平还可作为它的障蔽,"形势利便,洵万世之业也"。①

党项势力自此扎根于宁夏银川一带。

德明执政期间,党项政权逐步走向了国富民强,番汉关系也愈发和洽,这一切为日后其子元昊与宋长期对战提供了雄厚的物质条件,德明对内保境安民、发展生产,使西夏的社会经济得到了恢复和发展。多年后范仲淹在评价李德明执政时期时就盛赞道:"塞垣之下,逾三十年,有耕无战,禾黍云合。甲胄尘委,养生葬死,各终天年。"②尽管在不久的将来,仲淹将于西北战场上和党项人作战,然而这并不影响他在心里佩服李德明,因为德明的做法正是他心中所欣赏的仁君的作为,作为一名心怀天下的士大夫,他佩服专制时代能为自己治下百姓带来小康生活的人主。

范仲淹活跃于北宋政坛之时恰逢宋夏关系恶劣之际,范仲淹一生中有一段无法磨灭的经历便是在西北主持对夏作战。然而话说回来,此时的北宋除却边患,还有比之更严峻的问题。宝元二年(1039),北宋大臣贾昌朝云:"西夏不足虑,而民困为可忧"③。这句话中固然有宋人对西北边患的重视不足,也确实说明了北宋在内政上出了问题。

---

① [清]吴广成:《西夏书事》卷一〇,373页。
② [宋]范仲淹:《答赵元昊书》,《范仲淹全集》,246页。
③ [宋]吕中:《类编皇朝大事记讲义》卷一一,222页。

## 六、贫弱之局

以往学人论及宋初内政之弊，常论及所谓"三冗"或"四冗"，然实质上，冗官、冗兵、冗僧尼皆涉及财政，即涉及冗费问题。宋人论内政，常有故作惊人之论，实属一种先声夺人的讲演策略。士大夫常夸大内政之弊的程度，借以抬高自己进言的价值。北宋的内政之弊自然是存在的，但以往的学说，多依宋人或明清士人的旧说，所谓"三冗""积贫积弱"，都在客观上有实际问题与之相对应，但在表述上并不十分恰当。所谓的"三冗"，对问题的大体方面把握得并没错，但并不意味北宋当时的问题就确切地可分作这三点。

宋神宗年间，苏轼的弟弟、那首著名的《水调歌头》里诗人所想念的"子由"——苏辙，曾在神宗熙宁二年（1069）上书，他在《上皇帝书》里就讲到北宋的内政有三大问题，"一曰冗吏，二曰冗兵，三曰冗费"①。事实上，早在当年宋夏在陕西激战正酣的时候，当时的天章阁待制宋祁——那位与欧阳修一同修撰《新唐书》的士大夫，便提到过："朝廷大有三冗，小有三费，以困天下之财。……何谓三冗？天下有定官无限员，一冗也；天下厢军不任战而耗衣食，二冗也；僧道日益多而无定数，三冗也。三冗不去，不可为国。"② 这两段话虽然有所出入——宋祁比苏辙多提到了宗教事务耗费国家财政这一点——但其中都涉及了共同的话题，那就是北宋的吏治和财政出现了不利于政权发展的问题，这其中特别要强调，财政的入不敷出主要是由于军费开支过大的缘故，正所谓"一岁所用，养兵之费常居六七，国用无几矣"③。综合来讲，北宋此时的问题在表面上反映出来的就是财政失调、军事不振和吏治问

---

① ［宋］苏辙：《上皇帝书》，《栾城集》卷之二十一，464页。
② ［元］脱脱等：《宋史》卷二百八十四，9594页。
③ ［宋］蔡襄：《论兵十事》，《蔡襄集》卷二十二，390页。

题丛生。

所谓"积贫",也就是财政用度不足。一方面,这是由于国家财政支出的增长速度越发大于国家财政收入的增长速度的缘故。马端临就曾说:"所以疲敝者,曰养兵也,宗俸也,冗官也,郊赉也"①,军费、俸禄和皇帝的赏赐是耗资最多的开支。总体来说,北宋前三朝"贯石匹两"入不敷出的情况并不明显,这一矛盾主要就是从仁宗朝开始显露的。宋代各个地方的财政尽管入不敷出的程度不同,但汇总起来,北宋财政的总体状况确实是比较严峻的,地方财政的长期入不敷出滋长了大量官员营私舞弊的风气,中央对地方财政有制约的制度却不能真正落实,反而使得地方财政变得更加混乱无序②;另一方面,则是由于随着西北边患的日益加剧,军队人数暴涨导致军费大增。宋太祖开宝年间,全国兵士不过三十七万八千人,而到了宋仁宗庆历年间,这一数字就暴涨到了一百二十五万九千,其中光禁军就有八十二万六千人③。由此以致军费开支骤增,财政压力加剧。

另外,从吏治方面来看,"冗官"也是导致财政问题的原因之一。这一点主要体现在官员数量增长太快,恩荫制度的盛行④和行政工作划分的过度细化造成了这一现象。按照仁宗朝包拯的说法,仁宗皇祐二年(1050)光内外官属就一共有一万七千三百多人,总共的官员人数较四十年前翻了一倍⑤。而据后人推算,从宋太宗太平兴国前到太平兴国年间的中期,仅仅是地方的州府官员就增加了将近四倍⑥,元丰时期北宋

---

① [宋]马端临:《文献通考》卷二十四《国用考二》,704页。
② 包伟民:《宋代地方财政史研究》,230页。
③ [元]脱脱等:《宋史》卷一八七,4576页。
④ 需要特别说明,尽管宋代恩荫盛行,范围也比唐代大,但这并不能直接保证官员家族门第不堕,详参何忠礼《贫富无定势:宋代科举制度下的社会流动》。
⑤ [宋]包拯:《论冗官财用等》,杨国宜《包拯集校注》卷三,140~142页。
⑥ 沈松勤:《北宋文人与党争》,7页。

仅地方官就达到4118人①。可以想象,"冗官"所造就的庞大的食禄阶层为宋代财政带来了不小的压力。

一般对北宋"积贫"说持否定观点的学者,要么是由于只是用粗浅数据而非精细的计量史学来考虑这一问题,以致出现罔顾史实的论述;要么过度强调宋代经济文化的发达,错误地"把以讨论国家政策和政治体制导致的积贫积弱问题与衡量经济文化发展简单等同起来"②。这二者显然都是有一定片面性的。

至于宋人军事一般认为其问题是军事实力不行,而元明清人则更懂关注的是宋代"崇文抑武"导致武备不足③。按照学界现有观点中最公允地来讲,"积弱"应该是北宋综合国力很强,但实力运用的水平很差④。

对于"积弱"说的反驳有很多,然而这里笔者只想选取两个在坊间比较流行的说法作以分析。李裕民先生以蒙古灭南宋时消耗几十年的时间来说明宋代军事力量的强大⑤,然而在笔者看来,这种说法以南宋后期这样一个局部的时间段内宋的军事状况来评价整个宋代这样一个整体的时间范围内宋的国情,似乎有值得商榷处。而且,南宋的军事状况异常复杂,南宋朝廷修正了北宋时期"强干弱枝"的政策,"在面临强大外患及内乱的威胁下,为了生存与发展,在原有的军事体制之外,接纳地方的武装力量,创立新的制度"⑥。此外,蒙古灭西辽、西夏、花刺子模、金等等皆是游牧民族政权吞并游牧民族政权的行为,历史上凡是农耕民族想把统治范围延伸到草原游牧地区,或是游牧民族想把统治范围

---

① 汪圣铎:《两宋财政史》,780页。
② 李华瑞:《改革开放以来宋史研究若干热点问题述评》,《视野、社会与人物》,54页。
③ 李华瑞:《宋朝"积弱"说再认识》,《文史哲》2013年第6期。
④ 王曾瑜:《正确评价宋朝的历史地位》,《点滴编》,131~134页。
⑤ 李裕民:《宋代"积贫积弱"说商榷》,《宋史考论》,5页。
⑥ 黄宽重:《南宋地方武力:地方军与民间自卫武力的探讨》,3页。

扩展到农耕地区，都不容易，因为这里面涉及自然地理因素的影响。所以拿蒙古灭花剌子模等国用时之短和灭南宋用时之长来对比，得出宋代不是"积弱"的说法显然不成立。更何况其实南、北宋情况有别，想要彻底推翻宋代"积弱"之说并非易事。

还有学者用北宋生产总值数量的巨大来说明北宋经济发展得好，并非"积贫"。这种逻辑就更奇怪了，生产大，开销和需求更大，怎么能够仅仅用总产值之多来证明一个国家的百姓的富裕呢。另外，在笔者的认识里，"贫"作为一种现象，不可简单理解为贫穷，资源配置不均也会导致"贫"，而这并不是能从产值的方面加以解释的，如宋代铁产量不低，但士兵装备中铁甲所占的比例却很小，这显然与士兵的总体数量以及北宋的资源配置有关。

诚然纷议不少，但如今对宋代"积贫积弱"这一问题的争论已经在更大程度上转化成了不同意识形态之争，诚如邓小南老师所论，海外学者推崇宋代，是由于他们更注重社会史、文化史的因素；而国内学者喜欢强调宋代贫弱，则是国人对近代以来西方来华的反感情绪所致，认为宋代好似近代中国，不断被其他政权侵辱[1]。然而不论怎样，站在当时的范仲淹、当时的宋朝人的角度来看，财政危机的萌发和边患问题的加剧成为仁宗朝开始以来宋朝政府难以忽视的问题，同时，恩荫制度和军队扩张也使得宋代官员队伍显得尤为庞大，"冗吏"也成为宋代政坛的一大难题。

或许范仲淹等人的焦虑前瞻性太强，但就具体政治事件的促成因素而言，士大夫怎么认为、怎么表述，在促使政治活动的发生方面，远比事实的严峻程度所能发挥的作用大。尽管在仁宗朝初期，北宋"积贫积弱"等现象也只是刚刚有所表露，但这就已经足以使得中下士人阶层萌生出改革救弊、振时兴治的思潮和诉求了，中下阶层的士大夫们由于他

---

[1] 邓小南：《宋代历史再认识》，《朗润学史丛稿》，493~494页。

们个人常常出身贫寒，因而对于国家危机所将会造成的不利影响有更强的预见性，他们也更害怕国家出问题。这一种思潮最终致使北宋朝廷内部出现了例如范仲淹庆历新政这样顺应时代潮流的改革运动。

了解完时代背景，我们还是要回到对范仲淹的叙事中来。

宋真宗大中祥符八年（1015）的春天很不寻常，它对范仲淹而言是一段很值得兴奋的时光，在那年北宋197个进士及第的名字中，"范仲淹"这个名字在乙科九十七名，很是显眼。当年科举的状元叫蔡齐，因而这年的科举榜单也叫"蔡齐榜"，该榜进士后来有近三十人与仲淹有诗文唱和①，蔡齐更是在日后对仲淹有过推举之恩。说起当年的考题，出得也是颇有意思，分别是：《置天下如置器》赋，《君子以恐慎修省》诗，《顺时慎微其用何先》论。这三道题都和儒家王道思想相关，且要么讲为政，要么讲修身，与士大夫生活都息息相连。这也难怪，当年的主考官赵安仁就是一个取士公平、为人正直的士大夫，他还曾多次出使契丹，是个有德行有才能的官员②。登科后的仲淹踌躇满志，他不仅风风光光地接了自己母亲谢氏来赡养，还赋诗一首："长白一寒儒，名登二纪余。百花春满路，二月雨随车。鼓吹迎前道，烟霞指旧庐。乡人莫相羡，教子读诗书"，取得功名后的仲淹依旧不忘鼓励后学刻苦读书，这也很有封建士大夫的风范。

初入宦海的范仲淹心怀抱负，有意作为。如今的时代也令他可以有施展才华的余地，他心中所期盼的，大抵正如二十四年后他为蔡齐做墓志铭时所说的那样——"在政府，浩然示至公于中外，以进贤为乐，以天下为忧，见佞色则嫉，闻善言必谢，孜孜论道，以致君尧舜为心"③。事实也确实如此，心怀雄心的范仲淹在步入仕途后便积极投身仁宗朝的

---

① 方健：《北宋士人交游录》，292页。
② [元] 脱脱等：《宋史》卷二百八十七，9658页。
③ [宋] 范仲淹：《户部侍郎赠兵部尚书蔡公墓志铭》，《范仲淹全集》，333页。

政治生活当中，旋即取得了不小的成就，范仲淹心中的士人形象是"咸以德为先"的，这种品格同样存在于他的价值观中，并将使他逐步成长为仁宗朝的士林领袖，他个人也在日后把儒家伦理道德规范和政治理想普及到了许多如他一样有志于献身时代的士大夫群体中。出身寒门、科举进阶，这是文治的宋代给予范仲淹的一种恩赐，这种经历对范仲淹的人格与思想影响深远，也成为后来许多北宋士大夫人生前半段的缩影。

随着宋真宗于七年后的乾兴元年（1022）二月去世，宋仁宗即位，属于范仲淹的时代终于来了，而北宋朝堂上改革的呼声也将随着这个新时代的到来而水涨船高。同时，在宋王朝的西北边疆上，党项人也早已蠢蠢不安摩拳擦掌，宋夏关系也将在这个新时代有着新变化。

北宋王朝在经历了前三朝对政权的稳固之后，翻开了新的一页。在这里，革新将成为新的主题，消除祖宗之法那种保守政治的风气也将成为这个时代里士大夫们新的追求。

# 第二章 万千气象：

## 仁宗朝初年的士人结盟与朋党政治

### 一、范仲淹早年的仕宦与思想

范仲淹三十七年的仕宦生涯开始于他出任广德军（治今安徽广德）司理参军事，从那时候起他就开始有了不凡的表现，他在未来主持庆历新政中的一些想法与做派有不少也体现在他早年的经历中。

在广德时，仲淹处理狱讼向来秉公执法，积极地就每一个有问题的案件同太守商议甚至争执，尽心尽力，若干年后他要整饬全国吏治，而此时的他就已经表露出为官的不庸常。在广德，他还找来三位名师教当地人读书，日后范仲淹在新政中倡导兴办学校，与他这时的作为在想法上是一脉相承的——他作为一个儒家士大夫，自然要将传播儒学、提携后学作为他的目标之一，这从他日后帮助孙复、胡瑗，教导张载读《中庸》等事中也可看出。

天禧元年（1017），二十九岁的仲淹任文林郎、集庆军（今亳州）节度推官。在亳州任官的这一时期，仲淹做的最重要的事便是恢复自己的"范"姓,为了能够实现这点,他甚至向族人承诺复姓后的他不会向家族讨要任何,还在上奏复姓的表中援引了历史人物范雎、范蠡的事迹——"志在投秦,入境遂称于张禄;名非霸越,乘舟偶效于陶朱"①。

要知道范墉生前未曾帮过仲淹,是朱家改善了他的生活、帮助他受到了教育,仲淹未尝不明白这点,不然他日后就不会为朱文翰上表求官了,《范文正公尺牍》中有仲淹入仕后的多封往来家书,亦可见仲淹对朱家并无厌恶之情。可当他知道自己身份后依旧决然而别,在自己发达后仍要改回原姓,这说明封建儒家的价值观从范仲淹人格养成之初便根植于他的脑海。不过,细审之下,仲淹复姓还有一个条件的推动,便是他母亲在这一件事上对他的要求②。

在任职亳州期间,范仲淹获得了试秘书省校书郎的官衔③。另外,他还与亳州知州上官泌之子上官融交好,可惜后者早逝,皇祐三年(1051)时,仲淹为他做墓志铭,慨叹儒生多薄命,有才华却无法在救治时弊的政治洪浪中一展身手④。其实,令范仲淹叹惋的,本质上是一名士大夫的自我价值不能充分实现的悲哀。

诚然范仲淹是有理想有抱负的,可同时还有一套意识形态指导着他个人的发展,这套封建儒家的政治理想治国之道始终左右着仲淹的仕途。

三十三岁那年,也就是宋真宗天禧五年(1021),仲淹调任泰州(今江苏泰州),负责管理当地的西溪盐仓。在这个并不起眼的地方,像

---

① [宋] 陈鹄:《耆旧续闻》卷六,《全宋笔记》第六编第五册,76页。
② [宋] 富弼:《范文正公仲淹墓志铭》,《范仲淹全集》,818页。
③ 楼钥说天禧三年仲淹为秘书省校书郎,四年为芸省校书郎,其实这不是两个官职,芸省是秘书省的别名。秘书省四库多放有芸香以驱虫,故得名芸台、芸阁、芸省。参见龚延明《宋朝官制词典》,238页。以往学界常误以为仲淹在任职亳州后曾短暂地赴京任校书郎,但范仲淹得到的其实是试秘书校书郎的官衔,并非真的去京城校书了。关于此点,可见朱瑞熙、程郁《宋史研究》,104页。
④ [宋] 范仲淹:《太子中舍致仕上官君墓志铭》,《范仲淹全集》,367页。

是序幕一般，仲淹与他未来的政敌吕夷简有了一次神交。在西溪，吕夷简曾经种下片片牡丹①，并留下诗刻。仲淹来时，牡丹花开，赋《西溪见牡丹》诗一首："阳和不择地，海角亦逢春。忆得上林色，相看如故人"②。范、吕二人的牡丹诗引得后世许多人也来此题咏，此后牡丹越发繁盛，被朱阑围住，成为西溪一景。

紧接着到了次年二月，宋真宗便去世了。新的君王、新的政治领袖——宋仁宗上台，这无疑令不少人对这个新君主可能做出的改革产生期待，也令不少人对自己的前途产生了想法，这些人中自然包括偏居海隅的范仲淹。他想找人倾诉自己胸怀抱负却不能施展的苦闷，于是拿起笔墨，给一向以无私清廉著称的枢密副使张知白写了一封信。在信里，他讲到自己出身"四民"（士农工商）之中，"识书学文，为衣冠礼乐之士；研精覃思，粗闻圣人之道。知忠孝可以奉上，仁义可以施下，功名可存于不朽，文章可贻于无穷，莫不感激而兴，慨然有益天下之心，垂千古之志"，他心忧天下，要秉持圣人之道陶甄（治理）四民，虽然此刻并未身居高职，却不影响他胸怀理想③。文章中透露出的是士大夫勇于投身现实为民谋福的民本思想，仲淹此时没有足够广阔的施展空间，却抱负远大，正如他在泰州结交到的老隐士林逋在后来为他所写的诗中说的那样，"马卿才大能为赋，梅福官卑数上书"④。令人读后心中无限怅然。

说到林逋，不得不赘笔两句。仲淹与之结识时，林逋已是暮年。林逋，字和靖，以隐逸闻名，宋史学者程应镠曾说，林逋有一颗"举世沉溺于荣利中的幽独心灵"，实际上他也不能忘怀现实俗事，正因为他讲

---

① ［宋］王辟之：《渑水燕谈录》卷七，86页。
② ［宋］范仲淹：《西溪见牡丹》，《范仲淹全集》，71页。
③ ［宋］范仲淹：《上张右丞书》，《范仲淹全集》，208~210页。
④ ［宋］林逋：《送范希文寺丞》，《林和靖集》，99页。

奉孔孟却不趋名利,所以才被许多士大夫赞赏①。我以为,林逋的"隐",是在对现实失望后转而追求自我的修行,是"转向内在",欧阳修晚年也有这样的想法,范仲淹也在一定程度上受其影响,至少,他们都很欣赏林逋的这种"隐"——它并不是完全放弃了对儒家理想的追求,而是在"行道"不成后依旧保持自我的高洁。

诚然,泰州时期不是仲淹仕途的高峰,可这一时期对仲淹的意义却非同凡响,他在这里结识了滕宗谅、欧静、李宗易、富弼等挚交,特别是结交到了宗谅和富弼。宗谅彼时任泰州军事推官,和仲淹一同负责修海堰,一次工地上遇到大风,海浪涌上,众人惊慌,唯有宗谅神色不动,缓谈利弊,安抚众人,这无疑让仲淹在当时对宗谅有了敬佩之情;富弼比仲淹小十五岁,二人的来往就像仲淹和林逋一样算是忘年交,仲淹欣赏富弼的才华,对这位年轻的后学勉励有加,说他是王佐之才,还将他的文章转给王曾、晏殊来看,晏殊后来还把女儿嫁给了富弼。

仲淹在泰州时,汴京城里的政治局势也已经发生了变化,乾兴元年(1022)二月登基的宋仁宗不过只有十二岁,朝廷的大权掌握在太后刘氏的手里。

杨联陞《国史上的女主》转引赵凤喈《中国妇女在法律上的地位》一书中皇太后摄政的部分,指出中国历史上的太后摄政往往伴随着三种情况中的任意一种的出现,这三种情况分别是皇帝年幼、帝疾不能视事、皇帝崩殂且或有遗诏。仁宗初期的局势算第一种,恰逢主少国疑。因而也难怪今人说"刘后专政,在当时的历史条件下,有必然性,也无可厚非"②。

同时,杨联陞还总结道,中国古代历史上的太后摄政作为一个被正式确立了的制度,它虽然偶尔被禁止、被批评,却常常成为国家政局在

---

① 程应镠:《论林逋》,《程应镠史学文存》,494~497页。
② 张其凡:《宋代史》,85页。

紧急情况下的权宜之计①。这道理同样适用于仁宗初年的政局。诚然这场宋朝历史上的首次太后摄政事件中，伴随有刘氏个人的专断和士大夫社群从封建儒家价值观出发对女人政治的厌烦，然而，从整个两宋的太后摄政来看，"所有这些女性并不是非常恶毒，也没有人以鲁莽或冲动行事。但她们显示出君主无力时期，宫廷妇女的权利有可能出现恶性膨胀，而这在一定程度上对处理行政事务的男性管理者构成了威胁——在王朝处于危急存亡之际，并不是我们这些女性能够改变这种局面。"②

女人和女人政治本没有错，它们的危害无非是对于男权政治的稳固而言的，至于社稷兴亡，诚然封建时代的女性能胜任匡扶江山之任务的并不多见，但刘太后就是少见的优秀女政治家，在她摄政的时期，外戚干政几乎是不存在的，只有钱俶之子、与刘太后有亲戚关系的钱惟演曾想要谋取相位，真宗时他本是枢密副使，刘太后摄政后升枢密使，可未几就被刘太后找机会赶出了朝廷。所以元丰年间曾巩说："宋兴以来，戚里宦官，曰将曰相，未尝得以擅事也"③并非空穴来风。

宋代历史上，太后摄政并非只有这一次，然而有一点却出人意料，即尽管常常有士人担心武则天一类的事重演，可实际上宋朝的太后却无一人想要成为独裁女主。譬如刘太后，她对武则天那样的做法就明确说过"吾不作此负祖宗事"。学者刘静贞对这样的现象就指出，宋代的摄政太后实际上因其"后"与"母"的双重身份，而承担着协助帝系传承和代行皇权的双重任务，太后摄政"既是母职的一环，也是皇帝制度的不得已"，即便摄政太后想要膨胀个人权力，匡扶宋室也是她们不变的目标④。从这个方面而言，刘后摄政时期的政治相对清明，是有合理

---

① 杨联陞：《国史上的女主》，《国史探微》，63~75页。
② ［美］戴仁柱：《十三世纪中国政治与文化危机》，61页。
③ ［宋］曾巩：《移沧州过阙上殿札子》，《曾巩集》卷三十，442页。
④ 刘静贞：《社会文化理念的政治运作——宋代母/后的政治权力与位置试探》，《宋史研究论文集（2012）》，10~18页。

不过，也有人批评刘太后"制命出于帷幄，威福假于宦寺，斜封墨敕，授之匪人，委用渐大"①，这倒也是确有其事。诚如今人述，刘太后好问外廷事，却身为妇人，只好仰仗宦官为她传达外界消息，使得宦官雷允恭、江德明、罗崇勋、皇甫继明等有了势力，不过刘氏后来找由头收拾了雷允恭。诚然宦官势力本身和士大夫势力就是相对峙的，刘后时期也确实存在司马池、蔡齐等因触怒宦官而受罚等现象，澶渊之盟时的功臣曹利用甚至还被宦官整得送了性命，但总览刘后摄政时期的宦官干政，作为母后临朝必然出现的孪生现象，其危害还是很有限的②，而且"由于宦权在通常情况下依附并服务于皇权，因而皇帝的看法与士大夫不同，他们把信用宦官作为振兴王纲的重要手段"③，所以身为妇人的刘后仰赖宦官也是情有可原的做法。加之宋代对宦官势力的牵制有较为细致完善的手段，所以刘后时期宦官势力的抬头并不足以颠覆对刘后时期政局的正面评价。

刘后摄政时期的政绩被虞云国总结为六点：创设谏院、澄清吏治、重视水利、发行交子、完善科举、兴办州学④。另外，何忠礼据刘后停止了宫观的修建而认为，刘后对真宗朝弊政和财政危机的认识是很深刻的，她知道依照当下的局面不得不有所变革⑤。不过刘后倒是也继承了

---

① ［宋］王明清：《玉照新志》卷一，《全宋笔记》第六编第二册，140页。另，黄淮、杨士奇编《历代名臣奏议》卷292《近习》写作"制命出于帷幄，威福假于内官"，3786页。
② 关于此点，详参虞云国《细说宋朝》128页。
③ 张邦炜：《宋代皇亲与政治》，271页。
④ 虞云国：《细说宋朝》，127页。
⑤ 何忠礼：《宋代政治史》第五章，138页。

一部分真宗的政治遗产，比如在鼓励官员和而不同、安排宰执"异论相搅"① 方面，他就完全承袭了宋真宗的做法。

围绕本书所述的主题——庆历新政，刘后时期的政局实际上有两点值得指出：

其一，尽管这一时期政局稳定，社会良性发展，甚至有了要扭转真宗朝弊政的趋势，但总的而言，宋代内政之弊加深的趋势没有根本上的改变。这也就是说，改革的需求没有减退反而仍不断高涨；

其二，女性政治对士大夫自贵和积极政治的意识的强调有推动作用。在封建时代，传统的儒家价值观不能允许女性把持政局，所以刘后去世前安排杨妃摄政的计划，就被群臣强压下去而没能实现。特别是时任右司谏的范仲淹，在听说刘后遗诏里让杨妃为太后继续称制后，旋即上书仁宗，讲如果再立太后，恐怕会让天下人觉得皇帝每天都离不开有个太后来帮助，言语中不免略有嘲薄之意。

这种君主年幼、后宫掌权的局势会加剧朝廷臣子的危机意识，对于一个缺少成年、强干的男性统治者的管理的政权，士大夫们是不能放心的，这一切就使得他们对朝廷政局更加关心。对于一个新时代而言，这种局面是一个好的开端，因为它一下能刺激许多士大夫在政治机遇的浪潮中涌现，刘后时期政局复杂、牵涉人员多、发生事件多，这些特性正是士大夫积极参政的意识更强烈的情况所导致的。

而且，正因为刘后专政引起士大夫不满，所以仁宗朝士人后来对外戚干政极为敏感。打开《宋朝诸臣奏议》卷三十四、卷三十五有关外戚

---

① "异论相搅"和宋代党争、台谏在职能上侧重监察百官等现象都有关。其作为一种帝王术，除了起到制约相权、士权发展的作用，实质上也是扩增帝王所获得的信息量的一种方式。"异论相搅"由于其背后掺杂着的人际矛盾的背景，因而常常成为党争的表相。而台谏势力对宰执和百官的制衡，更是君主推行"异论相搅"策略的产物。从某种意义上讲，庆历时期台谏和宰执这两个群体内部的分歧，正是宋仁宗施行"异论相搅"的结果，当时章得象对改革持保留意见，王拱辰领导的御史台和欧阳修等谏官不合，皆是其体现。

的部分,我们可以发现,在整个北宋,仁宗朝士人进言皇帝防止外戚干政的奏议最多,足足有十九篇。仁宗的丈人公张尧佐说起来还是个"持身谨畏,颇通吏治,晓法律"且出身寒门的人,不能说本事大,但也绝非没有才能。可就因为他的外戚身份,加上他自己后来也有点嚣张,结果当时士林和民间都看不起他,余靖在庆历四年给仁宗的奏书里就指明了"外议皆言:尧佐识见浅近,依托后宫嫔嫱之势,……臣深为陛下惜之"①。可见士人在经历过刘后专政后对外戚势力提防之坚决。

刘后摄政长达十一年,这十一年间,宋朝在政制上虽然是太后摄政,但国家并没有因此出现动乱与太多的反常。诚然女后称制不合封建时代儒家士大夫的制度思维,但是毋庸置疑,这样一位女政治家对宋仁宗及仁宗早年统治时期的政局起到了维护和促进发展的作用,不论是丁谓还是吕夷简,这些权臣都能被刘后所掌控,各方势力能够被刘后所平衡,很难说这没有为日后仁宗亲政时期良好的政治局面做出铺垫。

因而,也难怪仁宗亲政后,仲淹会劝说皇帝不要太过诋毁刘后了②。后来司马光也曾高度赞誉刘后:"往者大行皇帝嗣位之初,章献明肃皇太后保护圣躬,纲纪四方,进贤退奸,镇抚中外,于赵氏实大有功",至于刘后的问题,在司马光笔下也不过是"自奉之理或崇重太过"③,总体还是多持肯定态度的。

## 二、"救斯文之薄"

范仲淹的政改思想和士大夫人格精神是能够从他的几篇重要文章中集中体现出来的,《奏上时务书》便是其中之一。这篇文章写于天圣三

---

① [宋]余靖:《上仁宗论张尧佐不当与府界提点》,载赵汝愚编《宋朝诸臣奏议》卷三十四,330页。
② [宋]李焘:《续资治通鉴长编》卷一百一十二,2617页。
③ [宋]司马光:《上皇太后疏》,《司马光集》卷二十五,648页。

年（1025）四月二十日，是他给刘太后和仁宗的建言，彼时仲淹不过是小小文林郎、大理寺丞、监西溪盐仓官①。

《奏上时务书》一开篇就很令人诧异，仲淹在文中论述的第一个要点不是国家大政也不是边疆军情，而是与文章写作有关的。

在本书的前言中我们就已经提到过，宋代古文运动的发展实际上与宋代政治思想的嬗变息息相关，古文复兴和儒学复兴相辅相成。对安史之乱以后到九世纪中叶中国思想的变革与古文运动的关系，陈弱水曾有一番论述，他说，"古文家多主张文章应以经典义理为依归，有些人甚至直接宣扬儒道，乃至从儒家立场进行思想探索。毫无疑问，古文运动是中唐儒家复兴潮流的骨干，这不但是因为儒家复兴的代表人物多为古文家，更重要的是，文人居于唐代文化的核心，地位绝高，文人思想变化所带来的冲击，不是其他群体所可相比的。"② 我以为这句话不仅适用于描述中唐，用它来描述北宋的古文复兴与儒学复兴间的关系，也恰如其分。

范仲淹的革新思想同样也与他的文学思想有着密切的关联，至少范仲淹自己认为文章风貌是能够反映社会流行的政治思想和道德价值观的，他将之称作"国之文章，应于风化；风化厚薄，见乎文章"。这种想法的产生与他是一名士大夫、一名儒生密不可分。

范仲淹认为，"文章之薄，则为君子之忧；风化其坏，则为来者之资"，所谓"薄"，其实是说文章写作重表面用词奇巧，而文章所承载的道德价值和教化意义变得很微薄。"文当前的状态——在真宗统治下流行的雕琢的文风——是道德衰靡的标志"③。范仲淹推崇韩愈和柳宗元的文章，讲求为文"兴复古道"，这种对"古文"的崇拜实际体现出

---

① 楼钥在《范文正公年谱》说此时仲淹已经为兴化令并掌管楚州粮料院，当为误。参见方健《范仲淹评传》，44页。
② 陈弱水：《唐代文士与中国思想的转型》，4页。
③ ［美］包弼德：《斯文：唐宋思想的转型》，175页。

"当时士大夫们认定,价值观是通过文化传统来了解,并通过文获得了使人信服的形式"①。

考察范仲淹的文学观,他本人并非完全否定骈俪之文,《岳阳楼记》描绘洞庭一带风光美景之时便用词华丽。仲淹是讲求文采与思想并重的,所以如果《岳阳楼记》少却了"先天下之忧而忧,后天下之乐而乐",恐怕仲淹个人也不会觉得这是好文章。他的文学思想最突出的特点是强调文章的致用和道德教化意义,有着很浓厚的儒家实践主义的色彩,所谓"以六经典籍为文学之本源,以教化仁义为文学之内涵,以传道佐政为文学之目的",范仲淹的文学观是在强调实用价值的同时也要兼顾文章规矩②。他固然抨击"西昆体"那种绮丽的文风,然而更深层的,他批判的是这文风空洞无用,"专事辞藻"。不然他就不会对写得一手好骈文的杨亿称赞有加了③,杨亿是文采与见识并重的文学家,而且今人朱刚曾指出,杨亿未尝没有认识到文以载道、重视儒道斯文是文学史发展的大势,他也曾想顺应这种趋势,只是他误以为仅仅以骈俪之文串连经史成语就可以了,这种较为浅薄的认识导致他行为的客观效果和主观愿望有了背离④。范仲淹或许也体察到了杨亿本人的主观愿望,因而对其有同情之理解。

实际上,范仲淹的文学观是融合了杨亿和柳开的,至少他对于西昆派的态度较其对于五代体文学的态度更为温和。在这一点上,仲淹与欧阳修日后的文学主张相近,与完全否定骈文的石介看法相左,他这种文学观,与他追求致用的政改思想一脉相承,而致用本身,与文章的华采之间并非是一场零和游戏,正所谓"文质相救",用仲淹的话讲,要

---

① [美]包弼德:《斯文:唐宋思想的转型》,156页。
② 何寄澎:《范仲淹的文学观及其时代意义》,载氏著《唐宋古文新探》,69页。
③ [宋]范仲淹:《杨文公写真赞》,《范仲淹全集》,168页。
④ 朱刚:《唐宋四大家的道论与文学》,198~202页。

"救斯文之薄",便要"文弊则救之以质,质弊则救之以文"。"文"和"质"之间或许要有侧重,但绝不能抛弃其中的任何一个。西昆体风格雍容大气,反映太平气象,或许在仲淹等人眼中它虽还是过重辞藻,但较五代体哀伤乱世,西昆体相对还能表现出一点现实关怀,或者说能反映社会背景①。

这实际上还是孔子的思想,孔子说过"质胜文则野,文胜质则史。文质彬彬,然后君子"。《论语集解》对之解释为"野如野人,言鄙略也。史者,文多而质少。彬彬,文质相半之貌"②。也就是说,孔子以为,只重视内容,说一些大白话,则言语太过鄙略,而太过偏重辞藻,则会令文章成了华而不实的策祝。只有文章的思想内容与文学辞藻并重,才是君子之文。

晚唐五代以来,文风艳冶,宋初文坛继承了这种文风,直到柳开才开始批判这种"五代体"文学的"华而不实,取其刻削为工,声律为能",提出"圣人之文章,诗书礼乐也""文恶辞之华于理,不恶理之华于辞"③,强调文章写作时在内容上对儒道的侧重。范仲淹提倡改革文风,也是一种变相的改革诉求,范仲淹的改革愿望所涉及的范围是很广阔的,他是要变革整个时代的方方面面——特别是其中与士大夫政治有

---

① 葛晓音曾指出,需要区别西昆体和五代体的不同特征。柳开、王禹偁的古文运动针对的是五代体,到石介、欧阳修等人那里,才主要是批判西昆体。五代体和西昆体虽然都是"华丽雕琢,以声律对偶为工的晚唐五代文风",但五代体反映"乱世的衰飒之气",西昆体却"雍容华贵,典雅丰赡",二者风格有别,北宋士人对之的态度也有别。参见葛晓音《北宋诗文革新的曲折历程》,载《中国社会科学》1989 年 02 期。

② 程树德:《论语集释》,401 页。关于此句,李泽厚说孔子所谓之"质"是情感,"文"是理性,为误。他又把"史"看作是死板文章的代表,这恰好与古来通行的解释相反。见《论语今读》,157 页。实际上,"史"是策祝,《仪礼》讲"辞多则史",可见策祝文辞多浮华。杨伯峻将"文胜质则史"译作"文采多于朴实,又未免虚浮",当更准确。见《论语译注》,61 页。

③ [宋]柳开:《上王学士第三书》,《河东柳仲涂先生文集》卷五页面六,载《宋集珍本丛刊》第一册,463 页。

关的部分。仲淹要改革文风的诉求只是这篇文章能够供人们管窥到的一个小小的局部。所谓一叶知秋，《奏上时务书》已经表露出了仲淹不凡的政治抱负。

除却变革文风的问题，范仲淹在《奏上时务书》中还谈及了北宋文武发展不平衡的状况，他谈到天下休兵二十余年，当年能打仗的人都老了，年轻人多不知兵事。"人不知战，国不虑危，岂圣人之意哉！而况守在四夷，不可不虑。古来和好，鲜克始终"。"宜复唐之武举，则英雄辈愿在彀中。此圣人居安虑危之备，备而无用，国家之福也。惟圣意详之"。

范仲淹之所以强调国家应该加强武备，这其中的背景是宋初武将群体素质有所下降。从宋太宗朝定下以文治天下的执政方略起，北宋的武将群体就产生了一种自卑心理，这一点在宋真宗朝得到了加强，武将群体的碌碌无为和能力下降反映了在宋朝"重文轻武"国策下武士的心理阴影，而诸如范仲淹这样的文臣士大夫都因觉得国家武备薄弱以致要求朝廷激励武人，更是从侧面说明当时武将群体素质下降的现象[①]。

事实上，身为儒家士大夫的范仲淹建言朝廷重视武备、选拔武将，不仅反映了北宋当时重文轻武之严重，更重要的，它体现出范仲淹的一种眼光和气度，一种抛弃自身社群的利益而以"天下为己任"的胸怀，并不因为自己是文士而有意排斥武士，而是以国家大局为重。这种气量胸怀引领了日后范仲淹主政时期宋代的士风。

不过，作为范仲淹在地方从政时期的作品，他的谏言在视野上还是有很多局限的，比如他说"备而无用，国家之福也"，可实际上数量庞大的常备军给朝廷带来的巨大财政负担正是造成宋代内政压力不断加剧的原因之一，此时的范仲淹未曾任职京城，可能对实际情况缺乏了解，其政治经验还很不足。

---

① 陈峰：《北宋武将群体素质的整体考察》，《宋代军政研究》，111~124页。

另外，在官员任用和处理上，范仲淹主张"必以贤俊授任，不以爵禄为恩"，同时建议仁宗广开言路，要让谏官发挥作用多提建议。实际上，提倡以才能用人是在变相强调朝廷应该坚持以公平的科举录士、不看门第、削减恩荫，这一点在日后的庆历新政中也是范仲淹的改革重点之一。

除了对国家朝政有所建议，仲淹还对仁宗提出了要求，希望他能以德服人，"与忠臣治天下"，不沉迷于"珠玉之玩"，用心朝政，"纳远大之谋"，"临万机之事而不敢独断，纳群臣之言而不敢偏听"。完全是按照一副儒家仁君的形象来要求仁宗的。值得注意的是，范仲淹强调的"忠臣"，并非愚忠之臣，而是做事公正的大臣，这种理解实际上更符合原始儒家的本义，与范仲淹推崇原始儒学的立场相一致①。

今人诸葛忆兵在具体分析《奏上时务书》时，归结出了核心思想不突出、具体讨论不深入、文章思路不清晰这三个缺点，并以此说明"范仲淹此时的政治变革思想更多表现为笼统模糊、不成体系"②。他总结的三点看似很有道理，其实只在讲文章的行文方法和思路，像是在对这篇文章做文学分析，而无关乎文章主旨。倒是他说仲淹的政改思想笼统模糊，尽管这只是依据文章逻辑层次不清楚而得出的猜测，在笔者看来却是属实。总览《奏上时务书》，可以说，他是日后范仲淹进行政治改革的一个早期蓝本，仲淹日后不少的革新思想，都能在当年的这份奏书中看到影子。然而，官职低微、久仕地方的仲淹此时还不具备日后那般广远的政治眼界，作为一个处于成长阶段的改革家，他依然有一些浅陋的见识。

早年的范仲淹任职地方时对进言朝廷是十分热衷的，除了《奏上时务书》，在天圣五年（1027）丁母忧期间，他还曾写下一篇《上执政

---

① 王瑞来：《"将错就错"：宋代士大夫"原道"略说——以范仲淹的君臣关系论为中心的考察》，《学术月刊》2009年04期。
② 诸葛忆兵：《范仲淹研究》，120～121页。

书》。

天圣三年，仲淹为兴化令。① 等到第二年，他的母亲谢氏就去世了。仲淹于是回到河南商丘丁母忧。当年他就是在应天书院读书的，如今重返旧地，恰逢原来的枢密副使晏殊在天圣五年正月出知应天府，仲淹因而被晏殊任命为负责掌管应天书院的一席教职。晏殊是著名的文学家，他为官地方时总是倡导兴学，所以李焘说："自五代以来，天下学废，兴自殊始"②。想来范仲淹日后主持政改也强调兴修教育，除了由于他个人的长远眼光以及传播儒学的士大夫责任意识外，晏殊对他的示范与提携恐怕也不能忽视。

范仲淹和晏殊的合作使得应天书院更加繁荣，四方学者前来求教，"其后宋人以文学有声名于场屋朝廷者，多其所教也"③。今人总结应天书院对宋代文化、宋学发展的贡献，无非归结为培养人才、开启理学思潮、发展学术、复兴儒学，有趣的是，但凡说到这些，几乎全在说范仲淹主持应天书院时的作为，有人说范仲淹是"宋学初期把兴学育才和振兴宋朝、革新政治的现实需要相结合的首位政治家"④，就是指这一点。在应天书院，范仲淹进行了一场教学改革，他倡导"明体之学"，鼓励学生自学，强调培养学生德才兼备，不看学生的门户出身。实际上之所以后来能有"庆历兴学"的出现，一方面与范仲淹重视教育有关，另一方面正与他早年在应天书院执教时的实践、感受密不可分。

除了教书育人，任职应天书院时期，范仲淹还抽出时间思考了许多

---

① 关于范仲淹为兴化令的时间，楼钥《年谱》说其在天圣元年（1023），但是作于天圣三年的《奏上时务书》仍署仲淹为"文林郎、守大理寺丞"，而按富弼《范文正公墓志铭》，仲淹为兴化令当在为大理寺丞之后，则仲淹为兴化令至少在天圣三年。方健据范仲淹《寄秦州幕明化基寺丞》诗所述仲淹与明镐辟官时间相近，认为仲淹也是在天圣三年辟为兴化令的。见《范仲淹评传》44~45 页。
② ［宋］李焘：《续资治通鉴长编》卷一百五，2435 页。
③ ［宋］司马光：《涑水记闻》卷十，182 页。
④ 郭文佳：《应天书院与北宋文化的发展》，《商丘师范学院学报》2009 年 02 期。

现实问题。在这一年所写的《上执政书》里,范仲淹对现实问题的思考较两年前变得更为深入和全面。他首先讲到了当前国家政局所面临的六方面问题:"朝廷无忧,则苦言难入;天下久平,则倚伏可畏;兵久弗用,则武备不坚;士曾未教,则贤材不充;中外奢侈,则国用无度;百姓困穷,则天下无恩。苦言难入,则国听不聪矣;倚伏可畏,则奸雄或伺其时矣;武备不坚,则戎狄或乘其隙矣;贤材不充,则名器或假于人矣;国用无度,则民力已竭矣;天下无恩,则邦本不固矣。"① 概括起来,便是君王言路闭塞、朝政有奸雄觊觎、国家兵备薄弱、贤才任用不足、财政开销过大、基层不够稳定。

针对这六个问题,范仲淹提出了"固邦本,厚民力,重名器,备戎狄,杜奸雄,明国听"六条解决方案。所谓"固邦本",就是完善基层行政规划和制度建设,重视对于地方官员的委任,严格监督地方官的言行,对地方官的业绩进行考核,择优奖勉提拔。

"厚民力",则是要增加百姓收入、缓解国家财政压力、降低谷帛等百姓日用品的价格,具体而言,仲淹认为应该减少僧道、裁撤老弱之兵、打压市场上流行的崇尚珠玉等玩物而非谷帛等实用物品的风气。

"重名器",其实讲的是要严格官员委任机制,重视栽培后学、选拔人才。要完善科举制度,先考策论后考诗赋,以策论所体现出的人的见识来决定应考者的去留;而用诗赋看一个人才华的全面程度,为应考者划分等级。同时,公正的科举制度能够激励底层寒士读书、谋取功名,这在范仲淹看来是至为关键的。地方教育的发展也是范仲淹重视的问题,这关系到教育的普及。此外,仲淹还强调对于民间贤能之人的任用,应当不拘泥于让所有人都靠应试来发达,政府应该主动对那些有特殊才华和一技之长的人礼贤下士,破格任用。

范仲淹对于人才选拔的态度,反映了士大夫的自贵心理,它不强调

---

① [宋]范仲淹:《上执政书》,《范仲淹全集》,210~229页。

所有人都应该顺应国家制度来换取个人地位的提升,而强调国家应该主动给予有才华的人机会,其实是强调了士人不需依附于政权的独立人格,还强调士人自身的社会价值。

"备戎狄",自然说的是对边患的应对。范仲淹特别重视将帅的选拔,提倡设立武举考试,培养军事人才。范仲淹后来在西北主持军务,对表现出色的狄青、种世衡重视有加,可以说正暗合他当年的想法。值得特别强调的是,关于北宋时期对外作战时出现的不利局面,王曾瑜先生曾有一观点,认为这种局面的出现与主政者的苟且心态有关,宋代始终执行一种议和苟安的传统国策[①]。实际上,与这种苟安传统相并列的,是将从中御。掌兵的大臣没有实权,而文官,很多时候只能建言,也无法去实践自己的想法。不过范仲淹是例外,此时的范仲淹还是纸上谈兵,日后他却将在宋夏战争中主持一方军务,可谓是上天对他别有眷顾。

此外,"杜奸雄""明国听",讲的都是皇帝个人的作为。仲淹以为,好的君王不能偏私,要防止皇帝的近臣专权,要杜绝大兴土木以防止消耗国家财力,要赏罚公允、明肃朝纲、抑制恩荫。另外,国家要广开言路,特别是要能够听取那些来自社会上有责任心的士大夫所提出的批评意见,不能够"天下有善则归诸己,天下有祸则归诸天"。

从这六点中可以明显看出的是,范仲淹的政改思想已经渐渐趋向于重视吏治改革了,不论是"固邦本"、"重名器"还"杜奸雄",都与官员的选拔、管理和任用有关。其实《上执政书》中还曾论及北宋的劝农使问题,认为地方劝农有名无实,这实际也是关注到了官员队伍的行政效率,关注到了吏治。同时,作为北宋时期国家政权的另一大弊政,仲淹对财政问题的关注在"厚民力"一条中也有所体现。至于"备戎狄",《奏上时务书》中也有提及对武备的整顿,这一点跟北宋饱受契

---

① 王曾瑜:《宋朝军制初探(增订本)》,530~532页。

丹和党项边患威胁的实际情况相对应,日后庆历新政中讲"修武备",自然与天圣年间仲淹的政改思想一脉相承。

需要说明的是,诚然《上执政书》中的言论和见识依然有不足之处,诸葛忆兵就指出"文章讨论的最后两个方面'杜奸雄'和'明国听',仍旧是相当简略笼统,表现出地方下层官员对中央朝政的陌生"。然而,正是这篇文章,"十几年后,便成为答手诏十事的张本。庆历新政的改革,也不出这篇上书的范围"①。范仲淹在这篇文章中明显表现出了他日后政改思想的特点,即针对宋朝朝政时弊的重点,以整顿吏治为主,兼及其他方面来进行综合改革。

范仲淹在这篇文章中用到了"共理天下"这个词,这四个字是仲淹留给宋代政治最宝贵的遗产。范仲淹作为北宋士大夫中谈论天子与士大夫"共治天下"最多者之一②,他日后的所作所为将改变这四个字的内涵,将君王与百官治天下改为君王与士大夫治天下,当然,这是后话。

其实从后人的评价来看,范仲淹这篇文章除了见识好,展现出他心忧天下、欲致太平的抱负以外,文章足够长也成为它产生巨大影响力的原因之一,这恐怕令今人匪夷所思,但事实确实如此。苏轼曾说:"公在天圣中,居太夫人忧,则已有忧天下致太平之意,为万言书以遗丞相,天下传诵"③,东坡在这里特别强调"万言书",便证明了这一点。日后王安石主持政改也写下了万言书,恐怕正是从范仲淹这里得到的启发。

范仲淹积极建言的行为背后其实是由其中价值观作为支撑的,即"左右天子为大忠"。范仲淹曾经盛赞在澶渊之盟中让宋真宗上前线鼓舞士气的寇准,说他"能左右天子,如山不动,却戎狄,保宗社,天下谓

---

① 程应镠:《范仲淹新传》,《程应镠史学文存》,123 页。
② 张希清:《"以天下为己任"——范仲淹为政之道研究之一》,《范仲淹研究文集(五)》,45 页。
③ [宋]苏轼:《范文正公文集叙》,《苏轼文集》卷十,312 页。

之大忠"①，实际上范仲淹自己也是按照这个标准来做的，在他眼中，士大夫的价值就体现在能够为天下谋福利，之所以要左右君王，则是因为君王专制天下，而仲淹又"以天下为己任"。所以后来仲淹就说，"有犯无隐，人臣之常，面折庭诤，国朝之盛。有阙即补，何用不臧！"② 人臣就应该直谏不讳，当面指出问题才利于国家建设，有问题就该解决。

天圣六年（1028），当时的宰相王曾看到了仲淹的《上执政书》。彼时晏殊已经从应天府调回了汴京，他走后朝廷要他推荐一个馆职，他推荐了一个人，结果王曾看到他的推荐后就对他说："你不是认识范仲淹吗？怎么推荐别人不推荐他呢！我把你推荐的那个人压下来了，我看你还是推荐范仲淹比较合适"③。

于是阴差阳错，在那年十二月，仲淹被任命为秘阁校理，从他走入开封的这一刻起，北宋的政局将开始有一番大变换。

## 三、"儒者报国，以言为先"

作为一名耿直的士大夫，范仲淹永远都是那副全心为公、耿直进谏的样子。他曾自述"儒者报国，以言为先"，志在做一名敢于直言的儒者，哪怕直言可能会给他带来祸患。这位在思想上深受儒家价值观熏陶的大臣，面对朝廷里刘太后的擅政，他自然不能习惯和适应。所以尽管从表面来看仲淹与刘后的冲突发生得很突然，然而深究其理，这也是迟早的事。

在天圣七年（1029）十一月的冬至，仁宗要带领群臣在会庆殿为刘

---

① ［宋］范仲淹：《杨文公写真赞》，《范仲淹全集》，167~168页。
② ［宋］范仲淹：《睦州谢上表》，《范仲淹全集》，387页。
③ ［宋］司马光：《涑水记闻》卷十，182页。

后上寿，这本是有先例的事①，然而由于此时身在朝堂中的大臣里包括范仲淹，这项有违封建礼法的事恐怕很难一帆风顺地完成。范仲淹对仁宗上奏讲，天子可以侍奉自己的亲人，但想来没有去做臣子的道理，对太后，君王到大内中去行家人之礼就好了，如今拉着一帮大臣们一同行礼，实在是"亏君体，损主威"，不足以让后世效仿②，并且，这还可算作是"开后世弱人主以强母后之渐"③，更不可取。可惜仁宗最后没有听他的④。

作为仲淹当初的推荐人，晏殊在听到仲淹的作为后很是生气，觉得仲淹太过轻狂。结果仲淹回答说，他就是一直害怕辜负了晏殊荐举他的美意，才尽心尽责秉直进谏，哪知竟得罪了晏殊。晏殊听完，被驳得哑口无言。后来范仲淹又上奏要求刘后还政，一同上奏的还有刘越、刘随、滕宗谅等人。其中尤以仲淹的老朋友滕宗谅进言最有趣，宗谅显然是有过一番准备的，估计是知道刘后固执，便以宋朝主火德为由劝刘后还政，结果刘后对他们的建议不予理睬。范仲淹大约自知无趣，便自请外放，去河中府（今山西永济市西）做了通判。当然，这批人后来也都因祸得福，在刘后死后，凡是当年劝过刘后还政的大臣，仁宗都对他们有所提拔。

在以范仲淹为代表的封建儒家士大夫那里，臣子维护正统的封建礼教乃是一种道德准则，这便是他们不遗余力、前仆后继地进言刘后促其

---

① ［宋］李焘：《续资治通鉴长编》卷一百五天圣五年春正月壬寅朔条，"上率百官上皇太后寿于会庆殿"。1434 页。

② ［宋］李焘：《续资治通鉴长编》卷一百八，2526~2527 页。

③ ［宋］文莹：《续湘山野录》，76 页。

④ 欧阳修在为范仲淹作的神道碑铭中说由于范仲淹的阻拦，仁宗最后没有在会庆殿为刘后上寿。见《范仲淹全集》813 页。后人多采用其说。但据陈鹄《耆旧续闻》卷三的记载，苏洵曾在和欧阳修一同编修《太常因革礼》时发现朝廷案牍记载此事的结局和欧阳修文章里写的不同，案牍载范仲淹的进言失败了。苏洵问欧阳修，欧阳修承认自己歪曲了事实，陈氏认为欧阳修这么做的目的是为了不开后世弱人主、强母后之渐。见《全宋笔记》第六编第五册，63 页。

还政的思想动力了。宋代的士大夫是很讲究儒家道德的，孔子讲："德之不修，学之不讲，闻义不能徙，不善不能改，是吾忧也"，作为"以天下为己任"的政治家，范仲淹他们更看重一个人德行的完善与否，所以哪怕有碍仕途，尽进忠言都是被作为一件儒家士大夫的道德责任而不能被改变的。这也就能解释，在与晏殊意见不合的情况下，仲淹为何还能有礼有节地对待这位资政殿学士，毕竟晏殊对他有知遇之恩，仲淹对之也有所感激。另外，这种对道德价值观的恪守也必然会为士大夫们迎来好名声——这自然也是范仲淹所希望的。仲淹本就是一个积极现实的人，换句话讲，范仲淹的功名心很重，这从他在天圣二年所作的诗中就能看出："有客淳且狂，少小爱功名。非谓钟鼎重，非谓箪瓢轻。素闻前哲道，欲向圣朝行。风尘三十六，未作万人英。乃闻头角者，五神长战争"①。不过，对仲淹的功名心要正确理解，"范仲淹提倡注重名节，可以说是在一种特定的历史环境下的拨乱反正"，他砥砺名节，其实是对五代时期以冯道等人的作为为代表的浇薄士风的矫枉②。

外放河中府的范仲淹在日后又经历了不少宦海沉浮，在他被派往西北主持宋夏战事前，最重要的一段经历便是与权相吕夷简交恶。同时，欧阳修、余靖等人也开始在北宋政治舞台上崭露头角。此外，在这场政治斗争中，"朋党"也被作为一项在皇帝面前诋毁政敌声誉的舆论武器而首次出现在仁宗年间的政治舞台上。

如果要给景祐时期的党议、党争找一个起始点，仁宗郭皇后被废所引发的政治风波恐怕当仁不让。事情的经过要从吕夷简把持朝政说起。

明道二年（1033），仁宗终于亲政了。事实证明，作为一个角色意识很强的帝王，仁宗有着老练的政治手腕。在他亲政之初，便立刻展开了一番"清洗"，目的是摆脱刘后主政风格的阴影。

---

① ［宋］范仲淹：《赠张先生》，《范仲淹全集》，26页。
② 王瑞来：《宋代士大夫主流精神论——以范仲淹为中心的考察》，《宋史研究论丛（第6辑）》，第169~198页。

这个"清洗"是两方面的。一方面是对刘后时期弊政的修正。一方面是对刘后时期宰执班子的调整。

　　刘后时期,"内降"现象尤为严重。这里所谓的"内降",并非内廷旨意越过二府而直接被执行,而说的是直接由刘太后对大臣、宦官降下恩泽。刘后时期,由于摄政者的女性身份,因而内外廷信息的传达主要由宦官和刘后的近侍完成,结果就造成了所谓"近时贵戚、内臣以及士人,或因缘以求恩泽,从中而下,谓之'内降'"①。韩琦就曾经指出,"只自章献明肃太后垂帘之日,遂有奔竞之辈,贿赂公行,假托皇亲,因缘女谒,或于内中下表,或只口为奏求"②,总是有心术不正的人走后门求刘后直接"内降"恩泽。"内降"泛滥对朝廷纲纪的破坏是十分严重的,许多才能平庸者通过这种方式获得高位,对当时清明的政治危害很大。所以仁宗亲政当年,也就是明道二年的四月,他就下诏说"内外毋得进献以祈恩泽,及缘亲戚通章表",不让人找关系直接向内廷上章表以求"内降",并且仁宗还要求宰执官员们审核内降除官③。这些措施一下子控制了此前"内降"恩重泛滥的局势,改变了刘后执政时期养成的不良政治风气,从而修正了刘后时期的一大弊政。

　　在对宰执的调整方面,刘后时期的宰执夏竦、晏殊都名列"清洗"名单中。唯独漏了吕夷简。盖因仁宗开始就是跟吕夷简商讨哪些人是刘后大臣一党,吕夷简自然不会给自己找麻烦。但这件事被仁宗的郭皇后知道后,郭皇后就觉得吕夷简不过是比较懂得风行草偃罢了,于是夷简也被罢相,去了澶州④。没过半年,大约是因为仁宗觉得宰相张士逊执政缺少建树,于是在明道二年冬十月,吕夷简重新拜相⑤。

---

　　① [宋]尹洙:《论命令恩宠赐予三事疏》,影印本《河南先生文集》卷十八页面三,舒大刚主编《宋集珍本丛刊》第三册,446页。
　　② [宋]李焘:《续资治通鉴长编》卷一百二十三,2904页。
　　③ [宋]李焘:《续资治通鉴长编》卷一百一十二,2611页。
　　④ [宋]李焘:《续资治通鉴长编》卷一百一十二,2612~2613页。
　　⑤ [宋]李焘:《续资治通鉴长编》卷一百一十二,2641页。

从此夷简对郭后便怀恨在心，恰好有次郭皇后嫉妒尚美人被仁宗宠爱，她想打尚氏却误伤仁宗，仁宗一气之下有了罢黜郭后的想法，吕夷简趁机拿郭后九年来都没有生育做文章，最终促成仁宗废后一事，甚至有人怀疑，仁宗本来并没有废后之意，这都是吕夷简一手促成的①。

彼时四十五岁的范仲淹刚刚被召回汴京当上了右司谏，在听说废后之议后力陈其不可，同御史中丞孔道辅及多名台谏官一同找仁宗进谏，哪知吕夷简早就关了殿门，这令为首的孔道辅很是激动，大呼"皇后被废，奈何不听台谏入言？"②

孔道辅这一呼是很有威慑力的，一来，孔道辅这个人平常就以自己是孔子之后而为人高傲，性情刚烈耿直，有人劝他稍微学得变通点，他直接给人家回了句"我又不是姓张姓李"③。可见其人非常自傲；二来，更重要的是，在宋代，"台谏"二字哪怕是皇帝都不能小觑。对于君主官僚阶层而言，台谏官们是与之并驾齐驱于中枢权力结构中的。尽管宋代台谏系统运作的历史轨迹不断有着时振时衰的波动，然而从总体来看，作为中央检察权的直接承担者，台谏与君主、宰执之间实际上形成了三方制衡的格局，并且由之使得宋代中央权力层出现三权制维的趋向④。诚然，政治制度由政治文化所决定，但直接造就时代政治特征的是政治制度，就如东晋门阀政治与九品官人法有关一样，台谏制度其实在一定程度上是宋代党争政治产生的决定性因素之一，言官势力作为对行政权力批判的一方，其对政治的影响力之强是不言而喻的。

就因为台谏的特殊政治地位，仁宗不得不让中书吕夷简跟范仲淹等台谏官们去说明情况，但是按照封建礼法，仁宗此举确实轻率，纵是吕

---

① ［元］佚名：《宋史全文》卷七引《大事记》曰："废后者非仁祖之本心也，而夷简实赞之"。312页。
② ［宋］李焘：《续资治通鉴长编》卷一百一十三，2648~2649页。
③ ［宋］田况：《儒林公议》，《全宋笔记》第一编第五册，113页。
④ 虞云国：《宋代台谏制度研究（增订本）》，123~127页。

夷简再能诡辩，本身道理是不在他这一边的。当时的宰相李迪还出来为仁宗做过辩护，跟孔道辅讲废后是古来就有之时，结果孔道辅说废后都是古代昏君干的事，怎么能效仿！把李迪驳得哑口无言①。吕夷简对孔道辅等台谏官也是虚与委蛇，答应明早由他们直接向皇帝进谏，哪知次日一来，众人收到的却是贬官地方的诏书，孔道辅知泰州，范仲淹知睦州，而且要求立刻启程，不能延误②。

范仲淹等台谏官的这次进谏，实际上已经可以看作是一次集体性的政治行为了。当时和范仲淹一同去找仁宗的还有台谏官郭劝、段少连、宋郊等人，在孔、范外放后，作为同党，段少连、郭劝都对皇帝有过进言。此外时任将作监丞的富弼也对范仲淹被贬一事有过进言，同时也指责了仁宗贸然废后有失礼教。可惜这些人的奏疏最后都石沉大海没有回音③。然而，虽然以失败告终，但这件事不仅仅反映着以范仲淹为代表的新进政治势力对吕夷简的排斥，同时，台谏集团这次对相权和皇权的挑战也是意义非凡。正如王曾瑜先生所说，其"表明了台谏权发展到一个新的水平，敢于旗帜鲜明地和皇权、相权做某种程度的对抗"，且在这件事情中，范仲淹"成了一面不计升沉祸福，只论是非曲直的一面大旗"④，在名节之士中渐成领袖。

转眼便到了景祐二年（1035），这一年，王曾重新担任了枢密使⑤，原因是吕夷简扳倒了先前的宰相李迪，自己做了首相，刚好天圣年间王曾为相时吕夷简是参知政事，对夷简算是有恩，因而夷简请他入中枢。同时，苏州知州、左司谏、秘阁校理范仲淹也被任命为了礼部员外郎，天章阁待制⑥，重返京城。至于仲淹重回汴京的原因，向来众说纷纭，

---

① ［宋］田况：《儒林公议》，《全宋笔记》第一编第五册，94 页。
② 楼钥：《范文正公年谱》，《范仲淹全集》，876～878 页。
③ ［宋］李焘：《续资治通鉴长编》卷一百一十三，2649～2654 页。
④ 王曾瑜：《从台谏制度的运作看宋代的人治》，《丝毫编》，73 页。
⑤ ［宋］李焘：《续资治通鉴长编》卷一百十六，2722 页。
⑥ ［宋］李焘：《续资治通鉴长编》卷一百十六，2724 页。

其中，富弼先前的上书可能起到了不小的作用，王曾与仲淹的好交情或许也起到了帮助作用，另外宋朝以文治国的政治氛围也是导致仲淹能够重返中央的原因——苏轼曾说："自建隆以来，未尝罪一言者，纵有薄责，旋即超升，许以风闻"①，宋代对言官很宽容，故而经常对士大夫施展稍稍责罚然后迁升的伎俩。

重入汴京的范仲淹秉性不改，而且揪住郭后一事，此时郭后已在景祐元年（1033）暴毙，大家都怀疑是常在仁宗面前说郭后坏话的阎应文下的毒，此时范仲淹挺身而出，弹劾阎应文的罪状，其决心之坚定以致赌上性命，对自己儿子讲"吾不胜，必死之"。阎应文最后被逐岭南，死于途中，然而吕夷简却还为仲淹返京后的"言事日切"耿耿于怀，便偷偷让人说："待制是侍从官，不是有着口舌之任的言官"，意在讽刺范仲淹多管闲事，结果仲淹却说："直言进谏关心政事，正是侍从该做的"。吕夷简揣摩出仲淹骨头硬，便故意派他去做开封府的长官，开封府地处京畿，事务繁多，夷简是想找茬子赶走仲淹，然而仲淹却把开封府治理得很好，"处之弥月，京师肃然称治"②，夷简始终抓不到仲淹的把柄。当时吕夷简一党有一人名叫胥偃，总是想要找仲淹的麻烦，说仲淹判案不当，结果引起了胥偃的女婿欧阳修的反感。值得说明的是，胥偃本人在文学上是被柳开推崇的③，可见他的文学主张和柳开相同，这种务实的文学观和范仲淹、欧阳修等相近，由此可见，虽然"文以载道"，但这里的"道"只强调文章要承载士大夫的价值观，而这种价值观的具体内涵是有分歧的，"文以载道"的士大夫并不一定都是政治上的革新派人士。

截止到这里，范仲淹和吕夷简二人所涉及的势力相对而言分化成了两个派别，仲淹的支持者多是欧阳修、富弼这样的青年俊才，而作为政

---

① ［宋］苏轼：《上神宗皇帝书》，《苏轼文集》卷二十五，740 页。
② ［宋］李焘：《续资治通鉴长编》卷一百十七，2766 页。
③ ［元］脱脱 等：《宋史》卷二百九十四，9817 页。

治上的保守势力，吕夷简一党则更多老成的政治家。这场党争从一开始就力量悬殊，结果不言而喻，年轻人缺乏手腕，必然会被保守势力打压下去，但仲淹等人虽然失败，却赢得一个道德的制高点，特别是在年轻士子中，积攒了很高的声望，这将有助于他日后主持新政，作为掌握了舆论导向的一方，同时也是掌握了国家政局的未来人才的一方，仲淹一党在日后取得长远的胜利也是可以预料的。

其实对于吕夷简，也应有一个客观公允的评价。作为宰执，在行政成绩上，夷简是尽心尽责的，正所谓"自仁宗初立，太后临朝十余年，天下晏然，夷简之力为多"①，即便是在仁宗亲政后，夷简也有过"上书陈八事"的举措，他建议仁宗"正朝纲、塞邪径、禁货贿、辨佞壬、绝女谒、疏近习、罢力役、节冗费"②，这八点不论是针对仁宗个人还是针对国家政局，都可谓正中要害。

吕夷简的弄权和对范仲淹的阻拦，本质上讲是出于在政治风貌的革新已经成为趋势的时局下，尽力维护作为旧政治势力的自身及自身所处的政治集团的利益的行为。欧阳修在庆历三年（1043）的时候曾指责吕夷简说"以夷简为陛下宰相，而致四夷外侵，百姓内困，贤愚失序，纲纪大隳，二十四年间坏了天下"③，这种评价实际上是有很大偏见的，它表明欧阳修对于宋代政治文化的发展缺少精准的认识，这样的断语很是意气用事。

吕夷简在历史时空中的政治使命就是与范仲淹、欧阳修等新兴士大夫社群完成政治文化上的交接，今人总结夷简执政，说其经历了"由直言敢为向因循保守的转变过程"，又说夷简为人"从政早期曾颇敢言直行、兴利除弊，但其后却转为玩弄权术、排挤异己，以取宠固位，并以

---

① ［元］脱脱 等：《宋史》卷三百一十一，10210 页。
② ［元］脱脱 等：《宋史》卷三百一十一，10208 页。
③ ［宋］欧阳修：《论吕夷简札子》，《欧阳修全集》卷一百，1542~1543 页。

此而闻名于史"①。这其实很好解释，在吕夷简还没有成为中枢宰执之前，他个人背后不存在鲜明的政治势力的立场，然而当他成为宰相开始，他就要承接北宋前期政治文化的遗产——保守政治和消极士风，他玩弄权术、排除异己，更多时候是不自觉地去维持宋代初年承接的唐末、五代政治文化，这是吕夷简作为一名保守士大夫的个人政治任务，或许他个人并没有如此鲜明的意识，但时代把他摆在那个位置，他便不得不完成这样的使命。

吕夷简的保守执政不是没有原因的，在北宋初期，整个国家的行政中枢都在恪守"祖宗之法"，赵匡胤当年对赵普就满怀期待地说过："朕与卿定祸乱以取天下，所创法度，子孙若能谨守，虽百世可也"②。真宗朝，真宗自己就说："先朝庶政，尽有成规，谨守奉行。不敢失坠"③。到了仁宗朝初年，保守政治不断发展，截止到仁宗亲政前，也就是天圣、明道年间，宋朝完成了从恪守"祖宗故事"到遵行"祖宗之法"的递进④，就在仁宗朝，"祖宗之法"受到尊崇并愈益在现实政治生活中发挥作用⑤，也就是说，保守政治的风气在庆历新政前变得愈发

---

① 陈峰、张瑾：《吕夷简与北宋中叶的政风》，载《西北大学学报（哲学社会科学版）》2001年01期。
② [宋] 李心传：《建炎以来系年要录》卷六十一，1211页。
③ [宋] 李焘：《续资治通鉴长编》卷四十一，863页。
④ 邓小南：《祖宗之法：北宋前期政治述略》，340页。
⑤ 邓小南：《祖宗之法：北宋前期政治述略》，427页。

浓郁①。吕夷简必然深受这种政治氛围的影响,也必然会成为维护这种氛围的一员。在做到为臣子分的基础上,他自然而然考虑的是对旧的政治文化和包括他个人在内的受益于这种文化的社群的利益。吕夷简等人"为了维护这一阶级的既得利益,在政治上有求有利于地主阶级的政策一如既往,一成不变,因循所谓的前朝旧法,在政治上倾向于保守也就不足为怪了"②。

范仲淹日后对仁宗讲:"臣所论盖国事,于夷简何憾?"③ 可见他非常明白这其中的道理。政见和自身所在社群的利益决定立场,而立场则决定待人的态度,欧阳修与胥偃的毅然对立也说明了这点。

因而即便吕夷简是欣赏范仲淹的,这也并不代表他就该去提携他,穷治新政治力量社群所建立的朋党关系将成为他在仁宗朝景祐年间的执政重点,而范仲淹也将继续展开对吕夷简执政的批判。只是有一点能够想到,作为都有着一定政治经验的双方,在执政方式和政治文化上的观点分歧不会被直接言明,朋党斗争最主要的形式就是一种对人际关系网的互相指责与揭发——范仲淹上《百官图》一事就很好地说明了这

---

① 这里有一个需要特别说明的问题,日后庆历新政中,范仲淹等新党也高举恢复祖宗之法的旗帜,但这仅仅只是旗帜而已。邓小南在《祖宗之法:北宋前期政治述略》中说道:"对于新政派而言,多层面的祖宗法具有多重的意义;不仅是新政派复振纲纪的楷模,也是他们主观上保护自己的屏障。"(426页) 范仲淹等人口中的"祖宗之法"不是保守政治的"祖宗之法",保守政治的"祖宗之法"是今人对北宋前期政治特点的一个客观归总,而他们借用"祖宗之法"的名号,只是作为增强舆论说服力的工具,他们的"祖宗之法"只是他们在当时从主观上想要按照符合他们政治主张的思想来诠释的一个政治概念。以"事为之防,曲为之制"为核心的"祖宗之法"本身是排斥朋党、警惕变革的,范仲淹的改革实际是"触动了朝廷主导意识中已经趋于神圣化、僵滞化的祖宗之法"的。范仲淹的改革精神深深影响了王安石,王安石曾说"天变不足畏,祖宗不足法",这也表露了北宋支持改革的士人的真实立场。

② 王志双:《吕夷简与宋仁宗前期政治研究》,河北大学中国古代史硕士学位论文,2000年4月,导师漆侠、高聪明。

③ [宋] 徐自明:《宋宰辅编年录》卷五,王瑞来校补,246页。

一点。

## 四、"四贤一不肖"

王夫之提出，景祐诸公朋党，开宋代朋党之先，此后宋代士大夫党议、党争愈演愈烈，最终导致了北宋的灭亡①。且不论北宋之亡是否全该归罪于文臣党争，景祐年间的党议、党争，比之于庆历之际，其规模仍稍显不足。且景祐之际的士人朋党也没有庆历党议中的士人朋党那么成熟。不过，王夫之的说法也提醒我们景祐时期的党议、党争本身也有值得重视的价值，至于这场政治运动的意义在哪里，还需要我们先对景祐时期的党议、党争的来龙去脉作以梳理。

在吕夷简执政时期，夷简委命和擢拔的官员多数都是自己的亲信同党。这自然是在朝堂上结党构建权力关系网了。针对这件事，仲淹给仁宗上了一幅《百官图》，指着那上面的图画对仁宗讲："这样做就是按照次序升迁，这样做就是不讲顺序。这样做就很公正，这样做就是谋私利。还有啊，周围大臣，但凡涉及他们的进退，都不该完全让宰相去处理"。吕夷简听完，很是不悦。

景祐三年（1035）五月的时候，范仲淹曾对仁宗进言，他提到迁都西洛的事，在仲淹看来，西洛衰落已久，有待营建，不宜立刻迁都。他日把西洛改造得差不多了，在不太平的年月里，才可以考虑去周围有着险峻地势的西洛，如今国家重在改善内政，急着改换都城，显然是不分轻重。后来仁宗又向夷简询问迁都的事，夷简只说了八个字："仲淹迂阔，务名无实"②。范仲淹看重名声是真的，他的伯乐王曾甚至曾因此把他和声名狼藉的高若讷说成一类人，王曾说"高若讷多是择利，范希文

---

① ［清］王夫之：《宋论》卷四，86页。
② ［宋］李焘：《续资治通鉴长编》卷一百十八，2784页。

亦未免近名"①，然而吕夷简觉得范仲淹的做法完全是为了虚名而毫无一点从实际出发为公着想的意思，显然是误解了他。为了回应夷简，仲淹专门写了四篇论述文，其中有一篇《近名论》特别讲到自己的名节观。结合天圣八年（1030）仲淹给晏殊写的《上资政晏侍郎书》，我们可以看到，范仲淹的重名节背后有着强烈的社会责任感在支撑，他不屑于缺乏责任感的道家思想，还从儒家典籍中找出不少士大夫重名、爱名的理论依据，将爱好名节视作对儒家主义的推广②。

　　这里笔者要多提两句。范仲淹好名节以及后来在变法中对滕子京有包庇倾向等行为向来被人们拿来用作指责其私德的把柄，范仲淹并非完人，其私德确实是有瑕疵的，但有不少也仅仅是瑕疵而已，譬如他在知饶州时喜欢一妓，这在当时来说实在是不值一提的小事，王衍当时对之就评论道"情之所钟，正在我辈"，对范仲淹很是理解。后人喜欢拿这些小事攻击范仲淹的私德，然后就想以此颠覆对范仲淹的正面评价，这显然不合理。

　　除了为自己辩白，仲淹还不忘在仁宗面前指责夷简，他援引汉成帝过分信赖张禹而导致王莽之乱的历史典故，说："恐今日朝廷亦有张禹坏陛下家法，以大为小，以易为难，以未成为已成，以急务为闲务者，不可不早辨也"③。另外，他还举荐大臣韩亿有执政的才能，韩亿与仲淹非亲非故、没有交情，仲淹此举当是大公无私之措。

　　细看仲淹所语，"家法"二字尤为显眼，"范仲淹所说'陛下家法'，既包括维系皇族'家事'、制约姻戚关系的法度，更直指处理'时政'的原则"④。不过，此处的"家法"并不涉及保守政治的一面，

---

① ［宋］佚名：《锦绣万花谷》卷一一引《魏王别录》，134页。
② 王瑞来：《宋代士大夫主流精神论——以范仲淹为中心的考察》，载姜锡东、李华瑞主编《宋史研究论丛（第6辑）》。
③ ［宋］李焘：《续资治通鉴长编》卷一百十八，2784页。
④ 邓小南：《试论宋朝的"祖宗之法"：以北宋时期为中心》，《朗润学史丛稿》，12页。

而更多强调祖宗之法的清正,以此来反衬吕夷简弄权破坏朝纲。

吕夷简对仲淹的上奏很是恼怒,去找仁宗辩解,同时范仲淹也上书说明情况,言辞急切。夷简指责仲淹越职言事、与人结党、离间君臣,最终令仲淹落职,外放饶州做官。至此,他走完了他在庆历年前仕途上的"三起三落"。当时的侍御史韩渎揣摩吕夷简的意思,还上书要求在朝堂上张榜仲淹搞朋党、越职言事的事。大家迫于夷简的权势,也害怕担上与范仲淹朋党的罪名,以致没人敢去送别仲淹,只有天章阁待制李纮、集贤校理王质,特别是王质毫不畏惧——这个范仲淹未来的亲家公,在别人问他为什么不怕担上和范仲淹朋党的罪名时,慨然说道:"希文是贤者,我怎能忘了他?我要是能跟他朋党,那真是赐给我的荣幸"[1]。另外,欧阳修也在景祐三年五月戊子,于祥源之东园设宴,送别为自己所敬重的仲淹[2]。

范仲淹被指"朋党"本身是符合事实的,范仲淹之所以被贬,并不在于"朋党"这个行为本身,而在于统治者对"朋党"的态度。宋代的"祖宗之法"是保守的,这种保守本身是不能容忍激进派士大夫的朋党行为的,因为这会打破国家政局平和的状态。

另外,在吕夷简整治范仲淹朋党的过程中,宋仁宗始终没有正面出场,看起来似乎是任由吕夷简弄权,造成这种现象的原因,其实是关系到宋代相权的加强。

传统观点认为,宋代的相权是被削弱了的,吕思勉就曾说:"宋代的政治,还有一种毛病,就是防弊太甚。……宰相的权柄太小"[3]。除了有作为正宰相的同中书门下平章事,还有副宰相参知政事,掌兵权的枢密使,掌财权的三司使,行政、军事、财政权力划分开,各自方面的长官都直接归皇帝领导。宋太祖通过这样的办法解决五代臣强君弱的问

---

① [宋] 楼钥:《范文正公年谱》,《范仲淹全集》,883 页。
② [宋] 欧阳修:《于役志》,《宋代日记丛编(一)》,16 页。
③ 吕思勉:《白话本国史》,380 页。

题。然而从制度的实际执行和效果上来看，宋代相权其实不仅没有被削弱，而是被加强了。诚然赵匡胤想法很好，但客观的政治事实却与他的期待背道而驰，如果将"宰相"的定义看作同中书门下平章事、参知政事、枢密使等组成的一个政治团体、执政集团，那么，"大量的宋代史料展现给我们的事实是：在不断与皇权抗争中，宋代的相权总的看比以往任何一个朝代都要重。有宋三百年的政治舞台，基本上是由这群掌握实权的宰辅导演的，而皇帝在多数情况下，不过是任人摆布的一个尊贵的偶像而已"①。吕夷简的弄权就说明了这一点，他是当时宰执集团的核心人物，而宰执集团的政治影响力则在实际上决定着政局的走势，日后范仲淹主政时期形成的政治集团也是如此，这种相权的加强是导致宋代士大夫政治产生的重要条件。

范仲淹被贬后，许多谏官都不敢对这件事发言，当时的秘书丞、集贤校理余靖却是例外，他上书仁宗讲道："范仲淹以前谈刘后、郭后等人的时候，他说的那些还算是陛下母子夫妇之间的事，您都因为他进言合典礼而褒奖了他。现如今他讥讽大臣，要是说得跟皇上您想的不同，可以不采纳嘛，哪里犯得着给他治罪。汉武帝的时候汲黯在廷，认为主父偃多诈；东吴的时候张昭论将，觉得鲁肃粗疏。结果汉武帝、孙权对他们都很宽容，照样不损德行。陛下您亲政以来，连着三次贬逐进言的人，这恐怕不是太平仁政，还望陛下收回成命。"②

然而仁宗最终没有听从余靖的劝谏。余靖是个猛汉，绝对有副热心肠，为人正义，后人评价余靖对范仲淹的辩护，说他是"意气所激，非为利也"③。这实在很符合他的性格。

余靖不仅说话直言不讳，而且还盛气凌人，所以皇帝不怎么喜欢

---

① 王瑞来：《论宋代相权》，《历史研究》1985年第2期。
② [宋]李焘：《续资治通鉴长编》卷一百十八，2785~2786页。
③ [宋]韩瑗：《书余襄公集后》，载影印本文渊阁《钦定四库全书》集部《武溪集》卷二十，页面三十五。

他。他后来做谏官的时候,有一次劝皇帝不要修建开宝塔,在大殿上一个人说得滔滔不绝,当时正巧是夏天,皇帝听完他的进言回到内廷,就感慨"被一汗臭汉熏杀,喷唾在吾面上"①。由此可窥余靖为人。

仅就这次余靖的发言来看,他无疑是将自己标榜成为范仲淹的同党,因而被贬官也是自然而然的事——他被贬为筠州酒税。总览余靖的进言,其价值在于它体现出一名儒家士大夫为天下事而奋不顾身的精神,他不畏权贵、刚正不阿的品格不仅令他扬名,也使仁宗在想要变法之时想到他,对他委以重任。

除了余靖,仲淹还有不少追随者愿意为他挺身而出,太子中允、馆阁校勘尹洙上书仁宗,说自己和仲淹是平生风义兼师友,"在仲淹被贬后,好多人都说我是他推荐的,既然仲淹获罪是因为朋党,那我应该连坐。更何况余靖向来跟仲淹没交情,都因为与他朋党的罪名获罪,那我更不能置身事外了。恳请陛下降罪,以明典宪"。吕夷简听完很生气,便也把他贬官为崇信军节度掌书记,监郢州酒税②。

事实上,尹洙的政治生涯从始至终都与范仲淹的政改运动联系在一起,景祐时期的党议、党争只是一个开始,尽管尹洙一生仕途、家庭、寿考都不如意,但怀忧国事、洞察时弊的他总是知无不言,他不仅在政治上力主改革,他对文学改革的主张也和仲淹、欧阳修如出一辙③。

前参知政事苏易简之孙、光禄寺主簿苏舜钦,此时还在丁父忧,仍上书言事,坦陈己见,"臣闻治平之君,使危亡祸乱之言不离于耳,则天下庶可久安也。……前见陛下以孔道辅、范仲淹刚直不挠,致位谏台,后虽改他官,不忘献纳,此二臣者,非不知缄口数年,坐得卿辅,

---

① [宋] 孔平仲:《谈苑》卷三,《全宋笔记》第二编第五册,322 页。
② [宋] 李焘:《续资治通鉴长编》卷一百十八,2786 页。
③ 洪本健:《论尹洙》,《井冈山师范学院学报(哲学社会科学)》2000 年第 3 期。

盖不敢负陛下委任之意，亏臣子忠荩之节"①。苏舜钦很年轻，在政治上十分激进，这与范仲淹不谋而合。在他一生的著述中，政论文章最多，这自然跟是他以天下为己任、积极参政的士大夫责任感有关，"他的文学主张明显地表现出对思想内容的重视，体现出一个有高度责任感的作家对道义的坚持、对现实社会和国计民生的关注"，而在文学上"舜钦拒绝华靡并非不要文采，只不过在主张文道结合之时，置道于文之先"②，这恰恰是庆历文学的主旨。苏舜钦推崇古文，在仁宗天圣年间以古文写作与当时古文运动的领袖穆修相齐名，甚至在今人看来，他的文学造诣还在穆修之上③。其人写文章时，抒发情感常常直接、强烈，是一个情感丰富而刚烈的士大夫④。

一向对现实政治的状况有所不满的梅尧臣也义愤填膺，仗义执言——此时身为建德知县的他和范仲淹还未交恶。在《猛虎行》诗中，他讽刺吕夷简"当途食人肉，所获乃堂堂"，同时还写下其他诗文表态支持仲淹的立场。梅尧臣是一个善良有正义感，同时十分现实主义的士大夫。从其文学主张来看，他在当时跟范仲淹、欧阳修等人也是同道。梅尧臣是一个希望拯救时弊的士大夫，可惜他的意识中一直潜藏有一种对现实苟且妥协的倾向，这或许与他仕途不顺有关。仲淹后来与他交恶，实际上只是由于梅尧臣个人对仲淹的误会和心胸狭隘罢了。实际上造成范仲淹跟梅尧臣之间的矛盾主要是因为二人间误会太多，这之中有范仲淹的过错，范对梅尧臣的"党性"有怀疑；而梅尧臣对范仲淹怀疑心太重，有些狭隘，终致二人反目。"随着岁月的推移，两人社会地位的悬殊，梅尧臣对范仲淹期望值的破灭，产生了误会、嫌隙，逐步升级为怨

---

① [宋] 苏舜钦：《乞纳谏书》，《苏舜钦集》卷第十一，126页。
② 洪本健：《庆历士人的悲歌：论苏舜钦的散文创作》，程章灿编《中国古代文学文献学国际学术研讨会论文集》，282页。
③ 祝尚书：《北宋古文运动发展史》，102页。
④ 马茂军：《庆历党议与苏舜钦诗风的嬗变》，《商丘师范学院学报》2006年第3期。

怒,发展到公开的人身攻击和诬陷,无所不用其极,乃至仲淹谢世后仍耿耿于怀"①。

不过,范仲淹跟梅尧臣在一开始真得完全志同道合吗?未必。仁宗景祐三年(1039),天章阁待制、权知开封府范仲淹因朋党罪被贬饶州时,建德县令梅尧臣致信范仲淹,并写有《灵乌赋》一篇,在表达惋惜同情之意的同时,规劝仲淹明哲保身、少当刺头,说灵乌"勿噪啼兮勿睥睨,往来城头无尔累"②,让仲淹不要说话太直,免得祸及自己③。仲淹亦回《灵乌赋》一篇,其中有云:"宁鸣而死,不默而生",明确表达了自己不屈不挠、积极参政、致力理想的想法,此语堪称北宋新儒家士大夫的人格绝唱。

仲淹在回赋中还说自己"不学太仓之鼠"④,范仲淹就要让自己的一生成为不断为实现"儒家的整体规划"而努力奋斗的一生。总之,绝不做太仓之鼠那种坐吃山空、只知享福的腐朽官僚,而要一辈子"找罪受","得君"不成还可以改良士风、还可以兴学传道,要一辈子坚持"鸣"下去。从这就能看出,仲淹有时反而是比梅尧臣更理想主义的人,梅、范二人殊途,或许很早就已经有所显露。

欧阳修对仲淹也有声援,他写信给当时的右司谏高若讷,怒斥他不为仲淹辩白,结果高若讷将这封《与高司谏书》转呈仁宗,导致欧阳修被贬为夷陵令。

范仲淹、余靖、尹洙、欧阳修四人的因言被贬极大地触动了在朝士大夫,其中年轻的馆阁校勘蔡襄对之尤为愤怒,他当时写了一组《四贤一不肖诗》的创作,逐一写下了四人被贬的事迹并为之嗟叹,同时还怒斥了高若讷。这组诗一经问世便洛阳纸贵,人们争相传抄,连契丹使者

---

① 方健:《北宋士人交游录》,285~292页。
② [宋]梅尧臣:《灵乌赋》,《梅尧臣集编年校注》卷六,97页。
③ [宋]叶梦得:《石林燕语》卷九,《全宋笔记》第二编第十册,133页。
④ [宋]范仲淹:《灵乌赋》,《范仲淹全集》,9页。

都买了一份回去①。其实，不论是梅尧臣写诗还是蔡襄写诗、苏舜钦写文章，他们都是用文学表达政治立场，以文学结盟的形式来表达政治结盟的意向，文学与政治的交融、互动是北宋历史的一个重要特征。

作为景祐之际党议、党争的一个高潮式结局，《四贤一不肖诗》的创作透露出强烈的士大夫政治主体意识，整个景祐之际的党议、党争通过这样一个结尾，有力地将参与其中的、在政治上持激进态度的士大夫们团结在了一起，还让范仲淹积攒了不少士大夫的拥戴，俨然成为士林领袖。另外，这场政治运动在文学方面集中爆发性地表现了这一时期士大夫文学作品中所渗透着的"以天下为己任"的思潮②。然而从另一个方面来讲，结合范仲淹一派日后所作诸如《论吕夷简札子》等部分诗文来看，作为政治斗争中失败的一方，他们对于敌对派别的舆论攻击在一定程度上失去了理性和风度，所以吕思勉曾说："宋朝的士大夫就多有'务为名高''好持苛论'的气习。喜欢求名，就遇事都要起哄，到后来就弄成一种群众心理的样子。好持苛论，便彼此不能兼容，就弄得互相嫉忌，不免要用不正当的'党争'、'报复'手段。——所以喜欢结党，喜欢排挤，喜欢标榜，喜欢攻击，差不多是宋朝士大夫，人人同具的气习。恭维自己的同党，便说得比天还高；毁骂异党的人，就说得连禽兽也不如。叫后世读史的人疑惑，这时候，何以君子这样多，小人也这样多，其实谁也算不得君子，谁也不定是小人，不过是风起已成，人人为群众心理所左右"③。今天的中国，依然有持不同意见的各群知识分子，立场不同可以尽述己见，但一味执着于相互攻讦，便毫无道义可言。

党议、党争运动固然表达着时代的不同声音，然而每一个参与者自

---

① [宋]王辟之：《渑水燕谈录》卷二，15页。
② 周剑之：《"以天下为己任"诗风之开启——北宋景祐三年朋党事件中的诗歌写作及其诗歌史意义》，《广西社会科学》，2010年第11期。
③ 吕思勉：《白话本国史》，381页。

身的风貌德行，也会被印在其中。很多时候，台谏官因为进言可以不承担政治责任而致使一些对现实问题的治理策略沦为政治斗争的附庸，比如北宋时期黄河的东北流之争，治黄策略完全就成了与政治立场有关的事①，这也体现着士大夫政治的弊端。诚然范仲淹他们有一颗赤子之心，但当他们恼怒到仅仅专注于打击对手而忘却自己的道义坚守时，他们和他们所批判的善于弄权、排除异己的吕夷简是一样的——当然，作为有理想和价值观追求的士大夫社群，范仲淹、欧阳修等人的行为还远未激烈到那种程度，但作为千秋镜鉴，今天社会上的知识分子，却很需要注意这一点。

## 五、西北军政的压力

其实景祐之际的党议、党争还是有一点余音的，在仲淹等人被贬后，宰相王曾因为看不惯吕夷简的专横，加之二人政见有别，因而萌生嫌隙。在这场政治斗争中，中枢权力层里，后来入侍经筵的宋绶支持吕夷简，而仲淹的同年、参知政事蔡齐则敬重王曾。两派人相持不下，最终在景祐四年（1037）一齐被仁宗罢相②。王曾于次年，也就是宝元元年（1038）十一月死于郓州（今山东东平），死后谥号文正——和日后范仲淹的谥号相同。

同样是在这一年，范仲淹差点迎来一次仕途的转机。事情的起因是在这年的十二月二日，开封发生了地震，古时以为"天人合一"，自然变化都映照着人世的问题，这说明人君治理不当。当时有个叫叶清臣的大臣就上书，讲"范仲淹、余靖因言被贬，天下人有将近两年不敢上书议论朝政了，希望陛下深究自责，好好延揽忠直敢言的士大夫，这一自

---

① 邹逸麟：《北宋黄河东北流之争与朋党政治》，《徐规教授九十华诞纪念论文集》，480~498页。

② [元] 脱脱等：《宋史》卷二百九十一，9735页。

然会有善应"。结果曾和仲淹交恶的大臣害怕他被重新起用,便向仁宗进谗言,仁宗一怒之下打算把仲淹派往岭南,好在参知政事程琳出面维护仲淹,才令仲淹躲过一劫。

宝元元年的十月,仁宗又戒喻大臣不要唠叨朋党的事,这件事发生的背景是朝廷中不少人在吕夷简被罢开始说仲淹的好话。当时的参知政事李若谷建言说:"这段时间风气不好,有人喜欢拿朋党的罪名污蔑善良的人,但是君子小人各自有别,今天把所有人都当作朋党来看,这会让很多正直的大臣不知道该怎么办"。仁宗深以为然①。

当宋朝政府内的士大夫们正胶着于党议、党争的泥潭而不亦乐乎的时候,11世纪宋代的外交格局正在悄然发生变化,这种变化,来自于西北党项族的崛起。

天圣六年(1028),李德明让儿子元昊带兵西取甘州(今甘肃张掖),元昊一战告捷,因功被封为太子,此后元昊又于明道元年(1032)九月带兵攻下凉州(今甘肃武威),后来瓜州(今甘肃安西)、沙洲(今甘肃敦煌西南)也被并入党项政权的版图,自此,党项人雄踞几乎整个河西走廊,取代了吐蕃、回鹘之前对西北的统治地位。

明道元年十月,离登基称帝只有一步之遥的李德明在五十一岁时去世,其子元昊即夏国王王位。元昊与其父不同,其志更像继迁,一心想要带领党项人脱离宋、辽的控制,建立独立的王朝,因而他上台后特别注重强化党项人自身的民族意识。

元昊首先废除了唐、宋赐予党项拓跋氏的李姓、赵姓,改姓"嵬名",这算是表明了不臣服于汉人政权的态度。此后他又给自己起名为"曩霄",并避父讳改"明道"为"显道",次年建元"开运",没多久又改为"广运"。

除此以外,元昊还创制了党项的语言文字,即所谓"番语",今天

---

① [宋]李焘:《续资治通鉴长编》卷一百二十二,2881~2882页。

一般称作"西夏文",并让大臣野利仁荣演绎①。番语是党项文化的重要部分,是番族(党项族)的民族语言,尽管西夏亡后党项人终衰退至被其他民族同化,但近代以来通过考古出土的大量文献我们依然可以了解到番语的具体情况。西夏番语体系健全,在书写上,除了楷体,西夏有不少社会文书还是由草书写成的②。如今能看到的相关文献,有番语韵书《文海宝韵》、韵图《五音切韵》、番汉语音义对照的《番汉合时掌中珠》、类书《圣立义海》以及字书《音同》等。上世纪末我国著名西夏学家、法国儒莲奖获得者李范文先生曾撰有《夏汉字典》,可谓集西夏文研究之大成。

民族语言的建立进一步加深了党项人民族独立的意识,成为元昊建国的基础之一。在元昊即王位后的时间里,他更礼乐,置朝仪,建官制,调和蕃、汉地(牧)主间的关系,以争取他们所居住的汉地的汉人对他们的信任与支持——元昊需要掌握着先进生产技术和文化知识的汉人来帮助自己发展势力③。与此同时,汉人们也在这片土地上需要依靠强有力的政府来保护自身的利益。于是,党项政权内出现了不少的汉人

---

① 关于西夏文的创制,共有四种说法。《宋史》卷四百八十五《夏国传上》载:"元昊自制番书,命野利仁荣演绎之,成十二卷,字形体方正类八分,而画颇重复"。《续资治通鉴长编》卷一百十九载"赵元昊自制番书十二卷",曾巩《隆平集》卷二十亦有类似记载。沈括《梦溪笔谈》卷二十五《杂志二》载:"元昊果叛。其徒遇乞先(野利仁荣)创造蕃书,独居一楼上,累年方成,至是献之"。《辽史》卷一百一十五《西夏传》载:"德明……制番书十二卷,又制字若符篆。"据李范文先生考,《宋史》说法最为确切。西夏文《妙莲法华经序》中记载西夏文创制于元昊时期,故《辽史》记载有误,至于具体创制情况则当是元昊提出创制,由野利仁荣仿照汉字历时三年(1032~1036)完成。

② 2014年11月23日,北京德宝国际拍卖公司拍出了一件西夏刻蝴蝶装本西夏文文献,其内容似涉及西夏文字头、字旁之楷、草书对照及西夏语语音、西夏文构字法等方面的内容。笔者在该物未被拍出前已注意到这一珍贵文献,后见史金波先生将其定名为《择要常传同名杂字》。该物保存状况不好,现藏于童志新先生处,尚未影印公布,值得引起学界的注视。

③ 吴天墀:《西夏史稿》,24页。

谋臣，尤以科举落榜的华州（今陕西华县）文人张元、吴昊为代表。元昊非常尊重汉人，不断延揽汉人人才。在其政权机构中，汉人高官者很是普遍，且汉人官员多于蕃人官员，汉人官员对西夏平息内乱、巩固政权也起到了十分重要的作用，并且在党项政权的对外交往、教育和文化建设方面也有许多贡献。

元昊历经六年，终在1038年（宋宝元元年）十月甲戌称帝建国，国号大夏，年号天授礼法延祚，自号大夏始文英武兴法建礼仁孝皇帝。

考察元昊称帝建国一事，除却客观上西夏社会发展的推动以外，北宋方面内部的腐败和边防的衰颓也是导致其发生的重要客观因素。北宋西北边患的形成可以说是其自身强干弱枝、崇文抑武加之朝政腐败导致的结果，而且在元昊称帝之后，北宋君臣还误判形势，严厉拒绝承认元昊的帝位，全然不顾元昊致仁宗信中的谦辞——"伏望皇帝陛下，睿哲成人，宽慈及物，许以西郊之地，册为南面之君。敢竭愚庸，常敦欢好。鱼来雁往，任传邻国之音，地久天长，永镇边方之患。至诚沥恳，仰俟帝俞"① 以及宋夏在军事实力上宋弱夏强的客观现实。最终宋夏关系的恶化被加剧了。

在边疆危机的情况下，宋朝开始在西北部署兵力。值得玩味的是，宋朝对夏作战的前线负责人竟然都是文官，宋朝在澶渊之盟后已经有了几十年和平时期，武将的素质普遍下降，而士大夫政治又使得平日里习惯指点江山的文臣们信心爆棚，自认比武将高明，所以这样局面的出现并非偶然②。

范仲淹也是被派往前线主持兵政的文官之一，他是经由陕西安抚使韩琦的举荐而来到前线的。要知道，起用范仲淹是一件有很大政治风险的事，韩琦举荐他，必然会承受不小的舆论压力，因为大家都担心仲淹

---

① [元]脱脱 等：《宋史》卷四百八十五，13996页。
② 陈峰：《武士的悲哀：北宋崇文抑武现象透析》，207页。

搞朋党。为此，韩琦特地向仁宗保证，他的推荐完全是一心为公，如果涉及朋党，愿意被诛族①。

党项与宋对峙主要是在陕北一带。庆历议和前，宋朝一方在整个宋夏战争中一直没能扭转不利的战局，总的来看，两任主帅都业绩庸常，这背后除了他们个人能力的问题外，政治文化与统属制度是造成宋兵局势不利的重要因素，一方面，过大的军政权力令人不安，为了谋求自安，像第二任主帅夏竦那样的保守派士大夫是不愿冒险去放手使用权力的；另一方面，宋军在整个对夏作战过程中存在兵官统属不明的现象，这很大程度上导致了宋军在统属上的混乱②。另外，在战争的实际操作中，宋朝还犯了兵力部署的错误，兵分四路分散兵力，"处处被动挨打，却仍不愿意集中兵力，统一指挥"③。实际上宋太宗端拱二年（989）时右正言王禹偁就讲过"兵势患在不合，将臣患在无权"④，可惜宋朝统治者仍奉行将从中御，宋仁宗也还是在对夏作战时划分了四个战区，这实际上是宋朝传统的消极防御战略导致的。且最终导致王安石于熙宁五年（1072）所说的"今陕西一路，即户口可敌一夏国，以四夏之众"却最终难以完全令西夏畏服的现象⑤的，也正是这种消极防御战略。

关于宋夏战争的具体过程，由于其与庆历新政和北宋的士大夫政治缺乏足够重要的关联，因而我们仅仅选取其中相对于本书的论题有价值的事件以及整场战争对北宋政局走向的影响来做以概述。

在这场战争中，有一件事尤为值得注意。在庆历二年（1042）的四月，当时已经是左司郎中、龙图阁直学士并主持环庆路（治今甘肃庆阳）军务的范仲淹和同时主持西北其他三个军区——秦凤路、泾原路、

---

① [宋] 朱熹：《三朝名臣言行录》卷一之一，《朱子全书》第12册，341页。
② 赵冬梅：《文武之间：北宋武选官研究》，206~207页。
③ 王曾瑜：《宋朝军制初探（增订本）》，530页。
④ 徐规：《王禹偁事迹著作编年》，82页。
⑤ [宋] 李焘：《续资治通鉴长编》卷二三二，5632页。

鄜延路的负责人韩琦、王沿、庞籍被授予观察使的职衔，从俸禄上讲，等于是给他们提高了食俸，然而除了韩琦接受了秦州观察使衔，其他三人却都"力辞不受"。这或许就只是因为观察使是一个武职，而他们原先本身是文官。朝廷这样的做法，本身是想抬高武人的社会地位，毕竟国家现在面临边患，如果找不出肯卖力的武臣，政权的安全就得不到保障。让前线四个主帅"以文换武"，能够表现出朝廷对武士的重视。然而仲淹却上书坦陈，自己做了观察使后，自己手下的武将、节度留后王兴、朱观在官职上却比自己高，这样一来统属关系没法处理。王沿、庞籍也上书恳切，推辞仁宗授官，导致此事最终没能达成。

从这件事我们可以看出，北宋的文臣们虽然并不见得鄙视武人——不然后来朝廷诸臣就不会在宋夏战争中对英勇作战的狄青钟爱有加了——然而，文臣们自身都以改换为武职为耻，北宋历史上但凡稍有打破"文不换武"这条不成文规矩的士大夫，也常常没有好结果。这一点充分体现了北宋士大夫政治中"重文轻武"的政策和风气，这在很大程度上说明了宋代"尚武"精神的沦落①，也在一定程度上导致了北宋武人势力的不兴。

从现实层面出发，范仲淹等人不愿意改换为观察使衔，其中或许还有他们对于自身权利的考量，作为龙图阁直学士，范仲淹可以议论朝政阙失，而观察使则不能——这将意味着范仲淹失去成为士林中舆论领袖的资格。值得玩味的是，学士的这一职能和谏官职能类似，其设立也在某种程度上削弱了谏官的作用，促成后来的台、谏合流②。台、谏合流后主要批判的对象就是宰执，而庆历新政后来恰恰是受到了御史们的猛烈抨击。这也算是历史跟范仲淹开的玩笑。

不过，如果只斤斤计较现实层面的得失，范仲淹等人未免格局太

---

① 陈峰：《从"文不换武"现象看北宋社会的崇文抑武风气》，《宋代军政研究》，278~290页。

② 贾玉英：《宋代监察制度》，152页。

小。深层次分析他们抗拒以文换武一事,这背后多少都有政治文化的影响。文臣拒绝出任武职,或许也有出于看到以文换武之弊端的缘故。欧阳修就对仁宗擢拔文臣来补武职的做法提出过批评,认为这样的"求将之法"培养不出真正有军事谋略的将领,都是临时抱佛脚,那些被选为武官的文臣,不过是"俗吏才干之士",其他选出的武人不过也只有"弓马一夫之勇",这样培养、选拔不出真正能主持大战、精通谋略的帅才①。

文臣拒任武职,不仅可能因为觉得自己不够专业、害怕耽误国家,还应当是受到了整个士人阶层自觉意识高涨的社会背景的影响,宋代的文官士大夫有强烈的文武有别的意识,黄宗羲后来曾概括道"唐宋以来,文武分为两途"②。宋代文官的很多言行在客观上加深着意识领域文职和武职间的鸿沟,比如曾长期任职西北、主持边务的尹洙,就曾慨叹过"状元登第,虽将兵数十万,恢复幽蓟,逐强虏于穷漠,凯歌劳还,献捷太庙,其荣亦不可及也"③。

以往的解释,就说北宋是一个轻视武官的时代,是这种鄙视导致了文、武的鸿沟。但是在笔者看来,这种"鄙视"的情感,或许有今人研究中想当然的成分在内。水洛城事件后朝廷里的文官让狄青身兼数职、独当泾原,欧阳修主张要选拔真正有用的帅才,这都说明他们本身并不排斥武人、排斥兵事。朝廷的求将若渴甚至还造成了宋夏战争期间狄青因既为门将又为勾管而开启政治新风的现象④。士大夫潜意识里的"崇文",可能与他们本身自己是文臣、他们从小受到的是儒家教育、士大夫主体意识的觉醒、官员有责任意识等方面有关,但这并不代表他们自

---

① [宋]欧阳修:《论军中选将札子》,《欧阳修全集》卷九十九,1520页。
② [明]黄宗羲:《明夷待访录》之《兵制三》,《黄宗羲全集》第一册,34页。
③ [宋]田况:《儒林公议》,《全宋笔记》第一编第五册,88页。
④ 赵雨乐:《唐宋变革期之军政制度——官僚机构与等级》,251~252页。

然就对武将鄙视，相反蔡襄就指出过，祖、宗虽然推崇文治，但又都是"以兵威助治"①。故而这种因士人崇文则必在主观上想抑武的想法不可取。另外，文、武间缺乏充分的互相了解，有时候文官对武官的批评，并非出自价值观的问题，而是在对武官看到或者想到的方面认识片面。文彦博在熙宁年间跟王安石的辩论中就曾说"武臣与文臣不同，文臣不计官职，但知报国。武臣不免计较官职"②。谁都不能否认文彦博的话是出于对国事的考虑，但其中的偏见也显而易见，这是见识的问题，不是观念的问题。

我觉得，甚至可以大胆提出，宋代的"抑武"在一些时期和情境下是一种国家意志和一部分士大夫的意志的所导致的不自觉的行为，这种行为出现的频率很高，但不能说很普遍，也不足以被用来当作宋代士人整体的观念，毕竟在现实中，有不少个体士大夫有着对武人群体的同情和对"武"的重视。这样的说法有待进一步论述，但如今一些学者断然说宋朝是文武并重，似乎断语下之过急，完全忽视、否定以往在论述宋代"抑武"时所举出的例证是不可能的，所谓"崇文抑武"或者"佑文抑武"，它可能只是一个整体的、笼统的对宋代文武协调之不平衡现象的大致概括，在不同时期，它可能有着不同程度的表象。我以为宋史研究需要分阶段、分角度，从思想史、政治史、制度史几个方面来细致考量宋代文、武关系。这就不是笔者当下三言两语能说清的问题了。

在宋夏战争中，范仲淹和韩琦虽然是盟友，但在作战态度上却截然不同。毋庸置疑，二人都是毫无军事经验的书生，然而他们各自的经历和性格却决定了他们对战局的不同认识——范仲淹经历过宦海沉浮，性格老练沉稳；韩琦则是少年得志，心高气傲不说，为人也比较激进。因而，具体到战略战术方面，范仲淹主张以防御为主的保守策略；而韩琦

---

① [宋] 蔡襄：《国论要目》，《蔡襄集》卷二十二，375 页。
② [宋] 李焘：《续资治通鉴长编》卷二百十四，5194 页。

则一心希望能够派兵出击党项，建立战功。直到好水川战败，刘平、葛怀敏、任福等大将被杀，石元孙被俘①，朝廷震惊，韩琦的主战派才失去了在军事决策上的话语权。

范仲淹据守延州（今陕西延安）时，西夏人对他的军事才能敬重有加，说"小范老子"比"大范老子"（前任主帅范雍）更有本事。实际上总结范仲淹在宋夏战争中的表现，可以一窥他个人的政治人格。首先，他能够积极投身于这场战争中、关心国家边患，这自然而然体现着他的政治参与意识和责任感。同时，他保守的军事方略虽然从效果上看没有很突出的扭转战局的成绩，然而从稳定局势的角度看，这种策略是非常沉稳且颇具长远眼光的。由此来看，范仲淹虽然是一个热心政治的人，可他却并不是一个一味好大喜功、想通过盲目莽撞的一些另类措施来为自己博取功名的人。

庆历四年（1044），宋夏达成议和，这件事与夏辽关系的紧张有着密不可分的关系。实际上，尽管从西夏的对宋文书上不能直接看出在宋夏战争之初辽朝有反对西夏做法的行为，但"这只不过是西夏虚张声势，挟辽制宋的策略而已，辽朝实际上并不见得会支持旨在向澶渊之盟所确立的南北朝体制发起挑战的行为"②。局势随着庆历二年（1042）宋朝在辽以索取关南之地并兴兵伐宋为威胁的情况下答应对辽增加岁贡而变得明朗，党项不再能挟辽制宋，而它自身的经济状况又不能足以支持他进行旷日持久的战争，因而议和变成了自然而然的事。

王夫之点评这次宋夏议和，就曾说"岁输五十万于契丹，而猰首自名曰'纳'；以友邦之礼礼元昊父子，而输缯币以乞苟安；仁宗弗念也。宰执大臣、侍从台谏、胥在廷在野，宾宾喷喷以争辩一典之是非，置西北之狄焉若天建地设而不可犯；国既以是弱矣。抑幸无耶律德光、李继

---

① ［宋］文莹：《玉壶清话》，62页。
② 杨浣：《辽夏关系史》，101页。

迁鸷悍之力，而暂可以赂免"①。庆历二年辽朝威胁宋朝的时候，宋朝人对对待辽人的态度有过反复的争论，最后还是吕夷简举荐了富弼陪同辽使，并摸清了辽朝的意图②。王夫之觉得宋朝人主次不分，对西夏重视不够，反而过度重视辽朝的施压，幸亏当时不是辽太宗耶律德光的时期，不然中原又要被契丹攻占。由此也可以看出，在宋夏外交较量中，辽朝最终亲宋的态度对后来的议和起到了极大的决定作用。

不过，总览宋史，澶渊之后，主和思想几乎一直弥漫在士大夫中，即便是主战的士大夫，不少也抱着以战促和想法。传统说法，都认为这与文治政策和士大夫政治自身的特点有关。不过近年来也有人从儒家士人的思想观念入手，指出"善待夷狄"是两宋儒家学者长期持有的学术观点，并影响了宋朝与周边政权的关系③。

还需要提到的是，宋夏战争对仁宗时期的文学创作也有巨大影响，范仲淹在这一时期创作了《渔家傲》、《苏幕遮》等有名的词作，前者风格豪放、语言里透露出戍边之艰辛和心中之抱负，这种词风对日后苏轼等人的创作影响巨大；后者用语绮丽，抒发愁绪忧思。这种创作中贯穿着仲淹一贯的文学主张，那就是要言之有物，要能体现士大夫的见识、胸襟、思想、情怀，重在真情流露，而不是单纯刻意雕琢用词，所以缪钺说："范仲淹既能作壮词，也能做绮语，既能豪放，也能婉约。他作词时，都是抒写真实的感受和情思，配合其内容，而产生相应的风格，纯是自然流露，并未尝有意要如何作"④。诚哉斯言，仲淹这种真诚的态度，不仅表现在文学写作上，更体现在他对世事和百姓，对他的个人理想与抱负的真诚上。国家边患，激起的是士大夫以天下为己任的责

---

① ［清］王夫之：《宋论》卷六，118页。
② ［元］脱脱 等：《宋史》卷三百一十三，10250页。
③ 辛更儒：《略论北宋学者的夷狄观》，《开封与宋学——第二届宋学国际学术研讨会论文集》，417～426页。
④ 缪钺：《论范仲淹词》，《缪钺全集》第三卷，39页。

任感，他们由之开始频繁地议政论政，从了也掀起了宋代政论散文的兴盛，这些文章流露着他们的忧患意识和拳拳热情。正所谓文以载道，宋夏战争在某种程度上起到了汇聚文人目光的作用，文人以之为题材，潜移默化中形成了以反映现实为宗旨的文风，在文学作品中夹杂对边事的见解和对革新的期望，从而扭转了宋初文学之空洞虚浮，这种变化恰恰是古文运动所主张的。

宋夏关系趋于稳定之时，庆历新政已经基本要结束了。从历史发展的眼光来看，宋夏战争对庆历新政的诞生起到了难以磨灭的推动作用。仁宗后来开天章阁向仲淹等革新派人士问策，首先就问了处理边患的对策，足见这一问题对北宋政局产生的重大影响。西夏问题严重地激化了宋代固有的阶级矛盾，有鉴于此，革新派的士大夫们普遍形成了"攘外必先安内"的意识①，这种来自于政权外部的因压力而萌生的变革意识成为加剧政权内部的革新需求的温床，从而加速了一场政治改革的到来。在庆历新政之前的宋夏战争中，范仲淹、韩琦、尹洙、滕宗谅都参与其间，整场战争客观上也团结了这些本在思想和理想上就是同道的士大夫，为庆历新政做了铺垫。

以往的宋史研究中，把宋夏战争的影响常常落实在一些极为具体的问题上，缺少宏观的认识。实际上，对于西夏而言，宋夏战争恰恰是党项民族强化民族认同和民族凝聚的重大事件，党项族与广义的"羌人"和"藏人"有极大渊源，实际上杂糅了许多其他民族，其民族的形成有很强的建构性，即格林菲尔德、安德森等人建构主义的学说更适用于后人对党项民族主义的研究。一般来说，民族的血缘认同建构往往是通过内向途径强化的，而文化认同建构往往是通过外向事件强化的，宋夏战争作为一个外向的事件，强化了党项民族共同体的本族意识。同理，对

---

① 李华瑞：《宋夏关系史》，42~43页。

宋朝而言，宋夏战争对葛兆光先生所谓北宋时期"中国"意识的凸显①也起到了推动作用，强化了"中国"和西夏各自的文化中心主义。

另外，就庆历新政而言，宋夏战争与之相关的便是宋夏战争的政治话语意义。李华瑞先生在其《宋夏关系史》中曾提到，宋人话语中表露出了他们对西夏给北宋边境带来的军事压力的深切感受，这种感受强化了北宋的以兵立国。这种解读较为浅显，李先生在其著作中引用了数条宋人奏议中描述西北边境军事压力的语句来证明其观点，但实际上，如果结合这些奏议的前后文来看，会发现西夏带来的军事压力常常并非进言者论述的中心，而常是被作为进言者提出更宏观的政治谏言时的素材。同理，在涉及庆历新政的问题时，宋夏战争的如火如荼恰恰为朝廷内主张改革的士大夫的政治建言提供了有力的说服素材。

因而，尽管庆历新政的诞生有其深远的政治文化背景，但将发生在仁宗朝宝元、康定、庆历年间的宋夏战争说成是压倒北宋老旧政治文化及其政治格局的"最后一根稻草"，恐怕再贴切不过了。

一场关于宋朝内政的改革，已迫在眉睫。

---

① 葛兆光：《宅兹中国：重建有关"中国"的历史论述》，41~65页。

# 第三章 同道为朋：

## 革新思潮下的同志士人与庆历新政

### 一、"患法之不变"

南宋思想家陈亮曾说："方庆历、嘉祐，世之名士常患法之不变也。及熙宁、元丰之际，则又以变法为患"。① 这句话描述的是北宋名士的一个思想转向，指出仁宗的时候士人都主张变法，到了宋神宗时王安石变法，原来在庆历时主张变法的韩琦、欧阳修等人却又站到了改革的对立面。这是令后世许多人困惑的现象，本书第四章第四节将对这一问题进行解释，此处按下不表。

反过来先品味陈亮的前半句话所描述的现象。实际上，宋代士大夫中革新思潮的出现又何止从庆历年间才开始，早在宋太宗太平兴国七年（982）的十二月，当时的相州知州田锡就对赵光义上书讨论朝政得失，提出了变革的主张，他从国家财政的角度入手，对宋太宗讲"久弊者，

---

① ［宋］陈亮：《铨选资格》，《陈亮集》卷第十一，126 页。

……备边之费,御寇之兵,二十余年民不遑息。……笼榷货财,网利太密。……然国家军兵数广,支用处多,课利不得不如此征收,笼榷不得不如此比较。穷尽取财之路,莫甚于兹,疏通货殖之源,未闻适变,似不知止,殊无定期"①,劝宋太宗"别布新条",可惜最终没有结果②。田锡是太宗、真宗朝一个敢于直谏的大臣,后来在真宗朝备受皇帝尊重,甚至被真宗用来跟汉武帝时的直臣汲黯相类比③。

真正强有力的呼吁变革的声音,来自真宗时期的大臣、田锡的好友王禹偁。在至道三年(997)五月十八日,他应诏向真宗上疏,谈及国家弊政,鲜明指出了冗兵、冗吏和财政负担的问题,归总出祖宗之法所带来的朝廷弊政。在《应诏言事疏》中,王禹偁讲当时宋代的局面是"边鄙未尽宁,人民未甚泰,求利不已,设官太多"。针对冗兵、冗吏、官员选拔过滥、僧尼增加财政负担的问题,王禹偁给出了五条建议,分别是"谨边防,通盟好,使辇运之民有所休息""减冗兵,并冗吏,使山泽之饶稍流于下""艰难选举,使入官不滥""沙汰僧尼,使疲民无耗""亲大臣,远小人,使忠良謇谔之士知进而不疑,奸俭倾巧之徒知退而有惧",这五条建议,第一条是缓解边患,好让政府腾出手来与民休息;第二条看似在说冗兵冗吏,本质还是为了缓解财政压力;第三条和第四条一个要通过严格官员选拔制度来提升行政效率并缓解冗吏现象,一个要减少僧尼,两项实际也都是为了解决这些现象给国家带来的沉重的财政经济负担;第五条是针对统治者个人的,亲贤臣远小人,兼听则明,追求儒家式的清明专制。最后,王禹偁督促真宗"治之惟新,救之在速",问题不等人,国家需要改革,而且需要立刻改革④。

王禹偁的进言其建设性在于,四个问题、五条意见都可以被归结在

---

① [宋]田锡:《上太宗条奏事宜》,《咸平集》第一卷,14页。
② [宋]李焘:《续资治通鉴长编》卷二十三,530页。
③ [宋]佚名:《锦绣万花谷》卷一一引《名臣传》,135页。
④ 徐规:《王禹偁事迹著作编年》,162~168页。

一个大的范畴中，即宋代的内政出现了问题，这种想法成为日后北宋士大夫主张改革时的一个基础性认识。实际上，王禹偁在三十五岁的时候就向宋太宗提过政改建议，当时是端拱元年（988），禹偁上《三谏书序》，通过向赵光义推荐刘实《崇让论》、韩愈《论佛骨表》、杜佑《并省官吏疏》来劝宋太宗改革，以治理社会的躁进之风、打压宗教的过度繁荣、整顿吏治裁剪冗官。因而今人一般将《三谏书序》视作禹偁建言改革之始①。在改革问题上，王禹偁的态度较诸田锡更为坚决和明朗，这也使得他在宋代革新思想形成的历史进程中成为第一个令人瞩目的角色。

然而，田锡、王禹偁进言之所以未对当时的政局产生重大影响，除了以防弊为核心的祖家之法本身是保守主义的以外，还有其意识本身的问题。王禹偁、田锡所描述的时局之弊的程度极为可疑。他们过于强烈的忧患意识和改革愿望使他们在陈述己见时夸大了北宋初期的弊政。太祖、太宗皆是有为之君，宋初国势整体呈上升之态，或许在太宗看来，田、王的见解只是他们沉浸在因过度焦虑而产生的自我幻想与杞人忧天之识罢了。"谨边防"与"减冗兵"本身在某种程度上的自相矛盾也说明了王禹偁并无清晰的认识和逻辑。士人极易为了铺陈己见而夸大时弊，此乃宋代许多士大夫的通病。北宋初期确在一定程度上有财政压力，但具体到冗兵等问题，有时也只是士大夫的一面之词。

除此之外，宋代文治有一个重要特点，即政治文化与文学思想的发展有着重要关联，政治结盟往往都伴随有文学结盟，政治立场的一致往往都随有文学立场的一致。田锡与范仲淹在文学观上是志同道合的，田锡曾说"夫人之有文，经纬大道，得其道则持政于教化，失其道则往返于靡漫。孟轲荀卿，得大道者也，其文雅正，其理渊奥。……世称韩退之、柳子厚萌一意、措一词，苟非美颂时政，则必激扬教义。故识者观

---

① 徐规：《王禹偁事迹著作编年》，80页。

文于韩柳，则警心于邪僻"①，他也是强调"文以载道"比文章的用词华美更重要，推崇韩愈、柳宗元的文章。考察王禹偁的文学主张，清代学者曾有过一番论述，浦起龙就说："宋初袭晚唐、五代之弊，仁宗天圣以来，晏殊、钱惟演、刘筠、杨亿数人亦思有以革之。第皆师乎义山，全乖古雅之风。迨王禹偁以迈世之豪，俯就绳尺，以乐天为法。欧阳修痛矫西昆，以退之为宗"②。浦起龙在这里讲到，宋代初年文学风尚沿袭晚唐、五代靡丽不实的风格，直到王禹偁这里，很明确地改变了片面的、只追求辞藻华丽的文风。王禹偁推崇白居易简朴的文学风格，特别是白居易的讽喻诗③。后来王禹偁还超越了白居易的平易诗风，转而吸收杜甫诗歌的特色，集二人之长。他自己在一次偶合杜甫诗后就说，"本与乐天为后进，敢期子美是前身"④。兼学白、杜的王禹偁在文学创作上变得更深沉，所写的诗歌也呈现散文化、议论化的特征。

实际上王禹偁在文学上不仅反对只追求绮丽的文风，更强调文以载道、拯救"斯文"，他曾说"夫文，传道而明心也。古圣人不自已而为之也。且人能一乎心至乎道，修身则无咎，事君则有立"⑤，指出文字、文学的价值在于令人明心修身，在于传递儒家的"道"，是一种追求致用的文学观。

---

① ［宋］田锡：《贻陈季和书》，《咸平集》卷二，32~33页。

② ［清］浦起龙：《酿蜜集》卷二，转引自周义敢、周雷编《苏舜钦资料汇编》，136页。

③ 陈植锷《试论王禹偁与宋初诗风》一文中认为，王禹偁的诗歌写作，跟西昆派是一样的，都学白居易，属于"白体"。之所以风格不同，是因为西昆派学了白居易早期的唱和诗，诗风华美。而白居易后来最主要的诗歌写作，是诗风平实的讽喻诗。陈氏提出，王禹偁早年也有过唱和诗写作的经历，但在仕途失意后，就转而学习白居易的讽喻诗，并且进而学习杜甫的诗歌，这才形成了简雅古淡的诗风，在文学改革中的诗歌改革领域，有了积极影响。参见《试论王禹偁与宋初诗风》，载《中国社会科学》1982年02期。

④ ［宋］蔡宽夫：《蔡宽夫诗话》，载郭绍虞辑《宋诗话辑佚》，405页。

⑤ ［宋］王禹偁：《答张扶书》《王黄州小畜集》卷十八页面十一，载《宋集珍本丛刊》第一册，652页。

需要说明的是，王禹偁和北宋古文运动的先驱柳开一样，主张文以载道，推崇韩愈。但是，作为北宋古文发展的拓荒者，柳开的"道统派"显然是更为偏激的，"道统派"过分强调"道"，以至于甚至忽略了文章写作本身的要求。而王禹偁的文学观相对更为理性全面，没有让"文"彻底沦为"道"的服务工具，而主张"文道并重"。他还强调文章语句要晓畅通俗，用词简练，有着一定文学写作上的追求。王禹偁在北宋古文运动中修正了柳开"文道合一"的激进文学观，对宋初古文有着更深刻的影响[1]。特别是欧阳修、范仲淹等人，都继承了他这种"文道并重"的文学观。

这种"句之易道，义之易晓，又辅之以学，助之以气"[2]的文学主张影响了宋代的古文运动和文学写作，正是从宋代开始，诗歌写作出现了接受俗词俚语、青睐俗世琐事的转向，开始"以俗为雅"[3]。后来王安石还曾说"世间俗语言，已被乐天道尽"[4]，足见王禹偁的文学观对宋代士大夫——特别是那些在政治立场上有着革新夙愿的士大夫——产生了十分巨大的影响。

然而总的来说，不论是王禹偁还是田锡，由于他们主要活动的时代还是北宋初年，祖宗之法肇兴，社会层面上一时还不能很好地认识到祖宗法制的弊端，因而即便疾呼如王禹偁者，他们的建言至多也只能引起统治者对国家政治进行一些微调——比如真宗就在咸平四年听从过太常丞梅询的建议而削减冗吏[5]，但大部分的建言最终也难逃石沉大海的命运。

---

[1] 祝尚书：《北宋古文运动发展史》，10~67页。
[2] [宋]王禹偁：《答张扶书》，《王黄州小畜集》卷十八页面十二，载《宋集珍本丛刊》第一册，652页。
[3] 莫砺锋：《宋诗三论》，《广西师范大学学报（哲学社会科学版）》，2005年第2期。
[4] [宋]陈辅之：《陈辅之诗话》，载郭绍虞辑《宋诗话辑佚》，291页。
[5] [宋]李焘：《续资治通鉴长编》卷四十九，1063页。

但是，当北宋的历史进程来到仁宗统治时期时，这种局面便有所改变。仁宗朝的时候，虽然国家弊政的严重程度依旧有着被主张革新的士人过分夸大的现象，但较之北宋前三朝，还是严重了不少，特别是在财政上，宋代一直实行轻徭重赋，政府的财政负担一直是转嫁给底层百姓来承受的，这就会造成一种底层的不安定，其实这种底层动乱的威胁在宋太宗时期就曾出现过一次。

当时宋代在平灭后蜀后对四川地区进行了强度极大的经济压榨，有头子钱、皮牛钱等各种苛捐杂税，甚至汉州知州赵尚还征收有竹木税，所以曾巩说："时收臣务利人之厚，常赋之外更为博买务，禁民私市布帛，而兼并者释贱贩贵，小民贫，失家田业。"[①] 不仅税务繁重，政府还限制贸易，整个四川的经济压力极大，老百姓生活艰难。在这样的背景下，淳化三年（992）四川地区就爆发了王小波、李顺起义，建立起了大蜀政权，虽然叛乱在五月份就被平定，但此后四川地区依然爆发过几次叛乱。造成叛乱的直接原因，就是宋代内政弊患在传递到民间后转变成百姓的生计压力。

可惜的是，虽然事后赵光义下过罪己诏，但是从根本上讲，宋朝并未因这次大叛乱而对执政方略有根本性的调整。仁宗朝时，宋代旧政治体制的弊端已经暴露了不少，革新的呼声便也随之变得更多、更有力。其中，包拯曾经有过一篇言辞非常激烈的文章，在《论冗官财用等》中，包拯讲到宋朝官员四十年来在数量上增长了一倍之多，再加上每三年开科取士一次，每次录取千人，此外还有数量庞大的恩荫子弟，"是食禄者日增，力田者日耗，则国计民力安得不窘乏哉？"归根结底，包拯关注的还是国家财政的问题，他最终提出"欲求去其弊，当治其源。治其源，在乎减冗杂而节用度"的主张，并给出了"艰难选举"、"罢

---

① [宋] 曾巩：《隆平集》卷二十，628 页。

绝招募"、减少土木工程的营建、"节上下浮柱之费"的解决办法①。实际上，王禹偁、包拯、范仲淹这些人找出的问题大同小异，解决办法也异曲同工，过多的列举并没有意义，而且实际上包拯这篇文章写于庆历九年（1049），这时范仲淹等人已经不再主持新政了，并不存在呼应新政的意图。我们只需要知道，在仁宗朝这样一个时期，通变救弊的思潮已经不同于北宋前期的状态而已经在士大夫社群中取得了较为广泛的共识。只是，这种共识的坚定程度在不同士大夫那里并不一致，毕竟当时宋代内政之弊尚未达峰值，因而有的士大夫支持新政，却在日后受不了骤变、剧变。且归根结底，这种"救斯文之薄"的想法终归在当时只存在于忧患意识强、眼光长远的士大夫那里，祖宗之法的防弊精神为更多的士大夫以及社会群众塑造了一种易苟安的人格。救弊思潮不能说不存在，不能说其影响不大，但也不宜将其影响想象得太大，它仍旧大体只存在于精英间。

范仲淹的革新也就是诞生在这样一个背景之下，他的政改思想在天圣年间就已经开始形成，而具体到政改的实际操作层面，他也在景祐之际的党议、党争中磨炼出了团结同道、进行朋党的经验。这里面要特别举一个事件来看范仲淹的革新思想和朋党意识。在宝元元年（1038）的时候，范仲淹出知润州（今江苏镇江），唐朝时期著名的宰相李德裕曾经在这个地方当过官，并留下《述梦诗》四十韵，刘禹锡在历阳的时候曾经对之有过和诗，范仲淹就从刘禹锡说起，写下了一篇《〈述梦诗〉序》，重点阐述了他对唐代"二王八司马"事件的看法。

"二王八司马"说的是唐顺宗时期以王伾、王叔文为首、韦执谊、韩泰、陈谏、柳宗元、刘禹锡、韩晔、凌准、程异为主要成员的一场政治变革，史称永贞革新。这场改革的目的是为了打压唐朝的宦官势力，但是只持续了一百多天便夭折了。其实这场改革和庆历新政有相似之

---

① [宋] 包拯：《论冗官财用等》，杨国宜《包拯集校注》，140~142页。

处,王叔文、韦执谊同柳宗元、刘禹锡间各自政治地位的关系跟范仲淹与欧阳修、苏舜钦各自政治地位的关系比较像,都是由有一定政治威望和较高政治地位的士大夫出来领导,而刘禹锡、柳宗元、苏舜钦这些人在变革发生的时候都还很年轻、政治经验不足,他们和革新的领导者是朋党关系。范仲淹论永贞革新,全然对之持一副褒奖的态度,他说:"刘(禹锡)与柳宗元、吕温数人坐王叔文党,贬废不用。览数君子之述,而理意精密,涉道非浅。如叔文狂甚,义必不交。叔文以艺进东宫,人望素轻。然传称知书,好论理道,为太子所信。顺宗即位,遂见用,引禹锡等决事禁中。及议罢中人兵权,牾俱文珍辈,又绝韦皋私请,欲斩刘辟,其意非忠乎?皋衔之。会顺宗病笃,皋揣知太子意,请监国而诛叔文。宪宗纳皋之谋而行内禅,故当朝左右谓之党人者,岂复见雪!《唐书》芜驳,因其成败而书之,无所裁正"①。范仲淹此时正因为朋党而被贬官地方,他对王叔文一党反主流的称赞,实际上有他个人的主观认识渗透其间,他褒奖永贞革新,其实是为自己的行为辩白和正名。由此也能看出,范仲淹个人是不避讳朋党的,他是支持有益的君子之党的。另外,因为"文以载道"的缘故,范仲淹在文章中表露的文学观也需要关注,他说"至于柳、吕文章,皆非常之士,亦不幸之甚也"。由此可见,范仲淹也主张为文师法韩愈、柳宗元一脉。

诚然,从理论上讲对永贞革新的翻案,为君子朋党提供了有力支持,但实际上宋代真正最早系统阐述君子朋党论的人,依然是王禹偁。宋代对朋党的讨论实际本身要比朋党之争激烈得多,王禹偁就写过《朋党论》,专门论证"君子有党"的合理性和历史渊源。他说朋党最早可以追溯到尧舜时期,"八元"、"八凯"就是君子之党,而"四凶"就是小人之党。尧那时候以德行治之,令两党皆存;舜的时候"彰善明恶,虑其乱教,故两辩之"。他还说"君子直,小人谀。谀则顺旨,直则逆

---

① [宋]范仲淹:《〈述梦诗〉序》,《范仲淹全集》182页。

耳。人君恶逆而好顺，故小人道长，君子道肖也"，以此来劝谏人君站在君子之党一边。其实这篇《朋党论》背后包含着王禹偁个人的一种忧患意识，这篇文章写他在仕途上春风得意之际，可为人秉直的他也有很多政敌，王禹偁之所以要慨叹君子势微，大抵也与他个人的境遇密不可分，这乃是他的春行秋令之叹，他感受到了自己可能遇到的政治危机——而事实上在《朋党论》写后没多久他就因为直言而被贬为商州团练副使①。

关于宋代朋党的形成，除了从革新思想的发展这个角度入手外，我们还需要从一个较为宏观的角度来讨论宋代朋党所造成的一种政治结构。朋党的思想基础，自然是对时局忧患的共识，具体到庆历年间，则是"患法之不变"，每一个朋党的参与者都有着同样的政治认识、政治诉求、政治主张。这种思想上的共识导致任何的朋党都需要通过对政局的积极干预来实现本派阀的政治改革主张，这就需要他们服从于君主独裁制②。而想要对君主独裁制下的政局产生影响，就不仅仅需要士大夫力量的团结，还需要一个强有力的政治人物来综合调衡派阀成员的私人利益并代表他们向皇帝表达忠诚和政见。这种局面在客观上也巩固了君主独裁制，形成天子在上、宰执次之、皇权与相权相辅相成共同增强的政治结构。

另外，考察朋党成员间的联系，派阀系统对人际关系的强化也是至关重要的，"通过政治系统强化人际结合，从而实现了日常性网络向朋

---

① 成长健、师君侯：《从三篇〈朋党论〉看北宋的党争》，《中国文学研究》1993年02期。

② 关于"君主独裁制"还是"君主专制"，据王瑞来述，本质上讲二者并无区别，"只不过日本的君主独裁制说主要限定在宋代和宋代以后，而中国的君主专制论则从帝政创立直到终结，纵观两千年"。见王瑞来《宰相故事：士大夫政治下的权力场》，297页。实际上日本君主独裁制的年代限定我以为是与"宋代近世说"有关的，毕竟君主独裁制说肇始于内藤湖南，这种独裁制或可视作日本学界对近世之特点的一个基本性认识之一。

党性网络世界展开"。北宋的士大夫朋党，是通过个人为了实现科举进阶而"主动选择了自己周围的地缘、血缘、学缘、业缘等关系"的行为，来发展出一种政治人际相结合的可能性而最终形成的①。

关于宋代朋党，特别是君子之党，有一点需要特别加以说明。范仲淹、王禹偁等是封建儒家士大夫，可孔子讲"君子矜而不争，群而不党"，革新派士大夫鼓吹君子之党，甚至为了朋党而如王禹偁那样以论带史、对历史加以过度解读，可见在他们这里的士大夫文化已不纯粹拘泥于儒家礼教了，或者说，为了"儒家的整体规划"，他们放弃了一些细枝末节的东西。君子之党是以义而朋党，义在利先，这是大部分儒家人物共同的主张。范仲淹、王禹偁提倡的君子之党，本身是符合义在利先的原则的，这也是支持他们朋党理论资源之一。不过更重要的，是他们的士大夫人格中有一种超越儒家价值观的事物，即"以天下为己任"的责任心。在致力于"得君行道"、以入世经世为修养心性之先的情况下，有时对范仲淹等人而言，为达大义可不拘小节。儒家的终极理想是明确的，而具体的操作过程则是可以变通，可以通过对立的再诠释而使之对自己的行为有利，有所支持。实际上，封建儒学史，本身就是在大道既明的前提下，儒生们不断地对儒道主义发挥、诠释的历史。因而，范仲淹等人支持君子之党，并无伤大雅。原始的儒家不过是一个思想流派，革新派士大夫也只是专制政党下的一个派阀②。而范仲淹他们"先天下之忧而忧"，在意的是整个时代民生的走向，在意的是儒家终极追求的人间秩序。宋代的朋党，本质都是出于参与政治的目的，都是为了改善民生、实现儒家或政治理想，是总体有益的、有利的。这成了宋代

---

① ［日］平田茂树：《宋代朋党形成之契机》，《宋代政治结构研究》，137～138页。

② 平田茂树《宋代朋党形成之契机》一文提出，宋代的朋党，所谓君子之党、小人之党，是不足以被视做政党的。与之相类似，王瑞来在论述宋代皇权与相权的关系时也曾说到"总的来说，皇帝与宰府大臣都属于一个执政集团"。见《宰相故事：士大夫政治下的权力场》，74页。

革新派朋党的一个重要特点，也成为庆历新政这场政治运动中，那些锐意进取、心怀百姓的士大夫们在人格上感人的一面。

## 二、天章阁对策

这已经是吕夷简第三次出任宰相了。在景祐四年被罢相后，心机深重、贪恋权位的吕夷简不断推举一些才能不如他的人入职中枢，其目的不言而喻。不论是王随、陈尧佐的缺少谋议、难担重任，还是张士逊的无能无为，目的无非都是想让宋仁宗知道，朝廷里离了他吕夷简，根本就转不起来。

康定元年（1040），北宋正困扰于西北的边患，此时的仁宗自然想到起用夷简。可惜第三次做宰相的他依然如故，为相三年来不仅毫无作为，而且，以避免被他人谤毁为智。在他执政的时期，别人的碌碌无为永远是他用来反衬自身精明强干的法宝。然而这到底不是长久之计，夷简也是老政治家了，固然自己遵守明哲保身的为官之道，却也不会不清楚国家危机之严重。

庆历二年（1042）的十二月，六十四岁的吕夷简终于支持不动了。他已经前后撑了这个国家很多年了，他固然很自私，却也费了不少心血来稳固国家的局势。如今他老了，上朝时病到根本扛不住。他已经没有精力了，是个实实在在的老人。然而仁宗却不得不用他——至少仁宗自己以为是这样。他拜夷简为司空、平章军国重事，虽然夷简极力推辞，但仁宗还是执意要这么做。

想当年，吕夷简意气风发的时候，但凡他上朝，出入进止、仪容规矩总是做得分毫不差。而到此时，已经被年龄挫磨得过于庸常的他一天上朝竟然连礼仪也忘了，误忘一拜而起。大家都指责他，说他失仪。当时有个从汉州来应举的士子张纮，在听说吕夷简的事情就说："吕公做宰相很久了，不是不详审的人，如今在大朝会上失仪，是天夺之魄，殆将亡矣！"①

转眼到了庆历三年（1043）的一月，在这段时间里，夷简已经数次上书告病，请乞骸骨，打算卸任了。可惜仁宗似乎并不愿意放手，他依然对吕夷简信任不已，甚至还对他说："我只恨不能把你的病转移到我自己的身上来"，这种行为让天下不少热心国家命运和政治走向的士大夫寒心不已。

有鉴于此，当时的陕西转运使孙沔就上书仁宗指明这些情况，并称："夷简在中书二十年，三冠辅相，所言无不听，所请无不行，有宋得君，一人而已，为之何以为陛下报？……是张禹不独生于汉，李林甫复见于今也。在陛下察之而已。"此时的吕夷简已经不是当年权柄在手、舍我其谁的吕夷简了，听到孙沔的上述，他竟然破天荒地讲这是"药石之言"，还觉得"但恨闻此迟十年尔"②。而且孙沔也没有被罚，还在次年四月做了天章阁待制，并升任本路都转运使，可见夷简真的是无心朝政了。

同年三月戊子，吕夷简罢相，并在两年后去世。这个曾经不可一世，令不少士大夫们因之而对朝政噤若寒蝉的宰相，终于迎来了他政治生涯的终结。罢相后的他虽然仍为司徒、监修国史，享有军国大事与中书、枢密院同议的权力，但实际上他对北宋政治的影响已经很弱了，尽管罢相后的他因为还有参与军国大事的权力，还享受过一段门庭若市的时光，但是四月份吕夷简"请罢预军国大事"被仁宗批准后，他便也就真的虎落平阳了。据说，在他卸任后，他推荐了富弼等人接替他的职位，但是也有史学家认为，这种行为恐怕并非吕夷简的气量能做出的③。我倒觉得，党政不过是政见之争，政治才能却是可以有目共睹的事，吕夷简也是在士大夫政治这样一个大环境下成长起来的老练政客，国家大

---

① ［宋］李焘：《续资治通鉴长编》卷一百三十八，3329页。
② ［宋］李焘：《续资治通鉴长编》卷一百三十九，3347页。
③ ［宋］李焘：《续资治通鉴长编》卷一百四十，3358～3359页。

事,他可能还是心中有数,至少他知道自己不行,保不准愿意推荐有才干者,哪怕政见不同,总比无能人主政强。当然,这算是心理史学,仅可作推测之语。

蔡襄曾经对吕夷简有过一番评述,在庆历三年的四月,他上书仁宗,指责称病辞相却仍对中书、枢密两府有干预权的吕夷简"谋身忘公,养成天下今日之患。……出入中书,且二十年,不为陛下兴利除害,苟且姑息,万事隳坏如此。今以疾归,尚贪权势,不能力辞。或闻乞只令政府一两人至家商议大事,足验夷简退而不止之心也"①。这番有失偏颇、用语刻薄的措辞完全出自蔡襄本人和吕夷简立场不合的缘故,且蔡襄在奏疏中多指责夷简打压范仲淹等改革派人士,其为同党愤然不平之意显而易见。平心而论,对吕夷简应持功大于过的评价,吕夷简执政期间对于稳固政局、缓解边患还是起到了不小的功效的,至于他打压异见的专断行为,一方面从政治文化的角度来看,实际上与北宋时期相权的加强有关;而另一方面,用历史的眼光来审视,他的那些为人所批评的做法不过是封建文人的通病,且并未真的对朝政带来颠覆性的不利局面。所以《宋史》评价他"其于天下事,屈伸舒卷,动有操术。……为世名相",对于这位"北宋前期任相时间最长而又颇受最高统治者宠遇的宰相"② 而言,这样的评语并不为过。

从吕夷简身上我们可以感受到一股浓烈的"仁宗朝的气息",这种气息的表现,正如《宋史·仁宗本纪》赞所说:"在位四十二年之间,吏治若媮惰,而任事蔑残刻之人;刑法似纵弛,而决狱多平允之士。国未尝无弊幸,而不足以累治世之体;朝未尝无小人,而不足以胜善类之气。君臣上下恻怛之心,忠厚之政,有以培壅宋三百余年之基。"事实上,人们常说仁宗朝是北宋的一个盛世,可但凡专制时代的盛世,多数

---

① [宋]李焘:《续资治通鉴长编》卷一百四十,3367~3368 页。
② 王志双:《吕夷简与宋仁宗前期政治研究》,河北大学中国古代史硕士学文论文,2000 年 4 月,导师漆侠、高聪明。

都是有着一个个人能力很强的君主，而仁宗看起来则相对庸常一些，至少他不会运用铁腕手段也不太懂帝皇权谋，事实上，正是这种皇权的庸常，让仁宗朝的士大夫享受着一种宽容的政治环境。这实在是一种福分，正是这种环境，包容了不同个性、不同主张的士大夫，也给他们提供了"你方唱罢我登场"的政治平台和施展空间。所以日后在政治斗争中失败的庆历党人都未领教过政敌的残忍报复，至多不过是贬官而已。这样一个皇权大体庸常、士风大体宽厚、政治大体宽容的时代，不仅成就了很多人，也培养了很多人——比如司马光和王安石。

吕夷简的宰执经历也是被这种宽容政治所庇护的一段生涯。对于他，最恰当的评价莫过于改革派的异见者、一个保守主义的士大夫。他虽然有利己的一面，可依然也有为公的胸怀，依然是士大夫政治中的君子——这正是北宋士大夫形象的代表，他们会因私利而朋党，可他们同时有着超越朋党的更大的价值观背景，这种群体意识使他们拥有共同的国家立场和政治理想。范仲淹和吕夷简，在本质上，都是在为了儒家理想和宋朝国运而努力。只不过，这种群体意识在范仲淹提振士风后才在宋代士大夫社群中表露得更为突出——"君子党争"背后，能看到的是士大夫们为实现"儒家的整体规划"而做出的努力，"新旧党争"只是具体方法、具体判断之争，在政治理想上并无根本的不同，在后来神宗朝的新政推行之初，所谓的新、旧党人其实是共同认可了革新方案的，后来反对新法的程颢、苏轼，一开始对新法都有认同，所谓"新法之行，诸公实共谋之"[①]，他们都想实现"儒家的整体规划"，因而才支持以实现这一目标为形而上的宗旨的新法。这种士人共同实现理想的"大同"的意识，一直潜藏于唐中期以来的士人文化中，吕夷简身上也潜伏着这种意识，只不过，这种意识真正的发扬是在范仲淹之后。

当吕夷简走下来时，范仲淹就该走上去了。保守走了下去，革新便

---

[①] ［宋］黎德靖 编：《朱子语类》卷一百三十，3097 页。

要走上来。当这位绝对皇权的守夜人失去对政治的影响力后,北宋锐意进取的新进士大夫们才真正获得了他们一展宏图的机遇。毕竟,接下来范仲淹的起复和任宰执,无疑可视作士权对皇权取得的相对胜利。

实际上,对于权力核心层的人事调动,从吕夷简一罢相便轰轰烈烈地展开。当然,这之中有小波折。在庆历三年的三月,"户部侍郎、平章事、兼枢密使章得象加工部尚书、枢密使。刑部尚书、同平章事晏殊依前官平章事,兼枢密使。宣徽南院使、忠武节度使、判蔡州夏竦为户部尚书,充枢密使。右谏议大夫、权御史中丞贾昌朝为参知政事。右正言、知制诰、史馆修撰富弼为右谏议大夫、枢密副使"①。另外,同样在三月,仁宗诏谕在西北前线作战的范仲淹、韩琦、庞籍等人,告诉他们只要边患稍有减轻,他们这些人就会在中央得到重用,仁宗已经诏书中书省对这件事做了备案。而且仁宗在诏谕中特别强调,擢拔他们是出自仁宗个人的想法,而不是因为大臣们的荐举。这一强调的话语,一来表达了仁宗对范仲淹等人的信任,二来也表明了他个人不计前嫌、支持范仲淹政见的态度。至于这种态度和意志转变的缘由,有可能不仅是因为国家边患导致君主意识到巩固内政的重要性,或许还与仁宗个人认识的改变有关,这种意识改变的发生,一方面是由于吕夷简执政时期客观存在的问题被充分暴露,另一方面,几年来大臣们对仁宗的进言可能也起到不小作用。但总的来说,造成仁宗态度转变的因素里,现实层面的缘由可能更大些,而思想层面可能只涉及了旧有认识的动摇,要说彻底认同了革新派的政治思想,恐怕并不能够。因为这不仅仅不符合先前他对吕夷简敬重、信任的态度,也不符合后来很快废弃新政的做法以及当夏竦等人后来重提朋党之患时他对范仲淹等人的君子之党所表露出的那种过度的疑虑与反感。

说到夏竦,此人原先也是北宋派往西北主持对夏作战的主帅,但他

---

① [宋]李焘:《续资治通鉴长编》卷一百四十,3359页。

在前线总是做事消极、得过且过、没有成效，他的做派朝廷大臣们有目共睹，所以当他从蔡州被召到朝廷出任枢密使后，就有台谏官依据风闻上书言事，其言："夏竦在陕西的时候，怯懦苟且，不肯尽力。有次出去巡边，置侍婢于中军帐下，几乎要导致兵变。元昊曾经在边境张榜，要拿三千钱换夏竦的首级，连敌人都对他如此轻蔑。后来他果然主持军务不利。当初吕夷简都畏惧他的为人，不肯引为同列。如今陛下孜孜政事，首用怀诈不尽忠之臣，何以求治？"当时的侍御史沈邈还十分恳切地进言，说夏竦阴交内侍、外专机务，一旦让他得手，就是"奸党得计"，仁宗的权力恐怕就会不保。

当时朝廷里面言官们反复进言，而夏竦也着急往汴京赶。两伙人相互竞赛，言官们听说夏竦已经快到了，进言措辞更是急切，想阻拦仁宗，不让夏竦入朝。此时余靖已经重返中央，出任谏官，他就说："之前夏竦累表引疾，现在一听说皇帝召用他，立刻就兼驿而驰，奔往汴京。若不早决，夏竦一定会坚决要求进见，在仁宗面前叙恩感泣，又有左右为之解释，则圣听惑矣"。关键时刻，御史台的长官御史中丞王拱辰也对仁宗上书极言，算下来前前后后言官们一共上疏十八次，仁宗才罢夏竦相位，让作为忠武军节度使的他回归本镇，以枢密副使、礼部侍郎杜衍为枢密使①。夏竦的罢相为日后他对新政的攻击埋下了伏笔。

为什么朝堂势力对夏竦的抵触这么强烈？一来，夏竦之前主军政确实不利，至少因此让不少士人觉得能力不行。庆历年间西北战事未定，内政弊端凸显，非能者不足以平定局势、通变救弊，夏竦显然不能满足士林的期待。二来，夏竦一向以保守派士大夫的形象示人，是一个在政治上比较消极苟且的士大夫，这种气质和整个庆历时代那种锐意革新的风貌不相称。

除了夏竦的枢密使职被杜衍取而代之，庆历三年的四月甲辰，仁宗

---

① ［宋］李焘：《续资治通鉴长编》卷一百四十，3364~3365页。

也终于下令对韩琦和范仲淹这两个在西北对夏作战中立下不少功劳的大臣，让他们同时赴京出任枢密副使。这固然是一种立场、态度的表达，但从实际效果来看，仁宗的做法也不能说考虑很周全。当时富弼就进言，认为西北边患未平，同时召在西夏那边颇有震慑力的韩、范二人回京，不利于控制西北战局，毕竟当时西北都流传着"军中有一韩，西贼闻之心骨寒；军中有一范，西贼闻之惊破胆"①的歌谣，范、韩二人对宋朝稳定军心、把控战局起着至关重要的作用。所以富弼认为，应该在同授二人枢密副使职后只招一人入京，留另一人守边②。后来的情况也确实如此，范仲淹、韩琦在回京后都仍十分关注西北战局，范仲淹还几次要求派他重返西北前线。

在士林领袖范仲淹和能臣韩琦入朝后，年轻的谏官蔡襄也升任秘书丞、知谏院。另外，景祐党议中被贬的士大夫都重返朝廷，欧阳修、余靖出任了谏官。韩琦在之前虽然没太参与景祐之际的党议、党争，但和革新士人一直有着紧密的关系，是革新派的同道。

比如韩琦就有过向仁宗极力推荐欧阳修的事迹。仁宗一开始不喜欢欧阳修，韩琦就对仁宗讲，欧阳修就是北宋的韩愈，当年韩愈为士林所重，声望极高，世人都期盼他任相，结果唐朝统治者没用他。虽说韩愈任相不见得就有补于唐，但就因为统治者没顺应士林的呼声，"谈者至今以为谤"。欧阳修跟韩愈一样，陛下要是不用他，"恐后人如唐，谤必及国"，劝仁宗"何惜不一试之以晓天下后世也"，就给欧阳修一个机会来验证它的才能嘛！仁宗后来果然启用了欧阳修③。

同年七月，在谏官余靖、蔡襄等人的荐举下，适逢前参政王举正被

---

① [宋]朱熹：《五朝名臣言行录》卷七之二，《朱子全书》第十二册，213页。
② [宋]李焘：《续资治通鉴长编》卷一百四十，3361页。
③ [宋]陈师道：《后山丛谈》卷五，66页。

罢，范仲淹出任参知政事①。

至此，北宋庆历三年中枢决策层的人事调整基本完成，这里面以改革派官员为主，全然一副革新朝政的气象。仔细分析这几个人的政治背景和立场以及相互之间的人际关系，会从中发现范仲淹作为副宰相，最终却成为庆历新政的实际领袖的原因。

宰相晏殊确实是个爱贤之人，他自己当年就是被寇准赞许的神童②，他主政时很喜欢擢拔能士，当时天下有不少出色的士大夫诸如范仲淹、孔道辅，都出自他的门下，他还是富弼的岳丈。但晏殊同时也是个比较保守持重的人，虽然和范仲淹年纪相仿且往来甚密，但政见上并非完全相合。枢密使杜衍是馆阁才子苏舜钦的岳丈，这种亲属关系决定了他不会站在改革派的对立面，但作为一名老政治家，他并不欣赏欧阳修等年轻谏官的轻薄、激进，杜衍对改革派多有维护，但算不上朋党，而且参知政事贾昌朝还对他有不满，因而杜衍也不能成为革新集团的中流砥柱。至于宰相章得象，他虽然不公开反对新政，但个人对新政很消极，正如《宋史》本传所说，"仁宗锐意天下事，进用韩琦、范仲淹、富弼，使同得象经画当世急务，得象无所建明，……居位自若"，更重要的是，章得象本人是在天禧五年（1021）被吕夷简举荐才晋升为直史馆的③，所以即便他对新政和改革本身没有敌意，他也不会明确支持革新派，甚至在政治态度上可能与吕夷简相近，他以后对庆历新政的点评也将证明这一点。

因而，虽说在范仲淹之上还有几位德高望重的士大夫，但范仲淹却成为仁宗朝政改的实际主持者。由于宰相章得象和晏殊的为官圆滑和不作为，反而使得在仁宗时期，参知政事在一定程度上替代了宰相，起到了管理中书事务的职能。尽管"在人治社会里，制度规定有时是相对

---

① ［宋］楼钥：《范文正公年谱》，《范仲淹全集》，896 页。
② ［宋］文莹：《续湘山野录》，70 页。
③ ［宋］李焘：《续资治通鉴长编》卷九十七，2239～2240 页。

的，它在一个大致的范围内，约束着权力行使人的行为"。但在一些时期，"为政作风和性格的不同、才干能力的强弱、与皇帝关系的亲疏及其受信任的程度，这些因素都影响着参知政事实际权力的行使和发挥"①。这种特定时期里参知政事职权的改变是晏殊等人在客观上造就的，也是范仲淹的个人能力所争取来的。仲淹虽然挂念西北军务，但对主政，他也有舍我其谁的魄力。

需要补充的是，范仲淹在改革中所仰仗的舆论支持主要还是来自馆阁和台谏群体中有新思想的青年官员。

他在主政后荐举虞部员外郎杜杞、太常丞章岷、秘书丞尹源、秘书省张柽、殿中丞王益柔、殿中丞吕士昌、大理寺丞苏舜钦、大理寺丞楚建中、环州军事判官姚嗣宗、国子监直讲孙复入馆阁。在范仲淹看来，这些或"文词雅远"或"经术精通"，都是能够帮助皇帝治理国家、提供理论意见的人。唐朝时有文馆专门供养这些文人贤者，今天倘若设立秘阁，在皇帝听朝臣意见以外，有时也来听听他们的意见，一下网罗这么多士林贤者，"虽危必安"，他劝说仁宗，"正宜广搜时彦，大修王度，以固其本之时也"。此时的范仲淹是五十四岁，正逢中年，而追随他的官员多数不过四十岁，整个庆历新政集团是由中青年官员组成的。这样的组合有利有弊，年轻的面孔充满朝气和激情，这与改革的气质是天作之合；年轻的官员过于激进而缺少稳重、言论对保守派的刺激性太强，显露着他们缺少足够的政治经验，特别是欧阳修、苏舜钦等人。这为以后新政的失败也埋下了伏笔。

在范仲淹推荐的人中，章岷、杜杞、张柽、楚建中、姚嗣宗是能吏；王益柔是出色的历史学家，日后因被认作是《资治通鉴》问世后唯一通览过的人而被司马光赞誉；尹源、吕士昌也有所长。然而在推荐名单中最显眼的，莫过于苏舜钦和孙复二人，前者是思想激进的青年才

---

① 田志光：《北宋宰辅政务决策与运作研究》，170页。

俊,后者是仲淹当年扶助过、如今已是一代大儒、泰山学派开山的学问家。

关于苏舜钦,虽然在此前他也有过几次出场,然而那时他的表态仅仅只是对在野的范仲淹提供了舆论支持,而当范仲淹主政后,这个人物的价值便得以彰显,这些价值来自于他的家族。苏舜钦是宋代前期名相苏易简的后人,苏家和真宗朝贤相王旦的家族以及景祐年间参知政事韩亿的家族联姻,苏舜钦还是杜衍的女婿,这种家族关系背后牵动着一系列政治力量,而王旦幼子王素是当时的谏官,韩亿也曾经是范仲淹推举过的人。由此我们看到,尽管人际关系并不能对人的政治立场起到决定性作用,但在某种程度上,苏舜钦加入革新集团将很可能为整个革新集团政治力量的壮大起到非比寻常的推动作用,所以苏舜钦才敢在新政时期对范仲淹上书批评仲淹主政时作为较少,说范仲淹"诚之少衰,不锐于当年""施设之事,未合群望""有高世之名,未见为高世之事"①。而到后来庆历新政失败,也与苏舜钦的受难有关,遭人指责,便牵连到很多势力,特别是关系到杜衍。所以苏舜钦可谓范仲淹集团的萧何,成也及他,败也及他。

另外值得一提的是,苏舜钦和尹洙一样,也从学于北宋古文运动的先贤穆修,后来在天圣年间与穆修齐名,甚至青出于蓝。苏舜钦推崇古文,他比尹洙年小,但在从事古文写作上甚至还先于尹洙②。但看其生活时代的文学生态,苏舜钦并非生逢其时,他曾自谓"十年苦学文,出语背时向"③,可他仍在逆境中坚持古文写作。后来欧阳修就说,要不是苏舜钦早逝,其人必将在古文运动中大有作为④。

关于庆历新政,就像古今中外历朝历代的许多政治运动那样,它也

---

① [宋]苏舜钦:《上范公参政书》,《苏舜钦集》卷第十,118页。
② [宋]苏舜钦:《哭师鲁》,《苏舜钦集》卷三,39页。
③ [宋]苏舜钦:《及第与同年宴李丞相宅》,《苏舜钦集》卷一,3页。
④ [宋]欧阳修:《苏氏文集序》,《欧阳修全集》卷四十三,613页。

是有一份纲领性文章的。这篇文章的出现，来自庆历三年九月仁宗开天章阁问策，这大约是庆历三年五月时欧阳修让仁宗召仲淹、韩琦"互述所见"的进言①起了作用，总之此时的仁宗已经坚定地认为，国家之弊在于"习俗固而不化"②，只有变革才能救弊。然而此时韩琦还在陕西前线，于是朝内改革派以范仲淹、富弼为首，他们被仁宗在天章阁诏对赐坐，范仲淹上奏了一篇由他执笔，代表他、韩琦、富弼三人一致意见的《答手诏条陈十事》③，这顿时令仁宗眼前一亮的——毕竟在此前仁宗多次求进言，但大臣们却总是"递互相推，并不建明一事以救天下之弊"④，这已让仁宗苦恼多时。

## 三、庆历新政的十条纲领

天章阁是用来收藏仁宗的父亲宋真宗生前文书墨宝的地方，建成于真宗天禧五年（1021）三月。在此前，宋真宗给宋太宗也建过一个龙图阁，专门收藏赵光义生前所用的文书。实际上，这两个阁其政治上的象征意义远大于他们收集文书资料的实际功能。宋真宗在天禧五年二月就专门召辅臣"观书龙图阁"⑤，又在天章阁建成后以之为由擢拔宰执，足见其政治上的特殊意义。由此来看，仁宗开天章阁来问策于范仲淹等，所要表达的乃是一种莫大的决心与期待，他决意改革，也期待范仲淹他们能整治时弊。

实际上，封建专制时代统治阶级政治改革，不论前台的政治家表现得如何出彩，幕后的专制君主总少不了要发挥作用。朝廷要改革，往往

---

① ［宋］李焘：《续资治通鉴长编》卷一百四十一，3382页。
② ［清］徐松 辑：《宋会要辑稿·帝系》九之三一，208页
③ ［宋］李焘：《续资治通鉴长编》卷一百四十三，3431页。
④ ［宋］欧阳修：《论内出手诏六条札子》，《欧阳修全集》卷一百四，1584页。
⑤ ［宋］李焘：《续资治通鉴长编》卷九十七，2241页。

少不了掺杂皇帝个人意志的作用。宋仁宗在历史上广受称赞，他之所以能够成为专制君主中饱受后世赞誉的皇帝，关键在于他得士大夫之心。这种受士大夫拥护的状态与当时他个人的政治理念谙合于士林的革新诉求有关。即位以来，他也是经常纳谏，更重要的是，在有些学者看来，宋仁宗有一种强烈的角色意识，帝王的身份令他加强了自我的道德约束，同时也让他承担了更多的责任心。他主观上有着把自己打造成一个"仁君"、一个广受士大夫拥戴的君王、一个和谐的士大夫政治的缔造者的价值取向①。这种强烈的帝王角色意识，使他更愿意励精图治、听取士林的呼声，可同时也使他更在意治世的稳定和统治的牢固——前者令他成就了庆历新政，后者令他担忧仲淹等人的朋党。

由于有着仁宗的支持、士林改革的诉求以及仲淹个人的充分思考，《答手诏条陈十事》便应运而生。想要理解好这篇文章，便还需要对于范仲淹个人的政改思想和政治抱负，做一个简单的回溯。

范仲淹当年求学南都之时，曾经给晏殊写下过一首诗，描述自己安贫乐道、追求儒家式政治理想的抱负，他说："白云无赖帝乡遥，汉苑谁人奏洞箫？多难未应歌凤鸟，薄才犹可赋鹡鸰。飘思颜子心还乐，琴遇钟期恨即销。但使斯文天未丧，涧松何必怨山苗"②。

从这首诗中我们要读出两点：

第一，范仲淹并非一心贪恋世俗仕途，他也有一定的超然物外追求精神的想法。或者说，他就像他自比的颜回一样，更愿意坚守自己的气节，"不戚戚于贫贱，不汲汲于富贵"。如果现实黑暗、仕途不顺、不能"得君行道"，那么他转而就会追求自我人生价值的提升，潜藏着一种"转向内在"的想法。甚至，哪怕是仕途光明，也不能放弃儒者清高的气节，要"内圣外王"，这恰恰是范仲淹振励士风的表现。

---

① 李强：《政治文化视野中的宋仁宗》，《中华文史论坛》2008 年第 1 期。
② [宋] 范仲淹：《睢阳学舍书怀》，《范仲淹全集》，6666 页。

范仲淹推崇颜子（回），其实也是受到了唐宋间经学更新运动的影响。朱维铮有一个说法，认为唐朝以后，由于此前西汉末年的王莽以"周公之道"的名义行篡权之事，因而"周孔之道"被唐太宗取消了在意识形态领域的支配地位，而在唐宋时期以"孔颜之道"代之，王安石变法时又在孟子升格运动的背景下，以"孔孟之道"代之①。结合宋代道学常提到所谓"孔颜之乐"，范仲淹个人"崇颜"的思想很可能是不自觉地是受到了经学革新运动所带来的一系列思潮变化的影响②。而他个人对颜子的推崇，不仅塑造和表现了他个人清高、重气节的人格，对当时普遍低靡的士风、许多与他交往的后学，以及日后道学的发展也都产生了影响。

第二，我们要看到，最为范仲淹所牵挂的，是"斯文"之丧。此处的"斯文"二字，颇耐人寻味。当年范仲淹在写于天圣三年的《奏上时务书》中自己就说过要"救斯文之薄"，并提出"文质相救"的办法。范仲淹为何在谈到自己的政治理想时频繁提到"斯文"，这实际上与儒家思想有关。

《论语·子罕》中记载孔子被困匡地（今河南长垣西南）时的一个故事："子畏于匡，曰：'文王既没，文不在兹乎？天之将丧斯文也，后死者不得与于斯文也；天之未丧斯文也，匡人其如予何？'"

在孔子看来，"斯文"是不随着周文王的去世而消失的，"斯文"的含义，则如金履祥《论语集注考证》所引何北山所说："所谓文者，

---

① 朱维铮：《帝制中国初期的儒术（三）》，载 2014 年 11 月 2 日《东方早报》。
② 据程颢记述，周敦颐曾对他反复教导要寻所谓的"孔颜乐处"，因而以往谈及宋明理学，多认为理学家对"颜回之乐"的推崇是始于周敦颐。详参陈来《宋明理学》，48~53 页。然而，从范仲淹"飘思颜子心还乐"的诗句可以看出，"孔颜之乐"那种超脱富贵的人生境界在周敦颐之前就已经被范仲淹所提炼、认可、宣扬，并且影响了范仲淹的人生哲学和道德观，这种不溺名利的观念间接影响了后来的士风以及道学的内在精神。

正指典章文物之显然可见者。盖当周之末,文王、周公之礼乐悉已崩坏,纪纲文章亦皆荡然无有,夫子收入散亡,序《诗》《书》,正礼乐,集群圣之大成,以昭来世,又作《春秋》,立一王之法,是所谓得与斯文者也"①。也就是说,"斯文"说的是儒家思想中所强调的礼乐名教,是文王时代理想的儒家式政治秩序。这种"斯文"是唐宋时期积极政治士大夫在国家出现问题时希望恢复的一种状态。关于这一话题,包弼德《斯文:唐宋思想的转型》有着相当充分的论述,美国学者在"唐宋变革"这一问题上的关注点主要就是在士大夫文化这一方面②,而包氏可谓其中翘楚。他在描述唐宋士大夫对"斯文"的认识和应用时说:"唐宋学者也看到,在政治陷入危机的时候,斯文会丧失。为了挽救斯文,挽救时代,学者们总是能回到上古和自然秩序,以此作为共同认可的规范的基础"。

实际上,"斯文"和古文运动也是相辅相成,在论述宋代士大夫政治运动的过程中,今人时常强调"文以载道"——这本就是出自北宋新儒学运动中士林的代表人物周敦颐"文,所以载道也"③ 一句——也就是在表述通过古文运动来复兴"斯文"的这种状态,"两宋的学者'与于斯文',他们掌握这些传统,在实践中加以运用,以自身的学术成就和文学写作对之阐发入微"④。"斯文"本身在一些时候也就有指代古文之意,古文和宋代新儒学共同的本质都是对传统儒道之理的重视。很多时候,作为儒道之理的"斯文",就是以古文为媒介,而成为新儒家士人所推崇的价值观。如南宋人曾记载,欧阳修在初次读过韩愈的古文后,就感叹说"苟得禄矣,当尽力与斯文,以偿予素志",此后欧阳修

---

① 程树德:《论语集解》,579 页。
② 可以参见罗祎楠《模式及其变迁——史学史视野中的唐宋变革问题》一文,载《中国文化研究》2003 年 02 期。
③ [宋]周敦颐:《通书·文辞第二十八》,《周子通书》,39 页。
④ [美]包弼德:《斯文:唐宋思想的转型》,2 页

"以文章独步当世",在一些方面"得韩子之体"①。他学习的是韩愈的古文,领悟、发扬的则是韩愈的儒学思想。

宋代士大夫对"斯文"的关注可谓是从始至终的,不仅仅是在北宋,南宋也有不少士人强调。宋初衡州录事参军朱昂在读陶渊明《闲情赋》的时候因心向往之而赋辞一首,其中有句便是"苟因时之明扬,乃斯文之不坠"②,强调只有任用贤能才能"不坠斯文",足见其对"斯文"的重视;北宋道学家程颐在夸奖自己的哥哥程颢时就说"先生生于千四百年之后,得不传之学于遗经,以兴起斯文为己任"③,可见当时士林以匡扶"斯文"为荣;至于南宋时,史载大儒真德秀"独慨然以斯文自任,讲习而服行之。党禁既开,而正学遂明于天下后世,多其力也"④,真德秀临死都不忘劝谏南宋理宗息民讲武,维护社会的和谐秩序;南宋理宗端平元年(1234),大臣吴潜上书提了九条建议,第四条"正学术"其目的就是"还斯文之气脉"⑤。凡此种种,不胜枚举。

范仲淹关注"斯文"的意识反映了革新派士大夫的政治运动中包含有一种建立儒家式复古秩序的抱负,虽然革新派的政治实践中有个别超出了传统封建儒家价值观的行为,但从宏观上考察他们"以天下为己任"的情怀,其立足点依然是儒家积极入世的思想。在西北主政时期,范仲淹曾经勉励过一位年轻的后学,这位后学就是日后的道学大家、关学开山——张载。当时张载想与人结伴去加入到西北收复失地的战争中去,结果范仲淹就对他说"儒者自有名教可乐,何事于兵"⑥。教导

---

① [宋]孙奕:《履斋示儿编》卷七,103页。
② [元]脱脱 等:《宋史》卷四百三十九,13006页。
③ [元]脱脱 等:《宋史》卷四百二十七,12717页。《二程集》所载程颐《明道先生墓表》与《宋史》所记有出入,但大意相同。《二程集》将"以兴起斯文为己任"作"志将以斯道觉斯民",640页。
④ [元]脱脱 等:《宋史》卷四百三十七,12964页。
⑤ [元]脱脱 等:《宋史》卷四百一十八,12517页。
⑥ [元]脱脱 等:《宋史》卷四百二十七,12723页。

他士大夫要以恢复名教为理想，让张载去读《中庸》，不要太执迷、纠结于现实的军事斗争，而要有思想、价值观层面的追求。另外这个事例还能令我们看到一点，就是在范仲淹眼中恢复"斯文"要比稳定西北战局更重要。这就是一种士大夫人格，他们积极政治的背后，真正想要做的是传承和发扬一种儒家式的政治思想和理念价值，而非单纯地维护一个专制政权。在范仲淹那里，维护社稷是为了匡扶斯文，前者有时是后者的行为载体，所以从深层上讲正是有了对斯文的追求，才令有社会责任感的士大夫们积极投身政治。

还有一个例子可以说明范仲淹匡扶"斯文"的志向。在《上吕相公书》中，范仲淹就曾自述，"仲淹草莱经生，服习古训，所学者惟修身治民而已。一日登朝，辄不知忌讳，效贾生恸哭太息之说，为报国安危之计。而朝廷方属太平，不喜生事，仲淹于搢绅中独如妖言，情既龃龉，词乃暌戾，至有忤天子大臣之威。赖至仁之朝，不下狱以死，而天下指之为狂士。"在范仲淹这里，他"报国安危之计"的思想都来自他学习的"修身治民"之术，对之作宽泛的理解，也就是匡扶"斯文"之术。由此可见，在范仲淹的政治改革背后，深层的思想背景是为了构建儒家式政治秩序，至于这种秩序的构建，其过程的制定则需要依据北宋内政存在的实际问题。

读《答手诏条陈十事》，里面涉及的内容是详尽细致的，提出的问题和解决方案也是此前数年间大夫们普遍关注的、指出的，这一方面说明这份纲领性的文件集中了整个士大夫社群的思想智慧，而从另一方面这也有可能说明着范仲淹个人在主政上可能存在着不得不迎合整个士大夫社群的问题，这种问题潜在地构成了范仲淹与士大夫们可能存在的一种矛盾，即范仲淹的个人主张与士林期盼间的矛盾。

按照苏舜钦的说法，范仲淹能上台全拜天下士大夫所赐，"某伏观自唐至于本朝，贤者在下位，天下想望倾属，期至公相，声名烜赫，未有如阁下者。自阁下作谏官，天下之人引领数日，望阁下入两府，使天下被其赐。及阁下受谴，天下之人识与不识，皆叹息怒骂，以谓宰相蔽君怙权，不容贤者在朝，将目衰弊，无复太平之期。当是时，无此言者，众指以为愚，惟是险奸凶歼之人，嫉阁下声名出人，甚于雠寇"①。范仲淹能够出任宰执，自然有其个人能力、见识的缘故，但作为士大夫社群，以苏舜钦为代表的一部分人的看法也不是范仲淹能左右的。因而当范仲淹和士大夫社群中的一些人发生冲突后，革新派内部也就会产生间隙了。范仲淹和与他交情匪浅的士大夫确实有意见相左的情况，比如范仲淹和晏殊在当时就都主张尽快与西夏议和免得劳民伤财，"边事不息，困耗生民"，长期的战争会"耗兆民""危天下"②，但当时韩琦和欧阳修就极力主战，特别是欧阳修站出来跟范仲淹唱反调，实在少见，他可谓庆历之际革新派士人中对范仲淹最为敬仰和推崇的人。

由此也就能看到，革新派内部存在出现间隙的可能性，后来苏舜钦指责范仲淹，其实也就是这种间隙的一次体现。不过，这种间隙乃是君子和而不同，范仲淹、韩琦等都致力于拯救斯文、时弊，他们共享实现"儒家的整体规划"的理想，这种分歧不是根本立场的分歧，只是在具体问题上意见的差异，这种差异其产生的出发点是一致的——都是为了科举士大夫社群更好地参与"共治天下"、更好地实现儒家式人间秩序。

不过新政之初的范仲淹，他所承受的士林期待足以激励他个人去大展宏图的，在《答手诏条陈十事》里，他详尽提出了针对北宋政治的十条改革措施——明黜陟、抑侥幸、精贡举、择官长、均公田、厚农桑、修武备、覃恩信、重命令、减徭役。然而在范仲淹看来，这些做法都只不过是恢复祖宗之法罢了，所谓"欲清其流，必澄其源。臣敢约前代帝王之道，求今朝祖宗之烈，采其可行者条奏"。但很显然，范仲淹的改革并不是真的恢复祖宗之法，比方说他主张恢复府兵制，这根本就不

---

① ［宋］苏舜钦：《上范公参政书》，《苏舜钦集》卷第十，117页。
② ［宋］范仲淹：《奏元昊求和所争疆界乞更不问》，《范仲淹全集》，597~598页。

是祖宗之法的内容。看到范仲淹打出的这面幌子，我们可以借此清晰地认识到，"祖宗之法"的含义在宋代是并不明确的，是经常被随意附会和曲解的。我们今人回望历史，从客观的角度归结出"祖宗之法"是一种保守政治，而当时的宋朝人并没有这种客观归总的意识，完全是主观上的自我发挥。

"祖宗之法"在革新派士大夫那里，不过是护身符和舆论武器，好比欧洲的文艺复兴打着恢复希腊、罗马文化的旗号来反对神学。范仲淹打着祖宗家法的旗号，实际是反对保守政治。其实不仅范仲淹如此，富弼也如此。富弼刚当上枢密副使的时候，就跟仁宗上书说"宋有天下九十余年，太祖始革五代之弊，创立法度。太宗克绍前烈，纪纲益明，真宗承两朝太平之基，谨守成宪。近年纪纲甚紊，随事变更，两府执守，便为成例。施于天下，咸以为非，而朝廷安然奉行，不思划革。至使民力殚竭，国用乏匮，吏员冗而率未得入，政道缺而将及于乱"①。他在这之中就强调祖宗之法是好的，近年来很多好的祖宗成法被改变，导致国家出现种种问题，需要重新变革。本质上这些问题都是从祖、宗时期埋下的，真宗的时候搞天书事件、保守政治，更是造成了许多政治危机，但是富弼嘴上绝不归罪于祖、宗，也不批评真宗，他以"祖宗之法"的声威作为其说服皇帝、震慑大臣的有力武器，可见所谓"祖宗之法"，实际是一个很开放的概念。后来保守派士大夫攻击新政也提到了祖宗成法云云，觉得新政变革祖宗之法太多，也是打着祖宗之法的旗号。这就是政治，嘴上说一套，实际想的和做的是另一套。

回到对庆历新政纲领文集的解读上来。总结范仲淹提出的十点，其实涉及了五个方面的内容：第一，官员的管理制度，这涉及"明黜陟"和"均公田"；第二，"抑侥幸"、"精贡举"、"择官长"涉及的是官员的选任制度；第三，经济发展上，涉及"厚农桑""减徭役"；第四，

---

① ［宋］李焘：《续资治通鉴长编》卷一百四十三，3455～3456页。

在军事上则是"修武备";第五,在树立政府形象、提高行政效率方面,范仲淹认为要"覃恩信"、"重命令"。

我们暂且放下一、二两个方面留待下一节再述。先来看后三个方面。

范仲淹在经济发展上提出要"厚农桑""减徭役",农业是立国之本,徭役关系民生。这两点于宋代的经济发展都有着重要联系。范仲淹所提倡的,是以农业繁荣来安定百姓和社会,其实是在巩固一种小农经济,用土地束缚百姓来换取稳定。范仲淹认为,要兴农就要让政府参与到农业生产中去,他建议每年秋天官员们到农村去听取农民关于农桑发展的建言,在次年二月实行改良计划,"或合开河渠,或筑堤堰陂塘"。庆历四年正月二十八,宋朝政府还下达诏敕,其中讲到了当时"食者甚众,而输者已殚,劝之不勤,而取之仰足。使民尽耕犹不给,而半为游惰之手;使岁常熟犹恐乏食,而多罹水旱之凶"的状况,要求官员"兴水利、辟田荒、课农桑、增户口"[①],这算是对范仲淹建言的有力实践,不过实际上宋代自宋真宗景德三年(1006)二月设立劝农使,便一直有劝农制度,也出现了不少劝农文,要说仁宗劝农就一定是范仲淹的主张起到了作用,恐怕缺少最直接的证据。至于"减徭役",宋朝本来就奉行轻徭重赋,而且还没有兵役,减少徭役才利于农民集中精力投身生产,生产进步才能发展经济、增加国家财政收入,这其实是相辅相成的。

需要特别提到的是,在军事方面,范仲淹强调"修武备",这一观点的提出与北宋当时边患重重的局面密不可分,富弼在《上仁宗河北守御十三策》中曾经总结过澶渊之盟以后宋代的军备状况,所谓"当国大臣议和之后,武备皆废,以边臣用心者谓之引惹生事,……谓虏不敢背约,谓边不必预防,谓世常安,谓兵永息,恬然自处,都不为忧",朝

---

① 《劝农诏》,载《宋大诏令集》卷第一百八十二,661页。

廷上下都不重视军备，不把潜在边患当回事，消极苟安。范仲淹亲自在西北战场主持过作战，对宋军的实力和国家文恬武嬉的状况应该有着充分的了解，他是能看到这些问题的。

关于宋代的军事制度，范仲淹以为，现在这样的募兵制并不好。实际上由于前文已经指出宋代轻徭重赋、没有兵役在客观上导致募兵制的发展，因而范仲淹提出改革军事制度其实是考虑到了募兵制造成太大财政负担的问题，毕竟庆历年间军队总数是一百二十五万，达到了宋朝建国以来兵员总数的峰值①，而范仲淹在《答手诏条陈十事》中确实也说到了如今军队开支过大造成了巨大的经济压力。范仲淹认为，宋代应该放弃荒年募兵的做法，恢复唐朝的府兵制，他说从唐太宗贞观年间到唐玄宗开元年间一百三十余年，"戎臣兵伍，无一逆乱。至开元末，听匪人之言，遂罢府兵。唐衰，兵伍皆市井之徒，无礼义之教，无忠信之心，骄蹇凶逆，至于丧亡"。又说宋朝开国，宋太祖将天下精锐之兵收拢到京师周围，设置了禁军、厢军制度，行使募兵制，对士兵"衣粮赏赐丰足"已经八十多年了。如今西北边患重重，"京师卫兵多远戍"，这些被派往边疆的戍京卫队如果被抽回，又会使得"外御不严，戎狄进奔，便可直趋关辅"。如果在京师新招兵士，能招来的那些人不过是"聚市井之辈"，很容易嚣动，而且只要财政一紧张，这些人拿不到足够的工资，就会成为群盗。如今国家经济萧条，要是遇到连年饥荒，拿什么来供养军队呢？"请约唐人法，先于畿内并近辅州府召募强壮之人，充京畿卫士。得五万人以助正兵，足为强盛。使三时务农，大省给赡之费，一时教战"。

"修武备"是《答手诏条陈十事》中唯一最终没被付诸实施的建议，这不是没有原因的。范仲淹认为宋朝应该加强军备这本没有错，但是他推崇府兵制，实际上是大谬。庆历四年韩琦和范仲淹面对西北边境

---

① ［元］脱脱等：《宋史》卷一百八十七，4574页。

紧张的局势，联名上书要修京城、推行府兵制。结果余靖就激烈地上书反对。余靖指出，"无故而修京城，乃是舍天下之大，而为婴城自守之计。四方闻之，岂不动摇？"事情还没到那么严重的地步，西夏还没打进内地，就先忙着修京城，岂不是输了士气。至于行府兵制，余靖更是觉得不可行，他以河北诸路行府兵制造成"百万农夫皆失其业"为例，提出如果推行府兵制，好处还没捞着，而"先致其害也"。可谓从现实可操作性的角度论证了府兵制之不可推行。

至于更为深层的社会原因，则要考察唐时府兵制被废的原因。实际上唐朝从贞观到开元，并不是没有发生过军队叛乱，更重要的是，开元时废府兵也不是因为有"匪人之言"，而是由当时的历史条件所决定的。

直到今天，我们还有学者认为中唐以来的募兵制导致了士兵社会地位下降，从而影响了官兵的战斗力。这种说法没有考虑府兵制推行的经济基础。唐朝时期的府兵制承袭自北朝时期，但是在唐朝，府兵制出现了一种转型，随着大一统国家的出现和均田制的发展，自耕农广泛存在，这使得府兵出现了"由家兵部曲和军将自筹给养转变到军队皇朝直辖和兵士自备资粮"的现象①。

然而到了武则天时期，租庸调制和均田制被破坏、江南商品经济开始活跃、土地买卖普遍，封建经济的发展最终冲击了对底层民众造成了极大经济负担的府兵制。府兵虽然得免部分赋役，但据岑仲勉考，府兵的实际获利不足偿失，这使府兵在实际上沦为贱役②。国家希望以小利换取民众的大量劳动，而府兵在得不偿失的现实境遇面前却趋向自私，这种矛盾状况所带来的不可调和的社会矛盾，最终使得农民普遍反抗兵役。"府兵为封建国家统治农民的重要工具，农民反抗兵役，便促成府兵制的崩溃，导致募兵制的代兴"③。

---

① 谷霁光：《府兵制度考释》，213 页。
② 岑仲勉：《府兵制度研究》，71 页。
③ 谷霁光：《府兵制度考释》，215～216 页。

置言之，募兵制取代府兵制乃是一种历史社会发展所导致的结果，是和整个时代的政治经济状况相适应的。范仲淹对军事制度的认识存在片面性，由此也可以看出庆历新政并非是一场足够完美的改革，它也存在问题。

其实，古来文人常常病急乱投医，但逢国难当头，总想着让全民皆兵。历史上不止范仲淹有过这样的主张，抗日战争的时候，史学家雷海宗写过一本《中国的文化中国的兵》，雷氏在里面讲，秦代以后，不是全民都是兵役，从此无兵役者就会"对国家不负责任"，最后导致中国出现"无兵的文化"①。他觉得这样不好，会导致中国被外强凌辱。这种思路，跟范仲淹如出一辙。这其实是文人瞎指挥，救国心切，以致忽略了全民皆兵的军国主义色彩，那哪里像健康的社会。

范仲淹针对仁宗个人，提出了"覃恩信"、"重命令"的建议，具体做法则是严格处置违背皇帝旨意和政府条文的官民，其目的可以看作是为了打造一种强人政治、提高行政效率。这种强人政治是建立在皇帝专制独裁制度的确立这一背景之上的，范仲淹出这种主意是由于其作为古代中国的儒家士大夫，身上不可避免地带有一种封建士大夫的人格，拥护专制与皇权，给皇帝出所谓"御下之术"。因而并不足以资后世。

## 四、吏治改革与其他

在新政纲领的五个方面中，一、二两方面所涉及的五点内容都与吏治和财政有关，所以范仲淹改革的重心在整顿吏治、救治财政。当然，整顿吏治也是为了改良政治，结合其他五点，分别在军事、文化上有所革新，庆历新政的综合性是显而易见的。

所谓"抑侥幸"、"精贡举"、"择官长"、"明黜陟"、"均公田"，

---

① 雷海宗：《中国的文化中国的兵》，102页。

也就是官员选任和管理上的改革。

先说选官。

所谓"抑侥幸",其实就是控制恩荫任官。所谓恩荫制度,也叫任子制度,或者奏补、门荫。具体针对的对象,除了大臣皇亲的子孙亲属,还包括他们的近侍、仆人等。等于是给权贵阶层的一个特权,让他们的亲属得以方便地步入仕途。需要说明的是,宋代对荫补的官员设置有铨选法以量才任官,正因为有了这样的考核,在实际中荫补官能获得较高等级的官职的并不多。不过,作为一条入仕捷径,宋代依然有很多荫补官,过度的恩荫成为造成宋代冗官的重要因素。北宋真宗朝以来,奉行对外议和,对内营造太平盛世的景象,恩荫大肆泛滥。

苗书梅对北宋恩荫泛滥的现象归总了三点:

一是恩荫名目增多。当时有所谓圣节荫补、郊祀荫补、致仕荫补、遗表荫补、登极荫补、册后荫补、宗室荫补、殁于王事荫补等诸多恩荫名目,总之但凡国家大事,比如有祭祀、新君登基、册立皇后等等,就都要行恩荫封官;

二是恩荫范围广,有恩荫资格的官员太多;

三是恩荫数量多,甚至年平均人数远超由科举录取的年平均人数。[①]

范仲淹对恩荫泛滥这一现象的关注由来已久,在《奏上时务书》中就有过类似感慨。到了庆历新政时期,范仲淹对过度恩荫拿出了具体的革新办法,主要是增加对收恩荫对象的限制,并减少恩荫的名目。具体而言,庆历新政时期宋廷颁诏规定限制恩荫官任职馆阁,范仲淹当初提出的具体主张就是任子"不得陈乞馆阁职事"[②]。另外,张方平于庆历三年十一月起草了《任子诏》,其中规定了诸如"应奏荫选人,年二十五以上"[③]、任子任官也要经吏部考核等具体要求。

---

① 上述内容参见苗书梅《宋代官员选任和管理制度》,54~66页。
② [宋] 范仲淹:《再进前所陈十事》,《范仲淹全集》,239页。
③ [宋] 张方平:《任子诏》,载《宋大诏令集》卷一百六十一,612页。

"抑侥幸"中的一些具体措施在庆历新政夭折后曾被废除,但抑制恩荫在后来始终是北宋士大夫关注的内容。其实深究其理,北宋的士大夫政治以科举士大夫为主体,而恩荫的泛滥恰恰对科举士大夫在官员群体中的思想、舆论主导地位有了挑战,他们的出仕比考科举容易太多,它的不公平性对宋代较为稳定的选官秩序是一种冲击。再者恩荫泛滥造成冗官,这是任何一个北宋士大夫都会察觉的问题,冗官造成的财政负担和行政运转的低效实在太严重了,始终拖累着北宋。因而,"抑侥幸"在庆历新政后依然是不可逆转的政治革新趋势,这是由客观的政治需求所决定的。

　　不过,范仲淹"抑侥幸"对既得利益的官僚群体危害太大,因为恩荫制度本身是科举制政治文化取代门阀政治文化时在政治利益分配上出现的妥协产物,为了清除门阀文化,同时保留士大夫对参政的积极性,因而才有了恩荫制度,其目的是为了有限度地让科举士人在发达后能使其家族有所恩荫,提高士人参与科举的积极性。因而"抑侥幸"会削弱士林对他的舆论支持,对精英社群的得罪也为新政的夭折埋下伏笔。

　　关于"精贡举",具体可以分为兴学和改良考试内容两个部分。

　　庆历兴学,主要是范仲淹主持开展了大规模地方州县立学的活动,他认为当时的教育水平不行,选拔的人才只会诗赋、墨义这种"小道",应该让地方上选出"通经有道之士"专职教授,重视策论,提高地方教育质量。同时,庆历兴学中,宋廷在中央修建太学,聘请鸿儒讲学,推进了新儒家的发展。而科举考试内容的改良,则主要是说:首先,科举从过去的以考诗赋为主改为考策论;第二,由让考生贴经墨义改为重点考察考生能否"通经旨"。

　　以往提及庆历新政中对科举内容的改革,一般对会把它和新政的推行这一政治背景结合起来,认为朝廷推行新政需要有经世之才的实干家,所以改考诗赋为考策论,想选拔一些对社会问题有深刻认识的士人;改墨义为考经旨,在重视理论的同时强调考生通经致用的能力。

这样的说法自然是没有问题的。就这种具体考试内容的改变而言，其本身确实针对的是在以往科举选士得人不善的问题。这一背景在欧阳修于庆历四年给仁宗的札子中有所说明，欧阳修对范仲淹的主张有附和，他也主张先考策论再考诗赋、"随场去留"。不过，他在劝说仁宗的时候先阐述了科举内容需要改革的原因，即"先诗赋而后策论，使学者不根经术，不本道理，但能诵诗赋，节抄《六帖》、《初学记》之类者，便可剽盗偶俪，以应试格"①。考诗赋考墨义都太机械了，应考者不需要弄清经典的道理，只要会默写经书、能诵诗赋就有机会通过。这种考试制度让考生的学习太过应试化，朝廷不考察学生实际经世的能力，学生自己学的时候也就不培养，一股脑背书，没用。另外，考生人数太多，诗赋、策论通同杂考，改卷考官应付不过来，劳心劳神，想不在判卷的时候出错都难。所以不如随场来决定去留。只有考策论和经旨、随场去留，这样一来才会使"学者不能滥选、考者不致疲劳"。

　　但是"精贡举"仅仅针对的就是现实层面的问题吗？就只是由于改革缺少人才所以要选拔实干型官员吗？显然不是。这里面实际牵扯到庆历之前宋代士风的问题。北宋前期政坛上流行"祖宗之法"，形成保守稳重的风气。但是文坛继承的是晚唐五代艳冶轻薄之风，导致士风浮躁。仁宗在明道二年时就曾慨叹"近岁进士所试诗赋多浮华，而学古者或不可以自进"②。士风浇薄在初期会导致文人政治的表面繁盛，士人言论自由、各抒己见，但这种浮躁情绪也是潜在破坏士大夫政治的因素，因为长此以往文人意气之争会变得太多，最后所谓的因国事相争就变成了不同党派间的人身攻击，对实际问题半天拿不出主意，只会造成士大夫间太多不必要的内耗。这种士人的轻浮好言是范仲淹等实干家不能容忍的，所以仲淹就不甚喜欢石介。当然，这更是专制皇权不能容忍的。

---

① ［宋］欧阳修：《论更改贡举事件札子》，《欧阳修全集》卷一百四，1590页。

② ［宋］李焘：《续资治通鉴长编》卷一百一十三，2639页。

用今天的价值观来看，批评这种文人的轻浮议政似乎有站在专制者立场上的嫌疑，但实际上，一则这是在阐释当时范仲淹、欧阳修等人的看法，范仲淹作为封建儒家士大夫，为君王出谋划策是刻在他骨子里的意识；二则宋代毕竟还是专制时代，专制制度不变，士大夫有限的上进空间就会扭曲士人政治的发展趋势，文人只能议政、参政，士权仍受到皇权的制约，在这种情况下，空谈误国几成必然，这其实本非文人之错，而是专制制度所导致的。

仁宗在庆历四年的三月批准了由王拱辰、宋祁、欧阳修、王洙、张方平、曾公亮、刘湜等人关于详定贡举条制的上奏，具体内容有三：确立"立学合保荐送之法"，即地方兴学；规定科举考试"为先策论过落、简诗赋考式、问诸科大义之法"，即重策论、轻诗赋、问经旨；罢除"州郡封弥、誊录、进士、诸科帖经"，即地方选士不再需要盖住试卷上的名字、誊抄考生试卷，并废除诸科帖经①。需要特别解释的是第三点，这样的政策主要是害怕烦琐，且新政规定了应举士子互相结保，一定程度上也比避免了作弊。不考诸科贴经，其实是减去了不必要的考试科目，宋代诸科名目太多，有九经、五经、三礼、三史、三传、学究、开元礼、明法等科，主要都是考贴经墨义，很机械②。废除这些考试内容，而让试官、监官与长吏通考文艺，这样考试内容更灵活，侧重对考生能力的考察。

这里面还有一点值得注意，在制定精贡举具体内容的过程中，参与者里即包含欧阳修、王洙等一贯被视作改革派的士大夫，也包括御史台的监察御史刘湜、御史中丞王拱辰等通常被视作保守派的人物，翰林学士宋祁后来在进奏院狱中参与弹劾苏舜钦、王益柔等，一般也不被视作新政的支持者。从中可以看到两点：其一，所谓的革新派和所谓的保守

---

① [宋] 李焘：《续资治通鉴长编》卷一百四十七，3563 页。
② 张希清等：《宋朝典制》，187 页。

派也有志同道合的时候，因而保守派并不见得对新政就有所抵制，至少排斥情绪不那么绝对，甚至可以说，保守派作为一个开放的群体，其本质只是一些士大夫在一些时期由于展露出了承自宋初的保守政治文化而暂时形成的士人群。由于"祖宗之法"的因子散落在北宋政治的每个角落、每个人身上，所以，几乎每个士大夫都有可能在一些时候成为所谓的保守派，也可能在一些时候又由保守转为主张改革，绝对的革新派和绝对的保守派都是不存在的。其二，庆历新政并非少数人主持的改革，由于其发源于士林通变救弊的共同意志，因而，即便是在一些问题的政见上和范仲淹不合者，也不妨碍他们参与新政政策的具体制定，庆历新政不该被圈定作狭隘的少数士人的改革，它是一个时代性的政治活动，但也正是由于这种和而不同的包容性，为日后士大夫社群的内部分化埋下伏笔，旋即才有了庆历党议、党争。

据张希清考，"精贡举"的措施在庆历新政夭折后不久基本都接连废除，但到王安石变法时又得到了恢复和发展。他由此得出，庆历新政中的科举改革代表了整个科举制的发展方向，庆历新政把学校和科举结合，奠定了后来宋代学校选士和科举选士的基础①。作为一场有着长远规划和前瞻眼光的政治改革，庆历新政的很多措施对历史的影响都是深远的，张先生所述诚有其理。不过，我以为其实还有一点可以补充，即考策论考经旨在一定程度上强化了宋代新儒家经学直抒己见的特点，利于士人间形成打破汉唐注疏旧说的意识。同时，庆历新政中的科举改革其局限性也是可见的，学校选士强化了思想控制，士人只有接受学校教育、被官方教育机制认可，才可能入仕，这对于君主专制下改革的推行而言乃是一种恰当的约束，但从整个知识分子社群发展的角度来说，其起到的束缚作用也不容忽视。

----

① 张希清：《范仲淹与庆历科举改革》，载张其凡、李裕民主编《徐规教授九十华诞纪念论文集》，559~574页。

至于"择官长",其提出的背景是范仲淹对当时官员队伍质量的一个认识,仲淹作为恪守儒家规范的士大夫,对儒生官员要求很严格,所以他在当时就觉得全天下没几个合格的官员,"天下官吏,明贤者绝少,愚暗者至多,民讼不能辨,吏奸不能防"①。这是范仲淹对选官制度进行改革的原因。

"择官长"的具体内容有两点。第一是施行官员荐士举官之法。举官之法里,不同等级的官员可以举不同级别的职官,其中多提及举朝官。比如御史中丞、正卿"岁得举正郎以下朝官,不得过三人",起居郎、少卿、舍人等则"岁得举员外郎以下朝官,不得过二人"②。所谓朝官,即常参朝班之官,唐代时的常参官叫京官,二者差不多。

这实在是一项极其危险的政策。举官之法难免被人指责为是想让朋党合法化,实际上新政夭折后就有大臣指出,举官法"长奔竞之路",不足以培养社会的"敦厚风教",并非很好的"旌别材良之术"③。尽管这样的说法后来被欧阳修驳斥下去,保举法在后来宋代漫长的历史中也得到了同情,后人很理解范仲淹只是为了招揽贤能,并非出于拉帮结派的目的。但无疑,这样的主张给新政的反对者以攻击的把柄,士人的互相引荐本身无可厚非,但对皇权政治而言,这是一种威胁。

第二是重按察,对州县官员严格考察,但凡是年纪太大、身体不好、贪污无能者,一概罢免。这里面显示出了一些儒法家的特色。史书有记载,范仲淹、富弼在中央进行吏治改革是"锐意天下事",当时他们要调整各路监司,范仲淹在班簿上看见自己觉得无能的官员的名字就用大笔勾划掉,富弼在旁边很忐忑,劝谏仲淹"十二丈则是一笔,焉知一家哭矣!"结果仲淹回复说"一家哭何如一路哭耶!"继续照划不误,

---

① [宋] 范仲淹:《奏灾异后合行四事》,《范仲淹全集》,582页。
② [宋] 李焘:《续资治通鉴长编》卷一百四十八,3592页。
③ [宋] 李焘:《续资治通鉴长编》卷一百五十四,3750页。

罢免了许多官员①。实际上，范仲淹在严行按察的过程中，或许还"误伤"了一些出色的官员，这对当时政局影响很大，所以对"择官长"的意义是不宜高估的。

今日有学者站在支持新政的立场上对范仲淹的雷厉风行很是欣赏，认为新政推行就该大刀阔斧，触动他人利益也是必然，不能避免②。这实在是一种典型的受专制思想熏陶出的思维，强调专断、强调执行力。实际上正是范仲淹的专断，让新政失去了不少本不必失去的支持。范仲淹固然是士林代表，但并不能代表所有士人的利益，他的宰相地位本身也就意味着与皇权的合作姿态。李裕民先生就曾指出，在某种程度上，范仲淹激进甚至略有点专断色彩的改革，破坏了皇帝与士大夫共治天下的平衡局面，因为宰相专断客观上就意味着相权的不合理膨胀③。

庆历新政虽然立足长远，但是在有些地方的操作上也很是有浮躁之风，这种浮躁之风不仅表现在后来奏邸（进奏院）名士的夸夸其谈，也表现在新政推行的急躁，对一些问题骤然变更，没有温和的改良。这或许正是当时变革思想的特点，作为为新政提供理论支持的新儒家思想家孙复，其代表作《春秋尊王发微》就曾被指"犹商鞅之法"，因为他对道统的维护太坚决，以至于对不合儒道者批判太过，"弃灰于道者有刑，步过六尺者有诛"④，这跟仲淹罢免他人官职的做派如出一辙。由此深思，范仲淹、欧阳修等人晚年趋于保守，或许并非单纯因为在政治清洗运动中锐意尽失，而是对先前改革中过于激进的态度做出了反思，转向温和改良。

近现代史学家钱穆虽然过分推崇传统，其对专制历史的温情与敬意

---

① ［宋］朱熹：《五朝名臣言行录》卷第七之二，《朱子全书》第12册，216页。

② 陈植锷：《从党争这一侧面看范仲淹改革的失败》，载《北京大学学报（哲学社会科学版）》，1986年04期。

③ 李裕民：《范仲淹变法新论》，《宋史考论》，16页。

④ ［宋］晁公武：《郡斋读书志》卷第三，112页。

也并不合适，但或许是受到了传统儒家中正温和之气质的影响，他对强人政治之危害却有着极为深刻的认识，他曾说，"政治家过于自信，欲以一自己之意见，强天下以必从，而不知其流弊之深，为祸之烈也"①。范仲淹在庆历新政中，尤其是在"择官长"的过程中就犯了这样的错误，在某种程度上为新政夭折埋了伏笔。不过，我们应该更多地看到，儒家人格所赋予范仲淹的温和气质与宽大胸怀是贯穿了仲淹一生的，一时的失误并不足以颠覆对一个人立场的判定。范仲淹不是绝对意义上的儒法家，他比王安石更温和，但同时，这并不意味范仲淹在任何时候都不会犯儒法家式的错误。

不过，历史上的范仲淹对是否要执法严厉是摇摆不定的，他重按察，看似严厉，易失士望。但针对发生在庆历三年十一月的高邮知军晁仲约因不能御寇而宽待群盗以求安宁一事，范仲淹却力主宽恕，反倒是富弼想要严惩，当时富弼对仲淹讲"方今患法不举，而多方沮之，何以整众？"，仲淹却说"祖宗以来，未尝轻杀臣下，此盛德之事，奈何欲轻坏之？且吾与公在此，同僚之间，同心者有几？虽上意亦未知所定也。而轻导人主以诛戮臣下，他日手滑，虽吾辈，亦未敢自保也！"②仲淹说的显然更有道理，臣子不宜引导人君行酷法。但他自己行政却也有严苛之处，可见仲淹的思想本身有矛盾处，这未尝没有好处，若是一味欲行酷政，未免如王安石行新法般急躁，范仲淹后来曾反思自己在新政中的激进作风，或得益于这样一种思想的矛盾为他存留了反思的可能。

"抑侥幸"改革恩荫选官制度，"精贡举"改革科举选官制度、创立学校选士，"择官长"鼓励推举官员、严格任官标准。这三点，全是关乎官员的选任，是革新吏治的根基，不仅利于提升官僚阶层的整体素质，实际上也是在调整士风。重策论让士人务实、行按察让士人注重个

---

① 钱穆：《秦汉史》，《钱宾四先生全集》第26册，21页。
② [宋]杨仲良：《皇宋通鉴长编纪事本末》卷第三十八，684页。

人品行、削恩荫则维护社会的相对公平。

在官员管理上,"明黜陟"和"均职田"则一个涉及对官员的考核,一个涉及对官员的津贴。

讲到"明黜陟",不得不讲到宋代京朝官的磨勘制度。磨勘就是对中下层京朝官审核资历、稽考功过,即所谓以课绩、资考为依据来评价官员是否合格。宋代磨勘与考课常常混淆,然而在邓小南看来,正是由于考课的程序化、公文化发展,才导致了磨勘制度的产生。也就是说,磨勘恰是考课的变型,而磨勘法则是"课绩与年资的结合、岁月对功效的凌驾"①。

磨勘最早始于唐代,宋初无磨勘之名却有磨勘之实。宋真宗时北宋正式有了磨勘法,磨勘与转官挂钩,并规定了文官三年一迁,武职五年一迁。这种磨勘法看似很规律,便于管理,但是造成了官员不论贤愚,只要积累年资,就能升迁的现象。这种制度适用于有着以黄老之术治国的北宋初年政治,宋太祖、宋太宗在追求吏治业绩的同时更追求官僚队伍内部迁降秩序的安稳,这其实在客观上是一种对官员队伍中平庸者的优容,在宋朝成立之初,"稳定压倒一切",到了真宗时更是要以稳定安详的氛围来粉饰出太平景象,所以恪守祖宗之法,这才让这种相对稳妥的黜陟之法长期留存。本来磨勘制度中还有引对这一环节,即三年期满后要伏阙面圣,由皇帝亲自决定官员接下来的升降。祖、宗时期皇帝引对还是比较认真的,但到了真宗时期,不仅引对已经成了走形式,官员引对基本有升无降。而且,自大中祥符九年(1016)起,对于在外地的京朝官,朝廷允许不用引对,官员仅"伏驿上状"即可在外直接转官。这实际上正是磨勘法衰败的体现,皇帝过于照顾官僚队伍的情绪,而丧失了公正立场,磨勘法对官员进行考核的初衷形同虚设。

仁宗初期对磨勘制度有过维护,具体而言就是反复强调官员要到阙

---

① 邓小南:《宋代文官选任制度诸层面》,169~170页。

引对，不再允许京朝官直接在外转官。另外，仁宗时将磨勘法设计得更为周密，并着重强调一些具体概念，譬如对转官是否及三年的判定，以前并不明确，导致有的官员在路上磨时间，任职时间都过了三年才来阙乞磨勘。天圣八年（1030）之后，官员转官是否及三年不再用到阙时间计，而由任职期满的时间计。

总览庆历新政之前的磨勘制度，虽然已经在一定程度上恢复了黜陟严明的状态，但是根本问题没有解决，即没有改变以资历为主要考核依据、轻视官员实际政绩的考核办法，仅仅只是抓住了在一些程序细节上存在的问题。实际上治标不治本。

庆历新政时期的"明黜陟"是整个北宋唯一一次对磨勘制度有了正面的革新，由于磨勘制度在客观上包庇了太多庸官，"不限内外，不问劳逸，贤不肖并进"，因而这其实对整个士林的参政积极性是一种挫伤，北宋前三朝多数士大夫身上因循守旧的气质不能说与此无关。范仲淹等人提出的主张，是在对官员考核的过程中以政绩考核为主，不以资历为重。将京朝官的磨勘年限和任职期限相关联，只有"三年无私罪"，且由五名有清望的官员保举才能磨勘，且在磨勘中要以考绩为主要依据，循名责实。

需要注意的是，范仲淹并没有彻底推翻真宗朝磨勘制度中以年资为考核依据的规定，他只是强调了考察政绩的重要性，即便是这一点点突破，对宋代士风的发展也是极为重要的。因为一旦以政绩考核为重，实际上就为许多有能力、有想法的士大夫提供上升空间，有锐气的官员大多是中青年官员，以前他们受到磨勘制度的压制，由于论资历比不过守旧持重的老臣们，所以并不积极仕途。但一旦以政绩考核为重，士大夫参政议政、经营地方的积极性便全被调动起来，这对士风提振和政风改良作用非凡。

关于范仲淹为有才能的士大夫开拓上升空间的举措不仅体现在磨勘中以政绩考核为重这一项，在当时，范仲淹还设置了对权贵子弟的严格考核，目的是通过严格考核让才能平庸却占据高位的权贵子弟给真正的才能之士让位，所谓"权势子弟肯就外任，各知艰难；亦有俊明之人，因此树立，可以进用。"① 另外，高级京朝官的升秩也由原来的四年一迁改为听候皇帝任命，所谓"祖宗之权，复振于陛下之手也"②，这加强了皇帝在官员考核过程中的参与度，客观上控制了磨勘制度自身那种因循包庇的特性对吏治的负面的影响。但皇帝个人的专断也会带来诸多负面作用，臣子易因之而皆成为迎合皇帝意志之徒。

其实，磨勘中是重资历还是重政绩，涉及祖宗之法在设置之初所存在的一个内在矛盾。邓小南曾指出，祖宗之法的本质是一种防微杜渐精神的应用，为了实现"事为之防，曲为之制"，宋朝制订了"召和气"和"立纲纪"的方略③，但是这二者本身是有一定矛盾的，二者间存在一种张力——当纲纪触及的既得利益者太多，自然就不能不"召和气"；而过于重"和气"，对于"立纲纪"则又不方便。与之相近，李强指出宋代士人政治中存在"情"与"法"的冲突，认为宋代政治是情法张力下的文人政治④。

实际上，宋初磨勘重资历，就是以"情"为主，以"召和气"为目标。"召和气"本身是导致宋代优待士人的重要因素，但是由之宋初对之的过度重视导致了官员升迁的秩序中出现了不够公平、不够和谐的局面，这就促成了一种扭转这种不和谐局面的需求。而庆历新政中由于要掀起新的士风、改良政治，因而恰恰为这种需求的实现提供了条件。范仲淹等人扭转了磨勘法中对"和气"的过度侧重，新政中的磨勘制度强调"立纲纪"，更重视"法"。不过，需要说明的是，后人并不能因此视范仲淹背弃了儒家宽容政治的传统，庆历新政对制度规范的强调，更

---

① [宋] 李焘：《续资治通鉴长编》卷一百四十三，3432 页。
② [宋] 李焘：《续资治通鉴长编》卷一百四十三，3433 页。
③ 邓小南：《祖宗之法——北宋前期政治述略》，524~528 页。
④ 李强：《北宋庆历士风与文学研究》，33~38 页。

多的是对前代制度不完善的补充，而非堕入了推崇严刑峻法的窠臼。

只可惜新政以失败告终，范仲淹等人所制定的磨勘法因为较之以往的磨勘之利，相对较严苛，令许多士人感到不便，后来也被废除。"召和气"最终还是成为宋代磨勘制度的主旋律，庆历新政对磨勘法的挑战也成为北宋历史上的绝唱。因而，庆历新政时期磨勘法的改革本身兼具冲击皇权和整治士风的双重目的，前者是强调革新与超越，背后是士权与皇权相争的政治文化背景；后者则是在现实层面导致"明黜陟"在推行中受到阻力以致被废的原因。

较诸"明黜陟"，"均职田"涉及的内容相对简单，其实就是厚禄养廉。之所以要这么做，是因为当时宋朝的士大夫普遍不守名节、收受贿赂。在范仲淹看来，这不仅是道德层面的问题，同时还有现实因素的作用，就是宋代中下层官员的收入确实不高。

关于宋代官员的经济收入水平，今人常受清人说法的影响，而认为宋代官员收入很高。但实际上，收入高的只是京朝官，范仲淹口中的"外官"，收入普遍不高，这点范仲淹自己有体会，他当年进士及第先出任的是广德军司理参军，任满三年磨勘调任，结果临走时却连盘缠也凑不齐，清贫到私人财产只有一马，于是仲淹卖了马徒步回乡①。但是他后来做了京朝官，立刻变得收入丰厚，年工资等同于两千亩土地的年收入②。即便到了南宋，地方的主簿、县尉工资涨了七八倍，当时人还觉得不够生活开支③。当然，这一方面有不同人对生活质量要求不同的缘故，可同时，从北宋到南宋，大量关于官员抱怨薪资的记载都说明，当时官员的俸禄问题确实动摇了政治秩序的稳定、败坏了士风。范仲淹提出重新分配外官的职田"有不均者均之，有未给者给之"，目的就是为了缓解地方官员对朝廷的积怨，只有让这些官员"衣食得足，婚嫁丧葬

---

① [宋]汪藻：《广德军范文正公祠堂记》，《范仲淹全集》，1106页。
② [宋]范仲淹：《上资政晏侍郎书》，《范仲淹全集》，233页。
③ [宋]洪迈：《容斋四笔》卷七，719页。

之礼不废",才能为政廉洁、为民谋福。

另外,范仲淹的高明之处还在于,他看到了只有官员们在物质上不愁,才能够吸引更多才士积极仕途。这其实也和他自己早年的苦学生涯有关,范仲淹早年的经历成为他人生中极为宝贵的经验,增强了他对下层士人艰苦生活状态的体悟。同时,"均职田"所起到的提振士风的作用也不可估量,范仲淹以身做法倡导对儒家价值观的践行固然对士风会有影响,但仅靠奔走呼号而缺少物质支持,士大夫们想要做到一心为公、"先天下之忧而忧"恐怕也并非易事。正所谓"仓廪实而知礼节",职田制度作为从宋真宗时起设立的一种对官员俸禄的补助手段,在经历了范仲淹的完善后,发挥起了更大的社会作用。

当然,均职田并没能真正改善宋代一些官员对俸禄不满的问题。王安石后来在变法时就抱怨说"计一月所得,乃实不能四五千,少者乃实不能及三四千而已。虽厮养之给,亦窘于此矣,而其养生丧死婚姻葬送之事,皆当于此"[①]。我以为,造成这样的现象,除了官员个人需求不同外,主要还是职田对官员的补助能力本身存在一定限度。毕竟土地的产量是有限的,职田也是有限的,而财政问题却是不断发展的。没有建立职田制度外新的、更具活力的俸禄补助制度,是导致宋代官员俸禄不足的问题得不到解决的重要原因之一。

实际上,庆历新政的具体内容并非只有《答手诏条陈十事》中的这十件事。除此以外,还有四点:

第一,更新礼制。

仁宗景祐四年(1037),仁宗听从大臣吴育的建议,开始让人编修礼典。整个活动了持续了八年,到庆历四年(1044),太常礼院上给仁宗编修成果——《太常新礼》和《庆历祀仪》[②]。关于仁宗朝这次礼典

---

[①] [宋]王安石:《上仁宗皇帝言事书》,《临川先生文集》卷三十九,416页。

[②] [宋]陈振孙:《直斋书录解题》卷六,184页。

编修活动，学者张文昌曾指出，尽管其编修时间经历了庆历新政的时期，而且其中的参与人员也包括余靖、王洙这样后来被视作革新士人的大臣，然而，由于庆历新政发生时礼典编纂已经接近尾声，且礼典编纂项目的主持者参知政事贾昌朝并非新政的直接参与者、参编者张方平并非庆历新政的支持者，因而《太常新礼》和《庆历祀仪》的编纂同庆历新政无关①。

可是，如张文昌在其著作中所述，《太常新礼》和《庆历祀仪》的编修之所以没见首倡者吴育参与其中，正是因为吴育和贾昌朝、范仲淹都有矛盾②，所以要回避。既然存在回避，则说明范仲淹对这次礼典编修活动至少有间接影响，不然吴育没必要回避。

至于贾昌朝，《答手诏条陈十事》的"兴贡举"条中关于兴学的内容正是据贾昌朝的提议，贾确实跟仲淹等人有所疏离，但在对一些具体事务的见解上与新政的主张是有合拍之处的。《宋史》记载他是后来陷害苏舜钦的幕后主谋③，但似乎除此以外贾昌朝并没有跟范仲淹等人发生过什么直接冲突。虽然从其一贯做派看，贾昌朝固然在政治立场上绝非新政的支持者，而且是通常意义上的保守派，但这并不足以说明其主持的活动就必然是与庆历新政毫无关联的，况且革新派名士王洙也是礼典的参编者，更显示出礼典修纂事件并没有受到当时士人党议、党争的影响。

而张方平，虽然在后来的进奏院事件中和王拱辰、宋祁等人一同举报了苏舜钦、王益柔，对革新派造成了极大的打击，因而今人习惯认为由吕夷简提拔上来的张方平跟王拱辰一样是保守派。但其实张方平在当

---

① 张文昌：《制礼以教天下——唐宋礼书与国家社会》，174~175页。
② 吴育与贾昌朝因是否要废制科选士而结怨，见王称《东都事略》卷六十五，531页。吴育为开封尹时因事与范仲淹相忤，事见《宋史》卷二百九十一，9732页。
③ [宋]脱脱等：《宋史》卷二八六，9634页。

时跟两派都交好,所以从严格的党派划分的角度看,他在庆历时期的行为有不少矛盾之处,这种矛盾发展到最后,其人在王安石变法时成了新法的反对者①。其实,庆历年间的张方平还是持较为鲜明的支持变革的立场的。而且出身应天书院的张方平本身也为范仲淹所器重,张方平通判天雄军时,范仲淹就荐举过他②。庆历新政时,张方平是范仲淹主要倚重的对象,范仲淹但凡议事都要等张方平到场。史载"范文正公参知政事时,政有所厘革,必伺公入直,始出事目,降勅辞,尝谓朝士:'张舍人于教化深,非但妙于文辞'。自是两禁辞命有训诰之美由公倡之。……范文正公每以公议持之,上亦自知之深也"。③ 此外,张方平还参与了新政中有关"精贡举"具体内容的制定,还在庆历三年十一月起草了"均职田"的纲领性文件《定职田诏》,因而其人断非庆历新政的反对者,这点方健对之论述颇详④。至于他参与对苏舜钦、王益柔等人的荐举,则与他反对朋党的立场有关,张方平是对事不对人。

所以,张文昌的说法其实是值得商榷的。礼典编修作为封建王朝重中之重的大事,与所处时代的政治变革很难说没有关系。尽管主持者贾昌朝并非革新士人,但这似乎并未使得编修人员在任命上收到政治立场不同而造成的影响。参与礼典具体编修的人员中,革新士人有很多。在儒家士人眼中,礼与社稷关联密切,且是用来"别同异,明是非"⑤的。所以行新政用新礼,简直是顺乎其然的事。虽然史书没有直接讲新

---

① 关于张方平的政治人际及其政治立场的变化,参见王晓薇《论张方平的政治改革主张与实践——以庆历新政前后为例的分析》,载《贵州文史丛刊》2006年01期。当然,笔者对于庆历之际革新派士大夫在王安石变法时的所表现出的立场转变另有新解,可参见后文。故笔者不认同王晓薇文中对张方平反对王安石变法一事的评价。
② [宋]范仲淹:《举张方平充经略掌书记状》,《范仲淹全集》,433页。
③ [宋]王巩:《张方平行状》,影印本文渊阁《钦定四库全书》集部《乐全集》卷四十《附录》,页面九~十。
④ 详参方健《范仲淹评传》,216~222页。
⑤ [汉]郑玄注、[唐]孔颖达疏:《礼记正义》卷第一《曲礼上》,13页。

礼与新政的关系，但这或许在古人的思想中是不言自明的。

第二，发展医学教育。

范仲淹任参知政事时，曾进言仁宗从翰林院选医师三五人进行医学教学，并结合地方上已有的医学教育，在庆历兴学中设立"医学"①，促进了医学教育的发展。需要说明的是，今人常言庆历新政中宋廷在范仲淹建言后，最终诏置太医局，并将之划归隶属太常寺②。然而太医局的设立时间是存在争议的，当时挂靠在太常寺的，到底是太医局这个机构还是仅仅在太常寺设置了医学教育，也待再考。总的来说，庆历之际是宋代医学教育发展的一个重要时间点，其在此后走上正规化、规模化的道路，但太医教育的开始，似不宜定自庆历新政时期。③

第三，改善民生。

方健先生在其《范仲淹评传》中列举了《答手诏条陈十事》所涉政策外的其他五点新政，其中除了"教训医工"，还有行赎刑法、弛茶盐之禁、改进常平仓法、宰臣分领政事等四点，其考据颇详④。其中除宰臣分领政事，其他三点基本都有一共同主题，即改善民生。三点都是"策"，而改善民生是"政"，就好比允许举官和严行按察是"策"，而"择官长"是"政"一样。范仲淹主张在陕西、河东等沿边行赎刑法⑤，

---

① ［宋］范仲淹：《上仁宗乞选医师教授生徒》，赵汝愚编《宋朝诸臣奏议》上册，914页。

② ［宋］李焘：《续资治通鉴长编》卷一百四十七，3570页。

③ 华春勇列举出了关于太医局创设时间的三种说法——宋太宗淳化三年（992）说、宋仁宗庆历年间说、宋神宗熙宁九年（1076）说，且三说皆有所本。据华氏考，太医教育制度之完善当在庆历年间无疑，仁宗在当时完善了太医教育的招考制度，而神宗熙宁年间则是太医局脱离太常寺而开始独立发展的时间。参见氏著《宋代太医局医学教育诸问题》。胡玉提出，仁宗庆历四年当是医学教育在太医局中正式建立起来的时间，从此宋代医学教育趋于完备。参见氏著《宋代医政研究》。

④ 方健：《范仲淹评传》，263~266页。

⑤ ［宋］范仲淹：《奏乞于陕西河东沿边行赎法》，《范仲淹全集》，577~580页。

实际上是缓解边境军民的生存压力；弛茶盐之禁，是为了"息运置之劳""取长久之利"①；改进常平仓法，是为了落实社会赈济、稳定民心，毕竟当时宋朝民变现象依然屡见不鲜，庆历三年到庆历四年间，接连发生了王伦起义，张海、李铁枪等人的起义，而且如欧阳修所说，这些起义是"一年多如一年，一火强如一火""……相继而起，入州入县，如入无人之境"②，后来在庆历七年还有王则起义，整个庆历之际宋朝内乱不断，不少兵、农因为被剥削而争起反抗，此时对于宋廷来说，安抚困苦人民乃是火烧眉毛的要事③。上述三点，本质都是改善民生，归为一"政"即可。

其中特别要提到的是对常平仓法的改进，较诸"厚农桑""减徭役"，作为一项经济领域的政策，对常平仓的考核具备整治国有商业资本的特殊性，影响作用于百姓，但却没有直接以百姓生产作为改良对象。实际上，对常平仓考核法的改革最早是由杜衍在景祐元年七月提出的，杜衍主张健全常平仓制度，对管理常平仓的官员"严以赏惩"④。而范仲淹在庆历四年提出的对常平仓法的改良办法，则继承了这种思想，要求对粮食买卖资本的经营者严加管理，并以常平仓课绩作为相关官员吏能考核的依据，规定外官上殿先讲本路常平仓的情况，此后才能言及他事⑤。

第四，提高行政效率。新政中还有"宰臣分领政事"一条，宰臣分

---

① ［宋］范仲淹：《奏灾异后合行四事》，《范仲淹全集》卷一百，583 页。
② ［宋］欧阳修：《再论置兵御贼札子》，《欧阳修全集》，1538 页。
③ 关于仁宗庆历时期的起义与暴动，参见陈振、周宝珠主编《宋史》，118～124 页。笔者不同意一些旧说将宋代的诸多起义都定性为"农民起义"，不能因为起义者出身底层且其起义有反抗封建压迫势力的性质便称其为"农民起义"，这实际上的一种惯性的语言表达，是一种受特殊历史观影响而造成的不够审慎的表述。王伦出身兵卒，不能说他就是农民。实际上，庆历之际兵士暴动所造成的影响更大。即便是起义，也并非都是农民领导的。
④ ［宋］李焘：《续资治通鉴长编》卷一百一十五，2691 页。
⑤ ［宋］范仲淹：《奏灾异后合行四事》，《范仲淹全集》，583 页。

领政事则是为了督促政策执行，让每个宰执所关注的方面都更有针对性，确保新政的落实，因为集体责任制下的行政往往是中庸的，群体追求稳妥，不利于个人能力的施展，而宰相分领政事以后，个人可以充分发挥自己的政治主张，利于政风的改良、创新。

总览庆历新政的内容，可谓是包罗万象。看似有很多举措是针对现实问题，并且有针对性地呼应宋代在吏治和财政方面的内政之弊。但通盘看下来，其以制度改革为主，整治吏治并缓解财政压力，目的是从根本上改变社会风貌并改善民生。而其他涉及军事、礼制、文教、民生等方面的改革措施，对社会发展也起到了促进作用。所以总体而言，正如欧阳修总结的那样，"仲淹老练世事，必知凡事难遽更张，故其所陈，志在远大而多若迂缓，但欲渐而行之以久，冀皆有效。弼性虽锐，然亦不敢自出意见，但举祖宗故事，请陛下择而行之"①。庆历新政就是以现实问题为引，以祖宗故事、祖宗之法为幌子，本质上立足长远，志在进行深层、全面改革的一场政治运动。

这种一开始就定下的目标决定了它不会是一场立竿见影的改革。然而，政局的瞬息万变使得这种需要长时间来检验的改革缺乏持续推进的可靠保障，为一年后士林对新政成效的微词埋下了伏笔，由于短时间内没有显著的成果，一旦革新士人失去仁宗的信任，并被士林质疑、被反对者攻击，那么新政的夭折几乎是注定的事。

再考虑参与人员的因素，新政是以所谓的改革派士人为主导，实际则牵扯到整个士大夫社群，朝廷里各种各样的士大夫都参与其间，这不仅能令新政的推行获得一股有力的支持，士人间固有的分歧以及士人对政改的紧迫性在认识程度上的差异也将会成为新政内部的破坏因素。此外，范仲淹在个别情况下有推行强人政治、个人专断的倾向，改革触动

---

① ［宋］欧阳修：《论杜衍范仲淹等罢政事状》，《欧阳修全集》卷一百零七，1627页。

的既得利益者太多，而新政政策本身并非尽善。这些就损害了范仲淹的威信，容易削弱新政的舆论支持。

所以从一定程度上而言，庆历新政是一个开始就注定夭折的改革。因为它铺的局实在太大，牵扯的人太多，且其产生只是源于士人间在具体层面存在认识差异的笼统的忧患意识。宋代是一个言论相对自由的文治时代，这种宽松的舆论环境利于士大夫借助舆论上台执政，然而，宰相、参知政事等执政在这种台谏文化浓厚的政治环境中也注定成为被士人习惯性批判的对象。这是宋代革新运动的宿命，士林似乎总是缺少对改革主持者的足够耐心，这就让对新政不满者很容易制造事端来削减革新派的声望。

而庆历新政时的革新士人，恰恰就做出了一些激化矛盾的事。正如苏轼在日后给富弼写的神道碑中写下的话，他说："（富弼）又自上河北安边十三策，大略以进贤、退不肖、止侥幸、去宿弊为本，欲渐易诸路监司之不才者，使澄汰所部吏。于是小人始不悦矣"[①]。在这里，苏轼除了提到庆历新政的内容和富弼的政治主张，还讲到了新政中大刀阔斧的吏治改革激起了"小人"对新政的不满。想要解释这句话，就要涉及庆历党议中的"君子""小人"之辩了，而要谈这一点，便不得不先谈谈欧阳修在庆历之际对时代的影响。

## 五、欧阳修的文史之学及其思想史背景

在庆历新政中，欧阳修的重要性仅次于范仲淹，他不仅在政见和文学主张上和范仲淹相合，在北宋的政治史和文学史中也是举足轻重的人物，欧阳修的政治主张与文学主张，包括他的政绩，对宋代历史都是影响深远的，特别是欧阳修后来成为继范仲淹以后又一位士林领袖，其个

---

① [宋]苏轼：《富郑公神道碑》，《苏轼文集》卷十八，531页。

人的形象和作为在士论中的象征性意义极大。正如田浩所说"在范仲淹（989~1052）的庆历新政时期以及他（欧阳修）在 1060 年代中期主持全国科举考试期间。虽然他的实践与理念未能持续到下一次科举，但其象征性影响以及对后来改革的示范作用仍然非常巨大。"①

关于欧阳修的性格和做派，王称在《东都事略》中称他"性刚直，平生与人尽言，无所隐"，这实在是一句很恰当的评语。举例来讲，说他"性刚直"，当年胥偃对他有知遇之恩，且又成为他的岳父。但就因为胥偃反对范仲淹，他就与他的岳丈到死不相往来了。后来他还专门在给谢景初的信中说自己当初不是忘记了胥偃的恩情，而就是因为政治立场不同②。可见欧阳修一向是一个大公无私、事业在先的人。而至于欧阳修在言论上的坦诚直接、毫不避讳，那更是显而易见。他曾给富弼说，"胸臆有欲道者，诚当无所避，皎然写之，泄忠义之愤，不亦快哉！"③ 不论是他的政论文章还是史评、史论文章，其中都大有措辞犀利、断语狠辣者，特别是欧阳修评价历史人物的道德问题，更是显得很激进。

在因为上《与高司谏书》而被贬为夷陵令前，欧阳修的仕途是一帆风顺的，而且他还曾从学于尹洙、与梅尧臣交友，在文学理论上深深赞同着革新派里那些古文运动的支持者。文学上支持古文运动、政治上支持改革的思想背景使得青年欧阳修在庆历新政中自然而然被看作是可以倚重的人才，在庆历三年任知谏院后，宋仁宗经常向他垂询改革意见，不过，彼时的欧阳修似乎更为重视北宋的西北边患，这实际也是当时士林普遍关心的问题。为此，他连上数札，都是劝仁宗加强边防、不要与

---

① ［美］田浩：《从宋代思想论到近代经济发展》，载刘东主编《中国学术（第十辑）》，173 页。

② ［宋］欧阳修：《与刁景纯学士书》，《欧阳修全集》卷六十九，1006~1007 页。

③ ［宋］邵博：《邵氏闻见后录》卷二十一，《全宋笔记》第四编第六册，147 页。

西夏议和，这虽然与范仲淹主和的态度不符，但同为科举出身的士大夫、同为致力于通变救弊的北宋大臣，范仲淹与欧阳修并没有分道扬镳，相反却共同致力于庆历新政的推行。

景祐四年（1037）的时候，欧阳修就已经提出了革新的思想，他在当时写了一篇《明用》，通过诠释《易经》的"乾""坤"卦来阐发通变救弊的必要性。他说"凡物极而不变则弊，变则通"，认为"物无不变，变无不通，此天理之自然也"①。值得注意的是，欧阳修引《易》为其革新思想的本源，范仲淹也同样多次在文章中提到《易》中的革新思想，不论是《上执政书》还是《答手诏条陈十事》，他都引用了"穷则变，变则通，通则久"这句话。革新派士大夫共享一套思想资源，范、欧二人独独都在《易经》中注意到了其中涉及革新的语句，对这些语句做出了超越汉唐旧儒的新解，这不仅仅是思想史视野下宋代经学疑古运动的展现，也足见二人在现实政治上的志同道合。实际上在整个庆历之际，由于士人主张和而不同，即便是传统意义上所划分出的"革新派"，在具体问题上出现分歧的情况大有存在。欧阳修对范仲淹几乎从来没有批判和异议，二人除在对西北军政系少数话题有过不同意见，在大多时候，欧阳修都是范仲淹坚定的支持者。于二人而言，这份深厚的交谊与"英雄所见略同"的好状态，也是殊为难得。

说到欧阳修与北宋革新运动，不得不提到三个方面，一是他对古文运动起到的推动作用，二是他在史学上的"正统论"思想，三是他对儒学去神学化的贡献。

先谈文学。

考察欧阳修在文学界的人际关系，除了与苏舜钦、梅尧臣交好，论师承，尹洙当是他的第一任老师。在欧阳修还在吴越王室的后代钱惟演

---

① ［宋］欧阳修：《明用》，《欧阳修全集》卷十八，304页。

幕下时，他便与尹洙交好，从学于后者①。欧阳修对尹洙的学习和推崇②，使他日后成为古文派中的一员，正因有了穆修——尹洙——欧阳修这师生三代的作为，北宋古文方才能兴盛起来。

苏轼曾经说，欧阳修写文章"必与道俱"③，实际上就是"文以载道"、"文以明道"。欧阳修作为北宋古文运动的领袖式人物，可谓是此前北宋古文运动的集大成者。对欧阳修思想影响最大的思想家无疑是韩愈，欧阳修一生都对韩愈推崇有加。一般认为，尽管中唐以来的古文运动明确地把"文"、"道"联系起来，而且强调"道"就是儒家之道，但作为中唐古文运动先驱的韩愈，却未曾明确写过论述"文"、"道"关系的文字，可这并不影响后人总结、认识韩愈的文学观④。一来柳宗元作为几乎完全继承了韩愈文学思想的文士，曾明确说自己"及长，知文者以明道"⑤；二来韩愈的女婿李汉在《韩昌黎文集》的序言中就立场鲜明地指出韩愈是打通魏晋以来"文""道"界隔的人。欧阳修崇韩，自然应在文学观上继承韩愈的观念，而现实也确实如此。

另外，欧阳修还对王禹偁的文学思想很是推崇，何寄澎评论欧阳修

---

① ［宋］欧阳修：《记旧本韩文后》，《欧阳修全集》卷七十三，1056页。
② 曾有说法认为欧阳修对尹洙文章有过贬斥的看法，主要是依据欧阳修后来给尹洙作墓志仅说其为文"简而有法"。但何寄澎认为，这是一种对赞扬态度的含蓄表达，后人多有误会。不过欧阳修日后在文坛地位越来越高，确实有自我膨胀的心态，似有意不愿多谈师从尹洙的经历。参见氏著《北宋的古文运动》，143～144页。另外，尹洙"简而有法"的文风和欧阳修"深婉谨约"的文风，其实都受到宋代新《春秋》学的影响。从某种程度而言，较之尹洙，欧阳修在文学上的进步更是说明着宋代文学家对《春秋》义理领悟的越发深切、运用越发精熟。详参李建军《宋代〈春秋〉学与宋型文化》，328～352页。
③ ［宋］苏轼：《祭欧阳文忠公夫人文》，《苏轼文集》卷六十三，1965页。
④ 陈弱水：《唐代文士与中国思想的转型》，50页。
⑤ ［唐］柳宗元：《答韦中立论师道书》，《柳宗元集》卷第三十四，873页。欧阳修曾说柳宗元是"韩门之罪人"，这其实与韩、柳对佛教的不同态度有关，与文学无关。

的文风，便说"欧文简洁之风承自尹洙，平易之调则可追溯自王禹偁"①。在继承王禹偁的文学思想的同时，欧阳修其实也继承、认同、发扬了王禹偁主张革新的思想。

王禹偁不仅强调文章要有具体内容，实际上他在称赞别人的文章时还说"词丽而不冶，气直而不讦，意远而不泥，有讽喻，有感伤，有闲适，落落焉，锵锵焉"②。由此看来，王禹偁并不完全排斥"词丽"的骈俪之文，也是讲"文质相救"，既要看内容，也要看文辞。

欧阳修的文学观也是如此，他曾经盛赞王禹偁"想公风采常如在，顾我文章不足论"③，可见其对王禹偁的推崇。这种从王禹偁那里继承来的温和的文学观又与范仲淹的文学观相似。他们都主张文章要有实质内容、要致用，可在达到这一要求的情况下，他们也并不排斥文章追求文学辞藻的华丽。欧阳修一方面说"道胜者文不难而自至"，指出文章要重"道"先于重"文"，"其充于中者足，而后发乎外者大以光"④。然而他承认，"偶俪之文苟合于理，未必为非"⑤，也就是并不否认骈文的价值，只是要"道"在"文"先。日本学者东英寿注意到了这一点⑥，而在他看来，这恰恰是以往对欧阳修骈文观研究中所忽略的，他强调欧阳修也认同"文""质"并重的文学观，即推崇有思想的骈文，这恰能解释以往人们所惊怪的欧阳修创作了大量的骈文作品的现象了。当然，欧阳修的这种同情是有限度的，所以并不影响欧阳修在北宋文学史上引导文风转向的功绩，明朝人讲北宋文学史时最喜强调永叔矫西昆所起到

---

① 何寄澎：《北宋的古文运动》，151页。
② ［宋］王禹偁：《冯氏家集前序》，《王黄州小畜集》卷二十页面五，载《宋集珍本丛刊》第一册，666页。
③ ［宋］欧阳修：《书元之画像侧》，《欧阳修全集》卷十一，181～182页。
④ ［宋］欧阳修：《与乐秀才第一书》，《欧阳修全集》卷七十，1024页。
⑤ ［宋］欧阳修：《论尹师鲁墓志》，《欧阳修全集》卷七十二，1046页。
⑥ ［日］东英寿：《欧阳修文章中"文"的含义与他的骈文观》，载氏著《复古与创新：欧阳修散文与古文复兴》，156～158页。

的承前启后之效,王祎在回顾北宋古文运动时就讲"宋初乃晚唐之习。天圣以来,晏同叔、钱希望、杨大年、刘子仪,皆将移其习而莫之革。及欧阳永叔,乃痛矫西昆之弊,而苏子美、梅圣俞、王禹玉、石延年、王介甫,竞以古学相尚"①。

综述欧阳修的文学观,它是以崇古文为主基调,同时又有极大的包容性。这种包容性是他的个人思想作用的结果,也使得欧阳修后来能在北宋文坛占据一代宗师的地位,使得欧阳修的文章能够被广泛地认可。他强调"道",这迎合了时代的主流文学观,可他同样重视辞藻,也就是说也照顾了旧的文学派别的心情。这样一来大家都能接受他,因而欧阳修一生同道好友是很多的。欧阳修之所以能够成为北宋第一位真正的文学大家,就是因为他的儒学思想和文学观念较诸前代都有更新。前代文人,要么没有更新,要么不是每个方面都更新,在欧阳修身上,"道学、文论和古文创作的呈现出同步性",这是奠定他文学史上重要地位的关键②。

庆历之后,文风靡丽的西昆体在嘉祐年间已经隐退,古文兴盛。此时欧阳修转而集中抨击以石介的文章为代表的"太学体"文风,尽管石介当时已经去世,但欧阳修在嘉祐二年(1057)主持贡举时,士子间流行的正是这种"太学体"。"太学体"其实也是古文,但是其文风诡异,所谓"奇僻",不够"浑淳"③,而且多剽窃,这与崇尚为文平易、不因循前人绮丽文章的欧阳修并不相合。欧阳修对石介的批判是庆历新政以后的事,但却也是北宋古文运动的一件大事。欧阳修知贡举时,当年因写太学体文章而落榜的学子聚众闹事,"伺修出,聚噪于马首,街逻不

---

① [明]王祎:《练伯上诗序》,转引自周义敢、周雷编《梅尧臣研究资料汇编》,169页。
② 朱刚:《唐宋四大家的道论与文学》,198页。
③ [宋]李焘:《续资治通鉴长编》卷一百八十五,4467页。

能制"①，欧阳修顶住了压力，毅然地把"太学体"打压了下去，古文运动才没有误入歧途②，最终走向繁荣。

有说法认为，欧阳修早年曾在钱惟演幕下任职，钱惟演是西昆派代表，所以欧阳修反对石介，很可能有着认同西昆派的思想背景在内，至少他对西昆派有所同情③。加之欧阳修一生文学才情的培养、学思主张的积淀、人际圈的形成都是在任职钱惟演幕下的洛阳时代大致完成的，所以欧阳修一生都极为怀念他早年在洛阳生活的日子，以致很可能连带的对在洛阳时每日耳濡目染的西昆体文学有一些特殊情感，至少不能下

---

① [元] 脱脱等：《宋史》卷三百一十九，10378页。

② 关于"太学体"的衰落，有人认为主要是苏轼的贡献，且认为石介的"太学体"就是反对欧阳修文风的，如小岛毅在氏著《中国思想与宗教的奔流：宋朝》一书的279页就这样认为。这种说法，一来，是颠倒了顺序。欧阳修对"太学体"的批判主要是在"太学体"兴起之后，而非"太学体"就是为了修改欧阳修平易的文风才形成。石介的文学理论，主要还是在批判杨亿等人的"西昆体"，"太学体"是对"西昆体"矫枉过正的产物；二来有针对性地对"太学体"的打压，主要就是欧阳修完成的，特别是在嘉祐二年欧阳修知贡举时，他推崇词语无所藻饰的苏轼、苏辙，让精于"太学体"的刘几落榜，一下扭转了北宋文坛风气，给"太学体"致命一击。详参曾枣庄《文星璀璨的嘉祐二年贡举》，载《北京大学学报（哲学社会科学版）》2010年01期。

③ 何寄澎：《北宋的古文运动》，160~161页。

决心排斥①。再联系他主张古文但并不排斥骈文的做派，我觉得这样的推测很有道理。另外，联系到杨亿等人的西昆体运动本身也有扭转五代文风的初衷，只是后来事与愿违，因而这也可能成为欧阳修同情西昆体的因素。欧阳修只反对任何一种偏激的文体，他的古文观念是包容的，而"太学体"正是过于偏激的文体，是偏执文学观的产物。

和范仲淹一样，欧阳修通矫西昆，也只是在批判杨亿追随者对西昆体的过度吹捧，而并非完全否认骈文和文采、批判杨亿。相反，范仲淹曾在其《杨文公写真赞》一文中盛赞杨亿，而欧阳修也在《归田录》里慨叹杨亿"成数千言，真一代之文豪也"②，这又一次说明了宋代古文运动对西昆派的态度比对五代体的态度更为温和。

谈及君子之学，欧阳修在熙宁年间感叹过，"君子之学，或施之事业，或见于文章，而常患于难兼也。盖遭时之士，功烈显于朝廷，名誉光于竹帛，故其常视文章为末事，而又有不暇与不能者焉。至于失志之

---

① 关于欧阳修对其洛阳生活的情感，可详参陈湘琳《欧阳修的文学与情感世界》，90~110 页。葛兆光曾经注意到十一世纪七八十年代汴梁和洛阳两个城市被赋予了不同内涵的现象，二者间"在位官僚与赋闲官僚的趋向不同，现实策略与文化理想的思路矛盾，甚至政治地位与学术声望异乎寻常的倾斜，使中国思想世界真的出现了前所未有的'政统'与'道统'、'师'与'吏'、政治重心与文化重心的分离"。见葛兆光《中国思想史》第二卷《七世纪至十九世纪中国的知识、思想与信仰》，315 页。此前，程民生已有类似表述，程氏认为宋代的洛阳在某种程度上起到东京对峙的作用，其中的保守主义者如司马光，作为士林领袖，虽然远离政治中心，但其行为与主张却可以补充东京朝廷的政治、文化。见程民生《宋代洛阳的特点与魅力》，载《河南大学学报（社会科学版）》1994 年 05 期。葛兆光和程民生的观察都有其合理性，由此更加明确了欧阳修在洛阳生活、交游的经历同他日后所持的同情西昆派的态度间的关联，是洛阳的文化氛围影响着欧阳修。不过，葛兆光、程民生阐明洛阳文化重心、汴梁是政治重心，初衷是为了解释富弼、文彦博等在庆历时力主改革的士大夫以及司马光一类缺少权力的文化保守主义者在熙宁时反对变法的思想史现象。这种解释不是没有合理性，但在笔者看来，更重要的是要从这些士大夫思想世界的内部来寻找他们态度转变的原因。具体参见本书第四章第三节。

② ［宋］欧阳修：《归田录》卷一，16 页。

人，穷居隐约，苦心危虑而极于精思，与其有所感激发愤惟无所施于世者，皆一寓于文辞。"① 在他看来，生逢其时，便要有一番作为功业，至于文学，都是极为次要的。而失志的时候，则要有所退隐，寓情于文，把自己的想法写进文章。

由此我们能看到，欧阳修一生中既有积极政治的时候也有专情文学的时候，实际上正是他在"得君"和"觉民"间摇摆。"行道"的志向未曾改变，只是仕途得意的欧阳修会更倾向于选择说服君主，而被贬失意的欧阳修则更想用文章来提振士风。这样的矛盾同样存在于范仲淹身上，存在于许许多多北宋科举士大夫心中。

正如宋人李纲所说："欧阳文忠公有言：'非诗能穷人，殆穷而后工。'信哉！士达则寓意于功名，穷则潜心于文瀚。"②

今人研究宋代文学史，一定要留心到文风革新只是整体的社会风气的变革的一部分，政治改革家不少都是文学改革家，古文运动中的革新人物，往往都是在政治仕途上遭遇挫败后，转而倾力投身文学改革。欧阳修能引领北宋古文运动走向胜利，与他晚年弃仕从文也有不小的关系。

庆历新政时期的欧阳修是刚直的，是对君王直言不讳的，他以为"刚强非不仁，而柔弱者仁之贼也"③，只有刚强地批判现实，才能构建理想中的"儒家的整体规划"。然而，几经宦海沉浮，晚年的欧阳修六十多岁就提前致仕④，自称"吾家藏书一万卷，集录三代以来金石遗文一千卷，有琴一张，有棋一局，而常置酒一壶"，并且"以吾一翁，老

---

① [宋] 欧阳修：《薛简肃公文集序》，《欧阳修全集》卷四十三，618页。
② [宋] 李纲：《五峰居士文集序》，《李纲全集》卷一百三十八，1319页。
③ [宋] 欧阳修、宋祁：《新唐书》卷五六，1418页。《刑法志》是由欧阳修主修的，故可代表其思想。
④ 庆历四年二月，崇正殿说书赵师民曾在上书劝仁宗"不遗年"时提到"古者七十致仕"，当知宋代官员正常致仕年龄是七十岁。见《续资治通鉴长编》卷一百四十六，3548页。

于此五物之间"①，做起了悠然的"六一"居士。

这实际上就是北宋士人的"转向内在"，一种进退怡然的境界，这同时也折射着宋朝士人的宿命——他们积极进取的风貌，总是以"内在"的心理基础为补充，现实作为失意后，他们便转而"内圣"②。欧阳修的一生就是进退自如的一生。

再看史学。

欧阳修主张革新、复兴古文、推崇韩愈，根本目的是建设儒家式人间秩序，而直接目的则是要先承接中唐以来兴起的"文"的思想史传统。其实，宋代的士人运动，整体而言就是对唐代诗人崇"文"运动的继承和发展，这不仅表现在文学领域，欧阳修参与到北宋士风的变革中还有重要一点举措，就是构建"周秦汉唐"的正统论。

所谓"政治所资，惟在一心，而史特其鉴也"③，在一些士大夫家手中，史学有时候就是表现其立场的工具，特别是对于并未被用来表达国家意志的私人著史而言。著史以鉴今，特别是资君王之治，这种做法就类似于文人写诗讽谏、"诗言志"。仁宗初期，大臣张方平曾建议仁宗每天记录两条有利民生的德政以供日后参考，枢密使杜衍在评价张方平的建议时就说"此所谓陈古以刺今，诗人讽谏之旨矣"④，说的正是史学和文学在表达社会观点时共通的作用。

今天的一些史学研究受到新社会史和兰克对科学主义史学的影响，经常进行"史料批判"，这实际就是着眼于历史书写在发生过程中的主观性色彩，主张用审慎的科学精神考辨古人的历史书写。柯灵乌（柯林武德）说"一切历史都是思想史"，这其实也合乎兰克对历史书写的认

---

① ［宋］欧阳修：《六一居士传》，《欧阳修全集》卷四十四，634～635页。
② 朱刚：《唐宋"古文运动"与士大夫文学》，214页。
③ ［清］王夫之《读通鉴论》卷末，1114页。
④ ［宋］王巩：《张方平行状》，文渊阁《钦定四库全书》集部《乐全集》卷四十《附录》，页面七。

识。有时，兰克和柯灵武的观点往往被看作绝对的对立，窃以为，他们的分歧主要在对史料的处理能否最终求得历史的真实这一点上，而不在于历史书写是否存在主观性。当年有人问清代乾嘉学派考据大家章学诚"事功气节，果可与著述相提并论乎？"章学诚就回答，"史学所以经世，固非空言著述也"①。史学和文学一样，都有着"载道"的功能。欧阳修的作品也印证着这一点，他大量的史评、史论著作以及其正统论历史观的确立，为儒家道德伦理和价值观在士人间的渗透和流行起到了极大的积极影响。

内藤湖南曾说，"正统论之盛，始于欧阳修"②。士风改良和"觉民行道"的实践都需要一种意识形态的灌输和宣传，宣传的途径不仅可以是直接写文章，也可以是将意识形态灌输进士人所要阅读的史著中。欧阳修写《五代史记》的目的便在于此。前文提到，《五代史记》（也称《新五代史》）里批评冯道，就是在弘扬一种儒家礼教观念。欧阳修的史著是夹杂有大量的、对历史人物的道德评判的，这就表现了他著史为教化的目的。而且《五代史记》语言朴素晓畅，绝无骈俪之辞，完全是古文作派，有叙有议，实际上也表明欧阳修在文章写作上反对纯骈文的态度。

不论是《五代史记》还是《正统论》，它们所要建立起的历史书写的框架，必然都是服务于书写者的个人目的。史学从来不是纯粹的纪实，它总是一种由书写者进行的被动或主动的史料剪裁、一种选择性记忆，其实所谓"一手材料"，不论是正史、野史、口述史，其实都是"二手"的。这并不是说史学不去求真、不能求真，而是要强调，史学对社会的影响，更多就体现在它对个体思想或主观认识的表达功能，这之中，历史学家的存在尤为重要，是因为有了历史学家，才有了我们通

---

① [清]章学诚：《文史通义》卷五，《文史通义校注》，叶瑛校注，524页。
② [日]内藤湖南：《中国史学史》，173页。

常理解的实为"历史事实"的"历史"。史学理论大家杜维运在讲何为"历史"时就凝练地总结过:"一般性的事实变为历史事实,完全系于史学家。史学家在浩瀚的事实中,选择自认为有意义的事实,使其变为历史事实。历史事实在量的方面,占一般事实的绝小部分,历史则系历史学家根据历史事实写成"①。

欧阳修开始写作《五代史记》的时间不晚于宋仁宗景祐三年(1036)②,他写《正统论》是在康定元年(1040),两件事都在庆历新政发生之前。他最主要写作《五代史记》的时段,是景祐党议失利后被贬夷陵和庆历党议失利后被贬滁州这两个时期。因而可以确定,在参与庆历新政之前,欧阳修已经形成了他的史学思想,且这种思想和他匡扶儒家的主张是一致的,同时也与他的政治仕途、革新思想息息相关。特别要提到,有说法认为欧阳修约尹洙一同撰写了《五代史记》,此说当为不实,欧阳修有这样的想法,但最终并未实现。另外他还就书稿征询过梅尧臣的意见。这可以说明,欧阳修的史学评论及其史著中表达的思想,不仅是他个人的思想,可能不少都是尹洙、梅尧臣等其他与欧阳修同道的士大夫的共识③。我们研究欧阳修的史学,实际上就能见微知著,一窥改革派的思想。

在《五代史记》中,欧阳修肯定了五代时期篡夺唐朝政权的后梁与五代时期其他政权的平等性。本身后梁政权在儒家看来就是手段不正,算是僭越得位的王朝,因而五代后期和北宋初期都把后梁视作伪朝,《旧五代史》和《册府元龟》都采用了这种立场。可是欧阳修却将后梁与五代的其他四个朝代并列,当时有人就问他为什么不称后梁为伪朝,认为欧阳修的做法是"奖篡",欧阳修自诩《五代史记》是春秋笔法,

---

① 杜维运:《史学方法论》,24页。
② 中华书局编辑部:《〈新五代史〉出版说明》。也有说法称《新五代史》大致的编撰时间是从景祐四年(1037)开始,总之肯定是在庆历新政之前。
③ [美]刘子健:《欧阳修的治学与从政》,50~51页。

可别人却指出他抬举后梁不是"《春秋》之志"。结果欧阳修说，他这么做恰就是遵循了"《春秋》之志"，《春秋》里对鲁桓公、鲁宣公、郑厉公、卫公孙剽四个得位不正的君主都如实记录，承认他们，因而不把后梁视作非正式的政权，反而是《春秋》之法也。欧阳修也是认为后梁太祖朱温算是僭越得位的，那他还要这样写，自然不会是为了"奖篡"，他是为了"著其罪于后世"，免得日后史实出现偏差，是为了"劝戒切"，达到"善恶明"[①]。

从这段可以看到，欧阳修的史评是服务于现实教化的，正如后人所说欧阳修"拒塞邪说，尊崇元圣（周公）"[②]，欧阳修的文章最终都是指向复兴三代的儒家礼教的。

同时，欧阳修反复提到"《春秋》之志"，向他人说明"《春秋》之志"的正确含义，并表明要直笔写黑白，抒发自己对历史的慨叹，可见其对现实的强烈关怀。其实，欧阳修这种史学本身也是受到宋代新《春秋》学的影响，他这种"义法史学"其实是一种经史结合的学术[③]。他想以史来宣扬伦理、整饬道德，所以《五代史记》服务现实的意义是大于其本身的史学价值的，其在后来也因此被钱大昕等乾嘉考据派批评。

日本学者竺沙雅章认为，欧阳修写《五代史记》的动机有客观现实和主观愿望两方面因素，客观上北宋内忧外困，主观上欧阳修在国家困难现状面前有一种感时伤怀的情绪，这种情绪化作了他对参与政治的强烈渴望。他还特别指出，《五代史记》的论赞一律以"呜呼！"为开端，堪称一部"呜呼史"[④]。其实，除了"呜呼"，据东英寿统计，"矣""耳""乎"等虚词在欧阳修的散文和史著中也有很高的出现频率[⑤]，这

---

① ［宋］欧阳修：《新五代史》卷二，21页。
② ［宋］范镇：《祭文》，《欧阳修全集》附录卷三，2687页。
③ 李建军：《宋代〈春秋〉学与宋型文化》，425～452页。
④ ［日］竺沙雅章：《宋朝的太祖和太宗——变革时期的帝王》，5～6页。
⑤ ［日］东英寿：《从虚词使用看欧阳修古文特色》，王振宇译，载氏著《复古与创新：欧阳修散文与古文复兴》，85～106页。

是欧阳修用来抒发主观情感的手段。实际上，已有学者提出，后人读《五代史记》，除了品读其中《春秋》之遗韵，更重要的，就是学习欧阳修写议论文的文法①。《五代史记》行文语气铿锵，感染力极强，确实是议论文的好范本。难怪明朝人也曾言："能存史迁之神者，独一欧公。欧公之文，每提耳而命之。"②

欧阳修重《春秋》一事，对之深入思考，会发现这其实是在伸张儒学，它的背景是"《春秋》学"的复兴。实际上按照陈学霖先生的观点，这也正是《正统论》的创作背景③。

我们一般读欧阳修《正统论》，所得印象大多是其着重讨论了宋朝如何处理五代诸朝统绪并选择自身统绪继承的问题，即便是称《正统论》为"古今一大文字"的选堂先生，也只是重复了这样的说法④。

---

① ［美］刘子健：《欧阳修的治学与从政》，51页。
② ［明］艾南英：《再与周介生论文书》，转引自《欧阳修资料汇编》，622页。
③ 葛兆光对陈学霖的说法有过质疑，在其读书日记中，他对陈学霖所谓"《春秋》学复兴之影响"评价道"这一点恐怕因果倒置，因为宋初三先生都较晚才开始讲《春秋》大义，而此前仍以礼与法之建设为重。"参见葛兆光《且借纸遁：读书日记选1994—2001》，266页。但我以为，此处的"《春秋》学复兴"，或可当作八、九世纪唐人赵匡、陆淳等人的新春秋学运动，该运动对秦汉今文经学有了一定的质疑，其特点是"学者的经传解释往往掺入了与时事有关的政治理念"，详参《唐代文士与中国思想的转型》，3页。另外尹洙是公认的《春秋》学大家，欧阳修任职钱惟演幕下时师从尹洙，其思想资源的《春秋》学背景是毋庸置疑的。更何况石介在庆历五年（1045）就去世了，此时欧阳修不过三十二岁，说宋初三先生讲授《春秋》大义较晚，也不妥当。
④ 饶宗颐：《中国史学上之正统论》，39页。不过，选堂先生在对宋代正统论的认识上也是有创见的，其认为正统论之确定以史事系年为先，而《春秋》开以事系年的先河，故而正统论兴于宋的旧说乃"似是而实非"。见氏著1页。同时，饶宗颐先生还指出了中国古代正统论的两种依据，一是邹衍的五德运转说，一是《公羊传》的大一统学说。饶氏将欧阳修的正统论归于以大一统学说为依据的一类，同时又指出其不同，即欧阳修区分了"居正"和"一统"这两个概念。从欧阳修往后，"统"由一个时间概念转化为空间概念，日后政权即便位居正，不能完成空间的统一，依然不足以称"统"，这是对《公羊》本旨的变异。见氏著75页。

但实际上,《正统论》想要谈的并不局限于其被写作时的当下,而是要讨论一个长远的有关标准的问题。欧阳修提出,在三代之后,由于僭伪兴而盗窃作,所以出现了两种政权,一种是"居其正而不能合天下于一者",即疆域没有统一却属于正统王朝,比如东周;另一种是"合天下于一而不得居其正者",即疆域统一却不被奉为正统的政权,比如秦①。正是在这种情况下,欧阳修认为有必要重新讨论"正统论"的问题。欧阳修划定的正统王朝,是夏商周秦汉、西晋、隋唐,这些时代中间的"东晋后魏之际"和"五代之际"因为天下大乱,所以在这些时期无所谓正统。而宋,则被他称作"与尧、舜、三代无异",是正统王朝。

这种说法很有意思。刘子健曾经盛赞欧阳修的正统论,认为其不像欧阳修评判人物那样夹带有太多的道德判断,而是尊重了许多客观事实,此论一出,此前的正统论尽数被废②。然而现在看来,这种夸奖可能并不合适。有学者从史料批判学的角度出发,提出欧阳修在不同的文章中对五代是否为正统的问题有着矛盾的表述。也就是说,他的文章中存在着正统标准的二元论——即史学标准的正统与政治标准的正统③。在史学标准的正统中,五代是正统的,不然他何须为后梁正名。然而,在政治标准的正统论下,五代不能是正统,他给皇帝呈上《正统论》,用的就是政治标准的正统论,否认五代,让宋直接承袭唐。我以为,实际上这背后想要表达的是宋代需要继承唐代以来随着科举制发展渐渐形成的以"文"为核心的政治文化,要摆脱五代武人政治的影响和中古世族政治的影响,发挥唐代清流文化被动或主动包容的由寒士主导的新政治文化。

在整个宋初,士林一直致力于选择合适的典范。不仅仅在政治上,

---

① [宋] 欧阳修:《正统论上》,《欧阳修全集》卷十六,267 页。
② [美] 刘子健:《欧阳修的治学与从政》,53 页。
③ 刘连开:《再论欧阳修的正统论》,载《史学史研究》2001 年第 4 期。

士大夫们在表达对现实的看法、复兴儒学的时候会提到唐代的相关内容。在文学上,"尊韩"风的流行,也是一种以中晚唐以来的新文化为典范的选择,从柳开、王禹偁一直到仁宗朝,儒学复兴、古文发展,甚至诗歌领域"宋调"的出现,都离不开士人尊韩的影响①,而"尊韩"背后,又是在尊中唐以来渐渐明晰的"文"的传统。史学亦然。欧阳修在这三方面都有所建树,可谓实打实的北宋新儒学运动的核心人物。难怪苏轼后来说"宋兴七十余年,……而斯文终有愧于古。士亦因陋守旧,论卑气弱。自欧阳子出,天下争自濯磨,以通经学古为高,以救时行道为贤,以犯颜纳谏为忠"②,范仲淹在庆历年间提振士风、改革内政,但他的年龄摆在那里。欧阳修在范仲淹之后接过了士林领袖的旗帜,他对宋代士风的影响,绝不逊于范文正。其实,苏轼的评语,概括的正是范仲淹、欧阳修两人的贡献,他们提振了宋代的士气、士风——"救时行道"就是投身现实,为自己创造想要的生活;"犯颜纳谏"就是维护开明专制。

最后还要提到欧阳修反对儒学神秘主义的态度。

章太炎曾说汉晋之间学术有"五变",其中第一变就是董仲舒把儒学附加了神秘主义的色彩。章太炎说"董仲舒以阴阳定法令,垂则博士,教皇也""中国儒术经董仲舒而成教,至今阳尊阴卑等说,犹为中国通行之俗"。他把董仲舒向儒学中注入封建神秘主义的做法看作是把儒学改造为宗教性学说的运动,甚至他还拿董仲舒和希腊先贤类比,说"若中国之孔、老,希腊之琐格拉底、柏拉图辈,皆以哲学而为宗教之

---

① 李贵:《韩愈与"宋调运动"》,载氏著《中唐至北宋的典范选择与诗歌因革》,138~199页。关于宋初文学典范的选择,特别是诗歌方面,李贵该书可谓集相关研究之大成。北宋诗歌领域的宋调运动在某种程度上其实可以看作是古文运动带起的,撇去其中所涉及的纯粹的诗歌理论,其主张的文学观以及反映的士人思想,跟古文运动是一样的。不过北宋中后期"以文为诗"思想的主流地位被动摇后,北宋诗歌写作背后所涉及的士人思想和文学观念就有变化了。

② [宋]苏轼:《六一居士集序》,《苏轼文集》卷十,316页。

代起者。琐氏、柏氏之学，缘生基督，孔子、老子之学，迁为汉儒，则哲学复成宗教。"①宗教性的特征，往往表现为人成为"天"（上帝）的下属，董仲舒说"人之人本于天，天亦人之曾祖父也"②，即是儒学宗教化的体现。

这种神学化的儒学本是在原始儒学不赞成天人学说，且"秦汉法儒共同尊崇的宗师荀况更明言天人相分"的情况下，为了"迎合君主一体化的取向，与权力运作相配合"，而"乞灵于秦始皇提倡的阴阳五行学说"所形成的一门"通经致用"的学说③。然而经过中古时期佛、道兴起的冲击，它已经不再能很好地服务于现实政治。特别是中古后期发展起来的新儒家，由于其重视儒家士人在立场上的立足现实，因而对神秘主义愈发反感，神学化的儒学已经不能够像汉代那样致用于现实了。

欧阳修作为宋代新儒家的代表，他反对儒家的神学化主要体现在如下四个方面——

第一点，他在史学上重新定调正统论。

需要注意的是，欧阳修在评判"正统"的时候，他的判断标准不是常见的"五德（行）始终说"，欧阳修作《正统论》，其实在一定程度上就是专门为了反对"五德始终论"（也叫"五德转移"学说）。这或许与欧阳修推崇超越汉代经学的宋代新经学有关，因为不论是今文经学还是古文经学，在西汉时"五德始终说"与"皇帝王霸"的历史观都是当时经学家所共同遵循的思想模式和重视的课题④。而欧阳修则超越了这两个话题，他看重的，一个是疆域统一与否，他认为分裂的时代不存在正统；另一个则是得位是否合理、有没有僭越，五代是分裂时代，

---

① ［清］章炳麟：《訄书》第八《学变》，徐复详注，88页。
② ［汉］董仲舒：《春秋繁露》第四十一《为人者天》，苏舆《春秋繁露义证》卷第十一，318页。
③ 朱维铮：《帝制中国初期的儒术（一）》，载2014年10月19日《东方早报》。
④ 王葆玹：《西汉经学源流》，386页。

后梁是僭越得位,所以都不是正统。放弃汉代以来儒家杂取阴阳家思想而形成的"五德始终说",这就是在为儒家去除神秘主义的色彩,以是否统一和是否僭越来判断"正统",这就是在引领士人关注现实、重视儒家伦理,回归到极现实主义的儒学。

宋儒以欧阳修为首,在断定正统时不以德运为准,而注重以儒家道德审视正统。宋代以后,历代正统论,在谈及历代兴亡时,基本都顺着欧阳修建构的史学观,掺杂对社会现象的分析和人物道德的评述,看重社会发展的功用,也注重时代的道德伦理对历史的影响。其说之进步性不言自明。不过,五德始终说在宋代只是受到了巨大的打击,真正退出历史舞台,大约还要到清代,刘浦江先生对之论述颇详[1]。

第二点,欧阳修推崇孟子。

欧阳修推崇孟子,跟韩愈可谓如出一辙。韩愈说过,孔子死后,圣人之道不明,于是杨朱、墨家的学说兴起,天下不少人都已从杨、墨的学说,儒学不彰,直到孟子"辞而辟之",这才澄清了儒学的样貌[2]。

实际上,学界常讲,在唐宋时期,中国出现了所谓的"孟子升格运动"。这个说法,是周予同于1933年最早提出的[3]。这场运动产生的背景,一方面是佛、道对儒学主流地位的冲击,邓广铭甚至认为,唐代时期佛、道在声势上远远凌驾于儒家之上[4];另一方面则是天人感应的神秘主义儒学不能够再很好地服务于现实的社会需要。唐宋时期将孟子升列经部,与《论语》并列,韩愈还定下了孔子传孟轲的道统。宋代则是儒学升格运动真正的兴盛期,孟子始从祀孔庙,足见其间孟子备受推崇

---

[1] 刘浦江:《"五德终始"说之终结——兼论宋代以降传统政治文化的嬗变》,载《中国社会科学》2006年02期。

[2] 〔唐〕韩愈:《进士策问》其四,《韩昌黎文集校注》卷第二,103页。

[3] 周予同:《群经概论》"孟子的'升格运动'"条,载朱维铮编《周予同经学史论著选集(增订版)》,289页。

[4] 邓广铭:《北宋儒学家们的觉醒(未完成稿)》,《邓广铭全集》第七卷,425页。

的情景。

今人徐洪兴曾撰有《唐宋间的孟子升格运动》一文,① 是第一篇较为系统、详尽地阐述这一运动的论文,他将整个宋代孟子的升格运动划分成四个阶段,"中唐至唐末为滥觞期,北宋庆历前后为初兴期,北宋熙、丰前后为勃兴期,南宋中叶即稍后为完成期"。可以看到,庆历前后恰恰是孟子在北宋升格肇始之时,宋代新儒家的兴起和欧阳修、范仲淹等人不无关系,以"宋初三先生"、欧阳修等为代表的宋初学人,对孟子升格运动起到了极大的推动作用。需要说明的是,在后来宋代新儒学的疑经运动中,李觏对《孟子》一书提出了质疑,但这种质疑存在特殊性,即李觏作为功利主义儒家的代表,他只是不能认同孟子的过度重义轻利,并不存在对孟子的全盘否定。宋儒希冀在汉儒旧说之外对《孟子》做出新释,以期更好地为新儒学运动服务,他们能选择《孟子》旧注作为质疑对象,本身就说明了宋儒对《孟子》的重视,而这种重视,主要来自于宋儒从《孟子》中找到了能与其自身所提倡的入世救弊精神共鸣的思想,且《孟子》中对人性讨论甚多,而"性理之学"恰是宋代新儒学关注的重点。这种新儒学对"性理之学"的关注,与科举士大夫和贵族之间对立的身份立场有关②。

在中国古代历史上,经典的解释权往往象征着政治上的统治力,"儒家官僚有时固然可以引经义断狱或解决政治争端,但是更多的时候则是学术深受政治力量的干扰与渗透,而改变了创世的宗师的原始含义"③。实际上整个宋代孟子的升格运动都不单纯是学术运动,背后一直有政治因素的参与。思想与政治交融,思想上推崇原始儒学,政治上也就推崇儒家秩序。

---

① 徐洪兴:《唐宋间的孟子升格运动》,《中国社会科学》1993 年 05 期。后收入其《思想的转型:理学发生过程研究》一书,见该书 93~123 页。
② 朱刚:《唐宋"古文运动"与士大夫文学》,58~59 页。
③ 黄俊杰:《孟子》,262 页。

孟子的儒学最大的特点就是现实主义，它是一种没有汉代儒学神秘主义色彩的原始儒学。推崇孟子，宣扬他的现实主义，是利于振励士风的。很多人都知道，欧阳修说过一句和孟子"生于忧患，死于安乐"相近的话，是"忧劳可以兴国，逸豫可以亡身"①，一句话写出了儒家士大夫献身理想的情怀，也展现了欧阳修对孟子思想的推崇。

另外，受到孟子"以意逆志"思想的影响，以及"自得"方法的启发，宋儒还重视诠释经典，强调个人的主观理解，而不拘泥于训诂考据②。我以为这在客观上推动了宋朝新儒学发展和革新运动推行以来的思想理论的丰富，因为士人对经典提出不同理解、大胆诠释的限度放宽了。欧阳修经常或明或暗地引用、认同孟子的学说，为他的革新理论提供了巨大的思想源泉。而且，孟子重性善、良知，宋代士大夫"转向内在"的逐步明晰实际上是与孟子学的兴起同步同向发展的。

第三点，欧阳修批判谶纬之学，疑古疑传。

谶纬之学的兴盛主要是开始于西汉后期，彼时在实质上已是方士的儒生们开始大肆宣扬谶纬是孔子对六经的解释。两汉之际，不论是新朝的王莽，还是打着汉室旗号的刘秀，都有过通过编造谶纬来营造利己舆论的行为。王莽时期，通过鼓吹谶纬学来"减省五经章句"，以达到"一异说"的目的，变革西汉的齐、鲁经学。东汉之后，谶纬之学更为繁盛，经学屈从于谶纬学之下，原先的古文经学渐渐和谶纬之学趋与同流③。在刘秀的即位诏书中，就引用了"刘秀发兵捕不道，卯金修德为天子"④的谶言来论证刘秀登基的合法性，刘秀对谶纬的推崇甚至到了以谶为国宪的地步，使得东汉政治始终受到这种神秘主义的谶纬之学的

---

① ［宋］欧阳修：《新五代史》卷三十七，397页。
② 周淑萍：《宋代孟子升格运动与宋代儒学转型》，《史学月刊》2007年08期。
③ 王葆玹：《西汉经学源流》，447~456页。王葆玹提出古文经学并不反对谶纬，这与学界通行说法不合，然其说自有其理，值得关注。
④ ［南朝宋］范晔：《后汉书》卷一上，22页。

影响。在东汉初年，儒学的大势是儒学一分为三，经今文、经古文、谶纬之学。三家之争集中体现在汉章帝建初四年（79）白虎会议之后集结的《白虎通义》一书，白虎会是以追求政治思想的统一为目标的，这由当时统治者的实际需求所决定，可现实却是儒学的分化趋势并未缓和。不过，今人研究《白虎通义》，普遍认为其中反映了名教与神学相结合的思想。这种思想是极其庞杂的，但想到那个时代思想状况的纷繁，其产生与存在也都是有合理性的。

作为一种国家意识形态，《白虎通》中的神秘主义学说是一种极具包容性同时也具有妥协性的思想。"这种试图包容一切的体系充满了想象，但也包含了相当多的儒者的现实考虑。在建构这一意识形态的过程中，儒者坚持了自身的立场，也无可避免地进行了妥协。妥协一方面表现在宇宙论上对黄老学说、阴阳五行学说、数术方技知识的兼容，一方面表现在社会治理上对法制主义以及行政系统的让步"①。这两种让步，后者奠定了专制文化儒法结合的特色；前者则使儒学和经学神秘化，特别是推动了纬学的发展，以致在汉代五经家中出现了"不仅今文学家与纬谶有密切的关系，就是古文学家及混淆今古文学者，其对于纬谶，也每有相当的信仰"②。

直到中唐新"《春秋》学"运动的兴起，韩愈、赵匡、陆淳等人主张在学术上走出固守汉代经注的境遇，对汉儒所作经传进行质疑，另提新说。然而这点声音在汉唐以传注疏义之学占上风的时代里并没有凸显太多，汉唐经学在学统上大体一脉相承，唐代学人大多是丝毫不敢对汉儒经解有所质疑的。直到宋代，随着新儒学运动的展开，革新思想的发展需要在儒学理论上革故鼎新。

---

① 葛兆光：《中国思想史》第一卷《七世纪前中国的知识、思想与信仰世界》，276页。
② 周予同：《纬书与经今古文学》第五节《汉代今古文学家对于纬谶的关系》，朱维铮编《周予同经学史论著选集（增订版）》，56页。

于是可以看到，作为新儒学运动领袖之一的欧阳修，先是论证了后人是不可能完全复原孔子学说的本意的——"世无孔子久矣，六经之旨失其传，其有不可得而正者，自非孔子鼓复出，无以得其真也"①，这就摧毁了汉唐经学至尊的权威。然后他明确地喊出了"伪说起秦汉"，又讲"篇章异句读，解诂及笺传。是非自相攻，去取在勇断"②，表达了对秦汉经学的不满，认为汉代以来大行其道的纬书都是汉儒伪造的经典，是对原始儒学的极端曲解，应当"勇断"伪说。这种对神秘主义儒学的反感情绪发展到一定程度，"平日不信符命"的欧阳修就有了诸如"著书以《周易》、《河图》、《洛书》为妖妄"③的异端行为，甚至还有将这种对传统汉唐经学的反动思想付诸行动的打算。据南宋王应麟讲当时欧阳修就打算重新编排儒家经典的疏注，删掉其中一切与谶纬有关的内容，目的是实现"使学者不为怪异之言惑乱，然后经义纯一"④。

实际上，宋代的庆历之际不仅有着政治的转折、文学的转折，当时经学所发生的转折在思想史上也留有着浓墨重彩的一笔。清代经学史大家皮锡瑞总结说，"经学自唐以至宋初，已陵夷衰微矣。然笃守古义，无取新奇，各承师传，不凭胸臆，犹汉、唐注疏之遗也。……据王应麟说，是经学自汉至宋初未尝大变，至庆历始一大变也。……宋儒拨弃传注，遂不难于议经。排《系辞》谓欧阳修，毁《周礼》谓修与苏轼、苏辙，疑《孟子》谓李觏、司马光，讥《书》谓苏轼，黜《诗序》谓晁说之。此皆庆历及庆历稍后人，可见其时风气实然"⑤。皮氏之言虽也有瑕疵，譬如欧阳修除了大胆提出"《系辞》、《文言》、《说卦》而下皆非孔子所作"⑥外，他对《诗序》也有质疑，对毛、郑《诗》学中不合

---

① [宋] 欧阳修：《答宋咸书》，《欧阳修全集》卷四十七，666 页。
② [宋] 欧阳修：《读书》，《欧阳修全集》卷九，139 页。
③ [宋] 晁公武：《郡斋读书志》卷二，66 页。
④ [宋] 王应麟：《困学纪闻》卷八，[清] 翁元圻等注，1089 页。
⑤ [清] 皮锡瑞：《经学历史》，220 页。
⑥ [宋] 陈振武：《直斋书录解题》卷一，11 页。

理的内容做出了批判。然而上述议论,总体还是指出了庆历前后新儒家们的疑经运动所营造的学术景象之繁盛这一时代现象的,庆历之际的儒学家如欧阳修、石介、孙复、胡瑗,他们直抒己意、不为章句、驳正注疏,皆是对汉唐以来以汉儒注疏为基的旧经学的反动。

庆历之际经学转向是整个庆历时期思想、社会变革的一个面向,它质疑汉儒、反对神秘主义的儒学,这其中,欧阳修功劳不小。与他同时代的泰山大儒孙复,也是疑经派人物,其人在国子监讲授《春秋》新义,曾向范仲淹建言"广招天下鸿儒硕老"来"参之古今,……重为注解",他的《春秋尊王发微》"不取传、注"①,在汉唐经学旧说外另作新解,深得胡瑗等新儒家同道的认同。可惜孙复的学说为当时一些经学上的守旧势力所不满,终罢②。欧阳修在为他写墓志铭时专门讲到这件事,表达了极大的惋惜之情,也留下那个时代贤者们惺惺相惜的佳话。

另外,在我看来,不妨大胆地将欧阳修对谶纬的批判看作其反对保守地一味专注"内在"的表现,因为在宋以前,谶纬之学就被认作是"内学"③。诚然,庆历之际诸多的士人其精神世界中都有着一点转向"内在"的种子,然而,时代的革新激流始终裹挟着他们那颗志在当世的心,北宋文人政治张扬的气象不是绝对的,但却是笼统的。欧阳修一生大多时间都与政治中央紧密关联,特别是庆历年间的欧阳修,尚还是有理想、有抱负的青年官员,敢于进言积极参政,其在思想史上留下的通经致用的主张能够被看作其政治立场的投射,用义理之学取代汉代章句之学,使得思想界发生了新变化,这种变化把士风导向积极政治、修身行道,同时也成为革新运动中改革派的思想武器。

第四点,欧阳修排佛。

---

① [宋]晁公武:《郡斋读书志》卷三,112页。
② [宋]欧阳修:《孙明复先生墓志铭》,《欧阳修全集》卷三十,457页。
③ 钱穆:《朱子新学案》第一册,18页。

欧阳修排佛，主要是在"三教合一"的趋势日渐明朗的大背景下，反对佛教对儒学的影响，特别是佛教伦理对儒家秩序的冲击，尤其让儒家士大夫们警惕。欧阳修的主张和韩愈观点相同，都出于他们自身推崇原始儒家教义的立场。不过也有人认为欧阳修很可能从庆历六年（1046）以后排佛之志渐消[1]，但这种说法所依据的记载都只见于佛教典籍，这些记载或许为佛教徒编造。

佛教的发展也是北宋士大夫在讨论内政弊端时普遍提及的话题，不少儒家士大夫对之有警惕的态度，即认为佛、道昌盛造成了"冗费"，加剧政权财力的消耗和劳力的减少。对佛道的排斥，源自传统儒学对鬼神之说的批判，当时反对佛老的新儒家大儒孙复就经常在自己的文章里批判鬼神之说，因而，宋儒中的部分人排斥佛老，实则是为了捍卫儒家礼义，且其行为具备传统儒家之思想渊源。

欧阳修承认佛教对士人造成影响的既成事实，对之有一种理性的态度，但同时更认为应当渐进地让儒家礼义深入人心，取代佛教在一些人心中的地位。其实，欧阳修"辟异端"、排佛老的方法，也是受到了孟子思想的启示，这依然是"孟子升格运动"在发挥影响。欧阳修在讲到如何应对佛教冲击时提到了借鉴孟子抵抗杨朱、墨翟之学时"专言仁义"的方法，所谓"修其本以胜之"，从人的思想塑造入手。

不过，需要说明的是，欧阳修渐进抵消佛教影响的思想，其目的是为了推动宋代新儒学运动的发展，并在实际中影响了张载、朱熹等人的思想。然而，有学者从客观效果的角度来考察，提出欧阳修由于自身对佛教礼仪知之甚少，又呆板恪守韩愈的道统思想，所以他的佛教观是本位主义和经验主义的，缺少理论深度，在发展新儒学的同时，并没能真正抑制佛教的发展[2]。

---

[1] 曹家齐：《欧阳修与佛教关系一辨》，《宋史研究丛稿》，301~306页。
[2] 李承贵：《欧阳修与佛教——兼论欧阳修佛教观特质及其对北宋儒学的影响》，载《现代哲学》2007年第1期。

上述内容，都只是侧面反映欧阳修复兴儒学、拯救斯文的思想。真正的表现，还要看他在现实政治活动中的作为。这就不得不提到他参与的对"朋党"的争论以及"君子""小人"之辨，然而，在了解这些之前，我们先要弄清庆历新政的进展情况。

## 六、虚虚实实的"朋党"

宋仁宗景祐三年（1036）时的北宋政坛氛围凝重。这一年，范仲淹和欧阳修先后被贬出朝，保守派士大夫取得了短暂的胜利。然而，就在这一年的农历十二月十九日（1037年1月8日），在四川眉山的一家纱縠行里，一个婴孩诞生了。这个人日后将是范仲淹、欧阳修之后北宋士大夫社群、北宋文坛的又一领袖，他就是苏轼。

转眼到了庆历三年（1043），这一年，八岁的苏轼已经师从道士张易简为师①，后来入了乡校。有一天，从开封来了人，带来一篇名为《庆历圣德颂》的作品，传是鲁人石守道所作。那人把《庆历圣德颂》拿给乡校的先生看，小苏轼就在旁边偷窥，基本上读懂了诗歌的内容，于是就向老师询问诗中写到的十一人都是谁。哪知道乡校的先生很不屑地回答道："你一个小孩子，哪里用知道这么多？"结果苏轼反答，"这些人要是神仙天人，我自然不敢问人家是谁；若是只不过与我一样都是凡人，又有什么不能让我知道的呢。"先生听完苏轼的话，觉得这孩子出语不凡，于是跟他讲，"诗里面写的韩琦、范仲淹、富弼、欧阳修，这四个人，那都是人杰啊！"这一句话点醒了苏轼，令小小的他在内心里已经萌生了对这四人的敬仰之情，以为神交②。

实际上，《庆历圣德颂》可能是当年宋朝最流行的文学作品了。所

---

① ［宋］苏轼：《陈太初尸解》，《苏轼文集》卷七十二，2322页。
② ［宋］苏轼：《范文正公文集序》，《苏轼文集》卷十，311页。

谓"鲁人石守道",说的就是"宋初三先生"之一、人称"徂徕先生"[1]、当时已经被杜衍推荐为国子监直讲的石介。这篇文字能流行,一来是因为石介为文激昂慷慨,情绪充沛,感染力强;二来,这篇文章把方兴未艾的庆历新政捧得极高,顺应了当时人们对新政普遍期待的心理。

然而,这篇文章也可以说是为新政的夭折埋下了伏笔。

《庆历圣德颂》创作的背景是士林普遍因范仲淹、韩琦、富弼被重用,余靖、欧阳修、蔡襄等充谏官而感到国家有了希望,以致朝野"酌酒相庆",这时太学博士石介写了这篇颂,当时范仲淹跟韩琦正在从陕西往开封去的路上,夏竦的一个密姻抄录了一份《庆历圣德颂》转呈二人,范仲淹看完,当即就拍着大腿跟韩琦讲,"为此鬼怪辈坏事也",表达了对其中夸张文辞的反感情绪,韩琦也说"天下事不可如此,必坏",言语中满是怪怨和担心[2]。与石介亦师亦友的孙复,在看到《庆历圣德颂》之后,也对石介讲:"你的祸患从此就要开始了"[3]。后来的情况证实了众人的预料,石介是在庆历新政失败后被保守派收拾得最惨的人,他跟苏舜钦一样,都是四十一岁就去世了,他比苏舜钦走得早,在庆历五年撒手人寰。他死后夏竦甚至想对他开棺验尸,以确保他死了[4],足见其人被记恨之深。

石介的立场与性格,你从他的字——"守道"——中就能看出。"道"自然是儒道,也就是说,石介在捍卫儒家秩序上立场是十分坚定的,他是一个儒家的守道者。实际上,石介尽管一生从未进入过权力的中枢决策层,但他确实是当时在捍卫古文和儒道上最坚定的儒者。欧阳

---

[1] 石介是兖州奉符人,即今山东泰安人。曾在其家乡的徂徕山上讲学,筑有徂徕书院,因而世称"徂徕先生"。徂徕山临近泰山。

[2] [宋]百岁老人袁褧:《枫窗小牍》卷上,《全宋笔记》第四编第五册,219页。

[3] [元]脱脱等:《宋史》卷四百三十二,12836页。

[4] [宋]魏泰:《东轩笔录》卷九,《全宋笔记》第二编第八册,69~70页。

修评价他"貌厚而气完,学笃而志大,虽在畎亩,不忘天下之忧……贤愚善恶,是是非非,无所忌讳"①,足见其心怀家国的责任感和卫道士的使命感。

另外,石介是"宋初三先生"中唯一有进士出身的人,他的言论,其自身的影响力,可能远大于孙复、胡瑗,后两者学说的传播,多靠贵人相助,而石介却常常引荐别人。

除此以外,石介的文章总是有着强烈的批判现实的色彩,比如他有一篇名为《责素餐》的小短文,批评别人就很严厉,大有孟子骂人"禽兽"的风范——

"狗当吾户,猫捕吾鼠,鸡知天时,有功于人,食人之食可矣。犀、象、麋鹿、鹦鹉、鹰鹜,无功于人而食人之食,孟子所谓'率兽而食人'也。噫!无功而食,禽兽犹不可,彼素餐食禄,将猫、狗、鸡之不若乎?"②

这段话很明显,就是在批评那些拿俸禄却不办事的冗官。只是把人比作禽兽不如,可见石介有多"愤青"。这种激进的性格和文风,必然会激怒他在作品中所批评的人物。

那么石介到底在《庆历圣德颂》中写了什么呢?他批判的对象都是哪些人呢?

石介在这首诗里就批评了一个人——夏竦,说他是祸国奸臣,他被罢枢密,乃是国之福分。然后就是对范仲淹、富弼、韩琦、蔡襄、欧阳修、孔道辅等正直的士大夫大唱赞歌,甚至还称赞了宰相晏殊、章得象的持重老成,整个就是夸了一遍庆历新政时期朝廷的领导班子,顺带回顾了范仲淹、富弼等人以前的"先进事迹",另外还称赞仁宗罢免夏竦而用范仲淹是无比圣明之举,俨然要把庆历之际夸作一个举足轻重的

---

① [宋] 欧阳修:《徂徕石先生墓志铭》,《欧阳修全集》卷三十四,506页。
② [宋] 石介:《食素餐》,《徂徕石先生文集》卷八,89~90页。

盛世。

石介不仅仅激进，而且性情急躁，别人稍微做得有点合他意，他就抓住别人猛夸，从不考虑这种不够深刻的判断会不会日后造成"自己打自己脸"的窘境。比如他夸王拱辰，因为王拱辰的文章有点古文的风格，他就说人家"如荀、孟，如韩、柳"①，然而事实上王拱辰后来是对庆历新政起到破坏作用的人物。当然，石介对一些人和事所做出的那些夸张的评述，比如说《怪说》里批判佛道、贬斥杨亿的文字，或许是有其思想背景和用意的。

另一方面，石介是激进的卫道士，他太想弘扬儒道和古文了，所以但凡别人有那么一点合乎儒道、支持古文运动的做法，他都要大力鼓吹，不仅仅是激励当事人，恐怕也是想为新儒学运动和古文运动造势；另一方面，石介特别喜欢把自己欣赏的人比作韩愈，石介是极其推崇韩愈的，这符合当时新儒家普遍的思想，同时，给予许多人相近的赞誉，很难说没有把他们互相引为同道的想法，从某种程度上讲，石介的做法，客观上是想扩大整个革新派、古文派社群的范围，让更多有识之士能团结起来，因此石介不惜滥用"如韩柳"之类的赞誉来积极沟通、笼络有可能与他成为同道的士人。

关于《庆历圣德颂》中对夏竦的批判，历来议论很多。然而，真正去读通行本《庆历圣德颂》的原文，就会发现文中对夏竦的批判似乎没有后人想象的那么严重。不就是说夏竦是"大奸"嘛，不就说了句"妖怪藏灭"嘛，整篇看下来，除了序言里面在叙事时讲了夏竦先被任命为枢密使后又被罢免的过程，后面全诗正文连夏竦名字都没提，感觉没有宋人说的那样"褒贬甚峻，而于夏竦，尤极诋斥"②。这是为什么呢？

---

① [宋] 石介：《与君贶学士书》，《徂徕石先生文集》卷十五，180~181页。
② [宋] 魏泰：《东轩笔录》卷九，《全宋笔记》第二编第八册，69页。

一方面，这其实是一种表态。《庆历圣德颂》其实是把儒家价值观念和现实政治相结合，文中的议论其实也可看作一种对儒家道德践行的示范，典范的确立在本质上还是为了促成儒家价值观的社会想象的实现。在"君子小人之辩"中，石介主要想做的是正面的宣传，宣传君子们的直言、宣传君子们的心怀家国，这也是提振士风的一种做法，毕竟"褒忠"比"贬奸"更具有示范意义；另一方面，今人依据宋人对《庆历圣德颂》的描述发现，我们今天看到的出自《徂徕石先生文集》的《庆历圣德颂》很可能是删节本，而这种删节很可能是出自石介本人之手①。置言之，正如李强所说，庆历年间的《庆历圣德颂》有两套传播系统，一套是"社会自动传播系统"，一套是"《徂徕集》主动传播系统"②。从宋人对《庆历圣德颂》的描述来看，第一种系统的所传播的未删节版《庆历圣德颂》可能流传更广，在未删节版的全诗正文中，就有"惟竦若讷，一妖一孽"这样犀利的语句，而这大约正是刺激到夏竦等保守派的版本。

毫无疑问，石介激烈的言辞绝对算得上是意气用事，缺少政治头脑。本来欧阳修、蔡襄、余靖、王素等庆历初年因敢于直言而被誉为"四谏官"的士大夫也很担心石介锋芒毕露的性格，但估计是出于想壮大改革派势力和舆论声望的考虑，还想让范仲淹把石介擢拔为谏官，结果范仲淹直接否掉了这个意见。

范仲淹老成持重，他虽然夸赞过石介"刚正天下所闻"，但他却一直不在仕途上帮助石介，觉得石介"性亦好异"，不让石介做谏官，认为石介做了谏官后以他的性格恐怕"必以难行之事，责人君以必行"，以自己的激烈言行绑架皇帝就范，而仁宗在范仲淹眼中是"富春秋，无

---

① 陈植锷在《徂徕石先生文集》的点校前言中指出，《徂徕集》收录诗文中创作时间最晚的即写于庆历三年四月的《庆历圣德颂》，因而怀疑《徂徕集》正是石介在庆历三年编就的。

② 李强，《北宋庆历士风与文学研究》，80~81页。

失德"的君王，不仅不需要石介这样激进的谏官，反而还会被石介干扰。所以范仲淹只让石介在国子监教书，尽管天圣年间范仲淹执教于应天书院时，石介还曾从学于他，按说二人有师生之谊。

实际上，仲淹之目光卓著还在于，石介凡出言必走极端，而这种极端言论太过意气用事，缺少客观的立场，会使得革新派丧失舆论支持。他批评夏竦就不太客观。实际上夏竦虽被习惯说作是"保守派"，但这个"保守"，也只是相对的"保守"而已，夏竦也是实干家，虽然为人有点峻厉，譬如他做南京留守的时候就喜欢给人施重刑，而且不明着告诉罪犯加了杖刑的数量，悄悄多打人家几棍子，因此被士人不齿①。不过总的来说，夏竦也是有志向有能力的士大夫，而且以文采出名，学问渊博，后来在庆历四年还编著了《古文四声韵》一书，这本书如今是研究古代语文学的重要文献。

庆历之际所谓革新派士人，大多可谓激进革新派。夏竦主张保守主义的政治，这种观点建立在其以政局稳固为国家安泰之先决条件的认识之上，而绝非有意阻碍国家发展。不过，说夏竦被欧阳修、石介等人刺激以致其后来对石介有报复行为，也当是不争的事实。但从积极影响的角度看，没有《庆历圣德颂》那些震慑性极强的言语，可能新政推行的社会基础和士人高涨的士风在当时不会达到那样的程度，所以对石介的为人和为文还是要多一些肯定。

庆历新政中的年轻人，这种书生意气的文章写过不少。欧阳修大抵是一个比较平和的人，对于石介，他虽然很是欣赏，也曾在石介被批评时为他辩护，可欧阳修也很清楚作为卫道士的石介身上所有的性格缺陷。在庆历新政之前，欧阳修就给石介写过一封信，在信里面他说石介为文"自许太高、诋时太过，其论若未深究其源者"②，可他自己的

---

① ［宋］司马光：《涑水记闻》卷第九，176页。
② ［宋］欧阳修：《与石推官第一书》，《欧阳修全集》卷六十八，991页。

《论吕夷简札子》也把吕夷简批判的有点"过火",好在吕夷简已经威风不再了。蔡襄的《四贤一不肖诗》就更不必提,开明叫响地骂人。这些文章,固然态度坚决、立场鲜明,然而却不见得对士风完全起到正面的作用。激烈的言辞为士风从"和而不同"走向结党分裂埋下了种子,"诗文干政"破坏了文人风气,促使党争恶化。张兴武也指出,《庆历圣德颂》所反映的,是朋党政治"从权利之争到意气之争的转型",石介的作品"首次将文学与党争扭结在一起,北宋后期愈演愈烈的文化自毁现象实肇端于此"①。

总的来说,那些言辞,反映的是改革派等人理想主义的一面,也是他们不成熟的一面。石介可能是在这方面表现最突出的,所以实际上在庆历新政的具体实施过程中,范仲淹等人一直比较排斥石介,就怕他捅娄子。

当然,也因为石介的激进与天真,所以虽然他的同道常常会批评他的不足,然而真到了石介被人指责时,大家又都会站出来为他说话。这或许也是一种"同道为朋"的士大夫们在志向一致的前提下为国事而不避分歧的无畏精神的体现。

这之中比较有代表性的是蔡襄,当时石介在太学想聘请隐士黄晞来太学,黄晞是奇士,游学京城十余年不还家,自己贫困潦倒、衣不蔽体,但"得钱辄买书"②。黄晞在看到石介来后"匿走邻家不出"③,大臣赵概就说这是因为黄晞觉得石介"诈善不直,为事非是",为了给石介辩诬,蔡襄专门致信赵概,力陈"襄以谓斥介而引晞,意所未喻。介好论议当时人物,故众毁丛至。原其所以为心,欲君侧无奸邪,人人为忠孝,百姓无疚苦,……一旦介去朝,奸人巧伪百端,构造谤毁,必欲

---

① 张兴武:《宋初百年文学复兴的历程》,107页。
② [宋]司马光:《涑水记闻》卷十,183页。
③ [元]脱脱等:《宋史》卷四百五十八,13441页。

赤其族而后快意",并表态"卖死友以合权,此襄所不为"①。另外欧阳修、孙复也曾在石介被舆论攻击时极力为石介辩护。

石介在这期间除写了篇《庆历圣德颂》外,就是在国子监和太学跟孙复一起教书,并宣传"太学体"文风,虽然也经常点评朝廷大小权贵和国家之事,但毕竟没有亲自去处理的机会,其言论的听众也只是些太学生。宋代历史上自打庆历之后,太学生一直是在政治舞台上十分活跃的群体,还发起过数场爱国运动,经常向皇帝进言、影响政治决策,这种表现或许暴露出了太学生群体自身的一些特点,诸如易被煽动、热心政治等等。孙复、石介执教时期的太学只是扩增了太学生的人数,至于其他,我想即便没有石介那些犀利的发言,太学生中的"愤青"都不会在少数。

然而,自打《庆历圣德颂》一出,导致新政夭折的祸患便已埋下。宋人田况曾说,范仲淹、富弼后来之迅速被罢、庆历新政之快速夭折,"介诗颇为累焉"②。朱熹也曾说"党论之始倡,蔡襄《贤不肖》之诗激之也。党论之再作,石介一夔一契之诗激之也"。但是朱熹紧接着还说了一句,"其后诸贤相继斥逐,又欧阳修邪正之论激之也"③。也就是说,《庆历圣德颂》之后,引来的是北宋党争,而在这"君子小人之辨"的过程中,扮演着重要角色的,是欧阳修。

欧阳修活跃于庆历党议中,主要就是他写了《朋党论》,划分了"君子之党""小人之党",挑起了范仲淹集团和夏竦集团激烈的争端。

《朋党论》写作的背景,是范仲淹等人推行新政之后,一些被打击的士人对他们颇有微词,所谓的"保守派",他们想到的舆论武器,就是指责仲淹、富弼等人朋党,一方面,朋党是人君的忌讳;另一方面,这种指责,其实也反映了一种由景祐之际的党议、党争延续下来的一种

---

① [宋]蔡襄:《答赵内翰书》,《蔡襄集》卷二十七,473页。
② [宋]田况:《儒林公议》,《全宋笔记》第一编第五册,88页。
③ 《徂徕石先生文集》附录四,326页。

惯性思维。

　　从景祐到庆历，社会上关于朋党的议论就没有断绝过，实际上要不是这种议论没有断绝，范仲淹的平反与起复至少要晚、要难许多。范仲淹集团能上台，是因为士林都跟仁宗保举他们是一心为国的，他们不会朋党，从而否定之前吕夷简对仲淹等人朋党的攻击。然而，这种条件有很大的缺陷，埋下了很大的祸患，即士林没有从根本上改变仁宗对朋党的认识，欧阳修的《朋党论》实际上就是为了向仁宗阐明君子朋党是合理的，可这样的论调一出，先前仲淹集团执政的舆论基础就被欧阳修推翻了，等于是承认了先前对仁宗的欺骗，同时还把士林中不少真的以为仲淹集团没有朋党、反对朋党的士人划到了新政的对立面，一下降低了士林对新政的支持程度。

　　反思宋代的党议、党争，对于在野党而言，党议、党争往往能带给在野士人以机遇，但对于执政党而言，分歧就意味着斗争和削弱，特别是在实行新政期间，需要的是对士林的广泛团结，然而《朋党论》一出，一时间"敌我分明"，革新派与保守派就再无调和的可能了。

　　庆历四年的四月份，仁宗和执政大臣们说起朋党的问题，这时仲淹就对此进言，他先引用了《周易·系辞上》中"方以类聚，物以群分"的句子，充分体现了其变法思想中的易学色彩，而后他讲"自古以来，邪正在朝，没有不各为一党的，这事关键不在去禁止他，而在于皇帝要提高鉴别正邪的能力。要真是君子们朋党，只要是为国家做事，又有什么害处呢？"[①]

　　没过多久，顺着范仲淹的说辞，欧阳修就上了《朋党论》，大谈君子可以朋党。欧阳修指出，君子是同道为朋，利于国家；小人朋党同利为朋，祸害社会。这样的说法，早先蔡襄在夏竦被罢枢密使后也曾讲过，当时蔡襄引用《易》中所说"内君子而外小人，君子道长，小人

---

[①] [宋] 司马光：《涑水记闻》卷第十，185页。

道消""内小人而外君子,小人道长,君子道消"等语句,称赞仁宗重用范仲淹、韩琦①。实际上蔡襄才是开庆历党议中"君子小人之辨"先河的人,只不过蔡襄用的还是以经讽时的招数,没有欧阳修那么直白。

欧阳修在其文中列举了古时舜辅佐尧除去了小人之朋的"四凶",而用君子之朋的"八元""八恺"。他还举了东汉的党锢问题,以及唐末清流遇害的不幸遭遇,认为东汉和李唐之亡都在于过度防范朋党、没有保护君子之朋。他劝仁宗"兴亡治乱之迹,为人君者可以鉴",让仁宗"退小人之伪朋,用君子之真朋"。

就像《宋史》所说,"修论事切直,人视之如仇"②。早年的欧阳修在庆历之际所作的文章大多言辞切峻,以致树敌太多。在我看来,人在政治斗争的氛围中都会自觉或不自觉地产生一种区分敌我的意识,太过鲜明的敌我意识,使得国事讨论失去了理性精神和以改革胜利为先的立场,变成党同伐异、意气之争,而不是为理想和事业而争。我们从欧阳修、石介的激进言论就可以隐约看到以后北宋党争恶化的趋势,当党争只是一种纯粹的站队行为,它就不再是士大夫参政的优选手段了,尽管禁止党争也是不可能的,毕竟任何一种集中意识形态、缩紧言论渠道的做法都有着不可取的独裁倾向。

石介、欧阳修等人的言行,是一种看似发自于过度高昂的理想主义激进情绪,实则是一种同理想背道而驰的做法。年轻的谏官欧阳修,他的不成熟,还使得许多中间派站到了改革的对立面。譬如御史中丞王拱辰,最初是和革新派一同进言阻拦夏竦任枢密使的,但是后来却在排挤革新派谏官的活动中发挥了重要作用,甚至在苏舜钦被贬后还有过欢呼。这或许正是欧阳修在庆历三年十一月批评御史台造成的,欧阳修当时上书说,"臣伏见御史台阙官,近制令两制并中丞轮次举人,遂致所

---

① [宋]蔡襄:《乞用韩琦范仲淹》,《蔡襄集》卷十八,334页。
② [元]脱脱 等:《宋史》卷三百一十九,10376页。

举多非其才，不能称职。……乞重定举官之法，有不称职者，连作举主，重为约束，以防伪滥。庶几称职，可振纲纪。"① 不仅指责御史多不称职，而且还要连坐御史的上司御史中丞，他得罪王拱辰也是可以料想的了。

关于《朋党论》，还有一个重要的地方值得一提，就是欧阳修举的那几个例子。史学家陈植锷曾经指出，欧阳修在《朋党论》中所举东汉党锢和白马驿之祸，在史实解释上都有与事实不符的地方，"强词夺理而不符合历史事实"②。特别是在解读白马驿事件时，陈植锷提到，朱温把裴枢等人投诸黄河一事是与裴枢党争的宰相柳璨促成的，白马驿事件后的第二年，朱温杀了柳璨，柳璨当时极为悔恨。由此，陈植锷认为，唐非亡于抑制朋党，唐恰是亡于党争。然而在我看来，裴枢等人作为"清流"，其死或可视为"君子之朋"党争失败的悲剧，至于柳璨的慨叹，或许恰恰表露的是其对自己抑制"君子之朋"的悔恨之意，朋党被束缚所造成的负面影响比朋党本身带来的危害更明显，因为朋党间的力量均衡会被打破，晚唐清流的不幸遭遇实在可怜，即欧阳修所谓"尽杀朝之名士，或投之黄河，……而唐遂亡矣"。不论怎样，欧阳修表彰东汉党锢名士，叹惋唐末清流士人，彰显的其实是自身政治文化背景的源流。宋代士风提振的基础是从中晚唐时因文词而进官的新派士人中兴起的清流文化，这与科举士人大量登上历史舞台、中古贵族制的瓦解以及晚唐五代中国的精英转型有关。清流文化并非宋代新儒的文化，甚至大部分不是宋代新儒的文化。但是唐代清流文化对寒士的包容成了孕育宋代新政治文化的前提，而新政治文化的主导力量，是以寒士为主体的新型士大夫。欧阳修作为尊奉以文为核心的新政治文化的士人，自觉或不自觉地在文章中表彰清流，显示了其对自身社群之政治主张的认同感和

---

① ［宋］李焘：《续资治通鉴长编》卷一百四十五，3494～3495页。
② 陈植锷：《从党争这一侧面看范仲淹改革的失败》，载《北京大学学报（哲学社会科学版）》，1986年04期。

归属感，也显示了北宋改革士人的士风、参政精神、革新思想的一个源流。欧阳修对朋党的认识在后来被司马光继承，司马光说得更明白——"兴亡不在朋党，而在昏、明矣"①。尽千年前的司马光都看明白这点，我们后人在总结庆历新政夭折原因时却把党争归为主因，实在不合适。当然，对司马光讲的后半句，"人主之昏、明"是否起到了决定性作用，这是要依据具体情况来讨论的，至少对庆历新政而言，其产生的主因是士林的要求，而夭折在很大程度上与士望的下降以及改革派自身的矛盾有关，仁宗的态度虽然重要，但并非至要。

不论怎样，欧阳修在庆历之际开创了"君子有党"论的先河，而且这种说法至此形成了基本完整的体系，它认可了在君子、小人之党存在的客观事实，指出了"义利之辨"这一君子、小人划分的标准，提出了对小人要明确辨别并剔除的解决办法。一般认为，造成这种观点的因素有三：北宋官僚集团内部存在斗争、对宋以前统治阶级内部矛盾的归纳总结、"君子""小人"内涵的变化②。然而，在我看来，还应当把"君子有党"论的形成看作一个重要的思想史事件，它与新儒学运动的开展密不可分，是"原道"思想强化的产物，是否合乎儒"道"，是辨别君子、小人的关键。

"君子小人之辨"作为庆历党议的重要话题，一方面确实展现了革新派锐意进取的热情和决心；但另一方面，这一话题的争论加深了双方的成见，改革派太过于重视君子、小人的名分，激起了不必要的麻烦，为新政夭折埋下祸根，而且这种"君子有党"论和皇权利益也有着极大的冲突。

总之，在《朋党论》之前，大抵没有绝对意义上的朋党，《朋党论》之后，所谓的"革新派"士大夫依然有和而不同的纷争。所以

---

① ［宋］司马光：《朋党论》，《司马光集》卷七十一，1446页。
② 罗家祥：《北宋朋党观略论》，载《朋党之争与北宋政治》，9～20页。

《朋党论》是一篇立意失败的文章，看似激昂，除了树敌，对以国事为先的士大夫本身也没有团结，范仲淹集团内部在遇到具体问题时该有分歧还会有。

一切正如南宋吕中所说，"庆历君子之诚盛，固石介一诗发之也；庆历小人之祸，亦石介一诗激之也。何者？君子、小人之实，不可以不辨，而君子、小人之名，不可以太分。有用君子之名则为小人者，岂甘小人之名哉？正人既指邪人为邪，则邪人亦指正人为邪，石介以大奸指夏竦，所以激为朋党之赤帜也。观仲淹之始去也，夷简以朋党目之，而诸贤以逐。仲淹之再去也，夏竦以朋党目之，而诸贤亦为之再逐。然仲淹始为夷简之所斥，诸贤尚有左袒，及为夏竦之斥，诸贤尽为倒戈。盖夏竦用心惨于夷简，实激于《庆历圣德》之诗也。"[1]

从实际境况出发，改革派在当时最应该做的是低调。实际上，新政本来推行得还算有条不紊，而且范仲淹等人经常在论述新政的合理性时抬出"祖宗之法"为新政做挡箭牌——这当然不是说范仲淹真的墨守"祖宗之法"，邓小南曾指出，宋人对"祖宗之法"的阐释是多变的，它就是一种舆论工具而已——然而革新派中的年轻人们却不断出言造势，使得革新派陷入了太多不必要的言论争执。君子、小人之说一出，党议、党争之风迅速铺开，而这恰恰是最不利于改革派的。改革派被士林的舆论保举上台，可一旦士林中也发出指责他们朋党的声音，加上新政不能在朝夕之间见效，仁宗那颗本就疑心重重的心就会动摇。

而且，所谓的"保守派"士大夫，并非丝毫得不到士林的舆论支持。因为"君子"、"小人"的划分本就是革新派士人在激烈的党议中以一种极端的情绪而做出的断语，并不见得完全符合客观的事实。因而，君子小人之辨只会激化矛盾，这种矛盾的加深将激发保守士人的反击，而这种反击也将会是有效的。

---

[1] [宋]吕中：《类编皇朝大事记讲义》卷十，205页。

而对范仲淹等人来说呢,仁宗对他们的支持也并不见得很牢固。已经有学者指出,范仲淹和仁宗的合作关系是极为脆弱的,甚至可以讲,仁宗和新进士大夫社群间存在认识水平上的极大不对等,因而庆历初年的皇权本质上并不支持新政①。这样的说法有一定合理性,但未免绝对,仁宗对新政有所期待,只不过这不是决定新政发生的主导因素罢了。很多人说庆历新政是仁宗主导下的改革,然而在笔者看来,范仲淹他们之所以能有改革的机会,是士林趁国家外患而以舆论"软挟持"仁宗而造成的——这一点可以从新政的舆论支持消减后仁宗对仲淹集团的不满立马显现这一现象看出。更何况史书早已说得很明白——"天子以仲淹士望所属,……召还倚以为治"②。

所以《宋史》说,"仲淹以天下为己任,裁削幸滥,考核官吏,日夜谋虑兴致太平。然更张无渐,规模阔大,论者以为不可行。及按察使出,多所举劾,人心不悦。自任子之恩薄,磨勘之法密,侥幸者不便,于是谤毁稍行,而朋党之论浸闻上矣。"③改革触动的既得利益者太多,作为后台的统治者对新政的支持又不稳固,朋党令统治者有了强烈的危机感,于是,新政的前途便很容易被一些看似并未占到多数的反对意见所葬送。

千年前的经验告诉我们,文人政治尽管更容易促成民主,但民主的参与者如果缺乏民主的素质,那么自由言论权不一定会带来良性的讨论。欧阳修等人的意气用事,显然就是缺乏民主的素质。这并不是说要钳制言论,而是强调,士大夫党议、党争虽然发自他们高度的政治主体意识,这种意识可以导向民主,但由文人党同伐异的心性促成的种种负面现象,也实在会令人抱憾和失落,尽管并不是文人政治和言论自由必

---

① 郑志强:《范仲淹和宋仁宗政治关系新论》,《社会科学研究》2010年第6期。
② [宋]李焘:《续资治通鉴长编》卷一百五十,3637页。
③ [元]脱脱等:《宋史》卷三百一十四,10275页。

当然,在革新派士人日后被以朋党治罪的悲剧中,其实皇帝的责任更大。这就是人治社会、封建专制社会的特殊之处,士林可以左右皇帝,却不能决定皇帝。欧阳修的君子、小人之辨哪怕再精彩,皇帝是以个人主观感受来判断的,尹洙对朋党就看得很明白,他说"或谓之公论,或谓之朋党。是则公论之与朋党常系于上意,不系于忠邪"①。是朋党还是公论,完全由皇帝自己感觉,哪怕你说的是公论,皇帝觉得你朋党,你这帽子想摘都摘不掉。

## 七、庆历兴学与"宋初三先生"

关于庆历新政,前文所述皆是朝堂之上的事,是上层政治的事。那么在社会活动中,新政又有着怎样的表现呢?

这就要说到庆历新政极为特殊的一个面相——庆历兴学。

宋代一共有过三次兴学,除了庆历兴学以外,其后还有熙宁兴学、崇宁兴学。所谓"兴学",主要是发展教育事业,至于学术方面,虽经常与之同向发展,却并不有着必然的联系。然而,在谈及庆历兴学时,"宋初三先生"及其传道活动却仍是不得不提的。"宋初三先生"致力于传播新儒学思想、发展宋学和繁荣书院,实际上也都算是北宋新儒学运动的面相。

今人一般说的"庆历兴学",主要是指范仲淹执政时期兴办教育的作为,这和他《答手诏条陈十事》中的精贡举一条是配套的。之所以强调全国性兴学运动是范仲淹主持的,其实是要强调范仲淹个人行为的重要性,不论实际的影响如何,至少在后世的历史书写中,"范仲淹"几

---

① [宋]尹洙:《论朋党疏》,影印本《河南先生文集》卷十八,《宋集珍本丛刊》第三册,448页。

乎就是庆历之际的代名词。置言之，在庆历之际，几乎所有的政治和文化活动，都离不开范仲淹的参与甚至主导。作为庆历之际传道兴学的骨干，当时宋朝的大儒几乎无一不与范仲淹有着关联，朱熹曾描述说"文正公门下多延贤士，如胡瑗、孙复、石介、李觏之徒，与公从游，昼夜肄业"。其言绝不夸张。

除此以外，范仲淹还是当时新春秋学运动和疑经疑古运动的重要参与者，他早年执教应天时积攒下的教育思想，还影响着庆历之际学术传播事业的发展。正是有了范仲淹在朝廷中给予兴学势力以政治支持，胡瑗等人才能兴办学校、发展教育。所以钱穆在谈到宋学源头时，就以高平范仲淹和安定胡瑗为宋学源头，"盖自朝廷之有高平，学校之有安定，而宋学规模遂建。后人以濂溪为宋学开山，或乃上推之于陈抟，皆非宋儒渊源之真也"。①

除了为宋学溯源，钱穆的话其实还明确地给庆历兴学划分出了两个部分的内容，一个是地方兴学，一个是中央兴学。

关于地方兴学，在宋朝开国之初，地方州县一般是没有学校的，当时天下满共只有五所书院——嵩阳书院、石鼓书院、岳麓书院、应天府书院和白鹿书院。后来慢慢地，在一些有识地方官的努力下，一些地方才有了学校。

庆历之前就已经有了不少州学，但是，始终缺少中央朝廷的明确支持。乾兴元年（1022）年宋帝诏令兖州建学，开以中央行政意志支持地方办学之先。其后，景祐、庆历年间，有不少地方上报中央请立州学，正是随着个别州县以地方行政意志为支持率先兴学，兴学之风遂渐渐形成。仁宗庆历二年，虽然这一年并非范仲淹出任参知政事的时期，但仁宗就已经有了兴学的意识，并在这年二月下诏，让天下的州县都设立地

---

① 钱穆：《中国近三百年学术史（一）》，《钱宾四先生全集》第十六册，4页。

方学校①。除了庆历二年令州县兴学的诏书,庆历四年三月,朝廷"诏诸路、府、军、监,除旧有学外,余并各令立学"②,这才真正使天下州县兴学之风大起。

在庆历四年的兴学诏书中,政府对学校机构在场地设置和教员选定上提出了明确的规定。如果一个学校师生超过二百人,可以更置县学,要是人数再多,可以进一步在地方孔庙(文宣王庙)甚至官家府衙中讲学,首先要保证的是有充足场地供教学活动的正常开展。对于教员,要求一定是"有德行艺业者",而且三年一任,完了有考核,任务完成的好的,给予嘉奖。对于学校的规章制度,则要求一定要遵照中央国子监的规定。对于生源,不仅要求学生有两名举人作保,学生也最好是本地人,如果是常年寄居他乡,那么这个人必须要品行端正、没受过刑罚,方才能入学。接着,五月份时,范仲淹执政的中央政府又要求士子考取功名前要先入学,学而优方能仕,又在十月份提出要设立专职教授③。这些做法,从根本上普及了基层教育。从此"海隅徼塞四方万里之外,莫不皆有学"④。

其实,景祐元年范仲淹以右司谏知睦州时就曾"建置学社,树立讲堂"⑤,后来知苏州、知润州,以及庆历新政后知邠州,都有兴学。除此

---

① [宋]吕中:《类编皇朝大事记讲义》卷十,212页。
② [清]徐松 辑:《宋会要辑稿·崇儒》,82页。陈植锷以"旧有学"的记载来反驳北宋兴学始于庆历说。然而,且不论这些学校不少是原先在地方孔庙里由地方请大儒办的讲学班,甚至是藩镇立学,根本算不上正规宋廷官办州学。即便"旧有学"之"学"是州学,按照陈氏以州学出现的最早时间为兴学之始的逻辑,北宋兴学也该是始于真宗景德年间,而非陈氏强调的景祐年间。更何况,以州学出现的最早时间为兴学风气之始的逻辑本身就值得商榷。关于宋代兴学历程,张希清等《宋朝典制》有简要梳理,见该书 181~184 页。
③ [清]徐松 辑:《宋会要辑稿·崇儒》,82~83 页。
④ [宋]欧阳修:《吉州学记》,《欧阳修全集》卷三十九,572 页。
⑤ [宋]张方平:《睦州奏请州学名额及公田》,载《乐全集》卷二十一,页面二十七。

以外，仲淹好友滕子京在地方兴学上也建树颇多，地方兴学在庆历之际成为一个时代性的活动，为儒道传播和宋代文治的巩固做出了积极的贡献，也为日后明儒以地方学校和书院在乡里传道、促进儒学在基层的深入发展奠定了基础，日后王阳明讲学，全靠地方书院和学校，明末思想家想鼓励学子议政，其所选择的议政地点也是地方书院，可见庆历兴学于地方教育的发展影响之深远。

至于中央兴学——也就是兴太学——则要先讲到范仲淹的学术交游以及石介、孙复、胡瑗等宋代新儒家代表在庆历之际的活动。

南宋朱熹后来在被学生问道宋代道学史时讲，宋代道学的兴盛乃是渐进的过程，"自范文正以来已有好议论，如山东有孙明复，徂徕有石守道，湖州有胡安定，到后来遂有周子、程子、张子出。"① 实际上，朱熹看到的，是线性的、纵向的发展脉络，至于他提到的道学先贤，各自在其时代，还有着面性的、横向的关系网②。

庆历之际的学术关系网和政治关系网密不可分。

上世纪时宋史大家漆侠先生以"集团"来称呼范仲淹领导下的革新派阀以及与之有交游且志趣相近的士人群，认为"范仲淹集团"的成员都是"中下层地主阶级士大夫"，他们在政治改革上有共同认识、以

---

① ［宋］黎靖德编：《朱子语类》卷一百二十九，3089~3090 页。
② 程晓文《文章、学术与政治：北宋庆历学者之文化网络与学术观念》中提出，"紧密相关的政治、学术与文化活动"使庆历之际的士人学者形成了一个"文化网络（cultural nexus）"。程文整体新意不足，可资参考之新论不多，但这一概念的提出仍有其价值，它指代了宽泛意义上的庆历之际革新士人群所形成的政治、学术人际。"文化网络"与漆侠先生的"政治集团"说相近，但侧重强调群体行为的学术性而非政治性。其对"文化网络"这一概念的论述不仅指出了这种学术人际网的影响。"他们透过群体的力量来宣扬和实践自己的政治、学术理念，以'君子/小人'来区分我群与他者、强化彼此之间的联结。他们对彼此的评价，很大程度地影响了后人对他们的了解，以及对当时政治与学术的认知。即使彼此之间必然存在着差异，但他们基本上拥有相同的对于'文'与'道'的认知，使我们可以据此分析其学术建构的基本概念与方法"。

"政治集团"的面貌活跃在庆历之际的政治活动中①。

这实在是一个卓见。虽然"集团"的称谓过于绝对地划分出了不同的士人派别，会造成人们对于庆历之际的士大夫个体的主张倾向产生一个过于绝对的认识，造成在阅读到与他们的"标签"并不一致的记载时产生困惑。然而，漆侠的看法却也明确指出了一些有着一定开放性的士人群体其形成的内在人际关联。实际上，这种"政治集团"的形成，是与其中人员相互的政治交游、学术交游、文学交游密不可分的。但是，交游往往也只是关键的影响因素，决定性的因素还当是儒家理想主义②，这也即是新政士人"和而不同"士风产生的缘由。

置言之，庆历之际文学、政治与学术的发展，在一定程度上都可看作是范仲淹的个人人际网在发挥作用，范仲淹与其他改革派士人大多都是"平生风义兼师友"的关系。中古史研究里魏晋隋唐要看血缘家族和门第，但到了宋代，政治结构中的人际关系更多是由师生、学派的关系来维系的。士大夫很多时候正是由"学"而"党"。虽然宋代也有积极政治的精英家族，但很多时候精英家族的政治同时具备着学派政治的背景。随着科举的发展和门荫的被打压，士人的学术出身和学术交游成为影响宋代政治与文人党争的重要因素。但需要说明的是，这种人际关系对士人立场的影响尽管在客观上存在，但人际关系并不必然对应某种立场，以往学人将人际关系对士人立场的影响想象得太高，这显然也不合理。

范仲淹在天圣五年（1027）任教南都，结识了一大批有志青年，广树桃李，可谓极大扩张了他的关系网。作为儒家士人，教书传道是足以感召范仲淹为之鞠躬尽瘁的事业。在应天书院教书期间，范仲淹为学子

---

① 漆侠：《范仲淹集团与庆历新政——读欧阳修〈朋党论〉书后》，载《漆侠全集》第九卷，215~235页。

② [美]刘子健：《宋初改革家：范仲淹》，载费正清编《中国的思想与制度》，113页。

们营造学术氛围是相当开放的,他自己有一套教育理论,说"士有锻炼诚明,范围仁义。俟明君之大用,感良金而自试。居圣人天地之炉,亦庶几于国器。"① 所谓"自试",其实就是强调学生在学术造诣上的自我完善,范仲淹鼓励学生自学、鼓励学术争鸣。也正因为这种学术上开放的气象,范仲淹才能在应天聚拢下大量的人才,孙复、石介、张方平等日后在学术或政界都有建树的士人当时都在应天从学于仲淹。

刘卫东先生曾对北宋时应天书院培养的人才做过统计和简表,并归总了与范仲淹有交游关系的人物,由此可以窥见范仲淹因学术交往而建立起的庞大的人际网络。诚如刘卫东先生所说:"北宋三大唯物主义思想家李觏、张载、王安石;三大教育家孙复、胡瑗、石介;三大军事家和战将庞籍、文彦博、韩琦;三大现实主义诗人石延年、梅尧臣、苏舜钦;三大诗文改革家穆修、尹洙、欧阳修;四大进步政治家富弼、余靖、蔡襄、叶清臣等,他们都是范仲淹的学生,长期受到其师的奖赏、奖掖与教诲,并较好地继承了老师的追求新知、热衷创新进取的思想。他们活跃于当时的政治、军事、经济、文化教育、学术思想等各个领域,成为中国历史上的显赫人物,有的甚至影响了中国历史和中国文化史的发展进程。这是范仲淹教育思想的功绩,也是应天府书院引以自豪、令人钦佩的辉煌历史。"②

当时在南都学习最刻苦的就是举子石介,其学习勤奋程度"世无比者"。他曾拒绝王渎给予他的"盘餐",并解释道自己担心"朝享膏粱,暮厌粗粝",足见其人求学之艰苦③。功夫不负有心人,天圣八年(1030),26岁的石介在获得进士出身后步入仕途,在当年中进士的还

---

① [宋]范仲淹:《金在熔赋》,《范仲淹全集》,17页。
② 刘卫东:《论应天府书院教育的历史地位》,《河南大学学报(社会科学版)》2001年05期。
③ [清]黄宗羲原著、全祖望补修:《宋元学案》卷二《泰山学案》,《黄宗羲全集》第三册,153页。

有欧阳修，宋代的科举同年对士大夫间的交游也有影响，欧阳修和石介的友谊由此开始。

四年后，也就是在景祐元年（1034），这年四月十二日，石介回到应天担任幕职官，从此正式开启了"宋初三先生"间的交游——因为正是在此时，屡次考取功名不中的落魄秀才孙复经石介好友士建中的介绍来应天拜访石介。二人一见如故，志同道合，并决心同往泰山传道讲学①。于是在景祐二年（1035），由石介张罗，众人在泰山为时年四十四岁的孙复筑室，筑成学舍即岳南凌汉峰下的泰山书院，以此助孙复讲学。其后，任政地方的石介还曾于宝元元年（1038）撰写过一部《三朝圣政录》，并进献给了仁宗。其撰著的目的近似于《贞观政要》，想要以太祖、太宗、真宗之"圣政"来"为万世法"②。后来推行庆历新政的时候，富弼也曾编三朝故典，这都反映出新儒家想通过历史书写的手段，借对祖宗故事的编纂，进而使史书成为向当世和后世宣传其思想的媒介。

在泰山定居后，孙复还曾向此时主管国子监的范仲淹写信推荐石介和士建中，夸赞二人"能知舜禹文武周公孔子之道"③。这样的举措，不仅是为了报答石、士二人的恩情，也反映出孙复对人才由衷的欣赏，以及他并不排斥积极仕途的立场。孙复能写信给仲淹，或许是因为此前范仲淹知苏州时想请孙复去苏州兴学的缘故，但更有可能，是二人早已有了在学术和人际上的密切往来，尽管相关的记载并不充分，孙复在天圣年间从学于仲淹的记载也并非那么可靠。

按照石介的说法，孙复"其道不与时合"，所以科举入仕之途是不适合孙复的。在泰山讲学的生活反而让这位大儒过上了怡然的生活，石

---

① ［宋］石介：《与士熙道书》，《徂徕石先生文集》卷十九，189~190页。
② ［明］汪子卿：《泰山志》卷二，256页。
③ ［宋］孙复：《与范天章书一》，影印本《孙明复小集》页面二十二，《宋集珍本丛刊》第三册，164页。

介、李蕴等人都对孙复执弟子礼,范仲淹、李迪、张方平、富弼等人与孙复交友,泰山学风遂成①。

《宋元学案》以《泰山学案》位列第二,足见其编著者对孙复的重视。在我看来,这或许是与孙复和石介、胡瑗的交游有关②,是为了展示泰山学派在宋学中的源头地位,庆历之际学统四起,最主要的,就是安定胡瑗,泰山孙复、石介,以及高平戚舜宾、范仲淹等,稍晚有欧阳修、刘敞的庐陵学派。在庆历之际,孙复是最早成气候的新儒家大儒,也是庆历之际对时代思潮和政治思想最具影响的大儒之一。

定居泰山的孙复除了讲学,余下时间专攻著述,尤其着重研究了《春秋》与《易》。在整个北宋,儒家士大夫最常提到的两部经书就是《易》和《春秋》,前者既启发了革新派士大夫通变救弊的变革思想,同时也成为不少士大夫在政治斗争失利、远离中央政坛后转而追求自身德行的修习的思想源泉之一;而后者,毫无疑问,始终是士大夫借古讽今、批判现实的武器,这也是《春秋》的宗旨。孙复很清楚这两点,所以石介讲孙复"尝以为尽孔子之心者《大易》,尽孔子之用者《春秋》,是二大经,圣人之极笔也,治世之大法也,故作《易说》六十四篇,《春秋尊王发微》十二篇"③。《易》中记下了儒学的实战方法和儒士的修身智慧,《春秋》则是用来批判现实、以古鉴今的,即所谓"宋人之治经学,论义理者则言《易》,论政治者则说《春秋》大义"④。在这之中,孙复《春秋》学思想中的"尊王"思想为中央集权的学说进一步

---

① [宋] 石介:《上杜副枢书》,《徂徕石先生文集》卷十四,158 页。
② 《安平学案》记载胡瑗、石介、孙复之间有在泰山同窗十年之谊,见《黄宗羲全集》第三册 55 页。但据徐洪兴考,石介与孙复同窗十年是不可能的。见徐洪兴《思想的转型:理学发生过程研究》,327 页。胡瑗与孙复同窗说也不可信,见陈植锷《胡瑗、孙复、石介同读泰山辩》,载《学林漫录》第十集。但孙、石、胡三人有很深的交谊却无疑。
③ [清] 黄宗羲原著、全祖望补修:《宋元学案》卷二《泰山学案》,《黄宗羲全集》第三册,143 页。
④ 牟润孙:《两宋春秋学之主流》,《注史斋丛稿》,140 页。

做出了贡献，其与"攘夷"结合后形成的学说对当时宋朝与周边民族政权的紧张关系有所关照，充分发挥了《春秋》经世的作用。孙复对《春秋》的解说基本统领了此后宋代的《春秋》学，正如牟润孙所说，"北宋解《春秋》者偏重尊王，谓其事倡自孙氏，殆非过论……发明尊王攘夷之义为宋人《春秋》学之主流，余事皆其枝节耳"①。而这种尊王攘夷的《春秋》学思想，也激发了宋人强烈的民族主义意识、强化了宋人重伦理的道德精神。此外，孙复也排斥佛老、讲求为文要重道、宣扬儒家道统，以新儒家思想为仁宗朝的治世提供了思想理论方面的基础，其人重视教化，重视儒家道德观的宣讲，也极大提振了庆历之际的士风。

在其后的七年中，孙复始终在泰山讲学。与之类似，孙复的同学胡瑗也在湖州开始讲学。此前，和孙复一样，胡瑗也在景祐年间收到知苏州的范仲淹的邀请。胡瑗最终去了苏州，并得仲淹举荐，以白衣之身对答皇帝于崇政殿，最后步入仕途。后来，与仲淹志趣相投、也主张兴学的滕宗谅在仁宗宝元年间出知湖州，旋即聘请胡瑗前去掌学，胡瑗在那里传道立说，成为"湖学"开山。

直到庆历年间，朝廷兴学，特别是在庆历二年（1042），范仲淹、石介等人在朝廷里为孙复、胡瑗奔走，宣扬二人的学问，说孙复是"退隐泰山"但"心通圣奥"②，宣传孙复"非隐者也，欲仕而未得其方也"③。这种说法决非空穴来风，孙复曾作诗云："一寸丹心如见用，便为灰烬亦无辞"④。于是在这一年的十一月，孙复出任国子监直讲⑤，而随着太学建成，庆历四年（1044）新政时期，范仲淹推举李觏、胡瑗去

---

① 牟润孙：《两宋春秋学之主流》，《注史斋丛稿》，141 页。
② ［宋］范仲淹：《举张问孙复状》，《范仲淹全集》，438 页。
③ ［宋］欧阳修：《孙明复先生墓志铭》，《欧阳修全集》卷三十，457 页。
④ ［宋］孙复：《蜡烛》，《孙明复小集》页面三十八，《宋集珍本丛刊》第三册，172 页。
⑤ ［宋］李焘《续资治通鉴长编》卷一百三十八，3325 页。

太学讲学①，由于当时胡瑗在湖州建立的教育制度相对比较完善，因而朝廷直接让太学采用湖学规章②。自此，太子中允、天章阁侍讲胡瑗也"管勾太学"，太学学风为之一新，太学生们皆对胡瑗尊重有加，欧阳修就形容当时太学里"诸生服其（胡瑗）德行，遵守规矩，日闻讲诵，进德修业"③。而且，胡瑗的学问"独立经义治事斋，以敦实学"④，也就是讲专经世致用、治国安邦之学，而不是空泛的经学，这对培养士大夫参政能力帮助极大。特别是胡瑗和一套先进的教育思想，即让自己的学生每人专攻一个方面的学问，再兼及另一个方面的学问，一主一辅，有所专精。比如学武学的，还要具体学御寇；学水利的，还要兼学具体如何治田。在确定一个学问的大方向的前提下，在学习中理论与实践并重，一时间培养了许多人才，当时太学里师从胡瑗的学生太多，以致后来不得不占用旁边的官舍，日后但凡礼部选士，胡门弟子总能占到十分之四、五⑤。由此观之，胡瑗不仅传播新儒学，而且能将他培养出来的有专业特长和儒家道德修养的学生送入仕途，虽然胡瑗没有直接参与庆历新政，但他这些做法对庆历之际士风的提振、改良运动作用极大，对宋代士大夫政治的影响也不可估量。

至于孙复和石介，这二人在国子监和太学也做出一番事业。

宋朝开国之初，只有国子监（国庠）而没有太学，只有国子监的坏处是，国子生必须是七品以上的京朝官的子孙才有入学资格⑥，一般家庭的子孙和官阶太低的官员的子孙没机会入国子监，而国子监本身也因

---

① [宋] 范仲淹：《奏为荐李觏胡瑗充学官》，《范仲淹全集》，615 页。
② [宋] 李焘《续资治通鉴长编》卷一百八十四，4461 页。
③ [宋] 欧阳修：《举留胡瑗管勾太学状》，《欧阳修全集》卷一百一十，1670 页。
④ [元] 脱脱等：《宋史》卷一百五十七，3659 页。
⑤ [清] 黄宗羲原著、全祖望补修：《宋元学案》卷二《泰山学案》，《黄宗羲全集》第三册，56 页。
⑥ [元] 脱脱等：《宋史》卷一百五十七，3657 页。

之而变得学生很少,几乎从来没有超过三十人的时候,且教学质量不高。在宋朝人看来,这种现象正是自被视为"皆好古醇儒"的石介、孙复于庆历初年出任国子监直讲而开始改变的。当时贾昌朝判领国子监,孙、石二人负责具体教学,俩人作为老朋友老同道,"力相赞和",志在兴学于中央。当时的史馆检讨王洙,其人后来也被视作改革派士人。他在庆历初年就建议朝廷设立听书期限,因为当时一到每年秋天国考,就有四方之士来国子监蹭课游学,考试一完这些人就走,剩下的国子生都是那些京朝高官的子弟,没几个好好学的,这样不利于国子监发展。所以王洙建议,来游学的学生,至少得听够三百天课,这下国子监学生数量大增,"未几遂盈数千"①,整个国子监的教学秩序也被建立起来了。有了足够数量的学生,才能真正开展教学。然而人多了,地方不够,于是在庆历四年的四月,仁宗听从判监国子监的王拱辰、王洙、田况、余靖等人的奏请,占用国子监东边的锡庆院,建立太学,以扩大教学用地,满足教学需要②。石介和孙复听说建了太学,十分兴奋,都以为"教道之兴也"。③

太学的建立是对范仲淹兴学主张的响应。当时孙复在国子监主讲《春秋》,他主要是教授宋代新儒学思想,还曾经被仁宗在庆历四年的五月份接见,仁宗赐孙复五品服,并打算让他进馆阁任职,可惜被侍讲杨

---

① 关于宋初国子监生源数量,实有争议。《宋史·选举志》说"初无定员,后以二百人为额",但这与《宋会要辑稿》中国子监生数初为七十的记载不合,不能断定以二百人为额的时间。何忠礼认为国子监生立额当是自元丰三年(1080)编修学制后始。见氏著《宋史职官志补正(修订本)》,108页。但庆历四年三月兴学诏中曾提及州县建学以二百人为额,如果超出二百人,"州县未能顿备,即且就文宣王庙或系官屋宇"。见徐松辑《宋会要辑稿·崇儒》,82页。不知此处的二百人之额和国子监生额有无关联,或许中央与地方学校有着学制上的共同之处?也或许只是巧合。

② [宋] 李焘《续资治通鉴长编》卷一百四十八,3589页。

③ [宋] 田况:《儒林公议》,《全宋笔记》第一编第五册,95~96页。

安国反对，杨安国觉得孙复的学说跟汉唐先儒学说不同，因而不宜入馆阁①。这实是当时宋经学（"宋学"狭义）一派在学术势力上还不足以取代以汉唐注疏为基的旧经学的体现。

石介则自不必说，他在太学里仍是极力宣扬他的文学观念。庆历四年仁宗幸太学前数天，他曾给学生出题撰写《请皇帝幸国学赋》，当时有学生在赋里写"今国家始建十亲之宅，新封八大之王"，结果就被石介讽刺，觉得这种作品风格太过应试、内容讨好官方，石介非常反感太学中那些以考取功名为目的来游学的学生，这些学生往往迎合科举重词赋的特点，不重古文。石介把他们尽可能地都赶走了②。石介在太学里依旧是大谈时事，最终招来群谤，自请外放。

后来庆历新政夭折，有不少人就攻击庆历学制，王洙设立的听讲日限制度最终被废，再加上太学制度本身存在诸如"未尝限以通经之岁月""止于拔解赴省，而未尝别有优异之捷径"等缺陷，太学的繁荣景象最终只能昙花一现，虽然人数减少的不多，但学风随着庆历新政的夭折而重新回到了老样子。尽管一向谨言慎行的孙复没有在庆历新政夭折后立刻被贬官，但日后还是受到牵连，直到至和二年（1055）才重返太学，当时太学里人人推崇胡瑗，由于学术观点不同，加上孙复看不上胡瑗的为人，所以二人后来貌合神离，在太学里总是互相躲避，人们对胡瑗和孙复也有着各种评价，指出二人各有所长，以为孙复学问更好，但胡瑗的门人水平很高——"瑗治经不如复，其教养诸生过之"③。

随着太学新制之废，庆历新政时期中央的兴学算是失败了。然而，从对社会和历史的影响来看，真正有价值的兴学，都是在地方的。儒家学术的传播和发展，都是基于对基层的渗透，而中央太学的兴盛只能营

---

① [宋]李焘《续资治通鉴长编》卷一百四十九，3609页。
② [宋]文莹：《湘山野录》卷中，24页。文莹将此事系与"康定中"，但据陈植锷考，此当为"庆历中"之误。见陈植锷《石介事迹著作编年》，125页。
③ [宋]李焘《续资治通鉴长编》卷一百八十六，4495页。

造一种虚假的学术繁荣,因为在宋代,儒家的道德思想本身是普及性的学问,而太学做的学问是小众精英的学问。宋代作为一个文治时代、一个古代思想文化和学术高度繁荣的时代,其学术建树都是建立在一个时代整体尚文崇儒的基础之上的。日后南宋有所谓精英"地方化"(实际上,这现象至多只可谓出现在部分地区,不是普遍现象)、儒学发展的"乡里化",包括地方书院的修建、地方文人势力的形成,都与地方兴学有关的。庆历兴学的意义,一方面是开宋学之先,给"宋初三先生"以及其他宋代新儒提供了展示、传播其思想的舞台,庆历之际学统四起,庆历学术和庆历士风一样,有着和而不同的气质。孙复、石介、胡瑗等人在具体问题上会有观点分歧,但他们共同传播的新儒学却有着一致的特征——抛弃汉唐注疏,对经书直抒己臆、发明经旨——这实际上也掀起了士人革旧鼎新的思潮;另一方面,儒家文化影响力的扩张,以及儒家思想践行者中的主体所处阶层的下移,为时代整体风貌的提升和士风的提振,包括后世儒学的发展,都有深远影响。

特别是宋学中那种现实主义关怀——石介好议论、孙复讲《春秋》、胡瑗重实学,都是为了解决现实问题。经学致用是庆历学术的一大特点,范仲淹、欧阳修等人的学问在也一样"本之经术,以求实用,不空谈心性。"① 淡化儒学中那些空泛的哲学讨论的部分,而让儒学落实到指导现实治理的层面,进而使受儒家教育成长起来的北宋科举士大夫更加关注现实,使他们参与政治的热情增强。

另外,三先生在教学上还特别注重师道,这和韩愈作《师说》的旨意一脉相承,这也是他们复兴儒学、维护道统的表现。特别是胡瑗的湖学,对师道强调尤甚,甚至将其加入到学规中,后来也影响了太学的学规学风。

其实说到庆历学术、范仲淹的学术交游,还应当提到功利主义儒家

---

① [明] 何良俊:《四友斋丛说》卷三,转引自《欧阳修资料汇编》,540 页。

的代表人物李觏。

李觏不仅是古文运动的代表人物,更是庆历之际在对庆历新政给予理论支持上最积极的思想家,其人也做过国子监直讲。李觏的通变思想和范仲淹一样,来自《易》。他读《易》,悟出"救弊之术,莫大乎通变"①,并认为作《易》者有忧患之心,因而后人读《易》时要掌握其中的治世之道,即"苟安而不忘危,存而不忘亡,以忧思之心,思忧患之故"②,这俨然是范希文"先天下之忧而忧"的翻版。李觏在评价孔孟文章时说那是"以康国济民为意"③,更创造性地提出要把道德之"义"与事功之"利"结合起来,这实际上是在鼓励士大夫出仕、建立事功,与范仲淹主张士人在恪守儒家基本道德准则的前提下积极参与政治活动的观点不谋而合。另外李觏反对太学生"求试而来",既反对应试教育,并强调从中央到地方都要兴学④,这又与范仲淹的兴学思想一致。凡此种种,不胜枚举,说李、范二人是知音,绝不为过⑤。

除了支持变革,李觏是坚决的儒家卫道士,对儒道推崇备至。他有一首《美女篇》诗,诗云"繁霜毒春木,花开苦不早。愚夫择利婚,美女贫中老。曷不冶颜色,门前车马道。闺房有礼文,自衒谁言好。俗态竞朱粉,古心慕蘋藻。所期君子恩,卒以慰枯槁"⑥。看起来好像是说女子当以青春年华献身儒家礼士,其实含义类似曹植的"佳人慕高义,求贤良独难",是在讲儒家高士的品节之重要。

作为立场坚决的儒者,李觏也反对佛、道,甚至还提出所谓"吉凶

---

① [宋]李觏:《易论》第一,《李觏集》卷三,30页。
② [宋]李觏:《易论》第十三,《李觏集》卷三,53页。
③ [宋]李觏:《上孙寺丞书》,《李觏集》卷二十七,311页。
④ [宋]李觏:《安民策》第三,《李觏集》卷十八,178页。
⑤ 李觏与范仲淹在一些问题上主张极为相近,具体可参文娟、范立舟《李觏与范仲淹的交游及政治思想刍论》,载《江西社会科学》2007年07期。
⑥ [宋]李觏:《美女篇》,《李觏集》卷三十五,416页。

由人",这种观点颇有人文主义的色彩①。在尊儒上,李觏也推崇孔子之学,而对孔子之后儒家学说有所批判,他相信自己的解释,这其实也是宋代新儒家解经时直抒己臆的路数。李觏并不喜欢《孟子》②,这与其他宋代新儒家相比似乎反常,但或许是由于孟子过于强调重义轻利所致。

功利主义的立场决定了李觏积极地主张经世致用,这在某种程度上类似于韦伯所谓的"工具理性"③,因为相较于"义"的动机,李觏更注重政治行为"利"的目的。李觏一生写了很多议论时事、指导政治的文章,比如《富国策》、《安民策》、《强兵策》,全都是把儒家经义和现实问题结合起来。实际上,在庆历新政时期,儒家"义"和"利"这两个派别都在为新政提供思想资源——孙复的尊王攘夷思想以及李觏的功利主义儒家思想立足于现实,促进了士人的入世精神、政风的外向气质的形成;而欧阳修的朋党论,则在士人高尚道德人格的养成上起到提振作用,他区分君子、小人的标准是义利之辨,君子之党义在利先,这看似和功利主义儒家思想相冲突,但因为这两种儒家思想各自服务于不同的层面,功利主义儒家为新政的现实操作提供理论依据,以义为重的儒家则推动士风改良、团结同道士人。因而它们虽同为新政的思想理论资源,却并未发生巨大的冲突。

考察李觏的革新思想,会发现他是庆历之际思想视野最开阔的思想家。作为身处社会下层的士大夫,他对社会积弊的感受是极为全面、深

---

① 关于李觏的哲学思想,具体可详参姜国柱《李觏评传》。
② [宋] 佚名:《道山清话》,赵维国整理,《全宋笔记》第二编第一册,116页。
③ 许倬云认为,充斥于政府中的宋儒由于受制于中央集权体制下的防弊手段,因而不能发挥韦伯所谓以事物功效为判断理性之依据的"工具理性"。参见氏著《我者与他者:中国历史上的内外分际》,81页。这样的说法未免太过绝对,理学中的功利主义儒家本身是想要践行这种"工具理性"的,这些思想家对现实政治的干预成效在某种程度上也证明了这种"工具理性"的被实践,只是其并未成为一种明显且主流的现象,而被人数众多的"义"在"利"先的宋儒所做出的影响掩盖。

刻的。李觏主张进行全面的革新而非仅仅解决当下的问题，他非常希望儒家对理想社会的想象可以实现，因而他对范仲淹的期望是能目光长远地开展更深入和全面的改革以建立儒家的理想社会。而事实上，范仲淹的改革也确实不是仅仅解决"当下"。

今人常说庆历新政产生的原因是仁宗朝的内忧外患，又说范仲淹改革的核心是吏治，还赞誉范仲淹的革新。这种说法其实毫无逻辑。范仲淹改革若只是吏治改革，那何谈解决外患呢。实际上，北宋外患的加剧仅仅只是在时间放大了北宋的内政问题，从而使得仁宗在士林舆论的裹挟下转而支持范仲淹的改革，内忧外患只是促使仁宗支持改革的动力。而范仲淹的改革，仅仅只是以仁宗时的内忧外患为借口，本质上它依然是以士大夫为主导的一场贯彻通变救弊精神的改革，吏治改革确实占到了不小的比重，甚至可以说吏治是新政重点关注的问题。但从根本上看，庆历新政并不是为了解决特定时期的特定现实问题而进行的改革，而是有着长远的立意、全面的眼光。《答手诏条陈十事》唯一讲到军事方面的也是在讲改革募兵制度，而没有去谈具体如何解决西夏的威胁[①]，这就能看出，庆历新政立足长远，并非着眼于北宋一时的危难，而是企图大规模改良政治。由是，我们很难说范仲淹没有受到李觏思想的启发，毕竟，推行全面的政治改革，正是李觏在给范仲淹的《寄上范参政书》中提出的最大期盼。

经世致用的李觏作为一位"非常儒"，他的思想资源有不少都来自《司马法》《六韬》等杂家、兵家著作，所以其思想中包含一种服务国家建设的实用主义色彩，他的"康国济民"思想，内中包含着他通变救弊、献身国家的拳拳热情。这也正是他为范仲淹所看中的地方。

---

[①] 实际上，后人对范仲淹对西北边患的重视程度常有过高的估计，从某种意义上，巡抚西北、督察军事，这些做法有时于范仲淹而言更像是其回避政治风浪的幌子，而决没有许多人想象的那样在仲淹心有着至高的地位，后人的误解，往往出自对范仲淹的爱国者形象的拔高想象。

站在学术的角度来看，李觏其实是把庆历学术的"超越"精神表现得最突出的人，这里所谓的"超越"，按照刘复生先生的说法，指的是突破纯学术，而追求一种"超越学术性质的更大的目的"，这个目的，就是通过经世致用，来巩固、改善、发展宋朝的社会和政治。这恰是"内圣外王"的北宋新儒家们投身现实、侧重"外王"、追求儒家理想中的社会规划的体现①。功利主义儒学在当时是最能够为新政提供相对完美的理论支持的，它把士人党争、积极出仕和儒家由颜回身上发出的那种守节乐道的思想融合在一起，为士大夫在参政同时解决因"义""利"的矛盾提供了理论帮助。宋代不论是陈亮、叶适还是王安石、李觏，在这些儒家学者所谓的功利主义里，重"利"其实是和贪财嗜利无关的，他们"兴利"，只是希望现实政治的改良能够取得功效，但为了富国强兵②。李觏秉持这种学说，最终成为庆历之际最活跃的革新思想家之一。

　　庆历兴学的影响其实不完全是正面的，负面影响当然也有——范仲淹主张以学校教育作为人才培养的基础，实际是让学校跟科举挂钩，把上进之路跟学校教育捆绑，不仅方便了思想专制、造成了思想统一的客观效果，更提高了对士大夫选拔的要求，平民的上进之路被束。正因为这些负面影响，苏轼后来才极力反对"学校贡举之法"③。

　　不过，庆历兴学又确实提高了士人素质、提振了士风，它为北宋政坛培养了大量的儒生型官员，企图对旧的文吏政治做出革新，使得北宋

---

① 刘复生：《北宋中期儒学复兴运动》，1~23页。
② 参见周宝珠《义利之辨对两宋社会的影响》，载氏著《后乐斋集》，370~387页。
③ ［宋］苏轼：《议学校贡举状》，《苏轼文集》卷二十五，723~725页。

有了一批目光更长远、志向更远大的士大夫来参政①。更重要的是，州县兴学和太学的发展使当时学风丕变，甚至在某种程度上，成了宋代理学勃兴的开端引绪②。

总览庆历之际的学术和思想，新儒家思想和改良政治的主张是其内核，兴学运动、政治改良运动以及经学疑古运动则是其载体与面相。尽管，狭义上的"庆历新政"主要指政治方面的内容，庆历兴学看似也没有政治上的改革那样轰轰烈烈。然而，教育是一件润物细无声的事。政治上的"庆历新政"最终以失败而告终，但是庆历学术、庆历思想却随着兴学运动和经学疑古运动的展开而绵延久长，不惑传注的治学原则和经世致用的治学目的成为庆历之际学者的共同学术取向，这是当时"学统四起"的状况下各家大儒治学的共同特征③。

在"宋初三先生"、李觏、范仲淹等大儒的推动下，传统的经学形态开始变革，掀起了所谓"讲道德，究经义"之风，庆历学术在经学史上的重要意义是极易被忽略的④。自周敦颐开始的道学史并非完整的道学史，没有庆历之际的"正学"复兴与发展，日后以道学为中心的中国近世思想史将无从谈起。南宋时期书院和乡村私塾更加兴盛，新儒学的传播也更广泛，宋学和地方儒家教育影响了整个封建中国后来的岁月。

从这个意义上来说，庆历之际包括范仲淹在内的诸多思想家，他们的思想、学风，才是真正对后世产生深远影响的。

---

① 中国政治史上文吏政治和儒生政治的矛盾由来已久，庆历时期中央兴学，是对儒生政治的促进。文吏重眼前利益，而儒生致力于实现余英时所为"儒家的整体规划"，目光长远。关于此点，详参陈文龙《庆历兴学三题》，载武汉大学历史学院主编《珞珈史苑》2011 年卷，159～176 页。

② 刘季洪：《范仲淹对于宋代学术之影响》，《宋史研究集（第一辑）》，357～366 页。

③ 详参杨世文《宋代经学怀疑思潮研究》，四川大学中国古代史 2005 年博士论文，导师蔡崇榜。

④ 吴国武：《经术与性理——北宋儒学转型考论》，199～206 页。

# 第四章 人散曲未终：

## 新政的夭亡与北宋的士大夫精神

### 一、"天下议论相因而起"

庆历之际士大夫强烈的参政意识令朝堂之上党议、党争之风大起。宋人叶水心对此曾形容道，"国初宰相权重，台谏侍从，莫敢议己。至韩琦、范仲淹，始空贤者而争之，天下议论相因而起"①。在庆历新政时期，朝堂上的争论几乎未曾断绝，台官、谏官、宰执三方势力，争相发言。

然而，即便是在所谓的革新士人群内部，针对具体问题，他们之间的分歧依然有很多。有时候，我们可以将这样的现象反过来视作革新士人"和而不同"士风的体现，但当革新士人内部出现分歧与朝廷上党议愈发激烈这两种情况相交织时，这其中所反映出的问题就不是单纯的划派阀、分集团能讲清楚的了。

---

① [宋]罗大经：《鹤林玉露》丙编卷二，259页。

这样的情况在庆历三年、庆历四年间是客观存在的，且比较集中地表现在水洛城事件和滕子京事件中。

检李焘《续资治通鉴长编》，庆历新政时期对这两件事的议论实在太多，而且参与对这两个事件讨论的人物几乎包揽了当时朝廷上所有活跃的士大夫，中央的范仲淹、欧阳修、余靖、富弼、王拱辰等人，地方的滕子京、张亢、刘沪、尹洙、狄青等人，他们全都参与了这两场重大的政治事件。牵扯到的势力有御史台、谏官、宰执班子、边疆将帅。所以我们看后人的记载，简直是"乱花渐欲迷人眼"，持不同观点者相互口诛笔伐，看得人眼花缭乱，而且其中看似有后来人所谓的革新派与保守派之争，但是细究事理和人际，革新派内部也有主张不同的人物，而所谓的一些保守派人士，又有着一些看似极为公正的作为。这实在容易让许多人百思不得其解。

想要说明为什么历史记载和后代一些史评、史论给我们造成的新、旧派阀分明的印象不同，这就要涉及后人的历史书写了。在后来的历史发展过程中，庆历士风、庆历党议，甚至范仲淹，全都成为符号。整个所谓的"仁宗盛世"之风成为官僚士大夫集团同皇帝进行力量角逐时的舆论武器①，而范仲淹等人掀起的庆历士风则成为后世宋朝士大夫党争时一部分士人（特别是所谓的"旧党"）所认可的理想政治状态。其实范仲淹本身对后世士风、文风的影响力比不上欧阳修，但是后人都标榜范仲淹是宋学开山、儒家理想型士人的绝唱，那就是因为范仲淹和他的时代被符号化了。这种符号象征着儒家式的完美人格、积极进取的士风、开明的政治环境、士大夫和而不同的交谊、直抒己见的朝堂风气、主张变革的坚决立场。

北宋在庆历之后，士大夫的参政积极性异化，和而不同的政治环境

---

① 详参张林《从平庸到仁圣——两宋政治迭变中的仁宗形象》，中山大学中国古代史2010年博士论文，导师曹家齐。

走向极端，开始了激烈的党争，一直蔓延到南宋，党争对宋代政治产生了极大的影响，这使得士大夫形成了一种绝对的二元思维。作为宋代较早的党议、党争运动，庆历新政时期种种事件的历史表述都被人用这种二元党争的思维重写并进行了建构。这种全新的历史解释，固然有其所本，但它由于其本质是为了服务于后世的党政政治，因而它将范仲淹的人格品质以及革新士人的品性绝对地符号化、完美化了，且有意刻画了革新派和保守派的对立和分歧。在这样的前提下，"革新派"所出现的问题被全部归罪于"小人""保守派"的陷害，"革新派"内部的重重分歧都看成绝对的和而不同士风的展现。

  这种解释，显然是回避了革新派士人自身性格的缺陷以及言行的失误，把失败完全归结于外因。由于要抬高革新派士人在历史评价中的地位，对吕夷简、夏竦、王拱辰等反面人物的评价也变得片面化。这种对历史人物和时代之形象绝对化地塑造，是为了给后来的朋党政治寻找依据。庆历新政中革新士人群的完美人格和保守派的险恶用心是君子、小人之辨成立的前提，而这种君子、小人之辨恰恰是用以支撑后世文人党争的思想舆论基础。所以后来宋代的士大夫对庆历时期革新派士人士风政风就有追慕之情，这种追慕的情感并非完全没有合理的依据，但不可否认，其中并非毫无二元史观造成的片面认识的影响。

  随着南宋史学经世致用思想的加强和忧患意识的深化，庆历时期革新士人群的士风所发挥的模范作用越来越强。通过这样对历史的全新解释，宋代政治史被疏理出一条朋党政治的脉络，这种脉络服务于庆历之后宋代士大夫的党争活动，成为"士本位"思维主导下的南宋文人积极参与党争的历史凭据。为了让这种模范的形象更完善，可以想象，很多史学家在评论庆历党议以及庆历三年、庆历四年的各种重大讨论之时，都是先有明确的党派划分，所以他们对史事的评论，往往归总于新、旧党争，而对水洛城事件这样的革新士大夫内部的分歧，则美化成绝对的君子党议、以国事为先，士大夫"和而不同"，不认为其中有丝毫的意气之争。特别是这一时期水洛城事件背后，范仲淹和韩琦在西北军政上的分歧，更是被他们描绘成一种恰到好处、绝无瑕疵的君子之争。

另外，把滕子京事件塑造成党争，把水洛城事件视作范仲淹、韩琦不党的例子。这种看法，不少都是欧阳修、苏舜钦等文人后来在他们的政论文章和文学作品灌输给后人的，特别是欧阳修后来写的《论杜衍范仲淹等罢政事状》，开这种解释之先河。革新士人在庆历之际及其后，始终掌握着文学话语的主导权，这对后人的历史评论影响很大，王拱辰、夏竦等人缺少向后人辩白的机会，所以后人对庆历初年诸重大事件的印象会不自觉地被欧阳修等人的解释影响，导致客观事实的湮没不彰。

从历史书写的角度解读史料记载，能看到一些历史迷雾中隐藏的东西，但是得出的结论到底可靠不可靠，这并不好说。上述的论述其实并不健全，只是一种思路，一种思想史上的可能。不过站在客观立场上而言，历史永远是复杂的、多面的，今人想要尽可能全面地了解庆历新政时期士风的真实状况，确实不能只听范、欧、苏等人的一面之词。我们不仅要看到革新士人积极正面的一面，也要看到他们并不足够正派的一面；不仅要看到他们团结的一面，也要看到他们存在分歧的一面。也就是说，只有从事件的细节中找出一些"反常"点，才能证明那些绝对化的认识并不全面。

由于水洛城事件和滕子京事件跟新政关系不大，所以对其事件的具体情况不作详述，至于其中牵涉的讨论与纷争，也不作具体的描述，而仅仅提炼概括。

所谓水洛城事件，其实是与当时北宋的拓边运动和宋夏战争有关。说起来，水洛城并不在宋夏边境，虽然说，于宋军而言，筑城是他们在西北作战时常用的战术，因为这样做既能占地又能据守。但是水洛城除了可以聚拢一些蕃兵外，对于当时最局势紧迫的宋夏交战而言，它的战略意义不大。李强先生曾举曹玮在大中祥符九年筑城于南市一事证明城水洛至少不是全无道理,因为水洛和南城都沟通秦渭,二者地理位置相近。① 但实际上南城之具体位置并不可考,如此推理,不太稳妥。笔者更认同曾瑞龙说,曾氏认为,水洛城不与西夏接境,只同吐蕃散户相接,边防压力不大,只不过人口、资源相对较多而已,但该对区汉蕃杂居,且所谓的"秦渭通路"战略意义有限,并不能直接辅助宋军对夏作战。所以他把城水洛视作脱出宋夏战争轨道而独立运作的拓边运动。②

庆历三年,陕西四路都部署郑戬获悉水洛蕃部愿意内附,便让当时在前线作战、刚刚进城(拓边)章川堡的静边寨寨主刘沪去接受水洛,结果刘沪在进水洛城时遇到蕃部抵抗,最终宋军战胜,占领后旋即展开筑城活动③。但是到了庆历四年的一月,由于曾久在西北主持军政的韩琦认为修筑水洛城意义不大,因而朝廷诏令陕西都部署郑戬和泾原路经略安抚使尹洙罢修水洛城。结果郑戬不仅没有罢修,反而派亲信董士廉前去协助筑城。未几,二月份时朝廷便在欧阳修的建议下撤销了陕西四路都部署的官职,复置诸路都部署和经略安抚招讨使,郑戬则改任永兴军都部署④。但是郑戬在改任后依然和韩琦相争执,力主修水洛城有利无害,而刘沪此时的直接上级渭州知州尹洙和泾原路副都部署狄青都反对修筑水洛城,由于刘沪和董士廉屡次抗拒尹洙要求罢休水洛城的命令,尹洙让狄青以巡边之名去斩杀二人,但狄青只把他们送进了德顺军监狱。当时朝廷派来调查此事的盐铁副使鱼周询已在路上,由于刘、董被捕,水洛一带蕃部暴动,这种混乱场面恰被鱼周询看到并转报朝廷,朝廷自然认为水洛城利于边境安宁。故而最终的结果是渭州西路巡检刘沪降为确山县知县,董士廉罚铜八斤,但实际上二人仍权主水洛,水洛

---

① 李强:《北宋庆历士风与文学研究》,125 页。
② 曾瑞龙:《拓边西北:北宋中后期对夏战争研究》,15~16 页。曾氏此书长于运用现代军事理论、社会科学概念,但有时也有反受制于理论,有故意套用并过度解释之嫌。
③ [宋] 李焘:《续资治通鉴长编》卷一百四十四,3486 页。
④ [宋] 李焘:《续资治通鉴长编》卷一百四十六,3542 页。

城最终建成①。

朝廷里对如何处理刘、董与尹、狄的矛盾曾有过激烈讨论，而这场讨论的深层背景则是朝廷士大夫在边疆政策和战略制定上的分歧。欧阳修、余靖、孙甫等人都认为不应该穷治刘、董，他们甚至担心对刘、董、狄的惩罚会让人怀疑朝廷过于偏袒文臣、轻沮武臣，让武人寒心，所以他们大多主张把两边都安抚下去②，再加上这些朝廷官员普遍畏惧蕃乱，所以他们支持修建水洛城。而宣抚陕西五路韩琦则凭借他自己在前线积攒的丰富经验，认为修筑水洛城无益于对夏作战，只会助长边将贪功的风气，且即便要筑水洛城，至少也要等到宋夏战事结束，不然对物力是一种浪费③。两派人的说辞各有其理，从客观上讲，韩琦的说法更符合实际情况，但由于朝廷官员不能及时了解情况，所以他们只能本着保守的想法，尽可能避免蕃乱，这其实也有其道理。

已故宋史学者曾瑞龙对水洛城事件曾有高论。他指出，水洛城事件作为一场拓边运动，与庆历之际儒家理想主义所主张的反战思想是不匹配的。然而，范仲淹、欧阳修、余靖、孙甫等人之所以会支持水洛城的修建，主要是因为他们身在中央，宋朝的中央指挥体系并不能使他们很好地了解边情，导致他们只能接受刘沪造成的既成事实。通过考察刘沪的家世背景，曾氏指出，刘沪作为没落勋贵，他之所以积极修建水洛城，是希望通过拓边的方式重新成为显贵，并以边功来维护将门显赫的社会地位。而刘沪的同党董士廉，作为关中豪侠，由于常规的途径不能够使之发达，因而豪侠群体就总是希望通过积极参与边政来实现自我价值。刘沪在朝廷不了解边疆事务的情况下，给中央朝廷营造了一种离开了在蕃部中声威极高的刘沪便无法很好地控制边境的印象，这实际上并

---

① ［宋］李焘：《续资治通鉴长编》卷一百五十一，3670 页。
② ［宋］李焘：《续资治通鉴长编》卷一百四十八，3575～3578 页。
③ ［宋］李焘：《续资治通鉴长编》卷一百四十九，3604～3608 页。

非事实，但却是范仲淹等人以其掌握的信息而唯一可以认定的①。

从这样的角度认识水洛城事件，会发现它本身与庆历党议关系不大，它完全是豪侠的立功愿望、边臣的意见分歧、紧张的边疆状况这三者交织催生的产物。与庆历士风关联大的，是对水洛城事件的廷议。

一般的说法为了论证水洛城事件是革新士人内部和而不同的展现，往往会强调两方面内容。其一，韩琦与范仲淹都是革新派人物，他们的分歧，建立在对边疆情况的了解差异和对边疆政策的不同主张之上。韩琦一向主张对夏保持攻势，而筑城则是范仲淹当年主政西北时所坚持的积极防御战术。二人战略思想不同。其二，考量人际，郑戬其实是范仲淹的连襟，而刘沪之兄右正言刘涣在仁宗朝曾和范仲淹一同参与了明道二年由孔道辅领头的阻拦仁宗废后的运动②，同时也曾是在天圣年间③因力劝刘后还政仁宗而被贬的大臣，按说早就是仲淹的同道。不过，尹洙却也是范仲淹的好友，景祐年间就被视为范仲淹的同党，所以不存在范仲淹偏袒哪一方。正因为上述两点，这时候朝堂的廷议就完全是君子"和而不同"之争了。

只不过，原本纯粹的国事之争，后来因为王拱辰所器重的御史李京对韩琦的诘难、对尹洙的苛责而走上异化的道路。当时人普遍认为尹洙和韩琦串联一气，尹洙虽然向四路招讨司上书辩白过，并慨叹"韩公、郑公与某行之皆一也，何必分彼此"④，但这种辩白很难不起到欲盖弥彰的作用。因而御史台对尹洙的抨击，很容易被人视作是在借以攻击韩琦。

---

① 曾瑞龙：《拓边西北：北宋中后期对夏战争研究》，11~35页。
② [宋] 李焘：《续资治通鉴长编》卷一百一十三，2648页。
③ 关于此事，《长编》系于明道二年十一月戌寅条，然据顾吉辰考，该事发生于天圣九年。见顾吉辰《北宋奉使邈川唃厮啰政权使者刘涣事迹编年》，载《西藏研究》1988年01期。
④ [宋] 尹洙：《与四路招讨司幕府李讽田裴元积中书二首》，《河南先生文集》卷九页面三~四，舒大刚主编《宋集珍本丛刊》第三册，385页。

水洛城廷议以水洛城的筑成为拐点，此后朝廷的舆论一边倒向范仲淹、欧阳修等人，韩琦被视作观点错误的一方，这本身就足以令韩琦处于紧张的境地，而御史台官员想要由尹洙罪及韩琦，则彻底把韩琦推向不得不远离政治中心的尴尬地步。庆历五年韩琦自请罢枢密副使时曾"不自安"①，这种惶恐而又无奈的情绪，多少都与水洛城廷议中韩琦受到的委屈有关。

前面的解释是比较传统的说法，把御史台的指责看作是朋党之争的一部分，把仲淹、韩琦两派人的矛盾看作绝对的和而不同。然而这里面实际存在三个问题：

第一，政治立场与姻亲关系、人物的过往经历尽管联系密切，但并不一定有着绝对性的关联，范仲淹、韩琦等"同道"士大夫更多是以他们共同的儒家理想来维系关系，而非单纯的人际交情。郑戬是李昌龄的女婿，所以跟仲淹是连襟不假②，可他和吕夷简也是亲家，同时，尹洙、余靖、郑戬还是同于天圣二年中进士的同年③，按说同年关系在宋代官场上影响是很大的，文人因同年之谊而结党是屡见不鲜的事。刘沪的哥哥曾是仲淹同道，可王拱辰也曾和仲淹共进退。鱼周询是王拱辰的下属，但他的调查结果却符合范仲淹等人的主张。这一切就好比欧阳修是胥偃的女婿，但跟胥偃却政见完全不同，以往学界论及宋代政治史，特别是党争政治，多注重考察人物的"关系"，如平田茂树、何冠环、祁琛云等，都有类似研究。但实际上，同年、姻亲、同乡等本就属于基本的人际关系，它们固然会影响士大夫的立场选择，但这种影响却并无常态。一些学者，常是先关注士人立场的异同，再注意他们间的关系，然

---

① [宋] 李焘：《续资治通鉴长编》卷一百五十五，3759页。
② [宋] 吴曾：《能改斋漫录》卷一八，《全宋笔记》第五编第四册，231页。
③ 李强在《北宋庆历士风与文学研究》136页说董士廉和尹洙是同年，但由于李强没有标明此条出处，笔者检阅手头资料，似也未发现有相关记载，只从天圣二年进士名单中发现有一人名为"朱士廉"。故笔者对李强所说存疑。关于天圣二年贡举名单，参见龚延明、祖慧《宋登科记考》卷四，123～130页。

后反言有"某种关系"便必使士人有相对应的立场,这实属意识先行。既然"关系"关非影响士人关系的决定性因素,今人的考察,就应关注"关系"对士人立场的影响程度,而断不可以偏概全。

第二,两方争执不仅有意见之争,也有意气之争。尹洙个人是存在性格瑕疵的,由于他总是"黑白太明",导致当时对他的议论有很多①。尹洙对郑戬有过于激烈的指责,这表现在他在讨论水洛城的诸多札子里对郑戬用了不敬的称谓,甚至人身攻击。而水洛城事件之后,董士廉进京控告尹洙在西北时借公钱谋私②,这很难说没有报复的意味。因而,水洛城事件中的各种纷争并非都出于公心,也有出于私心或者意气之争的。这显然并不合乎和而不同的士风。

第三,尹洙在当时对欧阳修等人极度失望,说他们是和而不同、有分歧却未伤感情,这未免掺杂了太多今人主观推断的成分。尹洙曾在给欧阳修的信里讲他自己并不在意水洛城之争的利害,"人人各异见,不必深究",令他伤心的是自己被太多人误解,特别是与自己关系很好、曾跟自己学习古文的欧阳修,他慨叹"永叔尚尔,况他人耶?"③ 可见当时二人分歧对其交谊的破坏之深。恐怕这种交情的损伤不是和而不同的政见之争能做到的。郑戬主张修城,除了为公,或许也有他偏执的性格有关,史书说他"凭气近侠,用刑峻深,士民多怨之"④。总之,郑戬做事也有意气在内。

所以,庆历之际革新士人群中和而不同、锐意进取、以公为先的士风只是一个相对的概念,甚至在更多时候,它是后代文人在想象中美化出的一个事物。这一点在滕子京事件中也有体现。

---

① [宋]范仲淹:《祭尹师鲁舍人文》,《范仲淹全集》,277页。
② [元]脱脱等:《宋史》卷二百九十五,9837页。
③ [宋]尹洙:《答谏官欧阳舍人城水洛书一首》,《河南先生文集》卷九页面十,《宋集珍本丛刊》第三册,388页。
④ [元]脱脱等:《宋史》卷二百九十二,9768页。

庆历三年到四年，作为地方官的滕子京反复出现在中央的廷议中。由于陕西四路都部署郑戬和监察御史梁坚检举滕子京、张亢任职泾州时乱花公使钱①，因而在这一年里，对滕子京、张亢用公使钱这件事的性质以及解决办法的讨论，成为中央士大夫们津津乐道的话题。范仲淹和韩琦力主滕子京无罪，范仲淹不仅弄清了所谓的滥用公使钱其实都是用在了边政中该用的地方，而且仲淹还对仁宗讲，像滕子京这样用公使钱安抚蕃部、犒劳军士之类的做法，在前线实在太普遍了，名将狄青、种世衡等人都有这样的做法，甚至范仲淹、韩琦在西北的时候也经常这样做，如果要治滕子京的罪，那就把大家都治罪吧！②大有挟众自恃的架势。而王拱辰也态度坚决，在庆历四年二月，他上书仁宗表示，如果不严惩滕子京，仁宗将失去奖惩天下的威信，如果仁宗觉得他说不对，那么"臣明日更不敢入朝，乞赐责降一小郡"③。范、王激烈的争论，意气掺杂了不少，不然不会都以自己的仕运相赌。这种意气之争是士风中的不良因素。况乎仔细品味范仲淹和王拱辰各自的言行，范仲淹过于激烈的表态很难不让人由他和滕子京私交甚好而联想到他对子京的庇护中夹带私情，而王拱辰的言论，除了看起来太苛峻以外，他和李京所做的事看起来也只是御史台台官恪尽职守的行为，且他们是就事言事。一些人后来从朋党二元思维出发，认为王拱辰要求穷治滕子京是为了攻击革新派士人，但这只是一种诛心之论，因为同在此事上主张穷治滕宗谅并与范仲淹相争④的杜衍就总被人视作是公而忘私，这显然是后人拿着双重标准在评论历史，今人找不到任何直接证据证明王拱辰有借治滕宗谅而殃及范仲淹的意图，因而，倒不如说王拱辰是最为保守的势力，他是为了维护祖宗之法里"立纲纪"的部分。

---

① [宋]李焘：《续资治通鉴长编》卷一百四十三。3456页。
② [宋]范仲淹：《奏雪滕子京张亢》，《范仲淹全集》，626~629页。
③ [宋]李焘：《续资治通鉴长编》卷一百四十六，3538页。
④ [宋]曾巩：《杂识二首》，《曾巩集》卷五十二，718页。

史载，滕子京在知庆州任上享受着极其奢侈的馔食，人情怨愤，被王拱辰弹劾，朝廷派人来查，滕子京赶紧烧掉账簿以毁灭证据①。由此可见滕子京在地方上有作风污点是毋庸置疑的。

不过具体到公使钱的使用上，就不好说了。仅就这件事情而言，假若范仲淹对滕子京的辩护确实夹带私情，那么这样的事情则鲜明地反映了政治的复杂性，因而其似乎并不足以令后世士人引为模范，所以后人似乎很少愿意这样猜想，而是想通过论证滕子京用公使钱的合理性来极力维护范仲淹的光辉形象，可惜滕子京做法的合理性与范仲淹在辩护中是否夹带私情似乎并没有必然联系。相反，直到新政后期，仲淹为避政治风浪而以参知政事宣抚河东之时，他都不忘为滕子京撇清罪责，反而说明仲淹对子京有过于暧昧的态度。这样的分析颇有颠覆性，实际上对今人认识范仲淹时的"去标签化"有很大帮助，而且从范仲淹对滕子京的袒护中就能看到庆历士风的异化。慢慢地，君子朋党中掺杂进了人际私情的成分，士人政治由国事为先、朋党而议向意气为先、朋党而争过渡的趋势显露得更为明显。

不过，范仲淹对滕子京的袒护里似乎还有另一种思想在起作用。即儒家政治中的温和特质。传统儒家讲由家政及国政，所以主张法不必密。儒家并不反对社会发展、变革，但是它非常介意发展中的不和谐。范仲淹维护滕子京、宽释刘沪，背后都有儒家这种求"和"的思想作为支撑。只不过这种求"和"的思想相较于祖宗之法的一味保守苟且，增添了以不阻碍政治社会发展的条件。

由此看来，王拱辰要惩治滕子京是为了履行自己的职责，范仲淹为滕子京辩护虽有可能掺杂私情，但主要还与儒家的处世原则有关。因而，范仲淹、王拱辰、杜衍以辞官相赌的背后，是士大夫为事其道、行

---

① ［宋］安焘：《王拱辰墓志》，墓志见洛阳地区文物工作队《北宋王拱辰墓及墓志》一文，载《中原文物》1985年04期。

其志而仕的体现，是勇进退、事儒道的君子做派①。

总览水洛城事件和滕子京事件，他们一方面反映了庆历新政时期士人高昂的参政情绪、和而不同的议政原则。但同时，士风的异化也初现端倪，意气用事和徇私情的现象掺杂其间。在客观上，这两件事的发生就其中牵涉人员的初衷本身而言，或许与党争无关，但是从欧阳修以及后来其他一些士人的认识来看，不乏有人以二元朋党的思维来认定这算是保守派与革新派的交锋。在这种认识的任用下，再加上这两件事的争议所造成的客观效果，以御史台势力为代表的保守势力和革新士大夫社群间的矛盾确实被激化了。这标志着庆历新政遇到了很大的危机，这种危机并非来自对新政内容的挑战，而是新政的执行者在政坛的地位及在士林的声望被动摇。

## 二、"当世已不容"

北宋时期，台谏在有些时候也对皇权进行批判，但就其设立的初衷而言，还是为了帮助皇权牵制相权。宋初政治保守，为了让官僚队伍能保持一种相对稳定、和谐的状态，台谏势力对宰执的批判空间是极为有限的。但是到了仁宗朝，士大夫自觉运动的展开促成了朝堂上一种士人

---

① 这种风气体现在宋代士大夫诸多辞官行为中，具体详参王德毅《宋代士大夫的辞官风气》，载《宋史研究集（第三十五辑）》，兰台出版社2005年7月版，1~26页。

正是在这样的背景下，庆历新政中的革新士大夫受到了台官的批评。具体牵涉的事件，便是北宋历史上著名的奏邸之狱。事情发生在庆历四年的秋末，进奏院的苏舜钦、王洙、王益柔以及右班殿直刘巽等人趁着节日的喜庆劲，用公家卖废纸换来的钱大宴宾客，而且招揽妓乐。王益柔在席间醉后，还高唱了一首《傲歌》，歌云"醉卧北极遣帝扶，周公孔子驱为奴"，结果被王拱辰获悉②。王拱辰的消息是从李定处得来的。李定是晏殊的外甥，本想参加这场名士聚会，托梅尧臣去跟苏舜钦说情，结果苏舜钦傲慢地拒绝了李定，李定因此怀恨于心③。于是在王拱辰的指使下，御史台的鱼周询、刘元瑜等人旋即上奏仁宗，弹劾与会名士公款私用。王拱辰亦亲自进言，说"燕会小过，不足治，其如放言狂率，诋玩先圣，实为害教，宜薄惩之"④。最终时任集贤校理、监进奏院的苏舜钦和右班殿直刘巽"坐自盗除名"，直接被从官员队伍开除。对此，王拱辰曾高兴地说"吾一举网尽矣"⑤。而对精于史学的王益柔，台官们也都指责他大逆不道，认为其罪当诛。好在最后有韩琦为他辩护，韩琦对仁宗讲，王益柔的话就是一时胡语，那些揪着他这点小事不

---

① 详参贾玉英《宋代监察制度》，155~160页。贾玉英在提到宋初台谏对宰执限制有限的现象时，仅仅归结于宋初相权的膨胀，没有提及祖宗之法中"召和气"思想的影响。另，贾玉英认为仁宗时期的政治呈现出的是台谏同宰执相矛盾相冲突的特征，可从景祐年间高若讷同欧阳修、余靖之争以及庆历年间御史中丞王拱辰对奏邸名士、谏官的打击可以看出，这一时期所谓的"台谏合流"现象似乎并不明确，特别是庆历新政时期，台、谏立场分化非常明确。所以，庆历新政时期宰执所受到的批评，不宜视作整个台谏系统整体对宰执的批判，尽管宰执一向是台谏习惯批评的对象，但庆历时期的谏官势力基本上属于宰执的拥护者。
② ［宋］李焘：《续资治通鉴长编》卷一百五十三，3715~3716页。
③ ［宋］王明清：《挥麈前录》卷四，《全宋笔记》第六编第一册，42页。
④ ［宋］安焘：《王拱辰墓志》，墓志见洛阳地区文物工作队《北宋王拱辰墓及墓志》一文，载《中原文物》1985年04期。
⑤ ［元］脱脱等：《宋史》卷四百四十二，13079页。

放却不关心西北战事的言官才居心叵测，仁宗醒悟，没有杀王益柔①。最后，史馆检讨王洙因此事被降知濠州，集贤校理王益柔被降监复州税，其他还有很多人都受到不同程度的惩罚②。

由于苏舜钦是杜衍的女婿，他和王益柔也都是范仲淹当初举荐的。所以后人一般抓住这一点，认为这是以王拱辰为代表的保守派借事对革新派的攻击，而他们主要的攻击对象，是范仲淹和杜衍。苏舜钦自己也这么认为，庆历八年他给文彦博写信的时候就讲"昨因宴会，遂被废逐，即日榜舟东走，潜伏于江湖之上……始者，御史府与杜少师、范南阳有语言之隙，其势相轧，内不自平，遂煽造诡说，上惑天听。"但是笔者在前文对滕子京事件、水洛城事件的解读中已经指出了，这或许又是观念先行的二元党政思维在作祟，这种思维普遍存在于当时事件的受害方——也就是韩琦、欧阳修等革新派士人，以及许多受欧阳修等说辞影响的后人的脑海中，把一切问题的根本原因都归于绝对化的党争，他们的历史书写受到他们观念的影响。以往谈及宋人对本朝的历史书写，多数学者都能考虑到所谓的"本朝史观"，但实际上，士人的历史书写中渗透着相当数量的"个性"，这种对历史的"书写"和"话语"所反映的不仅是官方意识形态或者一定时代里社会的整体认识，还有很多观念，人们对之的认同程度并没有后人想象的那么普遍，反而只是代表着个别人或特定人群的想法。李强指出，这种二元朋党思维指导下的历史解读，纠其源头，大多是其庆历新政后革新士人如苏舜钦、欧阳修等自己的表述，带有很强的主观偏见，且在范仲淹荐举苏舜钦、王益柔的奏章里，曾明确写道王拱辰也曾荐举苏舜钦③，李强据此认为，王拱辰作

---

① [宋] 韩忠彦：《忠献韩魏王家传》卷四页面三，舒大刚主编《宋集珍本丛刊》第六册，641页。
② [宋] 李焘：《续资治通鉴长编》卷一百五十三，3715页。
③ [宋] 范仲淹：《再奏乞召试前所举馆职王益柔章岷苏舜钦等》，《范仲淹全集》，621页。

为苏舜钦的举主,其弹劾苏舜钦很可能造成自己因失举坐贬,在这种情况下他依然弹劾苏舜钦,可见其做法非为党争,而是恪尽职守的表现①。李强的说法有其道理,可惜缺少确凿证据证明王拱辰在弹劾苏舜钦等人时曾有过这样的利弊权衡。

其实,奏邸之狱在客观上所造成的革新派被打击、保守派占据舆论高点的现象固然不可否认,但仔细梳理跟王拱辰一同弹劾进奏院名士的大臣,会发现作为革新派的张方平,以及对新政态度暧昧、没有明确反对的,甚至可能是幕后支持者的晏殊也都对苏舜钦等的做法持否定或"不可否"②的态度,特别是章得象跟晏殊的这个"不可否"——这之中多少包含有同情之无奈,反映了新政的宰执班子也承认王拱辰等的弹劾是合情理的。

由此可以得出,在奏邸之狱上,作为宰相的晏殊、章得象和台官站在了统一战线上,党争造成的分歧并不足以让一心为公、重法明理的北宋士大夫在是非如此明显的事情上做出有违道德的事。奏邸之狱,绝非苏舜钦所谓的冤狱,而是宋代士人以公为先之士风的展现,其中贯彻着"先天下之忧而忧"的精神。当然,从王拱辰"吾一举网尽矣"的慨叹也可以看出,王拱辰并非没有掺杂丝毫的个人情感,毕竟他和他领导的御史台在庆历新政开始之初(具体是庆历三年的十一月)曾被欧阳修猛烈地批评过③,王拱辰或许因之而对作风张扬的年轻谏官们有不满。但是他的发难也是借由苏舜钦等人违法才发起的,所以只能说年轻新进谏官势力的狂妄恰好给了他狭私的机会,但就其处置奏邸之狱这一事件本身来看,应该说王拱辰等人还是公事公办,秉公执言。

或许是出于看到王拱辰请求"薄责"而仁宗最终却"厚责"的情况,或许是由于受"唐宋变革"论的影响而过度着眼于皇权加强的趋

---

① 李强:《北宋庆历士风与文学研究》,162~163 页。
② [元] 脱脱等:《宋史》卷二八六,9634 页。
③ [宋] 李焘:《续资治通鉴长编》卷一百四十五,3494 页。

势。总之，李强对进奏院事件做出了异于前人的解释，他认为朝廷对奏邸名士的处罚背后有着皇权意志的作用。从皇权与士权关系的角度来考量奏邸之狱的历史意义，在某种程度上可以得出，这件事是皇权对过度宽松、开放、自由的士权的一次收束、打压。宋代专制皇权所能容忍的士风的自由程度是有限的，庆历之际文学发展，文人的骄浮之气甚嚣尘上，士风开明，士大夫议政论政的自由度提高，文人精神的自由程度超出了专制皇权的容忍限度，专制皇权正是借奏邸事件为事端来打压过度自由的文人精神①。

  李强通过考察皇权和士权的关系来评议庆历之际的重大政治事件，这无疑是一种"大历史"视野的体现，其主要是宏观审视。这样的视角并非没有其道理，但是我觉得，其或许有把奏邸之狱的政治意义过度拔高之嫌，显然是受"唐宋变革"论（其中强调宋代是中国古代君主独裁制的开端）的影响太大。仁宗的做法固然并不完全同于王拱辰"薄责"的主张，但这完全可以是因为仁宗想以严惩来立法度，提醒文人不能太骄纵，仅仅只是针对现实的问题，不见得就有皇权、士权之争的背景。李强的说法从逻辑上而言毫无问题，但是关注皇权、士权关系这种解释思路略有模式化的意味，将政治史解读从现实抽离，其实跟二元党争的思维一样，或许都存在过于"架空"的自我发挥。他的说法几可谓完全成立，但如果着眼于事件对具体的现实政治的推动，则这样的解释只能说是一种"潜在的可能"。或许，将这种关注皇权、士权关系的解读思路，用诸庆历新政失败之因的宏观探索，更为合适，甚至可以说，权势关系的变动是在分析庆历新政整体影响时不得不涉及的话题。但仅仅针对奏邸之狱这一具体政治史事件的解读，还是仅仅止于文人骄薄以致引来祸患这样的层面为好。

  相较之，刘子健先生的解读就比较务实，他认为仁宗是不喜欢这些

---

① 李强：《北宋庆历士风与文学研究》，173页。

奏邸名士有才学却不稳重的性格，觉得他们轻浮，所以希望改换一批淳朴持重者上位①。其实进一步想，德才兼备者向来难求，仁宗的做法或许可看作一种对才士势力和德士势力的平衡。

所以，奏邸之狱最宜被视作一件文人因狂放而被治罪的事件，只不过恰好这批狂放的文人大多是革新派士大夫或者与革新派走的近的名士。其实这样的巧合本非偶然，它是革新派自身属性所导致的必然结果，范仲淹的新政除了提振道统，他改良选官制度，目的就是为了为官僚队伍增入年轻、进取的才干之士。年轻人本就缺少政治上的老练；文士和儒生的属性又使他们喜欢参政、议政，特别是文学渲染情感，使年轻谏官渐成浮薄之风；开放的社会环境令他们不拘小节……种种条件糅合在一起，这些容易招惹是非、意气风发但政治情商不高的年轻人注定只会存在于革新派中，也必然会由于自身举止的放纵而被人抓住把柄。

《风月堂诗话》中记载苏舜钦曾作诗云"惜哉嵇阮放，当世已不容"，或有写诗自况之意。苏舜钦的感叹其实也是有些道理的，文士离不开政治，纯粹的放荡只是文人失意时的消磨和自我放逐，当他们身上"士"的属性需要被明晰的时候，政治不会容忍他们的轻浮。由此联系石介写的《庆历圣德颂》，那也是文士轻狂的表现。苏舜钦的悲剧表明了这个时代的一种价值取向，士人并非不允许发言，但浮浪的大话总易招来祸患。果然，没多久，石介也就栽了跟头。

过去提到庆历新政时期的改革派、保守派之争，大多是如对奏邸之狱的传统解读一样，由于保守派的行为目的缺少直接、可信的记载，后人在评价时多依赖于主观判断，因而其中有太多学者个人发挥的成分，虽然那些论断可以从事件的客观效果中找到一定的支撑基础，但是仍难免存在过度解释的嫌疑。真正能算作是保守派有明确的攻击革新派的意

---

① ［美］刘子健：《梅尧臣〈碧云騢〉与庆历政争中的士风》，载氏著《两宋史研究汇编》，115 页。

志的事件，大抵只有夏竦陷害石介一事了。

当时石介给富弼写信，让富弼等宰执要向伊尹、周公学习，所谓"行伊、周之事"。夏竦在此前早就因石介对自己的批判怀恨在心，而且他因为自己不得志，所以还一直想扳倒富弼①。夏竦让女奴偷偷临摹石介的字体，把"行伊、周之事"改为"行伊、霍之事"，以此作为石介、富弼想学伊尹囚太甲、霍光废昌邑王而立汉宣帝这种事的证据，认为他们图谋废宋仁宗并另立新君。仁宗看后当然不信，这个皇帝年纪虽不大，但老成持重，大是大非还是能看得一清二白的。可是，正由于怀恨在心的夏竦所制造出的这个事端，一时间社会上舆论哗然，范仲淹和富弼都很惶恐，想躲避政治风浪，于是在范仲淹的一再请求下，仁宗于庆历四年六月任命仲淹为河北、陕西路宣抚使②。到了八月，富弼也出于避谗谤的考虑，外出巡抚河东③。

到头来还是对新政积怨最深的夏竦给了范仲淹、富弼等人致命一击，范、富二人当初曾预料到石介可能会给新政带来祸患，果不其然。夏竦为了扳倒革新派，玩弄的权术很是阴毒。所以后来宋人中有一部分对王拱辰的评价还不乏暧昧两可的态度，但对夏竦的人品，几乎没有人称赞。虽然当时人大多对王拱辰穷追猛打奏邸名士的事多有所薄，但毕竟王拱辰跟革新士人间还曾有共倡兴修太学等合作，王拱辰的言行公大于私，而夏竦则反之，他对石介的报复实在是将自己的狭隘心胸显露无遗。

外出宣抚，实际已经宣告了新政的终结，离开朝廷，士论就再难为范仲淹、富弼等人所掌控了，更别谈维持新法。此时的范仲淹已经五十六岁了，晏殊五十四岁，富弼四十一岁，石介四十岁，欧阳修三十八岁，韩琦三十七岁，苏舜钦三十七岁。范仲淹是这里面年纪偏大的士大

---

① ［元］脱脱等：《宋史》卷三百一十三，10253页。
② ［宋］李焘：《续资治通鉴长编》卷一百五十，3636~3637页。
③ ［宋］李焘：《续资治通鉴长编》卷一百五十一，3674~3675页。

夫了,他老了,精力充沛的黄金年龄已经度过了,当舆论与诽谤如潮水般铺天盖地而来时,他也感到无所适从,感到困顿无力。西北边事固然是仲淹所关心的,但这在过去并没能成为仲淹离开中央的理由,此时他打着宣抚西北的旗号远离是非之地,除了自感力不从心外,恐怕更多地促成他自请外放的是他对舆论的畏惧,先天下之忧而忧的他透支了太多精力,他实在经受不住推行新政以来甚嚣尘上的谤毁了——"(范仲淹)以天下为己任,遂与富弼日夜谋虑,兴致太平。然规摹阔大,论者以为难行……任子恩薄,磨勘法密,侥幸者不便;于是谤毁浸盛,而朋党之论,滋不可解。然仲淹、弼守所议弗变"①。

吊诡的是,总览范仲淹的仕途起落,每一次似乎都是士林舆论在发挥着作用。特别是庆历新政时期,他任参政、罢参政,都是士林舆论造成的。这一点南宋思想家叶水心特别提到过,他说自打韩琦、范仲淹当政以来,台谏议事的风气渐开,"然韩、范既以此取胜,及其自得用,台谏侍从方袭其迹,朝廷每立一事,则是非蜂起,哗然不安"②。当宰执之初,范仲淹、韩琦等人是凭借"士望所属"上台执政,但上台后又有不少人开始批评他们,所以等到范仲淹巡抚陕西时,人们对他的态度变成了"谤毁浸盛"。

在我看来,以范仲淹为代表的革新士人群确实是被舆论抬上政坛中央的,当时士林都期待他们能有所变革,范仲淹本人的起复其实本就是士权取得相对胜利的产物,是士林呼声左右帝王意志的结果。但是上台之后的范仲淹、富弼等人,之所以没在能得到士林的广泛支持,除了新政自身触碰到的既得利益者太多,力度和节奏让许多人不适应外,似乎还因为他们没有遵守之前宋代士林普遍存在的"方未达时,好指陈时事,及被进用则不然"③的潜规则,所以又被所谓的"小人"——实则

---

① [宋] 李焘:《续资治通鉴长编》卷一百五十,3637页。
② [宋] 罗大经:《鹤林玉露》丙编卷二,259页。
③ [元] 脱脱等:《宋史》卷三百三十,10620页。

是反感范仲淹等人的新政以及激进做派的士大夫——赶下了台。这之中或许本身就存在着士林在士风过渡期的矛盾性格——他们让仲淹上台是希望新政，可当新政真的来了，他们又对之持保留态度。这是士风从消极转向积极的过渡时期特有的现象，大家还不太能接受新事物的强烈冲击，所以虽然欢迎新政，但又对大幅度的变革有些不能适应。最典型的例子，就是外官们普遍不能适应磨勘法的变革，一下让很多人失去了钻空子的机会，他们对新政积怨随之而生。夏竦、王拱辰等人，只是因为恰好跟革新士人有私人仇怨、意气之争，因而很自然地成为或被后人当作反新政士大夫的代表。他们的作为，有个人情感因素掺杂其间，但不可否认，其行为出现的背后有不少反对派士人的"共同意志"在起作用。

但是，真正动摇范仲淹等人的舆论支持的，或许还真不是所谓的保守派。当革新士人的和而不同异化为骄浮议政之气甚嚣尘上时，原来坚定支持新政的开明士大夫也开始对范仲淹有所批评。苏舜钦在庆历四年五月①给范仲淹的信中就表达了对新政成效的不满，按照苏舜钦的说法，当时已经有"议论之众"在传范仲淹"因循姑息，不肯建明大事""教训医工，更改磨勘，复职田，定赎刑之类，皆非当今至切之务。譬如倒悬者馈之以食，餧者饮之以浆，徒益人之忿耳"②。总体来看，苏舜钦指出的，是当时人普遍觉得改革没有立竿见影，没有抓住当时最紧迫的边患为题着重解决因而略让人失望。此时在一些人眼中，范仲淹似乎有了转变，变得"不锐于当年"，变得"有高世之名，未见为高世之事"。

诸葛忆兵借由苏舜钦的书信，从范仲淹同仁宗的关系入手，尝试对新政的夭折做出解释，他指出，"苏舜钦书信能够说明如下问题：第一，庆历新政确实没有产生多大政治效果，没有带来多少治理国家的实际效

---

① 此系年参见傅平骧、胡问涛《苏舜钦集编年校注》卷第八，531页。
② [宋] 苏舜钦：《上范公参政书》，《苏舜钦集》卷第十，118页。

果；第二，这是朝野的普遍共识，不是政敌的恶意诽谤；第三，坚决支持范仲淹的官员们也逐渐失望。"① 诸葛氏的分析单就文献释读上来看，并没有问题。但笔者窃以为，苏舜钦的主观认识并不能客观反映当时实际的情况。庆历新政固然在政治上是一场失败的改革，但这不代表改革派自身就会有这样的认识，诸葛忆兵所述二、三条其实值得商榷。苏舜钦此文后附七条改革意见，其建议的大方向基本和范仲淹在庆历三年提出的十条纲领相一致，这说明此时改革派坚持政改的立场未变。苏舜钦的表达或可作激愤之语来理解，他对范仲淹还没有完全丧失信心，如果真得失望，他就没必要再致信范仲淹了。甚至今人还可以怀疑，苏舜钦讲的这些坊间传闻，弄不好都是为了激励范仲淹而编造的。朝野对新政的失望是"共识"吗？至少仅凭苏舜钦一封信是不能证明的。范仲淹人格魅力影响了整个时代的士风，这从苏舜钦文中所述士林对范仲淹的期待和对改革的支持能够看出，所以仅仅因为政治局势的不明朗就丧失对范仲淹的推崇，这显然不能从常理说通，也与苏舜钦致信范仲淹提供建议这一行为背后所反映的苏舜钦的个人意识不相合。

  但是不能否认的是，苏舜钦的心中确实表露出了对新政不够满意的情绪，改革士大夫们没有否定范仲淹在改革，但却不满于改革未能立竿见影、不满于范仲淹对边患的轻视。这种不满情绪，成为最后颠覆了舆论局势的关键性力量。实际上，早在庆历四年的六月四日，李觏就曾在给范仲淹的信中讲到了新政"成也士论，败也士论"的可能。李觏说，当他看到新政班子上台后，内心是有喜有忧的。"喜者何？谓冀明公立天下之功；忧者何？谓恐明公失天下之名。夫以明哲之性，树刚中之德，裁量古今，憋测衰敝。昔者言之而不得行之，诚无可奈何。今在行之之位矣，盖当筑邦家之基，天不足为高，地不足为牢。此所谓冀明公立天下之功也。然塞孟津者，非捧土可足；治膏肓者，非苦口不宜。遗

---

① 诸葛忆兵：《范仲淹研究》，159 页。

阙之原，岂是眇小？若曰患更张之难，以因循为便，扬汤止沸，日甚一日，则士林称颂不复得如司谏待制时矣。此所谓恐明公失天下之名也……嗟乎！人寿几何？时不可失，无嗜眼前之爵禄，而忘身后之刺讥也。觏才不适时，体复多病，非有望于仕进者也。所愿草茅之下，复见太平，瞑目黄泉，蔑遗恨矣。"① 李觏在书信中表达了自己对新政寄予的厚望，同时一再强调，如果新政被人视作是"因循为便，扬汤止沸，日甚一日"，那么范仲淹注定将失去士林所给予他的舆论支持，新政夭折便也就将是可想而知的事。结果苏舜钦的表态就应验了李觏的先见。

一部分开明士大夫对改革缺乏耐心，这好比晚清的革命党，他们都主张激进的变革，要大刀阔斧、立竿见影，受不了温和改良那磨磨唧唧的样子。这种想法普遍存在于年纪较轻的改革派士大夫中，成为当时的一种思想潮流。其实范仲淹在"择官长"时的做派都够峻刻了，不然也不会引起富弼的担忧。但在一些更为激进的士大夫那里，这只能被视作扬汤止沸的小打小闹。保守派和一些支持变革却又受不了骤变、剧变的士大夫对新政阻力太大，支持改革的士大夫对新政的速度和力度又要求得太急、太强。这都是导致范仲淹对改革失去信心，或者说感到心灰意冷、无可奈何的原因。在本书前文中已有交代，范仲淹的改革本身只是以当下的现实为引子，本身有着更全面的考虑、更长远的规划。但是这种远见并不易为常人所理解和认同，改革派士人中有不少都主张先解决当下，甚至他们认为只解决当下的问题（主要是边患和财政紧张）就好——从某种程度上讲，新政的夭折正与宋夏关系的缓和有关，西夏对宋称臣使得一些目光短浅的士大夫从积极革新重新转回保守，改革的任务在很多人眼里不再如过去那般迫切，于是支持新政的呼声旋即弱了很多。

庆历新政并非诞生于北宋积弊最严重的时期，如果没宋夏战争的压

---

① ［宋］李觏：《寄上范参政书》，《李觏集》卷第二十七，315~316页。

力，那种强烈的紧迫感和忧患意识或许只存在于一部分士大夫的意识中，尽管这一部分有先见之明的士大夫无疑具有较强的政治影响力和社会影响力，但那种极为强烈的紧迫感并不存在于更广大的社会基础中，甚至在所谓的革新派士人那里，救弊也并非在每个人那里都如他们自己想象的那么坚定，加之并非所有革新士人都保持有跟仲淹一样的思想水平和长远目光。这种士大夫间眼界、认识的差异令范仲淹的新政无论怎样都难逃苛责，士大夫们对改革与否以及改革的程度缺少充分的共识，这也正是范仲淹的无奈之处。

范仲淹早就慨叹过"事有先后，而革弊于久安，非朝夕可也"①。范仲淹布得局太大，短时间看不出成效，可这却为他引来谤毁，他明明想做那么多也做了那么多，可到头来苏舜钦还说"今朝廷之患，患在执政大臣不肯主事"②。由此再看范仲淹在庆历四年上半年多次提出的想外出巡边的请求，这之中多少有赌气的意味，既然没有人理解他，那他不如专注边事，远离汴梁的是非。于是自打范仲淹于六月去了陕西，新政便基本陷入了僵局。

八月富弼出巡后不久，集贤校理余靖改官右谏议大夫，为回谢契丹使。右正言欧阳修也在当月被任命为河北都转运按察使，欧阳修曾以谏官在外不便风闻言事为由想拒绝外放河北，但被仁宗以"不可以中外为辞"驳回③。九月，平章事兼枢密使晏殊被罢，后改任颍州知州。参知政事贾昌朝改任枢密使，知青州陈执中任参知政事④。十一月，奏邸名士先后被处理。谏官孙甫、蔡襄因认为陈执中刚愎不学，因而与仁宗发生争论，十月时蔡襄改知福州，而此时孙甫还在契丹出使，等到庆历五

---

① ［宋］欧阳修：《资政殿学士户部侍郎文正范公神道碑铭并序》，《欧阳修全集》卷二十一，335页。
② ［宋］苏舜钦：《上范公参政书》，《苏舜钦集》卷第十，124页。
③ ［宋］李焘：《续资治通鉴长编》卷一百五十一，3676～3684页。
④ ［宋］李焘：《续资治通鉴长编》卷一百五十二，699～3704页。

年正月他回来，旋即被任为知邓州。同是在庆历五年正月，范仲淹被罢参政，改知邠州，富弼被罢枢密，知郓州。杜衍也因与陈执中闹矛盾，被指为在任上"彰朋比之风"而被罢，改知兖州①。需要注意的是，杜衍之罢似未与奏邸之狱有关，由是见得，所谓进奏院狱乃是假治苏舜钦之机以牵连杜衍的说法，缺少充分的证据。

其实自打范仲淹、富弼二人外出巡抚，朝廷中对他们的谤毁之声便随之而起，新政也被阻止。当时唯一还能为范、富二人做出点辩护的，就是枢密使杜衍，但这已经不能改变大局。在外放的日子里，范仲淹上过很多奏章，但几乎只言边事，或许他只是想以此让仁宗不要忘记自己的苦劳、不要忘记自己的热心。仁宗在新政后期其实依然保持着对范仲淹等人的信任，庆历四年四月时宦官蓝元震曾趁着欧阳修、范仲淹等深陷朋党的指责而向仁宗进言，指责范仲淹、欧阳修、余靖、尹洙、蔡襄等人朋党，一共党同了五六十人，这些人将在两三年内"布满要路""误朝迷国"，只要有人反对他们，他们就能轻易"挟恨报仇"。当时仁宗却并不相信蓝元震的话②。但是，所谓"三人言成虎"，当心灰意冷的范仲淹在十一月上表乞罢政事、知邠州时，仁宗却在众人的极力谤毁下动摇了意志，打算批准。当时已快七十岁的宰相章得象阻拦了仁宗，他并非要为仲淹说好话，相反，他是认为范仲淹士望很高，一旦罢免，仁宗会被指为轻黜贤臣。不如先不允许，如果仲淹对此上谢表，则说明他请辞政事不过是挟君自邀的把戏。结果范仲淹果然上了谢表③，这或许本不过是仲淹对仁宗礼节性的回应，但此时在仁宗看来，仲淹的用心已变得险恶。

章得象一直是隐藏得很深的反对派，这或许也可理解作他老成持重

---

① ［宋］李焘：《续资治通鉴长编》卷一百五十四，3735~3741页。
② ［宋］李焘：《续资治通鉴长编》卷一百四十八，3582页。
③ ［宋］李焘：《续资治通鉴长编》卷一百五十四，3740页。

的表现，"为人厚重"① 的他不肯轻易发言，静观其变。其实他对新政保留甚至反对的态度并非不能预见。新政中有一条是让宰臣分领政务，所谓"事有利害者，并从辅臣予夺。事体大者，二府佥议奏裁"。当时参知政事范仲淹领刑法，参知政事贾昌朝领农事。但是章得象就此明确反对范仲淹的主张②。这也是章得象在庆历新政推行过程中唯一一次明确对新政表态。章得象曾对张方平讲过他对新政的评价："得象每见小儿跳踯戏剧，不可诃止，俟其抵触墙壁自退耳。方锐于跳踯时，其势难遏也。"③ 改革派多是年轻人这点并非没有道理，但揣度章得象的语气，大有倚老卖老的味道，对新政很是轻蔑。后来富弼被罢枢密，章得象的意志也是起了作用的。

除了章得象，在庆历新政时期的其他宰执中，晏殊发挥的作用也很值得玩味。这一时期晏殊在朝廷上发言并不多，看起来跟章得象一样内敛沉默。但是，《宋史》有载，"殊平居好贤，当世知名之士，如范仲淹、孔道辅皆出其门。及为相，益务进贤材，而仲淹与韩琦、富弼皆进用，至于台阁，多一时之贤。帝亦奋然有意，欲因群材以更治，而小人权幸皆不便。"④ 也就是说，在元朝史官看来，晏殊俨然是当时朝廷上大量士大夫的伯乐。如果说整个改革派士大夫群其形成中掺杂着人际的因素，那么，这些人际链共同的端点，必然是时任宰执的晏殊。更何况，晏殊本是仁宗做太子时的东宫旧臣，当年仁宗还是太子时，晏殊就因在东宫做官"谨厚"、"诚实"而广为人所称赞⑤，他能为宰执，本就是仁宗器重他的表现。晏殊与范仲淹交往的日子很长，当年二人在应天书院就共事过，年纪相仿又互为知己。有学者以庆历二年富弼对仁宗讲"晏

---

① ［宋］苏辙：《龙川别志》卷上，81页。
② ［宋］李焘：《续资治通鉴长编》卷一百五十一，3673页。
③ ［宋］邵博：《邵氏闻见后录》卷二十，《全宋笔记》第四编第六册，140页。
④ ［元］脱脱等：《宋史》卷三百一十一，10197页。
⑤ ［宋］江少虞：《宋朝事实类苑》卷第七，74页。

殊奸邪，党吕夷简以欺陛下"① 一事来论证晏殊与革新派士大夫并非同道。但须知富弼此语乃是就宋辽关系事宜而论，与新政并无关联，况这完全可能是富弼一时情绪激动的激进之语，并不代表他冷静时的想法。而富弼在仕途之路上没少被晏殊提拔却是不争的事实。由此可知，晏殊虽然在具体政务的参与过程中出场不多，但他在宰执之位上，本身对新政就是一种维护。不过，前文已提到，刘子健先生曾认为不论是个人、地域还是社会的因素都不是构成新政派士人"党同"的决定因素，决定因素只有儒家理想主义这一点②。然而，晏殊作为北宋文坛的领袖之一，他与范仲淹等人的深厚交情本身就说明了其思想贴近儒家理想主义的特征，况乎晏殊本来就曾一度是北宋的士林领袖，其对儒家理想主义的支持态度毋庸置疑，只不过圆滑、老于世故的他并不如欧阳修那样说得明白、激烈罢了。其实史料中并非没有对晏殊支持新政的记载，只是很简略，如苏辙说"富郑公自西都留守入参知政事……乞多置谏官，以广主听。……而晏公深为之助"③。可见晏殊在推举谏官人才上多有贡献。

《宋史》对章、晏二人曾有类比，"得象浑厚有容，殊喜荐拔人物，乐善不倦，方之诸人，殊其最优乎！"④ 言之甚善。章得象虽然对新政，特别是新政中文士们的躁浮之气很是不满，但大多时候都隐忍不发。晏殊的爱才之心，令他笼络了众多贤士，这种同道士大夫的团聚，成为新政展开的前提。因而总体来说，章、晏虽然在新政中表现不多，却也并非如后世一些史家所论晏、章二人起到了负面的作用，只不过二人或许有些老于世故的官僚做派，不肯像范仲淹、富弼这样直接表露政见、参与到政治风浪中去。

---

① ［宋］邵伯温：《邵氏闻见录》卷九，90 页。
② ［美］刘子健：《宋初改革家：范仲淹》，载费正清编《中国的思想与制度》，113 页。
③ ［宋］苏辙：《龙川别志》卷上，82 页。
④ ［元］脱脱等：《宋史》卷三百一十一，10206 页。

在范仲淹巡抚陕西的途中,他曾再次遇见吕夷简——这位对仲淹这一生的仕途和思想影响都很大的前朝老臣。在庆历新政时期,与改革派士人作对的主要是夏竦等人,有些人以为吕夷简是王拱辰、夏竦等人的幕后支持者,这实在是毫无依据的臆测,仅仅凭据了吕夷简赏识过王拱辰这一点。可范仲淹对反对派中的一些士人在此前也有过称许,这种只看人际不看实际的解读似乎已经成为解读宋代党争政治的惯性解释。就算此时的范仲淹与吕夷简还未有过明确的和解行为,但一个是失势参政、一个是前朝宰相,恩仇俱泯,唯有士人间惺惺相惜之感,且范仲淹后来其实对吕夷简的评论态度是比较温和的,他在主持新政前能被委以主持西北军政的重任,吕夷简也是出过力的。

苏辙对范、吕二人此次在郑州相见着笔甚多,这件事的前因后果是仲淹的同道好友兼学生张方平告诉苏辙的,苏辙记载"范文正公笃于忠亮,虽喜功名,而不为朋党。早岁排吕许公,勇于立事,其徒因之,矫厉过直,公亦不喜也。自越州还朝,出镇西事,恐许公不为之地,无以成功,乃为书自咎,解仇而去。其后以参知政事安抚陕西,许公既老,居郑,相遇于途。文正身历中书,知事之难,惟有过悔之语,于是许公欣然相与语终日。许公问:'何为亟去朝廷?'文正言:'欲经制西事耳。'许公曰:'经制西事,莫如在朝廷之便。'文正为之愕然。"①

应当说,范、吕晚年解仇在一定程度上乃是不争的事实,一方面,吕夷简确实有不可抹杀的功绩,以及他在政治上确实十分老成;另一方面,历经宦海沉浮后的范仲淹已经成熟许多,他对他当年略有些捞名逐利的激进做派也有了反思。范仲淹即便在内心对与吕夷简结仇的事没有完全释然,二人在公事层面,应当说已缓和了关系。后世对范、吕解仇多有异见,但事实上,此事当是历史上的无解公案。后人那些所谓的异见,往往是基于对二人评价的先验立场。譬如欧阳修后来在范仲淹墓的

---

① [宋]苏辙:《龙川别志》卷上,83页。

神道碑碑文中有意强调范、吕解仇,实际上其背后有着欧阳修后来反思早年支持革新过于激进的思想背景,因而他一改过去对吕夷简的过激批评,而对吕夷简和范仲淹在评价上皆持平和态度。

范仲淹的愕然是因为他意识到吕夷简话里潜藏的提醒——离开朝廷,就很难推行新法了。同年九月,吕夷简就去世了,仁宗知信后感慨地说"安有忧公忘身如夷简者"①。吕夷简虽然是个保守主义的士大夫,虽然曾在主政时因私心而排斥异见者,但不可否认,这个累计执政几十余年的士大夫以他的鞠躬尽瘁为自己在身后迎来了尊严。对吕夷简当年作宰执的不易,范仲淹此时亦已是感同身受,此时的仲淹对这位与他亦敌亦师亦友的士大夫,更多的是宽容与尊敬,就像他在十一月给吕夷简的祭文中所写的那样,"呜呼!富贵之位,进退惟艰。君臣之际,始终尤难。……得公遗书,适在边土。就哭不逮,追想无穷。心存目断,千里悲风"②。他对吕夷简的理解和同情,同时也是对自己遭遇的慨叹。

庆历四年九月,贾昌朝任枢密使,陈执中任参知政事③。十一月,仁宗下诏云:"朕闻至治之世,元、凯共朝,不为朋党,君明臣哲,垂荣无极,何其德之盛也。朕昃食厉志,庶几古治,而承平之弊,浇竞相蒙,人务交游,家为激讦,更相附离,以沽声誉,至或阴招贿赂,阳托荐贤。又按察将命者,恣为苛刻,构织罪端,奏鞫纵横,以重多辟。至于属文之人,类亡体要,诋斥前圣,放肆异言,以讪上为能,以行怪为美。自今委中书、门下、御史台采察以闻。"④仁宗的诏书没有点名,但几乎对改革派士人的问题都做了批评,属文之人诋斥前圣,无疑是在说奏邸名士的事。而仁宗对朋党的批评,更说明了范仲淹等人"得君行道"的失败。仁宗让御史台调查这些事,更显出其是有针对性地想要整

---

① [宋] 李焘:《续资治通鉴长编》卷一百五十二,3698 页。
② [宋] 范仲淹:《祭吕相公文》,《范仲淹全集》,270~271 页。
③ [宋] 李焘:《续资治通鉴长编》卷一百五十二,3704 页。
④ [宋] 李焘:《续资治通鉴长编》卷一百五十三,3718 页。

治改革派。发此诏时，仲淹尚未被罢相，但新政之亡已昭然若是。

庆历五年一月，出使契丹归来的谏官孙甫因与陈执中结怨，被外放知邓州。右正言钱明逸为了迎合章得象，上书说富弼等人"更张纲纪，纷扰国经，凡所推荐，多挟朋党，心所爱者尽意主张，不附己者力加排斥，倾朝共畏"，又说范仲淹先前请知邠州是做姿态以自固。在钱明逸的煽风点火下，范仲淹被罢参政，知邠州；富弼被罢枢密，知郓州。后来在范、富二人离朝期间维持新政的杜衍也被罢相，知兖州。贾昌朝旋即平章事，在当年范仲淹任开封府尹时与仲淹结怨的右谏议大夫吴育任枢密副使，章得象推荐的宋庠也出任参知政事，改革派的主要士大夫尽数被外放①。接到外放旨令的范仲淹表示自己"不以毁誉累其心，不以荣辱更其守"②，旋即到地方就职。三月，韩琦为范仲淹、富弼辩护却未得仁宗回应，董士廉又在朝廷告他，韩琦自感不安，请求外放，后被罢枢密副使并改知扬州③。四月，"在中书八年，畏远名势，宗党亲戚，一切抑而不进"的章得象因常年"无所建明"，在士论压力下自请罢相，仁宗不得已而从之④。庆历五年，夏竦以同平章事判大名府，次年入相，因与陈执中不合而改任枢密使，封英国公，"性素贪""喜离间僚属""待家人亦不诚"的他被当时人"以奸邪目之"，后于皇佑二年去世，享年六十七岁⑤。

在诸臣被外放后，改革派中的核心士大夫里，留在朝廷的只剩下余靖、欧阳修。余靖曾发表一些对新政的异议，如庆历四年十一月时他就曾批评新政中的"知贡举"条；庆历五年二月时，他对恩荫法也有议论，不过此时他的发言更多集中在边事和宋辽关系上。但就因为他因为

---

① [宋] 李焘：《续资治通鉴长编》卷一百五十四，3741~3742页。
② [宋] 范仲淹：《邠州谢上表》，《范仲淹全集》，416页。
③ [宋] 王称：《东都事略》卷第六十九，571~572页。
④ [宋] 李焘：《续资治通鉴长编》卷一百五十五，3769页。
⑤ [宋] 王称：《东都事略》卷第五十四，426页。

前后三次出使契丹，学会了一些契丹语，曾给契丹皇帝用契丹语作诗，结果被监察御史刘元瑜举报，最终在庆历五年五月被外放知吉州①。刘元瑜是台官，他对范仲淹等人一向不满，仲淹刚被罢参政，他就上书攻击新政中的磨勘法"长奔竞，非所以养士廉耻也"，又指责改革派谏官"荐延轻薄……扇为朋比"②，此人很是会迎合章得象、陈执中，又曾为夏竦鸣不平，其立场不言而喻。

至于欧阳修，在范、富两府被罢后也曾多次言事，但大多换来"疏入不报"的尴尬结果，这说明仁宗对他亦失去信任。庆历五年三月的奏疏是欧阳修对新政人物品评最全的作品，对整个新政的历程也有回顾。在那篇奏疏中，欧阳修极力为改革派士人辩护，以致不惜再次直言朋党问题，他讲"昔年仲淹初以忠信谠论闻于中外，天下贤士争相称慕，当时奸臣诬作朋党，犹难辨明。自近日陛下擢此数人，并在两府，察其临事，可以辨也。盖衍为人清审而谨守规矩，仲淹则恢廓自信而不疑，琦则纯正而质直，弼则明敏而果锐。四人为性，既各不同，虽皆归于尽忠，而其所见各异，故于议事，多不相从。至如杜衍欲深罪滕宗谅，仲淹力争而宽之。仲淹谓契丹必攻河东，请急修边备，富弼料九事，力言契丹必不来。至如尹洙，亦号仲淹之党，及争水洛城事，韩琦则是尹洙而非刘沪，仲淹则是刘沪而非尹洙。此数事尤彰著，陛下素已知者。此四人者，可谓至公之贤也。平日闲居，则相称美之不暇，为国议事，则公言廷诤而不私。以此而言，臣见杜衍等真得汉史所谓'忠臣有不和之节'，而小人谗为朋党，可谓诬矣。"③可惜这篇情感慷慨的奏疏依然没能换来仁宗的回应，反而让更多人指责欧阳修是范仲淹等人的朋党④。

---

① ［宋］李焘：《续资治通鉴长编》卷一百五十五，3772 页。
② ［宋］李焘：《续资治通鉴长编》卷一百五十四，3744 页。
③ ［宋］欧阳修：《论杜衍范仲淹等罢政事状》，《欧阳修全集》卷一百七，1626～1627 页。
④ ［宋］李焘：《续资治通鉴长编》卷一百五十五，3763～3766 页。

后来欧阳修的外甥女张氏因失行系狱，钱明逸遂借以牵连欧阳修，导致其在庆历五年八月被贬知滁州①。在滁州太守任上，欧阳修致力于发展民生，还留下了千古名篇《醉翁亭记》，其文中有豁达之情亦有忧世之心，可谓一种相对超越的境界，似不再为仕途荣辱所累，但又依旧心怀实现儒家"治道"的理想。

　　知渭州尹洙也曾为范仲淹等人辩护，就在仁宗颁布反对朋党之诏书的当月，尹洙上疏言事，直抒自己认为仁宗当初擢拔范仲淹、欧阳修等人是选贤用能的英明之举，但"庆陛下得贤而任之，所虑者任之而不能终尔"。并表示自己愿为欧阳修等人担责，保证他们没有朋党②。后来因为他挪用公使钱的缘故，一再被贬官，于庆历七年病逝在均州③酒税监任上，享年四十七岁④。滕子京因为被王拱辰接连弹劾，先是在仲淹的保护下降知虢州，后知岳州，又改知苏州，未几便去世⑤。

　　国子监直讲石介因富弼等人的失势而被多人所诽谤，徂徕不自安，请出，通判濮州。在庆历五年七月病逝于徂徕山下家中，享年四十一岁⑥。石介死后，夏竦依然对他怀恨在心、念念不忘，以致打算打开石介在兖州的棺木来验尸，幸逢杜衍知兖州，力为保明，方才免去这桩荒唐事⑦。石介本是兖州奉符人，太和年间，他的墓崩坏，大家重新埋葬他的骸骨，发现其骸骨"与常人无异，独其心如合两手，已化为石。"⑧令人惊骇。石介是庆历之际一个非常张扬的思想家，他有他偏激的一面，但他或许是那个时代对儒家"道理"信奉得最坚定的士大夫之一。

---

　　① ［宋］王称：《东都事略》卷第七十二，599页。
　　② ［宋］李焘：《续资治通鉴长编》卷一百五十三，3718～3719页。
　　③ 《湘山野录》作"筠州"，但据程应镠考，当依《宋史》作"均州"。见《程应镠史学文存》204页。
　　④ ［元］脱脱等：《宋史》卷五十四，9837页。
　　⑤ ［元］脱脱等：《宋史》卷三百三十，10038页。
　　⑥ 陈植锷：《石介事迹著作编年》，126～128页。
　　⑦ ［宋］王铚：《默记》卷中，26页。
　　⑧ ［金］元好问：《夷坚续志》卷一，15页。

他一生受过太多委屈，但石介向来是一副从不言弃的样子，他对"道理"的热忱实在感人。

在范仲淹最后历职地方的岁月里，他改善民生、发展教育、做实事、重小事。因而广受百姓爱戴。他没有再向中央的权力发起过争夺，这或许是一种气力被消磨尽后的无奈之举，但更可能的，是一种思想的转变。此时的他跟景祐党争后被贬地方的他定然有着不一样的感受，那时他积攒士望，还希望成为宰执一展抱负，如今的他则已经知道了为宰执的不易，因而或许会更珍惜在地方上为百姓做实事的机会。晚年的他或许可以看作是放弃了"得君行道"的，虽然依然会感谢君主的恩情、劝谏仁宗要行仁政，但那种言语里的态度，完全是一副不再属意于政治中心的样子了。但他却始终没有放弃他追求终生的儒家治世理想，正如他于皇祐四年五月二十日以六十三岁之龄病逝于徐州①——这个他初来世时最先到达的地方——后富弼为他作的墓志铭中所写的那样，"始卒志于道，不为禄仕出也"②。

仲淹去世后，富弼、韩琦、欧阳修等生前至交都撰文悼念，当年他在应天书院时的学生张方平则通过追念他和范仲淹的交往，表达自己的哀思——"某早岁之幸，辱公周旋；乡闾相从，日接燕闲。洎登禁闼，尝从内班；昨麾武林，复踵于贤。朋好之笃，晚乃益坚；论议相直，中无间然。江干交臂，俯仰二年；何言此别，遂成终天"。③ 这段话中不仅强调了仲淹的政治作为，更着重写了仲淹能赏识人才并以自身正气影响他人，这种影响的意义显然比其政治建树的意义更长远。

范仲淹去世了，他虽非完人，却也在历史长河中侥幸得一时之士望，终得一世之芳名。任何历史人物，即便做出多少现实的功绩，但那些作为的影响都是有时效性的，超过期限，便俱往矣。范仲淹主持庆历

---

① ［宋］楼钥：《范文正公年谱》，《范仲淹全集》，910页。
② ［宋］富弼：《范文正公仲淹墓志铭》，《范仲淹全集》，824页。
③ ［宋］苏颂：《代张端明祭范资政》，《苏魏公文集》卷七十，1063页。

新政固然是一项影响深远的作为，但他对后世影响更大的，则是他的思想、文学主张以及他提倡的士节、士风。范仲淹一生"先天下之忧而忧，后天下之乐而乐"，本着"救斯文之薄"的理想，弘扬古文、改良政治、提振士风、倡导兴学。尽管他的一生大多是在仕途上的，他最辉煌的时候也是他与君主关系最亲密的时候，但毋庸置疑，他一生更信奉他自己喜爱的儒家道理，他并非贪恋仕途，只是希望凭借入仕来实现儒家治道。正如他自己在写于临逝前的《遗表》中所说——"伏念臣生而遂孤，少乃从学。游心儒术，决知圣道之可行；结绶仕途，不信贱官之能屈"①。

## 三、"自知其不可行"

庆历新政夭折了，按理说本书的写作在接下来就应该着笔于对范仲淹、庆历新政、庆历士风做出一个整体的评价。但是，在做这样的评价之前，任何研究庆历新政及革新士人群的学者都会遇到一个棘手的问题，这个问题也是学界长期以来难以回避的问题，即庆历新政与王安石变法间的关系问题。

在这个大问题之下，其实包含了两个子问题：第一，王安石变法从范仲淹的新政那里如何继承与发展，汲取了哪些思想资源和实践经验，又有哪些不同；第二，如何解释庆历新政中大部分积极改革的士大夫们在王安石变法时大多发生了主张上的转变这一现象，也就是如何解释韩琦、欧阳修他们反对熙宁变法的态度和行为。第一个问题其实很好回答，甚至可以说，它其实就是人们在评价庆历新政的历史影响时所要涉及的一部分，看看庆历新政为后来宋朝的改革者留下了怎样的经验财富。关键是第二个问题，它直接关系到后人对庆历新政中的革新士人群

---

① [宋] 范仲淹：《遗表》，《范仲淹全集》，426页。

的评价。

先谈第一个问题。王安石变法对庆历新政继承很多，比如说庆历新政中的劝农政策后来演化成了王安石的"农田水利法"，王安石对贡举的改革也是重策论，熙宁时期对太学也有整顿。但总体来说，王安石新法在政策上对庆历新政的继承大多只是继承了范仲淹等人所关注的问题，实际的政策上是有不同程度的变更、补充、发展的。所以王安石更多继承的是一种变法思想。余英时指出，王安石的变革思想是继承自庆历士人的，即孙复、欧阳修所谓儒道之"体"（或"本"）与"用"（或"末"）之别。前者即儒家之道德礼乐，是历世不变的；后者即现实之刑政，是要因时而变的。所以王安石以经学为其创制新法的学术依据①。熙宁变法也旨在实现儒家治道，并且以新儒学为思想资源。王安石就曾写《周官新义》作为新法的思想支持，而范仲淹、李觏等人早就对周礼中所绘之治世推崇备至。实际上，北宋时期萌发的新思想大多都是附着在实现儒道秩序的主线上的，"重建秩序是儒学的主线。古文运动、王氏'新学'和道学都莫能自外。秩序的观念虽然有越来越扩大的倾向，但建立秩序必自政治（'治天下'或'治道'）始，则以上三派并无基本分歧。"② 王安石对孟子和韩愈的推崇跟不少此前的宋代新儒家士大夫也是保持一致的，正如其诗云"欲传道义心尚在，强学文章力已穷。他日若能窥孟子，终生何敢望韩公"③。

吊诡的是，王安石新政的反对派对范仲淹也推崇备至。司马光作为旧党领袖，对范仲淹就大加赞誉，尽管二人没有直接的交往，但在司马光的文章里，对范仲淹的敬仰之情却表露得很明显——"范公大贤，其言固无所苟，今其铭（指范仲淹给田锡作的墓志）曰：'呜呼田公，天下之正人也。'虽复使他人竭其慕仰之心，颂公之美，累千万言，能有

---

① 余英时：《朱熹的历史世界》，409页。
② 余英时：《朱熹的历史世界》47页。
③ [宋] 王安石：《奉酬永叔见赠》，《临川先生文集》卷第二十二，264页。

过于此乎？……范公恨不得见田公，则田公果何如人哉？"① 这种现象本身说明，所谓的新党、旧党，他们其实共享一条底线，即践行儒道，实现儒家政治。范仲淹倡导的积极政治的士风是他们共同的资源，范仲淹提倡的儒道理想是他们共同的追求，只是在具体方法和细节的认识上，王安石和司马光有不同，但绝对的立场对立是不存在，这又是需要后人破除二元党争史观的地方。

以往在阐述庆历新政跟王安石变法的关系时，除了强调后者的变革意识对前者有承继关系，再者就是讲熙宁变法比庆历新政关注点更全面，但我以为只能说王安石在庆历新政中一些侧重不多的地方，比如经济方面，着力更多，但这种关注点是因时而变的，并不存在后者对前者政改关注点的批判。两场改革都是涉及点较为全面的改革，同为士大夫通变救弊思想和政治主体意识作用下的产物。

关于熙宁变法时期富弼、韩琦、张方平等人在对待新法的态度上趋于保守的现象，这将是笔者在本节要作以重点解释的话题。对这一问题，传统的解释是将富、韩等人的态度转变视作其被封建官僚主义腐化的表现。"在宋仁宗庆历年间，富弼与范仲淹、韩琦都是改革派，而受到保守派的排挤，离开朝廷外任。十年之后，富弼和韩琦先后回朝任宰相，却被保守的官场磨光了锋芒，依旧安常习故，不思变革"②。"原来支持庆历新政的大部分官僚，已经丧失锐气，日渐变得保守起来。富弼、韩琦、欧阳修诸人复官之后，除了空喊'更张'外，实际改革的事情再也不愿去做了"③。而对于这种现象产生的原因，一般认为与当时两派人争执焦点有关，即"牵涉到地主阶级内部各阶层之间财产和权力再分配的问题"，这"也是以王安石为首的变法派和以司马光、韩琦、富

---

① ［宋］司马光：《书田谏议碑阴》《司马光集》卷七十九，1607 页。
② 王曾瑜：《宋朝军制初探（增订本）》，532 页。
③ 周宝珠、陈振主编：《宋史》，133 页。

弼等人为首的保守派进行斗争的一个重要焦点。"① 另外，有学者从士风演变的角度，认为北宋中期的韩琦、富弼等人在当时显现的随缘自适的士风，表现出了他们入世意志的淡化，而这种淡化的出现和北宋反复起落的党政运动有关②。

这种提法基本都是建立在对王安石变法持肯定态度的前提条件下的，而且，这种说法预设了王安石和新政的反对者间必然存在根本性的立场对立，既然王安石是进取的，那反对新法的富弼、韩琦就必然是保守的；既然王安石是积极向上的，那反对者就必然是腐化保守的。可这样的二元思维实在好没道理，受制于阶级斗争思维的惯性，仿佛不是"朋友"就只能是"敌人"。曾经有学者从新法实际影响的角度来认识韩琦对王安石变法的反对态度，认为王安石变法触动了太多下层民众的利益，跟王安石最初的改革设想不同，从而引起韩琦反对③。这种说法是突破性的，但似乎仍局限于对个体士大夫认识的发掘，笔者更想从宏观的角度，特别是和庆历新政联系起来，来论述富弼、韩琦等人缘何发生了主张上的转变。

实际上，最早还是宋人塑造了这种两派人相互对立的论调，"我朝善守格例者，无若李沆、王旦、王曾、吕夷简、富弼、韩琦、司马光、吕公著之为相，破格例者无若王安石、章子厚、蔡京、王黼、秦会之之为相。考其成效，验其用人，则破格例者诚不若用格例者为愈也。"④ 但这种划分是否真的完全合理呢？

仔细考察富弼、韩琦这些人的主张，从庆历之际到熙宁年间，他们的言论有着表相上的差别，可其主张也有着本质上的一致——即他们始

---

① 邓广铭：《北宋政治改革家王安石》，《邓广铭全集》第七卷，84页。
② 郭学信：《北宋士风演变的历史考察》，183页。
③ 郭文佳、彭学宝：《从庆历新政和王安石变法看韩琦》，载《殷都学刊》2000年03期。
④ ［宋］吕中：《宋大事记讲义》卷第六，135页。

终坚持社会需要改良、宋朝需要更富强,同时,他们坚持的儒家治道理想没变。

原先支持庆历新政的士大夫中的大部分,他们所改变的,是对改革程度、速度的态度,而不是对改良社会这件事本身的态度。且以往的解释里掺杂了过度的以党争角度来思考问题的意识,可实际上韩琦等人却始终在模糊朋党立场之分,在坚持儒家治道理想这一大原则之下,他们更希望能就事论事。韩琦自己就说,"琦惟义是从,不知有党也"①。

这种义在利先的价值观在某种程度上正是王安石与他们发生冲突的原因,因为王安石是一个典型的功利主义儒者,他曾说"利以和义,善用之,尧、舜之道也"②,可见其尤为强调利对义的作用。王安石对义利之辨的认识基本就是苏洵所谓"利在则义存,利亡则义丧"③。王安石提倡的功利主义和变法思想完全是出于提振国力,而在初衷上与享受骄奢物质生活并无关联,熙宁变法时期,士大夫间的义利之辨也很是激烈,这场论辩并非局限于思想领域,功利主义被更多地运用到富国强兵的变法实践中,"具体实践和检验了中唐以来的事功思想",这场具有明显社会性的义利之辨因其强烈的现实关怀而在一定程度上解放了宋代士大夫的人性,还促进了商品经济发展,是"唐宋社会变革的必然产物"④。

可惜的是,理学家似乎并不能很好地理解王安石的思想。以往对王安石功利主义的误解正是来自于南宋理学家,南宋理学家对王安石功利主义的误会是由于"他们只承认义对利的制约作用,而不承认物质的利对义的决定性作用"⑤,但可惜的是韩琦等人受部分宋代新儒家思想影

---

① [宋] 强至:《忠献韩魏王遗事》页面六,《宋集珍本丛刊》第六册,687页。
② [明] 陈邦瞻:《宋史纪事本末》卷三七,328页。
③ [宋] 苏洵:《利者义之和论》,《嘉祐集笺校》卷第九,278页。
④ 林文勋《唐宋社会变革论纲》,284~302页。
⑤ 周宝珠《义利之辨对两宋社会的影响》,载《后乐斋集》,370~387页。

响，他们也是主张义在利先的，所以他们宁可牺牲快速获得利益的机会，也要恪守孔孟的义利观。王安石虽然是新儒家，但它是功利主义儒家，跟韩琦等人不同。尽管属于功利主义儒家的李觏当年支持过庆历新政，甚至还可能以其思想间接影响了新政，但这跟韩琦、富弼等人坚决的纯儒立场却没有必然关联，且对庆历新政时期影响更大的是"宋初三先生"，而宋初三先生虽然强调实学，可他们对儒家道德的强调也是空前的，石介就是典型的例子。

其实，从对"长乐翁"冯道的评价也能窥见士大夫的价值观念。王安石跟司马光有着鲜明的分歧。王安石认为冯道"能屈伸以安人，如诸佛菩萨之行"①。司马光则完全继承了欧阳修的学说，在其主编的《资治通鉴》中，在议及冯道时云："正女不从二夫，忠臣不事二君。……道之为相，历五朝、八姓，若逆旅之视过客，朝为仇敌，暮为君臣，易面变辞，曾无愧怍。大节如此，虽有小善，庸足称乎！"②两种评价各有其理，今人但需由此看出二人思想之异同，虽然二人都有着儒家的基本价值观，但在对具体行为的看法上，王安石显然是功利主义的，更注重冯道作为的具体影响。而司马光重"义"，重行为的性质而非结果。

王安石太过激进的追逐事功，把通变救弊思潮的现实影响发挥到了极致。从一个方面讲，这恰好放大了他所具备的那种北宋开明士大夫身上的共性，比如王安石讲"臣之不可犯上"是建立在"君之可爱"的基础上的③，他所主张的与君主进行有条件合作的观点以及士大夫政治主体意识，也正是庆历新政中范仲淹等人所主张的，再比如王安石之所以变法，是因为他在他的理想中认定"世间存在着一个社会运作所必需的系统"④，这和宋儒"道理最大"、范仲淹等人的以"斯文"为己任是

---

① ［宋］魏泰：《东轩笔录》卷九，《全宋笔记》第二编第八册，65页。
② ［宋］司马光：《资治通鉴》卷二百九十一，9511～9512页。
③ ［宋］王安石：《非礼之礼》，《临川先生文集》卷六十七，713页。
④ ［美］包弼德：《历史上的理学（修订版）》，65页。

共通的，因为他们都认为"儒家的整体规划"是凌驾于其他目标之上的最高理想和原则。

但是从另一个角度讲，分歧也由此诞生。这之中又分为两点：

其一，王安石太过于注重"得君行道"了。有宋人吕中曾记载下秦桧一定要宋高宗对他有坚定不移且唯一的信任后才提出宋金合议之主张，吕中拿这件事和王安石对宋神宗变法信心的考验相类比，评论说"邪正虽不同，而要君则一也"①。王安石虽然也曾拒绝过宋英宗的邀请，但那显然只是由于他认为英宗并不符合他实现儒家治道理想的标准，而非他认为不得君也能行道。而范仲淹、欧阳修他们在文学、地方兴学等方面都找到了"行道"的其他途径，王安石则只知道把教育当作统一士人意志以让士林齐心支持新法的途径，他"权源在君"的意识太过强烈，所以只考虑跟什么样的君主合作，而不反思"得君行道"这一途径本身的合理性。

其二，范仲淹、富弼、张方平等人对庆历新政在一些方面的激进行为有所反思，而他们非功利主义的思想背景也能帮助他们反思过度激进的错误，范仲淹后来对吕夷简抱有同情之理解也是有这样的思想背景的。但是王安石太激进了，王安石变法也有新儒家的思想背景，但其务实特征显然更突出，功利主义儒家的思想背景又让他难以意识到过度激进的危害，他甚至放弃了庆历新政时范仲淹等人经常拿来作舆论工具的"祖宗之法"的旗号，开诚布公地跟"祖宗之法"叫板。或许正是因为这种过度激进，导致他和原先支持庆历革新的士人群有了分歧。

南宋人曾经说出过一段耐人寻味的话，"仁宗皇帝之时，祖宗之法诚有弊处，但当补缉，不可变更。当时大臣如吕夷简之徒，持之甚坚。范仲淹等初不然之，议论不合，遂攻夷简，仲淹坐此迁谪。其后夷简知仲淹之贤，卒擢用之，及仲淹执政，犹欲伸前志，久之，自知其不可

---

① [宋] 吕中：《类编皇朝中兴大事记讲义》卷之九，583页。

行，遂已。"①，李裕民先生对之说道"这说明范仲淹自己也已看到大变并不现实，也就不再坚持。此论范仲淹变法，甚是。"② 李先生的解读或许稍有过度，毕竟此处范仲淹的"自知其不可行"是发生于景祐党争以后，如果此时范仲淹就已经看到大变不现实，恐怕日后的庆历新政就不会出现了。但从某种程度上可以说明，范仲淹在其政治活动中始终有着一种对自我的批判和反思，这种批判与反思所针对的是他的一些极端作为，比如为了积攒士望而对保守派士大夫苛责太过，再比如推行新政时"黑白太明"。据王瑞来先生考，范仲淹在庆历新政失败后曾给叶清臣写过一封信，那封信的内容就是范仲淹在反思庆历新政时"黑白太明"以及过度党争的失误③。

在仁宗朝，富弼总是给人一副积极边务的样子。但是神宗朝时，他却讲"陛下临御未久，当布德行惠。愿且二十年口不言兵，亦不宜重赏边功""阜安宇内为先"④。他虽然反对积极边事，但是依旧强调人君要"布德行惠"，可见其终极政治理想没变，但他之所以转变了对边政的态度，在一方面，固然可以看作是政术的因时而变，毕竟显而易见，神宗朝时宋廷面对的内政积弊相比仁宗朝政府面临的积弊而言，不论在数量还是在程度上都更加严峻。实际上北宋的问题一直都以内政，特别是内政中的财政最严重，边患难防在一定程度上也是由于财政，只不过宋代的财政问题并非缺少财富，而且财富支配使用不当。宋代士人对宋朝的财政问题大多是认识肤浅的，但他们后来在严峻的现实压力下，确实因产生了一种对内政积弊的焦虑而让他们在关注对象上更侧重"内"——内政的修复、内心的修养。但从另一方面看，更重要的是，此时对"道

---

① [宋] 李心传：《建炎以来系年要录》卷七十九，1487页。
② 李裕民：《范仲淹变法新论》，《宋史考论》，17页。
③ 王瑞来：《导致庆历新政失败的一个因素——读范仲淹致叶清臣信》，载《学术月刊》1990年09期。
④ [宋] 徐自明：《宋宰辅编年录》卷七，380页。

学辅人主"的强调也更强烈,儒家之道强调法不必密的稳态,因为儒者"立朝事君"的前提往往是"和睦亲族",对亲族自然法不求密,儒道本身是反对极端的,所以富弼评论王安石讲的"天变不足畏,祖宗不足法,人言不足恤"时说"人君所畏惟天,若不畏天,何事不可为者!"①,是看到了王安石的新法很可能让儒学("天变")丧失对皇权的相对制约力。

不过从另一个角度讲,王安石的"三不变"也可能是为扩大他自己的相权而提出的。为了提高决策力,王安石在熙宁变法时设置了制置三司条例司,这在客观上造成了一种中央,特别是主政者的高度集权,是范仲淹"黑白太明"以及"择官长"时雷厉风行的专断主义倾向的加剧延伸,造成了相权过度膨胀。客观上讲,在王安石构想的变法中,相权在某种程度成为皇权之下的另一种专制势力,虽然在大多时候宰相仍能践行士林的意志,但士林的意见向来不统一,宰相个人专断只能激化王安石和异见者的矛盾——所以王安石后来才要在教育中贯彻新法思想,目的就是统一士林思想,这种专制倾向破坏了士大夫政治和而不同的原则,自然被富弼等人抵制。

但是从更多的言论看,王安石似乎对儒家治道的推崇更多,余英时谓其有"回向三代"之理想,这种理想是凌驾于他的一切行为之上的,只不过在他看来由于"权源在君",所以以实现儒道为目标的变法必然要借助皇权。王安石重儒道甚于重皇权,这在某种程度上更说明了其"三不变"思想在提出之初,从王安石自己的初衷来看,只是为相权膨胀张目,因为相权是其自身亲自推行儒家政治的保证,而非助长皇权。退一步讲,即便王安石没有为相权张目的想法,他提出"天变不足畏"的说法也不足以颠覆他以儒道理想之实现作为最高追求的形象。王安石的思想有时似处于一种矛盾的状态,范仲淹也是这样,仲淹"举官长"

---

① [元]脱脱等:《宋史》卷三百一十三,10255页。

的时候雷厉风行，但在处理晁仲约时却显得圆滑。实际上，人的思想处于一种矛盾状态才是常态的，很多人不能认识到这一点，仿佛总想把一个历史人物对各个问题的思想"大一统"，太绝对的立场判定除了方便人们在进行历史叙事和评价时能更模式化一点，本身毫无客观性可言，把人的思想一元化，所得出的结论很容易是伪命题。所以，尽管王安石有的时候显得貌似支持皇权，但毋庸置疑，进行儒道实践才是王安石思想的主流。

在熙宁之际党争鲜明的历史表象下，其实藏着很多不"党"的士大夫，比如张方平。张方平作为当年庆历新政的支持者，在熙宁变法时也转而抨击王安石，按说这种主张跟司马光等旧党是一致的。但是早在宋英宗治平四年（1067），也就是王安石变法之前，司马光就连上两札批判张方平，说张方平"不协众望"①"文章之外，更无所长。奸邪贪猥，众所周知"②。范仲淹的儿子范纯仁在熙宁年间跟王安石、司马光也都有过争执。由此看来，北宋中后期鲜明的不"党"人士也有很多，类似于张方平的政治选择，实际上是国事为先意识的体现。这种意识或许也来自于庆历新政时期改革派和而不同的士风。也就是说，所谓对王安石新法支持与否，很大程度上并不针对士人积极参政的意识，反对派反对的是具体新法，而非反对昂扬的士风、通变救弊的精神以及对改革之必要性的认识。即便是司马光，他也依旧主张"得君行道"，只不过司马光称作"国之治乱，尽在人君"③，所以他在政治上也并非绝对的消极主义者。

反对派反对的，只是王安石变法的激进色彩以及过度的党争意识，王安石太重事功，做派又太刻峻。这实际上可以联系庆历新政以及庆历新政之后范仲淹、欧阳修等人的反思。

---

① [宋] 司马光：《张方平第二札子》，《司马光集》卷三十八，870页。
② [宋] 司马光：《张方平第一札子》，《司马光集》卷三十八，869页。
③ [宋] 司马光：《稽古录》卷十六，649页。

范仲淹的庆历新政虽然在设计上是需要渐进、长期推行才能达到效果的,但在实际操作中,范仲淹也有冒进的错误,比如"择官长"的时候就曾因贬罢官员过于专断严厉而被富弼批评。范仲淹晚年可以说从根本上反思了这个问题,反思了他的过度激进和"黑白太明",所以他在坚持积极政治之士风以及实现儒家治道之理想的条件下,基本上放弃了对相对保守主义的反对。这除了反映在他的《与省主叶内翰书》中,还体现在他和吕夷简的和解上,欧阳修曾经在给范仲淹撰写的神道碑铭中讲范、吕和好,但因为范仲淹的形象在后来被抽象化,所以后人总是带着对范仲淹的崇敬之情而认为他不会和吕夷简和解,纷纷指责欧阳修在乱说,直到张方平对苏辙讲了事情的真相,苏辙才把前因后果记了下来①。甚至,范仲淹的后人还在神道碑上刮去了欧阳修的相关语句,以致引起欧阳修不悦,甚至对别人讲"《范公碑》,为其子弟擅于石本改动文字,令人恨之。"② 王瑞来先生通过对范吕解仇公案的研究,指出了欧阳修在其所作神道碑铭中写下的"及吕公复相,公亦再起被用。于是二公欢然相约,戮力平贼。天下之人皆以此多之。"等句背后反映的思想,即欧阳修在庆历新政后也反思了原先改革中的过度激进、过度党争之弊,他有意强调范、吕和好,就是想缓和愈演愈烈的党争之风③。笔者以为,由此可以推想,欧阳修后来甚至可能是超越了朋党意识的,他觉得他们当年意气用事的党争太过分、对吕夷简的老成持重缺少同情之理解,且在经历宦海沉浮后,他也认识到渐进改良比突击改革或许更实际。韩琦的反思则体现在他后来对人讲,"务容小人,善恶黑白不太分,故小人忌之亦少。如富、范、欧、尹常欲分君子小人,故小人忌怨日

---

① [宋] 苏辙:《龙川志略》卷上,83 页。
② [宋] 邵博:《邵氏闻见后录》卷二十一,《全宋笔记》第四编第六册,146 页。
③ 王瑞来:《范吕解仇公案再探讨》,载《历史研究》2013 年第 1 期。

至，朋党亦起及其极"①，他对党争和偏激态度之危害也有了认识。

所以，庆历新政失败后的范仲淹、欧阳修、韩琦等人，在某种程度上，对皇权和中央改革在一定程度上丧失了信心，他们似乎不再希冀以激进改革来配合儒家整体规划的实现，不再打算依靠强权，而是温和改良、觉民行道、治理地方、兴学传道。从庆历新政到熙宁变法，这期间宋代新儒学运动始终是发展的，欧阳修、张方平、韩琦等表面上看起来发生了程度不一的思想转向，但其实他们的终极追求没改变，只是实现追求的路径因时而变。年轻时，他们都曾是激进的改革者，仰仗士林的声望，想得君行道。后来，他们要么转向对文学话语权的抢夺，要么投身具体的建设。儒家的整体规划作为庆历新政时期改革派士人的奋斗目标，始终没有改变，觉民行道的思想不一定只到明代才产生，把士大夫的"转向内在"圈定在南宋，更是忽视了北宋士人种种对现实问题作出的"转向内在"的反应。

其实这种态度转变背后的思想，很早就是潜藏在范仲淹等人思想世界中的因子（仲淹一生精研《易》、广交佛道隐逸之士），且这种"行道"思维或许才更符合传统儒家理想的要求。而富弼、欧阳修等人的思想世界，或多或少受到佛道思想或者其他志趣（如欧阳修喜爱文学）影响，在庆历新政时期已潜藏着"转向内在"的因子，新政的夭折给了他们警示，他们转而以士风提振和温和改良作为自己政治生命所追求的目标，改变了靠强制力来改革的儒法家思维，变成真正意义的纯儒，他们的儒生色彩变得更加明显、浓烈。而儒家政治本来就是圆润包容的，因为治国只是修身、齐家的延伸，齐家则强调包容、宽容，法不必苛密。

不过，对于富弼等人在宋神宗年间表露出的这种对相对保守主义的宽容甚至认同的态度，不宜作出过度的解释。即认为他们放弃了入世精

---

① [宋] 强至：《忠献韩魏王遗事》页面六，《宋集珍本丛刊》第六册，687页。

神,这显然和他们在当时坚持儒道治世理想的底线不合。在有些时候,士大夫是会有一些消极颓唐的言论,譬如欧阳修慨叹"国恩未报,而身已先衰;世徒可畏,而命亦多蹇"①,但这种消极情绪没有成为他们思想意识的主流,不然他们应该显得更加沉默,而非整日哀叹,哀叹就说明还想有作为,沉默才是放弃。况且欧阳修致力文学、排斥佛道,这也是一种行儒道,又谈何灰心丧气消极避世了呢?范仲淹虽然广交佛道,但是,并非有着所谓以空无精神消解人生愁闷的想法,很多时候,佛道给予儒家士大夫的更多是一种清高自持的心态,使他们不汲汲于仕途,余英时指出唐宋之际的佛教在一定程度上还出现了所谓的"入世转向",特别是禅宗。所以,把富弼、范仲淹等人反对过激改革的行为和士人入世精神的消退联系在一起,算得上是一种过度解释。

可话说回来,思想转向后的欧阳修、范仲淹、韩琦等人的主张和宋初以"防"为核心、注重召和气的祖宗之法有没有区别呢?有。宋初祖宗之法造就的是消极保守的士风,它缺少足够的改良社会的目的,而仅仅是为了维持社会秩序的稳定;而王安石变法时的欧阳修、富弼、韩琦,他们着眼的是发展文治、提振士风,他们保守的主张并非出于得过且过的心态,而是他们认为先求稳、再渐变,这是更佳的改良政治的手段。所以,庆历新政是新士大夫社群与消极士风决裂的标志性政治事件,而神宗时韩琦、欧阳修、张方平等人看似反对新法,实则跟王安石是有共性的,他们都致力于改变社会、推动发展。但庆历初年反对新政的保守士人,比如夏竦、王拱辰,他们似乎缺少足够的改良社会的信念,因而与范仲淹、欧阳修的激进形成鲜明对比。在王安石变法之初,本来新、旧党的人物都是支持变革的,所以从某种程度而言,熙宁党争争的是要不要激进变革,庆历党议则争的是要不要变革。

这便是庆历新政与熙宁变法的异同关系了。

---

① [宋]欧阳修:《青州谢上表》,《欧阳修全集》卷九十四,1401~1402页。

## 四、政治、权势与"风"

在本节，笔者想着重讨论三个问题：庆历新政的失败原因、庆历新政与皇权士权之争的关系（现实关怀）以及庆历新政的历史影响。这三个问题，分别对应了政治、权势与"风"这三个话题。解决这三个问题，对于我们从宏观角度认识庆历新政有着非同一般的意义，可以使我们发现一些为传统的解释与评价所忽略的方面。

谈及庆历新政夭折的原因，邓广铭先生以为，新政的失败是因为范仲淹、欧阳修等人触碰了宋朝禁绝大臣朋党的家法[①]；陈振、周宝珠还把新政失败的原因归结到反对派的破坏上[②]；漆侠认为，地主阶级内部两种政治力量的无从妥协以及仁宗对改革派的猜忌造成新政失败[③]；朱瑞熙把改革的夭折归结于其威胁到了贵族和高官的既得利益[④]；虞云国先生认为革新派不避朋党之嫌的做派使得宋仁宗在消解党争局面时优先考虑逐走君子党，因为小人并不承认自己结党，解决起来更为麻烦[⑤]；王瑞来则依据范仲淹在皇佑元年（1049）致叶清臣信中的内容，认为新政亡于"黑白太明"，且范仲淹晚年对之有所反思[⑥]；李华瑞则认为改革在触及旧有既得利益者的利益上程度太高，且党争最后又异化成权力

---

① 邓广铭：《宋朝的家法和北宋的政治改革运动》，《邓广铭全集》第七卷，295 页。

② 周宝珠、陈振编：《宋史》，132 页。

③ 漆侠：《范仲淹集团与庆历新政——读欧阳修〈朋党论〉书后》，载《漆侠全集》第九卷，234 页。

④ 朱瑞熙：《新兴的官僚地主阶级的首次改革尝试——北宋庆历新政》，载《浙江学刊》，2014 年 01 期。

⑤ 虞云国：《细说宋朝》，157 页。

⑥ 王瑞来：《导致庆历新政失败的一个因素——读范仲淹致叶清臣信》，载《学术月刊》1990 年 09 期。

之争①；陈荣照除了支持反对派对新政有破坏的说法，还颇具见识地指出了改革派自身存在缺点，即范仲淹缺少对封建政治之本质的认识，陈氏指出，新政的核心是吏治改革，这无疑是寄希望于这种"清流澄源"的改革能自上而下推行，可正因此，这种改革不会是彻底的，甚至是注定失败的②；诸葛忆兵和陈荣照看法相近，诸葛氏认为，新政是在"人治"下企图改变"人治"带来的弊端，除了浪费士大夫的政治热情，由于与社会根本性制度相冲突，因而变革官僚阶层的目标必然失败③；郭文佳认为在主观上新政的制定和推行过于急躁、缺少调查成果的支持。客观上宋代社会彼时还尚有一定的稳定性，守旧势力过于强大④；何忠礼则较为全面地指出了新政失败的四个问题，"改革派操之过急，新政有些措置失当""改革派损害了大贵族、大官僚的利益，更使一些贪官污吏不满""宋仁宗态度的转变""新政内容有很大的局限性"⑤。

  综合上述，这些对新政失败之因的总结，大体上无非是谈到三个方面，第一点是宋仁宗对新政发生了态度上的转变，第二点则是过度党争的现象对新政起到了负面影响，第三点是革新威胁到的既得利益者太多。此处须知保守派并不都是旧有既得利益者，譬如王拱辰就有着新派科举士人的身份背景。

  对仁宗态度的强调，基本上是基于持此论者对宋代皇权发展状况的认识，这些学者潜在地认同宋代皇权膨胀压制士权，但笔者在本书中已有论述，庆历新政的产生乃是士林舆论造成的结果，仁宗的抉择虽然也很关键，但并不是决定性因素，事实上，没有士林呼声带来的压力，仁宗可能很难主动去推行一场类似规模的改革。即便有边患的压力，即便

---

① 李华瑞：《两宋改革的特点及其历史作用》，载《宋史论集》，103～116页。
② 陈荣照：《范仲淹研究》，156页。
③ 诸葛忆兵：《范仲淹研究》，154页。
④ 郭文佳：《也谈庆历新政失败的原因》，载《黄淮学刊（社会科学版）》1995年04期。
⑤ 何忠礼：《宋代政治史》，154～158页。

现实积弊已经有所暴露，但是这些也只是起到辅助的作用，至多促成一场旨在解决一时的表面问题的改革，并不能从根本上导致一场立足长远、布局全面的改革的产生。

而强调党争现象的危害，则承袭自明末清初士林的反思，这种着眼于党争之祸的思路实际跟清初王夫之等人的看法一致，但明清之际的士人之所以强调党争的祸害，是由于它们自身经历了明季党争，深感清谈误国，所以他们的评价里包含了太多个人的悲痛情绪，他们对党争的批判是不理性的。

至于说新政触动的既得利益者太多，则自宋代起就有这样的言论，甚至南宋刘克庄在其《轮对札子》中就认为新政夭折的主要原因是"议减任子"①，触动了坐享恩荫之福的旧派政治势力。

由此看来，上述说法固然皆有其合理性，但大多是唱了很久的老调，缺少新意。且从这些总结可以看出，以往对庆历新政夭折的归因往往集中于外因上，不论是宏观上政治势力间的抵触，还是微观上一些特定事件和人物的作用，其实论述得很详尽了，无须赘言。这些总结所缺少的，是对改革派自身问题的分析，陈荣照尽管提到了这点，但笔者并不能认同庆历新政只是吏治改革，进而更不能认同范仲淹只寄希望于自上而下的改革，范仲淹的改革有着长远且全面的规划，他兴学、改良士风，这都是在为从下而上改革而努力，且过度强调君主意志对新政产生的作用，甚至将之归结为决定性的作用，显然和本书的相关说法不同。

关于改革派内部的问题，笔者以为这之中主要有两点，其一是士人党争意识的问题，其二是士人性格做派的问题。

关于党争，笔者在前文已多有论述，若要作以总结性概括，则笔者认为，范仲淹等人是有朋党之实，但拒朋党之名；朋党现象虽然存在，但在庆历新政时，其对现实政治的负面影响却很有限，不足以被归结为

---

① [宋]刘克庄：《轮对札子》，《刘克庄集笺校》卷五十一，2543页。

新政夭折的主要原因；真正成为改革派士人之缺陷的，是他们的党争意识，但这种意识由于在现实中的实践很有限，故而影响也没有一些人说得那么大。

别看欧阳修为朋党现象做辩护，他本身并不接受世人对他与仲淹等人朋党的评论，所以才给梅尧臣说"朋党，盖当世俗见指，吾徒宁有党耶？"①。韩琦在口头上也不承认朋党的客观存在，王拱辰来劝他倒戈，说"须是跃出党中"，结果韩琦却说"琦惟义所从，不知有党也"②。实际上对于当时人而言，朋党之实并无人关心，好比"祖宗之法"到底如何并没人深究，反而只是将它变成了任谁都打起的一面招牌一样，当时人最关心的只是有无朋党的名分。宋人田况对此就说，"君子小人各以汇举，盖声应景附，自然之理也。近世并立于朝，以道德相劝摩，为众所者，皆指之为党。"③ 当时被众人所嫉妒的名节高尚之士，很容易就被指为朋党，"朋党"的划定并不具有严肃性，而是完全看评论者的态度。在表面上，欧阳修和范仲淹拒绝承认此类名分问题，可现实中他们的行为或多或少掺杂党争意识的成分，他们有朋党之实。不论是范仲淹讲"方以类聚，物以群分。自古以来，邪正在朝，未尝不各为一党"，还是欧阳修作《朋党论》，潜台词都是在讲，一定程度上任人要看党性。这就使得在他们以公为先、心忧天下、和而不同的作为下，有着一些存在道德瑕疵的行为，比如范仲淹对滕子京的包庇，再比如梅尧臣被范仲淹压制。过去的评价集中讨论党争现象之害，似乎不自觉地有归罪于所谓的小人党的倾向，可是站在客观的立场上，应当认识到党争意识亦是存在于改革派士人的思想中的，这是他们自身存在的问题。

---

① ［宋］欧阳修：《与梅圣俞四十六通》之十二，《欧阳修全集》卷一百四十九，2450 页。

② ［宋］强至：《忠献韩魏王遗事》页面 6，《宋集珍本丛刊》第六册，687 页。

③ ［宋］田况：《儒林公议》，《全宋笔记》第一编第五册，106 页。

但是，从本书前文的论述也可以看出，庆历新政中很多政治事件的党争色彩其实是后来的史学家附会出来的。台湾学者王汎森先生曾援引清代刘咸炘的学说，指出唐宋以降的史学渐趋严整化，"史目"的固定使得撰史者总是有意将历史事件、人物向已有的史目中去，这固然方便于史家的记述与分析，却使得对人物、事件的评价变得狭隘且程序化，不再能体现刘咸炘所谓的世象的"风"势①。后人受到宋人党争思维影响，形成二元党争史观，有意把一些本来并不明显与党争有关的历史事件强行解释为党争的产物，导致了对新政夭折缘由错误的分析，夸大了党争现象的危害。

仁宗时期的党争现象或许并非严重到足以干扰政治发展的主流，特别是庆历之际的党议不像宋朝后来的党争那样有着鲜明的权力之争的色彩，庆历之际的党议为公的色彩浓于为私的色彩。而改革派的党争意识也是相对而言的存在，开放性和包容性是当时所谓的各政治派阀所共同具备的特性，没有绝对的君子党和小人党。相反，庆历党议更多展现出的是和而不同的高尚士风。在改革派士人的党争意识中，和他们党争的另一派有时并非一个固定的群体，而更有可能只是具体问题中个别的反对者。但是这种对象并不明确的、模糊的党争意识确实在客观上干扰了士大夫的理性，所以其负面影响并不能被否认，但也不宜说得太大，口头之争的激烈和实践中受其影响的程度是两回事。

窃以为，在党争异化为权力之争、意气之争的趋势还不够明显的庆历之际，其实党争现象的负面作用对政治的影响并不大，它只是一种士人张扬做派的产物，甚至还有一些学者认为庆历之际是有党议无党争的。今人不应为明末清初的士论所感，王夫之等人对党争误国的深切感受令他们在解读宋朝历史时放大了党争的影响，并不理性。宋代时极少数指责范仲淹等人党争误事的言论，往往也有着特殊的语境，譬如王安

---

① 王汎森：《执拗的低音：对一些历史思考方式的反思》，183 页。

石曾说范仲淹一派"结游士以为党助，甚坏风俗"①，可这或许不过是一时的激愤之语，不仅不合乎王安石对范仲淹的一贯评价，而且或与还带很强的目的性——王瑞来曾指出，处于变法与反变法斗争中的王安石之所以这样说，是意在激发神宗对反变法派的不满②。

综上，朋党的名分更多时候只是舆论相争时的工具，由于庆历新政时期的党争更多是为公事而争，而非纯粹极端的权力之争，所以党争现象的负面影响或许并无后人说的那么大。但就在这有限的党争现象中，范仲淹等人在党争意识的影响下也确实做出了一些不恰当的行为，这些行为会给予反对者以把柄，所以这种党争意识对理性的侵蚀成为改革派的内在问题。

至于士人性格做派的问题，则在本书前文中已有分散论述，石介的偏执、范仲淹的徇私情、欧阳修对朋党话题的过激态度、奏邸名士的骄浮放浪……这些改革派士人在性格或做派上的瑕疵往往能引出事端，并为新政夭折埋下伏笔。后人常常忽略或淡化这一点，实际是顺应了对范仲淹形象和评价趋于符号化和完美化的潮流，但今人已经超脱了古人的时代，再延续古人那种对改革派士人片面的评价，无甚意义。

实际上，以往的学者在解释庆历新政失败的原因时总是有一种焦虑，仿佛总想要找出新政夭折的最主要原因，但笔者认为，尽管新政夭折是诸多因素作用的结果，且对于导致庆历新政夭折的多方面因素，今人提及的基本上已经很全面。但那些因素中并没有所谓的主要、次要之分，新政夭折在某种程度上是偶然事件。仁宗对朋党的包容性态度的转变、士论导向的变化、西北战事的缓和等因素的产生都没有绝对的必然性，更没有预设的目的，所以不存在谁为主导。若非要言及新政夭亡的必然性，则至多可谈及庆历之际的内政之弊在现实中和在革新派士大夫

---

① ［宋］李焘：《续资治通鉴长编》卷二百七十五，6732页。
② 王瑞来：《宋代士大夫主流精神论——以范仲淹为中心的考察》，载姜锡东、李华瑞主编《宋史研究论丛（第6辑）》。

的语境中或许存在一定差异,即庆历之际并非宋朝内政之弊发展至最严重的时候,这个社会虽有通变救弊的思潮,但在多数人的意识中,对变革的紧迫感不够强,因而庆历新政缺少足够的社会基础。但毕竟当时推行新政也是得到士林的高度认可的,所以说因为内政之弊不够严重以致革新时机不成熟,也略牵强。

第二个话题,需要谈到庆历新政时期皇权与士权的关系问题。

宋代相权、士权、皇权的关系实在是一个剪不断、理还乱的问题。

我国学界关于这一问题的学术史,李华瑞有如下表述,"钱穆《论宋代的相权》关于宋初加强中央集权、分割削弱相权的论点,自1942年发表以后,为学界大多数学者所认同。这一论点一直相仍到60年代后期,港、台学者开始提出异议,而大陆学者大致到80年代中后期才关注这个问题。宋代宰相的职权是受到削弱还是得到加强,研究者中有削弱论与加强论之分。到90年代中期,士大夫研究渐次成为宋史研究中的热点问题后,皇权与相权消长再次受到关注,而且讨论的重点由制度与实际执行角度转向为'皇帝与士大夫共治天下'这一命题张目,相权消弱的观点基本被否定,形成两种观点:一是皇权、相权都得到加强,二是相权强化"①。

以上表述实际上也有不尽善之处。宋代相权问题,除了存在制度设计和实际执行状况的区别,其实削弱说和加强说还存在对相权定义的分歧。以及在探讨皇权、相权之强弱时所选参考系不同的问题。另外,张祎曾颇有新意地指出,相权加强说从政治运作的实际情况入手考察宋代相权、皇权之"强弱",这和钱穆等人所谓之"强弱"意义不同,钱穆"通过中枢设官分职新格局作出的'强弱'评价',其实是与此前的朝代(如汉唐)相比较而言的",而王瑞来、张其凡等学者所谓的"强

---

① 李华瑞:《改革开放以来宋史研究若干热点问题述评》,载氏著《视野、社会、人物》,74~75页。

弱","则只能反映宰相机构在宋代中枢权力结构中居于相对优势地位"①，这或为一说。而包弼德则对概念的含义纠察得更细致，他认为，在谈论唐宋变迁后专制主义的发展状况时，要区分两种专制主义，一种是"皇帝对他的官僚有任意支配的权力"，另一种是"政府对人民有任意支配的权力"②。

作为改革开放以来大陆较早认同宋代相权加强说的学者，王瑞来就曾提出，相权"不仅是指宰相一个人的权力，而是指以宰相为首包括诸多副相在内的一个执政集团的权力"。此外，王瑞来还强调了要区分"君主的主观意图和政治舞台上的客观事实"。他主要认为"在不断与皇权抗争中，宋代的相权总的看比以往任何一个朝代都重要。有宋三百年的政治舞台，基本上是由这群掌握实权的宰辅导演的，而皇帝在多数情况下，不过是一个任人摆布的尊贵的偶像而已"，伴随着"作为集体领导的相权的强化"和"皇权的象征化"，宋代呈现相权大于皇权的局面③。王瑞来近年来对自己的过往说法也有增补，他提出真宗以后宋代进入了一种并不排斥皇权的"宰辅专政制"，并造成了宋代党争与权相的累出不穷④。但王说的问题在于，诚然宋代相权对皇权有制衡，但宰执的任免依旧决定在皇帝手中，且王瑞来太过注重唐宋皇权、相权的纵向比较，而缺少对仅就宋代而言的皇权、相权之关系的横向比较。

有鉴于此，张邦炜对王瑞来的说法提出了修正，指出在纵向上，宋代的皇权和相权比前代都有所加强，而从横向来看，宋代依然是皇权最大，只不过士人以群体的力量在某种程度可以制约皇权⑤。置言之，士权想要获得相对皇权的绝对超越，是不可能的。

---

① 张祎：《制诏敕札与北宋的政令颁行》，北京大学历史学系2009年中国古代史博士论文，导师邓小南。
② [美]包弼德：《历史上的理学（修订版）》，105页。
③ 王瑞来：《论宋代相权》，载《历史研究》1985年第2期。
④ 王瑞来：《宰相故事：士大夫政治下的权力场》，13页。
⑤ 张邦炜：《论宋代的皇权和相权》，《宋代政治文化史论》，1~21页。

结合宋代"士大夫政治"的特征，张其凡又谈到，"作为士大夫中地位最高的宰相，可说是士大夫的最高政治代表，其权力与皇权是相辅相成的"，并认为这恰可以印证文彦博所说宋代"为与士大夫治天下，非与百姓治天下也"①。此外，钱穆、杨果等人所持的宋代相权削弱说通常只是关注了北宋初年的相权，认为枢密使、三司使瓜分了同平章事和参知政事的军事权与财政权，且台谏也制约了相权。对此张其凡认为，"参政分权、枢密分权、三司分权、监察分权"其实"无异是说助手与具体主管部门可以分去宰相的总理之权，其之不能成立，不言而喻"②。从制度实施的角度看，三司使在元丰五年就被归入户部③，而宋代历史上也不乏枢密使被宰相兼任的现象。比如文天祥就在德祐二年被任命以右丞相兼枢密使④，北宋庆历年间迫于外交紧张和内政弊端的压力，宋仁宗就实行了宰相兼枢密使的制度，庆历三年推行新政时，平章事章得象就兼枢密使⑤。到了南宋宁宗时期，由宰相兼枢密使甚至成了朝廷定制。且即便宰相和枢密使不是一人，也不代表就必然会互相牵制。比如庆历新政时的枢密副使富弼和参知政事范仲淹，他们在革新问题上有着同样的政治主张，虽然由于专制国家的官僚体制本身起到了某种政党式的作用，所以革新派不可视作政党，但当时的齐力革新的"两府"完全可以视作同一政治派阀，因而枢密使和三司使在宋代并未始终起到削弱相权的效果。

更何况，如果将目光放到五代，五代时期枢密院制度曾一度有"取代三省制平章事系统的趋势"，而到了宋初，枢密院职权反而呈现重归中书的态势，后周末期的枢密院虽然仍执行着中书的职务，但显然已不

---

① [宋]李焘：《续资治通鉴长编》卷二二一，5370页。
② 张其凡：《"皇帝与士大夫共治天下"试析》，《宋代政治军事论稿》，197~222页。
③ 龚延明：《宋朝官制辞典》，114页。
④ [元]脱脱等：《宋史》卷四百一十八，12536页。
⑤ [宋]李焘：《续资治通鉴长编》卷一百四十，3359页。

严重，因而苏基朗提出，宋初"所谓相权之分割更应是削枢密之权，以实中书之任"，宋初二府之制，"毋宁是重建中书宰相制度的开始，而非其分割与削弱的肇端"①。

综上，我们可以大体看到，宋代的相权并非如钱穆等人仅仅依据宋代前期制度设置而得出的相权被削弱的说法，从大历史的纵向视野来看，相权在宋代确实是加强了，并最终导致了宋代"士大夫政治"的局面，但是也正因为宋代皇帝要"与士大夫共治天下"，所以宰相本身跟皇权又有所合作，宰相能够凝聚士林的力量，士权可以制约皇权，甚至要求皇权，但不能超越皇权。

在宋代士人心中，民本与君心都是极为重要的，但是对这二者的推崇显然有着一定程度的矛盾。比如石介说过"善为天下者，不视其治乱，视民而已矣。民者，国之根本也"②，苏辙也讲"王道之本始于民之自喜，而成于民之相爱"③，但范纯仁却说"国之本在君"④。这种矛盾始终存在，且始终以君心为更重。朱熹是理学家，可是他在南宋儒家中算尊君较为坚决的，这主要与他"得君行道"的思想有关，也就是南宋吕中在评论王安石时所说的"要君"。"两宋儒哲，由修身立心之体验，深觉主政者一念关系转移之重，故其论常以此为先，即其经世之学，亦每不离乎正君也"⑤。在民与君之间更重民本思想实际是跟儒学思想本身关联更密切的。置言之，在一定程度上，民本与君心间的选择本质是尊崇"道理"与服从皇权间的选择。之所以说"一定程度"，是因为在"得君行道"、"道学辅人主"的情况下，皇权是被寄希望于成

---

① 苏基朗：《唐宋法制史研究》，4~21页。
② ［宋］石介：《根本》，《全宋文》卷六百三十，第29册，346页。
③ ［宋］苏辙：《进策五道》之《民政上》第一道，《栾城集》卷之九，1669页。
④ ［清］黄宗羲原著、全祖望补修：《宋元学案》卷三《高平学案》，《黄宗羲全集》第三册，197页。
⑤ 宋晞：《宋代学术与宋儒精神》，《宋史研究论丛（第五辑）》，28页。

为"道理"的实践工具的。所以宋代很多士人有着双重志向，正如谢良佐所说，"为学，必以圣人为之则。志在天下，必在以宰相事业自期。"① 这里面多少包含了更崇"道理"的士在皇权之强势面前的无奈心情。

在庆历新政，像石介那样的民本思想同样存在于范仲淹、欧阳修等人身上，重民本过于重君心，体现着他们在一定程度上对超越皇权的渴望。这种渴望，或许还被范仲淹的成功执政所激励，因为庆历新政的发生在本质上就是士权要求了皇权，于仁宗而言，现实积弊的暴露只是反证士林呼声的合理，并非是其推行新政的决定性因素。仁宗选择范仲淹，也是士林呼声让皇权相对妥协。但是，庆历之际士人所犯下的错误在于，他们似乎将他们自觉意识的高涨和士权具备了绝对超越皇权的能力这两件事画上了等号，庆历士风张扬到足够夸张，范仲淹、欧阳修对"朋党"的正面肯定，在客观上恰是造成了挟士权以威胁皇权的效果。

毋庸置疑，庆历新政中的士人或有意、或无意，总之其言行是有企图让士权超越皇权的，但最终的结果仍是士权被敏感的皇权重新压制。然而，这种努力也为士权换得了前所未有的空间，有了这种空间，才有了北宋士人日后在政坛、文坛上进取的作为和多样的表现。

第三点，谈庆历新政的历史影响。这一点，笔者在绪论中已经有所提及。在我看来，把影响最好划分为"实"和"虚"两个部分。

其中"实"的部分只需略谈就好，因为前文已有许多论述。所谓"实"，其实就是对具体的现实问题的影响，庆历新政除了对王安石变法起到了启发和示范作用外，还开启了党争政治、改良了政风与士风、推动宋学发展、为西北边境危情的缓和和吏治的澄清做了努力、为民生改良做了贡献、改进了宋代的官员选任与考核制度、发展了宋代的教育事

---

① ［清］黄宗羲原著、全祖望补修：《宋元学案》卷二十四《上蔡学案》，《黄宗羲全集》第四册，171页。

业等等。虽然说《答手诏条陈十事》的不少新法后来都被废除，但是也有不少被保留，或者被发展、被完善①。庆历新政是打破了五代、宋初以来"稳态政治"的一场改革，此处讲的"稳态政治"，并非指没有政权交替的动荡或者民变、兵变频发的现象，只是指在具体的政治操作上，宋初继承了不少旧有的制度设置、治理方式、治理思想，宋初祖宗之法里"召和气"又甚于"立纲纪"，那是一种少变革、重维稳的政治。而庆历新政率先对这种政治有所突破，所以其中涉及的新政、新法自然被后世继承很多。

到了南宋，党争之风与变革思潮依然存在，这很难说跟庆历新政无关。当然，此时不论是庆历、嘉祐之世还是元祐之世，都被符号化、抽象化甚至是片面化了，所以或许有人会觉得南宋政治受北宋政治的影响微乎其微。其实在笔者看来，最好还是不宜完全断绝南北宋政治间的联系，或者说，任何的时代，在更多的时候都是转"形"多于转"型"。或许是出于某种焦虑感，今天的史学研究尤其偏爱谈论所谓的时代间的"变革"（"断裂"）或"连续"（"继承"），但是，不论"变革"还是"连续"，都必然不是绝对化的，也不该拿着这样的说辞以偏概全，甚至最后发展为以"变革"或"连续"作为一种解读模式来套用历史。譬如宋高宗曾有"最爱元祐"一语，由于元祐常被比附作嘉祐之世的复行，所以曹家齐先生就认为南宋人有效仿北宋仁宗朝政治的意图②。且不论政治上由"旧党"主导的元祐之世跟"世之名士常患法之不变"的嘉祐之世到底是否有着完全相同的气质，因为这里面很可能包含着南宋人对北宋政治在认识上的多样性，以及南宋人历史解读的目的性。单就曹家齐先生这种观点反映的思路来看，他强调某种程度上两宋间政治

---

① 参见朱瑞熙《范仲淹"庆历新政"行废考实》，载《学术月刊》1990 年 02 期；方健《范仲淹评传》，222~262 页。
② 曹家齐：《"爱元祐"与"尊嘉祐"——对南宋政治指归的一点考察》，载《宋史研究丛稿》，271~284 页。

的继承性。但是方诚峰则指出,"爱元祐"完全存在于新的历史背景中,并非对北宋中晚期新旧之争的继续,他自认这种看法更强调两宋间断裂性①。方氏认为自己的说法对曹氏的说法是一种补充,但是,谈论所谓的连续性、断裂性,意义到底有多大?反正这种"断裂性"显然不会是普遍适用的,正如本书所述,至少在思想史上的某些领域,南、北宋间有着连续,士人"内圣外王"的意识是一贯的。所以,具体问题还是要具体分析,笔者尽管认为曹先生和方先生的说法都各有其理,但作为一种对研究思路的反思,笔者并不赞同把从具体问题中总结出的现象抽象与拔高,具体问题具体分析,庆历新政带来的积极士风以及一些新政政策,在南宋也有被继承和发展,作为宋学的发源,庆历之际的宋代新儒学对南宋人思想更是有着挥之不去的深刻影响。

讨论完现实层面"实"的部分,笔者更希望读者能更加关注到"虚"的部分。在谈这一部分之前,笔者要先引入"风"这样一个史学概念。众所周知,每个时代都有每个时代的特性,或者说是气质。特性虽然不能普适于社会的各个方面,但却是对一些现象有着一定归总性的概念。台湾学者王汎森指出,在清代学者刘咸炘的学问中,"风"是一个极其特别的概念,少数事物慢慢由弱势变强,又去触动多数事物,最终形成一种"风势"。② 时代的气质与特性或许就是附着、体现在这种"风"之上的,所谓士"风"、学"风"、政"风",其实都是在描绘这种气质或者特性。

在庆历新政时期,政治上的"风"是政治文化交替,多背景的新士人(核心是科举士人)所倡导的新政治文化取代了旧的世族政治文化,新的政治文化不断发展,形成"风势";士人间流行的"风"是好论世,"宁鸣而死,不默而生"的他们凭借着自己对通变救弊的热情,积

---

① 方诚峰:《补释宋高宗"最爱元祐"》,载《清华大学学报(哲学社会科学版)》2014年02期。

② 王汎森:《执拗的低音:对一些历史思考方式的反思》,175~178页。

极参与到政治建言中，士风提振的趋势是一种"风势"；学术之"风"是重经世，直抒胸臆、不惑传注的经学给予现实政治以指导，经学的致用化趋向是一种"风势"；文学之"风"是"道"在"文"先，让文学写作在本质上成为一种道德实践，"文"传"道"的功能不断被强化，这是一种"风势"。

上述谈及的皆是具体方面的"风"，而从整体来看，当时的社会之"风"则是推崇变革，同时又有着相对的包容与开明。包容作为时代的气质，成为士人和而不同、各抒己见的基础和保障。宋人范祖禹曾说，"仁宗皇帝在位四十二年，丰功圣德固不可得而名言，所可见者，其事有五：畏天、爱民、奉宗庙、好学、听谏。仁宗能行此五者于天下，所以为仁也"①。这之中前三者营造出了一种温和的社会环境，而统治者的好学、纳谏，则极大激励着士人的参政热情、带来了政治的相对开明之风。顾炎武对这一点说得更详尽，他说"宋自仁宗在位四十余年，虽所用或非人，而风俗淳厚，好尚端方，论世之士，谓之君子道长。"② 虽然说朝堂上的大臣各有其政治主张，有的见识卓远，有的保守冥顽，但是，包容性的世风最终还是营造出了"君子道长"的局面。

实际上，谈到"君子道长"，就不得不谈到，伴随着庆历之际的政治，士人的分流在加剧，不仅仅是参与政治的士大夫内部立场分歧的显露，从更大的层面上，整个宋代的士大夫社群出现了偏重于道德改良的士人与偏重于政治变革的士人的鲜明分化，即刘子健先生所谓的在儒家固有的"才"与"德"的矛盾的背景下，儒家官僚体制所始终存在的"道德改良派"和"机构改革派"的冲突③。不过笔者以为这个跟"义利之辨"联系起来更为贴切，且笔者并不认同刘子健先生提出的这种分

---

① ［宋］范祖禹：《上哲宗乞法仁宗五事》，载赵汝愚编《宋朝诸臣奏议》卷一二，108 页。
② ［清］顾炎武：《日知录》卷十三，［清］黄汝成《日知录集释》，592 页。
③ ［美］刘子健：《中国转向内在：两宋之际的文化转向》，152 页。

化诞生于两宋之际的主张,其在北宋就已经显露出这样的趋势,而这种分流在南宋也不过是相对而言的,宋代几乎没有出现过毫不涉及政治的宋学家或者毫不涉及新儒学的士大夫官僚。总之,宋代士大夫最终出现了相对外向型与相对内向型的分化,他们精神世界的混沌局面渐渐消散。但是从另一个角度而言,这种角色分化让宋代士人对自我的社会责任有了更明确的认识,而这种角色和社会责任的选择往往是士人自觉的行为。所以,不论是对于在中下阶层中更为活跃的思想家,还是对于相对而言在上层社会更为活跃的政治家,他们在这种士人分流的趋势中都找到了自我归属,他们对自我使命的认同状态凌驾于他们对其他事物的接受状态之上。换言之,参与政治的士大夫固然要相对地服从于体制施加的压力和皇权的要求,但士权与皇权的合作在宋代是有条件的,一旦他们发现自己无法借助皇权达成自己的政治理想,他们会选择远离皇权——譬如范仲淹所谓"便为良医"、欧阳修做六一居士、林逋的隐逸等等,甚至他们还有可能放弃与皇权合作——王安石屡次拒绝宋仁宗、宋英宗的任命在某种程度上正说明了这一点;而对于学者型士大夫而言,他们的学术也是要表达他们自己的思想,庆历之际的李觏、石介等人并没有迎合旧政治的喜好,他们讲学传道,都是在传播掺杂着他们个人理念和主张的学说。

综上,毋庸置疑,无论是追求儒家"治道"的实现,还是追求经学的突破创新,这些做法都是鲜明的个人行为、个人主张。联系前文对庆历之际皇权、士权关系的讨论,宋代的皇权固然始终是至高的,但皇权在宋代受到的冲击较诸中国历史上其他士人自觉意识高涨的时期,或许是最大的。这种冲击,根本上来源于士人在追求对皇权的"绝对超越"失败后,客观上获得了"相对超越"——造成这一局面的,虽然有皇权主动妥协(崇文尊士)的因素,但更大程度上是由于士人自己的努力。

德国思想家马克斯·韦伯曾经说过,人是寻求意义的动物,又被悬挂在自己编织的意义之网之上。格尔茨在《文化的解释》中沿用了这种说法,并提出,文化作为一种符号化概念,恰恰就属于这种所谓的意义之网①。在中国古代,多数士大夫作为儒家思想的实践者,他们的意义之网即是儒道"斯文",儒家价值观作为一种主流文化,塑造出了多数士大夫对理想社会的儒家式想象。

北宋庆历初期以范仲淹、欧阳修为代表的新士大夫群体便是这种儒家式理想社会坚定不移的拥护者,"救斯文之薄"成为他们所要寻求的意义,为了实现"斯文"的复兴,他们推行政改、改良经学、倡导古文、提振士风。庆历新政前后的士风、政风、学风就是北宋士大夫们为自己编织的意义之网,他们从这种对意义的追寻里获得振奋的情感,又在这种情感的激励下坚持遥望和守护着他们心中的儒家式"治道"理想。范仲淹、欧阳修等人是活跃的政治参与者不假,但诚如刘子健先生所说,他们更是儒家理想主义者②。尽管在那样一个专制体制无法改变的时代里,他们并没能完全成长为韦伯所谓的真正的"职业政治家"③,但在彼时"和而不同"的激昂士风里,我们仍能看到那个时代相对宽容的气质,更可以看到知识人的自信。这种士风世相的出现,正是庆历新政推动的。笔者之所以在写庆历新政时反复强调士大夫精神的嬗变,其实是表达一种现实关怀。庆历新政作为一场政治改革,尽管有着不少可圈可点实处,可它最终还是失败的。可笔者要强调它功不在此,庆历新政真正的公用就在于改善人心、振励士风。

较诸西方能服务于君主之外的权力的职业政客,封建时代具有个体自觉意识和传承儒家道统之责任感的士大夫们,似乎也并非只服务于皇权,在相对开明的时代,他们更多地服务于自己的理想,只不过传统的观念大大束缚了他们可以实现理想的途径,"得君行道"成为他们不得

---

① [美] 克利福德·格尔茨:《文化的解释》,5页。
② [美] 刘子健:《宋初改革家:范仲淹》,载费正清编《中国的思想与制度》,128页。
③ [德] 马克斯·韦伯:《以政治为业》,载氏著《学术与政治》,61页。

不选择的主流。然而，文学的发展、学术的创新、新士风的出现、兴学运动的开展……这些都是士人在"得君行道"之外为实现理想而做出的努力。实际上，不论是宋代士大夫对通过经筵来成为帝王师的争取（尽管最后以失败告终），还是士权的不断增强，抑或是"道学辅人主"口号的提出，它们都体现着宋代士大夫以儒家的价值标准凌驾于皇权利益之上的企图。这种企图只是部分地成功了，每一位宋代皇帝都不同程度地接受了儒生的教化，但却没有从根本上改变皇权至高的地位。这种士权发展的局限性当是不刊之论，所以今日一些人所谓儒家中有民主宪政的思想，这实在是不足采信的说法。

宋代之所以是中国古代士大夫的黄金时代，不仅是客观条件造就的，更是士大夫们自己争取来的，他们思想世界中有着政治主体意识的觉醒，人格自主意识也渐渐活跃。宋代士大夫不论是参政还是治学抑或进行文学写作，他们心中承载的更多地都是对"道"与"斯文"的推崇与追求，他们客观上难以逃脱被专制的命运，但他们中确实有一部分人做到了相对的"心有天游"。范仲淹"不为良相，便为良医"的志向就说明他并不希冀只通过仕途、与皇权合作来实现自己所尊崇的儒家"治道"理想。到了南宋后期，科举腐败、士风败坏，但仍然有不少像叶适那样的士大夫坚守自我信仰的学术思想，不迎合国家权力的趣味[①]。就像赵匡胤当年问赵普"天下何物最大？"时赵普回答的那样——在宋代一部分士人心里，"道理最大"[②]。他们推崇"道理"、追求"斯文"，表露出的是这些宋代士人高度的自我主体意识，这是他们在不可改变的文化条件下自我选择的信仰与志向。范仲淹最为此类士人的代表，他的一生基本都是以自我理想为引导的一生，他在他的仕宦生涯中，就"完

---

[①] 王德毅：《宋代的科举与士风》，载《厦门大学学报（哲学社会科学版）》，2005年06期。

[②] ［宋］沈括：《续笔谈》，《全宋笔记》第二编第三册，356页。

全按照自己确立的历史意识行事"①。

因而可以讲,宋代有一大批开明士人实在太想活出自我、想活出一个儒者的价值了,正如范仲淹所谓"不以毁誉累其心,不以荣辱更其守"②。他们甚至为了那种相对的自由而不惜以一种过度激烈的、挑战皇权的危险姿态(譬如奏邸之狱中王益柔歌《傲歌》"醉卧北极遣帝扶,周公孔子驱为奴"),来换取相对适宜的君臣关系。统治者的克制姿态(优待士人)和士大夫在皇权容忍限度内的自由之风相融合,达到了一种和谐,皇帝与士大夫得以共治天下,即孔子所描述的理想君臣关系——"君使臣以礼,臣事君以忠"。此处的"忠",在范仲淹等人心中并非愚忠,而是做事正直的意思③。这样的解释或许并不一定准确,设若理解的意思并非孔子原意,那么范仲淹等人这种执拗的将错就错也是一种理想主义的作为了。

不得不承认,在有限的范围内、在客观上无法避免皇权对社会的相对干预的条件下,包括范仲淹、欧阳修等在内的一大批与之有着相似志向和气节的士大夫,也确实通过自己的努力尽可能地活得自由了一点,不论是政治权利上的相对自由,还是思想上的相对自由。他们的人生态度,大抵就像范仲淹感慨的那样——

"一身从无中来,却归无中去。谁是亲疏?谁能主宰?既无奈何,即放心逍遥,任委来往"④。

---

① 罗炳良:《范仲淹历史意识初探》,载氏著《宋史謦识》,109页。
② [宋]范仲淹:《邠州谢上表》,《范仲淹全集》,416页。
③ 王瑞来:《"将错就错":宋代士大夫"原道"略说——以范仲淹的君臣关系论为中心的考察》,载《学术月刊》2009年04期。
④ 《范文正公尺牍》卷上,《范仲淹全集》,650页。

# 尾声: 波峰浪谷

## ——近世清流的命运

唐代清流文化的兴起是中国社会由中世向近世转变的时期里一个重要的现象,与内藤湖南、宫崎市定等人的"唐宋变革"论以及陈寅恪的说法不同,陆扬指出,这种具备对寒士的包容性的世族政治文化并未随着白马驿事件以及李唐的灭亡而不复存在,而是在五代到北宋仁宗朝之前的时间里继续作为相对而言的主流政治文化而存在①。笔者以为,这种地位的保持或许正是凭借其对寒士的妥协姿态,但也正是由于这种包容性,最终使得具有多元背景的寒士新贵颠覆了旧的世族政治文化,并通过在从中唐到宋初这一时期里对政治、思想、学术等多方面进行渐进变革的方式而在宋仁宗朝开始建立起新的文化传统。

这种新文化在仁宗朝之后仍有着长期发展的过程,然而其后的宋朝政治与学术文化大多都只是在仁宗朝革新的基础上进行补充、完善。作为一个社会转变的关键性时期,庆历新政前后政治、文学和思想领域革

---

① 陆扬:《唐代的清流文化——一个现象的概述》,载《田余庆先生九十华诞颂寿论文集》,545~567页。

新意识的迸发为这一时期塑造出了一种迥然于此前社会的风貌。因而在后来的宋朝士人的意识里，有不少都因对庆历新政前后甚至是整个仁宗朝的士风、政风、文风、学风满怀追慕之情，而产生了一种对之过度美化的想象。这虽然在一方面与宋朝不同时期的政治局势有关①，仁宗盛世与庆历士风更多时候是作为符号化的舆论工具存在的；但在另一方面，这种被美化的想象的存在，也当和庆历之际宋代新儒学精神、积极进取士大夫风貌等因素的历史影响有关，其在客观上也证明了庆历新政前后以锐意进取的姿态出现在历史舞台上的新进士大夫们在事功与立言上取得的成就，这些成就更加适宜于新时代的社会背景。

然而，不论是推翻世族政治、反对保守主义的士风还是超越汉唐经学而发展出直抒己意的新经学，通过参与"同治天下"来实现儒家价值观下的社会想象的目标始终贯穿于宋代士大夫发展主流政治文化的历程中。"救斯文之薄"是宋代具有自觉意识的士大夫在参与政治活动时共同持有的追求。尽管这之中存在有具体方法和手段上的分歧，但正如余英时先生所说，"回向三代"是宋儒从存在之初就既定的目标，庆历与熙宁的变法恰就是在这种价值观指导下的对"治道"实践的尝试②。

宋代士大夫政治的渐趋成熟是发生在北宋中期及其后，需要说明的是，不论是在本节，还是在整个全书，"士风"和"士大夫政治"都只是一个笼统、宏观甚至略有些模糊的概念。对于前者，正如张邦炜先生所述，"力主北宋士风极坏者有之，称颂北宋士风甚美者亦有之。然而这类通论性的论断难免欠周延，长达160多年的北宋时期，不同阶段士风有别，乃至迥异。"③ 笔者所描述的"士风"，在某种程度上只能算作

---

① 关于"仁宗盛世"在宋代的历史书写史，参见张林《从平庸到仁圣——两宋政治迭变中的仁宗形象》，中山大学中国古代史2010年博士论文，导师曹家齐。

② 余英时：《综述中国思想史上的四次突破》，载氏著《中国文化史通释》，18页。

③ 张邦炜：《论北宋晚期的士风》，载氏著《宋代政治文化史论》，206页。

小众群体中的士风，但笔者选择的是士风之主体，往往是这个时代最活跃、最具影响力的士人群，譬如庆历新政中的范仲淹、欧阳修等人，这是笔者需要承认的；对于后者，具体考察"士大夫政治"在北宋的不同时期的状况，会发现皇权与相权都有着复杂多样的关系。比如宋神宗熙宁改制时期，中书门下的事权更大；而到了神宗元丰改制时期，政务裁决更倾向于君主独断，宰相群体看起来更多体现出分权制衡的特征①。不过总体来说，士大夫政治作为宋朝政治的重要特征，它的存在在某种程度还是能够说明宋代士权有着相对增强这一整体趋势，尽管皇权的增强在这一时期也与之相伴。

　　从士大夫政治渐趋成熟的北宋中叶开始，渐渐出现了半世袭的士大夫家族把持朝政的局面，美国汉学家郝若贝（Robert Hartwell）将这些士人说成是"精英"②。这种现象的出现，似乎可以说明在身份制的贵族阶层消失之后，凭进士起家的家族对政治的影响力在增强，中举士人通过婚姻、政治结盟、援引师友、投资产业（如范仲淹置田千亩建立义庄）等方式来积攒资源，从而为自身家族谋取福利。这些通过科举翻身的士人又在家境改善的前提下，通过对家族子弟的培养，来利用荫补制度的保障以及人际网的积极作用，最终推动家族势力稳定、持续的发

---

① 详参方诚峰《走出新旧：北宋哲宗朝政治史研究（1086～1100）》，北京大学2009年中国古代史博士论文，导师邓小南。研究宋代士权、相权的状况，笼统与细致似乎都各有其理。往往一有人说北宋相权呈增强趋势，就有人会以细致具体到每一年间的相权、皇权势力强弱状况来反驳。其中哲宗朝因为有官制改革，所以被拿来举例尤其多。但是细节是否会影响人们对宏观上总体趋势的判定呢？显然会。相权、士权保持总体加强趋势的过程中，难免有一时的低回婉转。所以讨论这一话题其实是相当令人矛盾的，史学研究需要宏观概述，也需要细致考察。宏观视角用来把握大事物的整体气质，微观视角用来展现细节潜移默化的变动。对视角的选择，当结合问题的具体情况。数量有限的对细节的考察，不足以干扰对整体的笼统概述。

② [美]郝若贝：《750-1550年期间中国的人口、政治和社会变迁》，《中国史研究动态》1986年第9期。

展,在科举社会中出现了所谓的名门望族①。这种家族的崛起并不意味着门阀士族的卷土重来,一方面,较诸门阀背景所带来的福利,科举制的选拔性使得由之得来的福利缺少稳定延续的保障,借由婚姻、同年等社会关系搭建的利益关系和互助关系也并不一定稳固,恩荫的福利也小于过去门阀背景带来的好处,近世科举社会中的名门望族的福利和过去门阀士族的福利在特点上有着显著的区别;另一方面,它其实只是士人对儒家社会秩序重建的副产品,晚唐世族的衰落使得这些传统社会中的宗族的秩序和谱系被破坏,北宋儒学复兴旨在敦正礼义,于是自仁宗时范仲淹、欧阳修等人起,兴修族谱,恢复族制。这种宗族结构和意识的复兴本身并没有什么明确政治目的,仅仅只是一种对儒制的恢复②。而且,有学者认为,宋代的"宗族"其实是"家族",唐代的门阀士族实际上才指的是真正的宗族,"家族"和"宗族"是不同的概念,前者比后者规模要小,"宋代的族居仅仅是同姓聚居的村落,而同姓中的各个直系家族则相对独立"③,因而相应的,"家族"不必然总是具备"宗族""世族"那种鲜明的政治追求。

历史进入南宋,在学术思想上,南宋理学出现了转向内在的趋势,更强调人的内省意识。政治上,从 11 世纪开始士大夫对权力的分享程度在下降④。经济上,南宋的土地兼并致使中下阶层的士大夫没有足够的经济基础组织起改革派阀。所以看起来,尽管南宋高宗、孝宗也有不同程度的改革,贾似道还变革土地制度,但实际成效都不大,甚至在一些时候还起到的负面作用。在这些情况的作用下,士大夫在中央的作为空间大为缩小,因而韩明士(Robert Hymes)又在郝若贝的基础上提出了所谓南宋精英"地方化"的说法,他认为南宋时期的地方精英势力最

---

① 黄宽重:《宋代的家族与社会》,236~237 页。
② 龚鹏程:《江西诗社宗派研究》,93~94 页。
③ 罗炳良:《宗法制度与宋代社会》,载氏著《宋史警识》,65 页。
④ [美]刘子健:《中国转向内在:两宋之际的文化转向》,152 页。

终取代了中央政府的势力（公权力）而在一些领域服务于地方，士大夫精英放弃了对中央政治权力的追求，转而巩固其在地方上的权力基础，以争取社会资源来获取政治资本①。韩明士为此写作了一本专著，成为"南宋精英地方化"一说的代表著作——《Statesmen and Gentlemen：The Elite of Fu－Chou，Chiang－His，in Northern and Southern Sung》。但是已经有学者指出，这种说法是以偏概全的，精英"地方化"应该只存在于部分地区，而且很多时候只是一些个案，所谓的"地方化"了的士人，大多并没有放弃对中央政治的兴趣，并不合理②。南宋的时候，朱熹、叶适、陈亮等士大夫都主动对中央提出过改革的主张，余英时就对南宋士大夫积极参与中央政治的状况做过许多描述，所以尽管南宋政治派阀的形成环境比北宋严峻，但士大夫或者说"精英"，对中央政治的热情并未减少。不过笔者以为，诚然南宋士人整体而言并不存在所谓对中央朝政心灰意冷的现象，但今人也不得不承认，随着这些热心政治的士大夫在中央参政时的接连受挫，他们转而与地方士人结合的趋势确实是越发明确的。这种地方士人政治影响力的增强或许和新儒学向乡里渗透③

---

① 柳立言：《何谓"唐宋变革"》，《宋代的家庭和法律》，3~42页。
② 包伟民：《精英们"地方化"了吗？》，载荣新江主编《唐研究》第十一卷，653~670页。
③ 此处需要对近世儒学的发展是向乡里渗透这一说法略作说明。葛兆光曾提出儒学发展经历了制度化、常识化、风俗化（世俗化）的过程，笔者所述的儒学向基层社会组织渗透的阶段，对应的即是葛氏所谓的儒学风俗化阶段。但是笔者并不主张使用"风俗化"这一简单描述，说近世儒学的发展特点是向乡里渗透，一方面是为了体现一种动态发展的趋势，另一方面，也是最主要的一点，即风俗化的儒学其实是浅薄化的、不完整的儒学，儒学在最基层的普通百姓那里仅仅是简单变成了形式化的习俗，在一些情况下，儒学本身承载的一些社会理想和精神追求已经在其向乡里渗透的过程中被过滤掉了。在中国的近世，真正的儒学其向基层渗透的趋势仅仅止于最基层的士，即比一般地方乡绅在名望、地位上还稍低一些的儒家知识分子中，在这些基层的士以下的人，所受到的儒学就是不完整的、形式化的儒学了。在整个近世，乡绅和基层士人才是继承儒学的主要群体，那些接受了风俗化儒学的普通百姓，并未真正具备儒者的基本素养。

的趋势也有着一定的关系,且"重乡里"本身就是儒家实践中的基本原则。梁庚尧提出,在宋代新儒学所强调的新家族制序中,特别强调了士人对家族的经济责任①。笔者以为,这在客观上进一步促使士人把目光由中央转向自己家族所处的地方。许倬云曾将宋代的君权比作权力"我者",而以掌握基层的地方社会力作为权力"他者"。他认为作为行使权力"他者"的主体,地方缙绅始终代表着正统的思想。这种具有垄断性的思想,即是宋代作为思想"我者"的儒家②。这实在是一个卓识,因为其明确指出了儒家思想这一宋代地方士人的价值观核心,在某种程度上,这也是参与清议、党争的宋代士大夫所共同持有的基本思想资源。实际上,在理学家那里,设立家族的初衷在某种程度上就是为了方便理学道德的实践,当时的家族亲属间大多关系和谐、有教育和救济上的互助和其他与自身有共同理想的家族一齐为物质和精神生活的改善而努力,这本身就是一个按照宋代理学原则规划出来的,地方乡约和书院广泛建立的背景是理学企图通过让士人信奉道学从而改革家族,进而变革地方社会。宋元之际地方士人社群势力的发展与理学的发展关联是极为密切的③。在地方士人活跃的时期,是理学在鼓励他们"把自己视为政治与公共生活的一分子"④,在部分理学的论述中,并不认为一个强大君主是必需的,虽然会存在士人与皇帝的合作,但士人的尊君是在君能按照理学的要求来维护士人社群的利益这一前提下。

在所谓的精英"地方化"的说法中,盘踞地方的家族势力在一定程度上成为阻碍社会流动的势力,这和世族政治在客观上起到的作用相一致。然而,地方家族抑制社会流动的说法本身存在诸多不能尽善之处,黄宽重先生从家族内部的变化入手,声称用个案研究的方式会得出与此

---

① 梁庚尧:《宋代经济社会史论集》,412~413页。
② 许倬云:《我者与他者:中国历史上的内外分际》,81~83页。
③ 详参包弼德《历史上的理学(修订版)》,198~223页。
④ [美]包弼德:《历史上的理学(修订版)》,105页。

不同的结论①。周扬波则从士绅结社的繁荣程度着眼，指出在南宋时期，北宋时周期性控制朝政的半世袭精英家族作为集团已经退出了中央的政治舞台，因而南宋社会存在着空前繁荣的高频率社会流动。在这种社会流动下，士绅的结社变得十分活跃②。笔者以为，士绅结社繁荣只是清议出现的表象之一，毕竟，清议的源头就是乡议，地方士人势力对政治影响力的增强，必然带来乡议影响力的扩大。置言之，士人因志、因言、因道、因地域、因学统等而朋党的行为，目的还是为了左右政治。不论这种情况出现在中央还是地方，它都能通过士人意志汇聚形成的力量而产生重大的政治影响力。而乡议、清议正是这种意志重要的表达方式。正如范仲淹的上台是由士林呼吁作用的结果一样，"天子以仲淹士望所属，……及夷简罢，召还倚以为治"③。在皇权可以接受的范围内，清议的舆论导向中所反映的"士望"，相对而言，对现实政治有着比皇帝意志更大、更直接的影响力。这种影响力诚然在以前的中国历史中亦不乏见，但在科举制备完善、世族政治消失的宋代，士人清议时政的氛围显然更浓、程度显然更强烈。且由于道不同、立场不同，清议与士大夫党争密不可分，由清议带来的流品之分，更是促成了异见士人群的分化。

  如此说来，伴随着自觉意识的高涨和相对开明之士风的形成，宋代的士大夫越发像广义上的"清流"了，这倒是暗合了朱熹评论北宋名士时所谓的那些人"多分流品"④。实际上，唐代的清流文化中本身也就存在着士人清议和党争的内容，晚唐时期朋党之风大兴，白马驿事件也与士人朋党有关。其之所以有着特殊性，是因为唐代的清流文化有着世族政治与科举政治相交替的社会背景，清流文化作用于唐、五代的清流

---

① 黄宽重：《宋代的家族与社会》，243页。
② 周扬波：《宋代士绅结社研究》，210页。
③ [宋] 李焘：《续资治通鉴长编》卷一百五十，3637页。
④ [宋] 黎靖德 编：《朱子语类》卷一百二十九，3088页。

身上，从而在某种程度上间接地参与了这一历史转折的过渡，其被冠之以"唐代的"，就是强调这种特殊的时代属性，而其本身由于包含有清议与党争的特征，因而从相对宽泛的角度而言，其和历史上其他时期的清流文化、清议文化有着共通性。于是乎，我们大体可以看到一个关于近世清流文化开端的模糊轮廓了，宋代的士人中后来也渐渐形成了一种清流文化，只不过它和唐代清流文化有着决然不同的历史背景，但共同之处在于它们都存在清议与党争。

之所以强调宋代清议、清流文化的概念是模糊的，主要是因为这种文化本身极具开放性，具体到发展这种文化的主体，"清流"往往不仅指一个政治群体，其在更多时候指代的是一个文化群体。同为"清流"，可以有着不同的政治立场，却一般没有不信奉儒家价值观的——这种共同价值观的存在，不仅让历史上不同时期的清流从大历史视角上看起来有着精神上的呼应，也构成了清流文化的基本特征。

另外，清流文化之所以是一个模糊笼统的概念，是因为其载体（大抵等同于士大夫正直的建言）在不同时期的称谓略有不同，有"党议""清议""清流"等多种称谓，且从现象来看，有时候清议相对较多而党争相对较少，有时候清议相对较少而党争相对较多。

王维江指出，在战国时形成的"清""浊"自取的思想成为清流文化的雏形[①]，其后，清流文化始终频繁地出现于动荡之世或内政疲敝之时，士人因责任感而积极参政、议政建言，结果被扣上"党议"的名头，譬如东汉党锢名士们的活动以及太学生运动。到了魏晋时期，出现了所谓的清谈，王维江认为魏晋清谈"偏离了儒家轨道"，这或许因为王氏看到了是佛、道思想对儒家正统地位的冲击。但是，实不宜因此全盘否定魏晋清谈的积极作用，作为中国思想史上一个重要的突破时期的

---

① 王维江：《谁是"清流"？——晚清"清流"称谓考》，载《史林》2005 年 03 期。

特有现象，其和魏晋时期士人个体自觉、独立精神萌发的历史背景密不可分①，这也就是魏晋清谈给人以清议色彩浓于党争色彩的印象之原因了。魏晋风度更多是个人主义的，但它又毋庸置疑地改良着士风，独立精神激发着士大夫参政的热情，因为他们更执着于对自我理想的实现。唐代的清流自不必说，宋代的清议多强调言论的正确性，所谓的清流，主要也都是"以兴起斯文为己任"的正面士人，对儒家道统的尊奉成为这一时期清议与清流的鲜明特点。然而，宋代党议、党争之风的甚嚣尘上又使得清人将宋代之亡归结于这种清议意识下的朋党之争，清谈被清儒等同于朋党，"清谈误国"的呼声很多。近世的清流，在明清之际更多参与的是党争活动，这种过度党争在清初受到了反思，并一度造成了统治者对清议的严厉打压，直到嘉、道之后，西学东渐、国门渐开，士人为儒道之盛衰、国运之兴亡而忧心忡忡，清流作为对一部分有着特殊主张的士人的称谓，才重新返回了历史的舞台。

吊诡的是，晚清时期的倭仁、李鸿藻，以及甲午战争之前的翁同龢等清流派，似乎和宋代投身于党议、党争且力主革新、通变救弊的儒家士人有着明显的气质上的差异。晚清的清流在更多时候被指作是酸腐的顽固保守派，对洋务和西学有着很深的抵触，恪守于理学的窠臼。本来被朴学所冲击以致几乎丧失知识界绝对主流地位的理学②，在晚清时期发生了短暂而强烈的回光返照，传统的宋学在咸、同时期有所复兴，理学变成了保守主义思潮的内质。作为后人，对之能产生的疑惑便是，同为清流、同样接受了宋代新儒学的教育，为什么从唐宋到晚清，士大夫的主张便从激进转向了保守。这中间必然存在着某种思想史的变动或关联，而要弄清这之中的缘由，便需要关注近世的清流史。

---

① 余英时：《综述中国思想史上的四次突破》，载氏著《中国文化史通释》，13页。

② [清]昭梿：《啸亭杂录》卷十："黠者诟詈正人，以文己过，迂者株守考订，訾议宋儒，遂将濂、洛、关、闽之书束之高阁，无读之者"。317页。

所谓"近世",实际还是"唐宋变革"论中的用词。内藤湖南在20世纪20年代提出中国的君主独裁自宋开始①。至于对这一说法的具体诠释,则正如包弼德所说,"宋代标志着独裁的增长,这在内藤对唐宋转型的阐释中是核心内容,因为它解释了为什么中国事实上没有实现现代化。宋代以后中华帝国体制的独裁,解释了为什么进步的社会、经济和文化变化没有持续按照一种走向现代性的方式发展"②。从客观上看,谁也不能否认宋代存在着专制主义的政治,但内藤氏的目的论其实是与常识不符的,从宏观的历史趋势来看,封建时代中国政治的特点虽然确实是皇权不断加强,但我国的君主专制说已指出中国的君主专制制度早在秦代就被确立,中古的门阀政治也只是皇权政治的变态,且最终回归到了皇权政治③。因而,尽管"近世"一词是笔者以及一些宋史学者在论著中常用的词汇,但从这个词汇中隐含的说法或许并不完全客观。笔者对"近世"一词的使用,更多是单纯用作一个时间概念,包含的范围是宋以后的中国封建专制史,如果一定要为政治史意义上这个时间开端的确立寻找原由,那么其固然与世族政治的崩溃有关,但笔者的本意并非认同内藤氏所谓宋代是中国君主独裁之开端时期的说法,而是想强调科举制的完善改变了中国政治和知识阶层的样貌,又和宋代的士大夫政治相互作用、相互配合,从而开启了中国历史的新时期。

宋代党议开启的积极士风扩大于王安石变法时期,党争的日趋激烈,令儒者的"得君行道"成为一种影响力极大的思潮。即便到了南宋,出现部分士人之影响力更多局限于地方的情况,士人因国事而党亦屡见不鲜,只要有儒家士人参与党争,那必然就会有清流现象。所以,

---

① [日]内藤湖南:《概括的唐宋时代观》,载《日本学者研究中国史论著选译(第一卷)》,10页。

② [美]包弼德:《唐宋转型的反思——以思想的变化为主》,载刘东主编《中国学术(第三辑)》,71页。

③ 田余庆:《东晋门阀政治》,324~331页。

宋代作为近世清流史的源头，它所承载的，是一种革新意识与进取精神。但是为什么到了晚清，倭仁、李鸿藻这些清流变得这么保守？笔者以为，这里面必然存在一个淘汰的过程和一个转型的过程。

淘汰的过程或许始于南宋，特别是宋元之际。南宋的时候，土地兼并现象的恶化迫使士人的力量有了一定程度的分散，士大夫对基层建设的过度关注其实有利也有弊，对于中央集权制政权而言，这在某种程度上不利于中央行政力的巩固。南宋政权的这种特性，不仅成为造成其灭亡的社会原因之一，而且还造成了宋遗民的分化。由于士人与地方关联的加强，使得他们对中央政权的归属感下降。尊君思想虽然是儒家的基本思想，但这并不意味着所尊之君是可以不变的，为了保护地方的势力，士人完全可能放弃对旧政权的依附。萧启庆先生曾指出，宋遗民中的现实主义者在元初有不少都放弃了原先持有的抗节，在宋元之际短短将近二十年间，遗民大多都转变成了贰臣，他们以"中原不改汉衣冠"以及"得君行道"等说法为名号，很快就投身到了在新朝的仕途中①。这些贰臣的作为实际上开启了一种清流文化转向妥协的趋势。而与之相对，宋遗民中的精英士人在宋元之际有不少都变成了南宋的殉节者，戴仁柱认为这是由他们的价值观所决定的，精英们不见得真的就多留恋宋廷，而是他们有着太过强烈的历史主体意识，太注重自己在历史中道德完美的形象，以致把英雄主义的献身理想化，殉节者以献身故国作为了捍卫绝对的儒道斯文的方式，从而维护自己的尊严②。这种集体性殉节对这个汉人儒家的中下阶级士大夫社群而言是一种打击，不过从思想史角度看，他们也带走了过度曲高和寡的儒家精神。近世在理学主导下的儒家思想的发展，其实在某种程度上是一个不断妥协的过程，妥协多了，就出现了转型。

---

① 萧启庆：《宋元之际的遗民与贰臣》，载氏著《内北国而外中国：蒙元史研究》，144~157页。

② [美]戴仁柱：《十三世纪中国政治与文化危机》，248页。

除了从这种思想自身发展状况的角度来论述这种思想转变的存在，其实还可以通过对比开端与结果的方法来认识宋代理学在后来的历史进程中的异化。从晚清的倭仁来看，他被视为晚清保守思想的原型。李细珠通过提出"近代中国保守思想"的概念，指出倭仁等人过度维护传统文化而抵触西方文化的思想本质上态是对西学东渐的一种抗拒性回应，而同时李细珠在其著作中还强调了倭仁思想的基础是理学，似乎这种保守主义正是来自于理学①。然而，理学本身就与北宋积极政治的改革派士大夫的思想资源——"新传统主义儒家"——有着关联，北宋"二程"实际上是只强调哲学理论领域的改革，而作为更大范围的概念，"宋学"本质上是发源于多数的宋代积极性士大夫。从唐宋到晚清，同样是名义上操持着理学价值观的人，却有着截然相反的立场，这足以让人联想到某种思想转变的存在，至于发生思想转变的时间点在哪，理学"转向内在"的南宋固然是一个重要时期，可宋、元、明或许才是更为重要的。当然，从宋到明之间，到底要如何进行历史分期，这恐怕又是一个难题。李新峰在其《论元明之间的变革》一文中有过探讨，但他主张的是元明变革说。而葛兆光在其《"唐宋"抑或"宋明"——文化史和思想史研究视域变化的意义》一文中则更倾向于宋元明过渡说。

清流转型或许也始于南宋，因为此时开始与清流文化相伴的是理学，南宋的理学强调人的内省意识，刘子健对这一点研究很多。这其实就诱发了妥协思潮之萌动。葛兆光就此提出，应该把近世思想史研究的重心从唐宋对比转移到对宋明连续性的研究，他认为宋明之间存在从"创造性思想"到"妥协性思想"的转变，存在一个"思想与文化的制度化、世俗化、常识化过程"，到明前期，士人出现了明显的对理学的崇拜②。这之中谈到的宋代以来思想状态的变化，其实强调的就是儒学

---

① 详参李细珠《晚清保守思想的原型——倭仁研究》。
② 葛兆光：《"唐宋"抑或"宋明"——文化史和思想史研究视域变化的意义》，载《历史研究》2004年01期。

向乡里普及的过程，理学在社会上的受众不断扩大。但李新峰针对"制度化"这一点提出了异议，他认为在葛兆光列举的那些崇尚理学的国家行为中，士大夫更多表现的是对国家的屈服而非对理学的崇拜，所谓的"三化"，也只是偶然实现的变革，且李氏认为理学思想传播的动力主要是思想自身的活力，而非国家意志①。笔者以为从"创造性思想"到"妥协性思想"的转变是客观存在的，但李新峰对葛兆光的修正也是恰当的。葛兆光过度强调行政力量对理学发展的作用，笔者发现这和包弼德强调的"明初的社会政策，以立法的方式，在全国范围内强制推行理学关于建立自我督导社会的理念"的说法如出一辙，也即所谓"明初政府把理学的方案制度化"②。但是李新峰就指出，在看到思想转变的同时，更要注意到思想本身的内在能量，国家意志有限的影响力往往也能够受到社会思潮的干涉，思想史的进程或许是受到外在因素干扰最多的，可同时也是自主性最鲜明的。

清流文化的转变到明前期并没有结束，在整个明代，完成了从学理的保守到现实操作的保守的过渡。之所以这种完成发生在明代而不是在这之前，是因为理学在南宋的影响远没有今人想象的那么大，而在蒙元时期，尽管按张帆先生的说法，朱子学比陆学要北传得更快，并最终取得了官方意识形态的地位③，但元朝毕竟只是昙花一现的王朝，且元代科举对政治生活的影响是极其有限的，所以元朝时理学和科举的结合在某种程度上并没有太大的历史意义，这和明朝时期士大夫政治参与活动的强化对比鲜明。妥协性理学在乡里的普及到明代基本完成后，可以看到清议活动在社会的扩大以及参与主体的身份下移。

京都学派的宫崎市定主张明朝对元有着继承性，他认为在明初朱元

---

① 李新峰：《论元明之间的变革》，载《古代文明》2010 年 04 期。
② ［美］包弼德：《历史上的理学（修订版）》，225~227 页。
③ 张帆：《关于元代陆学的北传》，载北京大学中国古代史研究中心编《邓广铭教授百年诞辰纪念论文集》，中华书局 2008 年 11 月版。

璋营造的政治高压下所造成的统治集团和知识阶层的对立只是暂时的,迁都北京标志着明朝最终还是继承了元的格局,成为一个外向型王朝[①]。实际上蒙元虽符合魏特夫讲的"征服王朝",但明朝却是保守的,即便朱棣迁都北京,也只是天子"巡"边,不存在向外扩张的趋势。明朝的保守气质在客观上影响着士林对"内"、对"下"的关注程度。明中期之后学社、文社、政治派阀的接连涌现,都是清流文化在涌动的表象,这种文学、学术活动和政治的紧密关联在中国历史上屡见不鲜,等到了晚清,诗界革命派跟洋务运动就关系密切,二者都是对极端保守主义者(不论是政治还是文学上的)持反对态度的。这就是清流文化的包容性特点了,它不太具备细致的衡量标准,或者说,至少在笔者这里,它只是一种历史的"势"、一种感性的感觉,广义上只要存在正直知识人出于维护儒学道统的责任感而议论朝政或党争,就可以说清流文化在发挥着作用。明末地方书院教育的繁荣加剧了士人的议政风气,书院在某种程度上成为议政场所,讲会游学风气的盛行让那个时代的言论生态呈现出浮躁的状况。明中后期之所以是中国历史上少见的党争极为激烈的一个历史时期,和此时清流文化的骄浮气质有关。

　　明清之际清流对自身道统优越感的强调本身是一种心理安慰,这种现象同样存在于宋代士人身上,儒家道统的确立让士大夫感受到自己是先进文化的持有者,从而消解一部分因受到异族威胁而产生的焦虑情绪。对经学和道统的强调让原本有着独立精神的士林在清代遇到了一种危险,即"被王权话语收编"。这种危险对今人理解晚清清流的主张意义很大。该说是杨念群在其《何处是江南?》一书中提出的。杨念群先生的史学研究有着长于"解释"的特点,尽管这种"解释"不论在实证上还是概念运用上都难免会有不够严谨之处,实证的问题已有学者论

---

[①] 该说转引自李新峰《论元明之间的变革》,宫崎氏日文原文为《洪武から永乐へ:初期明朝政権の性格》。

述,概念使用上,譬如他在该书中对"文质之辨"进行解释时,似将"文""质"概念的含义范围说得太大。不过,杨念群先生有着很强的史学批判、反思的意识,他认为对士林的研究应该规避"过于自恋地把中国士阶层看作是超越现实的自足性存在",其言若黄钟大吕,对笔者在进行自我反思时帮助很大,其实有时候一些学者过度强调"士"的超越性,保不准有意识形态过度干涉学术的背景,至少笔者在阅读一些有类似特征的著作时,虽然多怀崇敬之心,但引用其说时也不得不小心翼翼,生怕把某些历史现象的发展程度说得过度。当然,杨先生也并不认同把清代政治看作绝对的对士人自由精神的打压,这和本书提到的宋代皇权对士大夫自由精神存在容忍限度的说法异曲同工。不过,笔者以为宋代士人的自由空间比清代还是大了许多的,所以笔者在解释庆历新政时,基本上持范仲淹等人具有"相对超越性"的观点,之所以强调"相对",是因为史书的记载可以明确地让我们看出士林意志对仁宗的选择起到了作用,但是士林没有完全自发的推动改革,而是借助皇权,则也可以说士林与君主存在着难以分开的合作关系。

在杨念群看来,清代帝王由于集"治统"和"道统"于一身,所以和以往一些专制君主不同,清代君主能够通过确立经学的主流解释来干涉甚至改造士大夫的思想。"士林不但无法教化帝王,而且清朝君主自身已形成一系'帝王经学',对儒家经典的理解也有自己的一套逻辑,一旦拥有此项功能,它就会缓慢却坚韧地消解士林中对'道'的尊奉和理解。如果我们仍一厢情愿地确信士林对'道'的持守仍具备超然的性质,甚至迷信'道'具有某种道德贞洁性,就会离历史的真相越来越远。"① 清朝士林的精神在清中前期"帝王经学"的冲击下走向了衰败,这也可看作清议被压制后清流文化的异化。

---

① 杨念群:《何处是江南?:清朝正统观的确立与士林精神世界的变异》,396页。

由此我们可以看到，从宋代到清代，基本上整个近世的清流文化，在向乡里普及和抵抗皇权、抑制侵蚀的过程中，不可避免地被迫妥协，小众精英的纯儒学随着南宋部分士人的殉节以及乡里对儒学通俗化的需要而变得不再纯粹。这之中阳明学"知行合一"的思想也还发挥着作用，王守仁对"觉民行道"和儒道实践的强调，在某种意义上使得儒学在向乡里传播的过程中服务于现实需求的倾向获得了道统的支撑，加剧了这种思想的妥协性异化。清代皇权又通过发展"帝王经学"这种间接迂回的方式干扰士人的意志，最终造成了清流群体在晚清呈现出一种保守意识很强的状态。

清代清流的保守主义色彩是时代性的，作为共性，"引儒学的大义争天下之是非"的特征没有变，也正因为此，清流之名，很多时候具备的是一种存在包容性的象征意义，而非辨识意义。不同才情、见识、志节、经历的士大夫因都有"引儒学的大义争天下之是非"的经历而聚在一起，"为传统中国的言路重造出最后一派声光与尊严"[①]。背景的多样是晚清时代的清流异乎于宋明清流的地方，"清流"可以是自谓也可以是他称，可以是褒义的也可以是贬义的，这个群体并非绝对意义上纲领鲜明的政治派阀[②]，而是多元背景的、共同有着维护道统之责任感的儒家士人的集合。

可惜的是，这些看起来有担当、有志气的士大夫，囿于儒学自身的局限，在处理涉西交往和对待洋务时往往有着一种"尊王攘夷"的主张。他们清议的内容，往往也是"攘夷"。理学义理和儒家道德始终束缚着他们的思想，这些也是不能为功利主义的实干家所认同的。所以在近代的变局中，不仅有着过度追求事功的极端功利主义，还有对"清议

---

① 杨国强：《晚清的士人与世相》，154 页。
② 王维江：《谁是"清流"？——晚清"清流"称谓考》，载《史林》2005 年 03 期。

的道德忧愤"的忽视与碾压①。杨国强先生本是以这种清流不得不接受事功主义的无奈,来解释张之洞作为清流何以在后来转而支持洋务,杨先生对晚清的清流似乎有着一种同情。但是在笔者看来,类似翁同龢那种在甲午战败后转而支持维新的清流,他们对洋务在认识上的转变还是较为真实的,毕竟客观事实胁迫他们不得不妥协,且转变后的清流并非完全被动接受洋务的发展,有一些甚至是主动参与到洋务运动中去。光绪帝后来主动支持维新,这从某种程度上讲也说明其放弃了过去清流们灌输给他的立场。不要因为对人物在一般印象上的清、浊流之分就把这种属性标签绝对化,一个人的交往圈永远是多元的,他的主张也往往多元,越是共性条件少,概念所能包容的范围就越大,而清流恰就是一个包容性极强的概念,所以这里面的人在甲午后出现亲洋务者,并不离奇,只要他们依然还认同儒家、依然还以儒生自居、依然还作为儒家士大夫而参政议政,他们就还可算清流。翁同龢就一直不是完全的顽固派,萧公权先生在其《翁同龢与戊戌维新》中就反复强调他是一个温和改革论者。我以为,"改革者"是时代赋予他的角色,"温和"则是儒家保守主义给予他的气质。张之洞也是集"清流"与"洋务派"于一身的士大夫,他在修铁路、建工厂等事上甚是积极,但在其《保存国粹疏》又有讲"存国粹"是"息乱源"的根本方法,这时候实际上说明儒家清流的开明度已经达到了极限,即便到了大时代转变的时刻,儒家思想也束缚得他们只能温和改良,作为他们思想根本的儒道斯文难以被动摇,这种思想本质上的保守主义色彩使他们注定不能始终保持思想认识的先进性。在宋代,这种温和无疑是正确的,因为那时候面对的只是封建制度的内部改革,而到了清末民初,则是天翻地覆的变革,此时保守主义色彩浓厚的温和改良已不再是最佳选择了。

  儒家本位的清流文化最后还是因其失去了经世致用的实用性功能而

---

① 杨国强:《晚清的士人与世相》,191 页。

几近被时代淘汰,不论是那些泥古空谈的好名清流,还是附会理学的酸腐清流,亦或者干脆出于对洋务派得势之嫉恨而力主儒家礼教的清流,都没能在新的变局中成为时代风潮真正的主宰者。这不仅因为他们的道统、儒术在历史的发展中受到了各种因素影响而异化,儒学本身也就不具备在近代乱世中救世的能力。

从十世纪科举制趋于完善到十一世纪宋学兴起,再到二十世纪初新文化运动打出彻底摧毁封建儒学的旗号,这期间清流思想的具体内涵变换多次,不过有一点核心性内容没变,就是追求儒家式礼制社会。哪怕这种道统是被帝王经学异化了的,哪怕清流尊奉儒学的行为在客观上和皇权的要求有关,从地方乡评到中央清议,"儒家天下"的普世秩序始终是近世清流在他们的活动中所要坚决维护的。这一点曾经让他们"先进",让他们看起来足够进取和求新;也在最终让他们"落后",让他们看起来腐化保守,甚至是冥顽不灵。

甲午战败之后清流的转型,其实是清流士人最后的回光返照,所谓的支持洋务、支持维新,骨子里都不愿意放弃儒家道统对社会的根本性支配。此后,五四风雷起,新文化成为主流,清流们或转型,或被淘汰。从波峰变为浪谷,最后浪花散尽。并不是清流本身对自我社群之原则的信念有了动摇,晚清的清流依然有不少是志节清高的,可彼时这种志节最多只能换得后人的同情与怜悯,封建儒道及其部分伦理观所支配的处世原则本身到了该被淘汰的时候,因而清流的退场乃是迟早的事。新的知识分子在近代的动荡中被推上历史舞台,在西学进步思想的影响下,他们受到了民主、自由思想的启蒙,不再恪守传统,而是致力于让不断进行现代化发展的中国最终能具备真正意义上的现代性。

## 附录1：

## 晚唐至宋初社会历史大背景与庆历新政

中国的历史发展到宋代，儒家士大夫已经逐渐成为主导国家政治的重要群体之一。过去在一些传统史家笔下，这是他们不愿言明的事，出于对社会精英论的排斥，他们在主观上往往一味将史学研究的关注点集中于劳动大众，这其实是失于偏颇的。肯定士大夫为政治发展做出的贡献与承认一般劳动大众对社会发展的进步作用这两点并不矛盾，今天研究宋朝的政治史，首先就要正视士大夫社群对这一时期历史发展产生的重大影响。

到了宋代，中国的士大夫社群有了焕然一新的面貌。宋代文化的特点是"自由的思想与怀疑创新的开拓精神"①，在这样一种文化影响下的时代也必然会给士大夫社群一个充足的发展空间。正如何忠礼先生所说："在重文政策的实施下，使宋代成为秦汉以降中国封建社会里士人地位最高的时期"②。余英时先生说："宋代不但是'士'最能自由舒展

---

① 缪钺：《宋代文化浅议》，《缪钺全集》第一卷，428 页。
② 何忠礼：《略论北宋前期的制度革新》，《浙江社会科学》2011 年第 3 期。

的时代,而且也是儒家的理想和价值在历史上发挥了实际影响的时代"。① 宋人自己也说:"国朝待遇士大夫甚厚,皆前代所无"②。其实何止前无古人,宋代礼遇士人、开放言论,在中国的专制时代更是后无来者。西方启蒙运动时期的思想家伏尔泰在称赞当时英国人所享有的自由权利时就列举过一条:"你又获得保证,当你一梦初醒,你有权发表你的一切想法"。伏尔泰盛赞这种权利是"很大、很幸福、超乎许多国家的特权"③。从某种意义上讲,当时宋代的士大夫中就有一部分人在很大程度上获得了这样的权利,这怎能不让后来元明清的封建士大夫艳羡。

相较于元、明、清三代普遍存在的对士大夫的打压、胁迫和利用,宋代在整体上的那种开放言论、善待知识分子的风气在专制时代可谓是较为先进的,所以有人就形容宋代有着"专制中的自由"④。特别是明末文人,如王夫之、黄宗羲,就十分向往宋太祖对士大夫礼遇之"盛德"。按说这并不符合一般人对宋太祖的印象,历史上的宋太祖对士大夫的礼遇远不及之后的宋代君王,他的文治政策更多是出于治国考虑,而非真的摆脱了自身的武人视角、放下了那种不自觉地对士大夫的轻视。然而如果结合明代统治者对士大夫的暴政,甚至是以奴仆视之,就能理解明末开明士人对宋代文治推崇备至的缘由了⑤。

既然士大夫成为宋代政治舞台上非常重要的角色,那么我们就需要特别说明对"士大夫"的界定。这其实是一个相对模糊的概念,说他们是儒家知识分子中的相对出色者应当是没有问题的,但如果将他们界定

---

① 余英时:《朱熹的历史世界:宋代士大夫政治文化的研究》,289 页。
② [宋] 王栐:《燕翼诒谋录》卷五,46 页。
③ [法] 伏尔泰:《哲学通信》,47 页。
④ 6[日] 沟口雄三、[日] 池田知久、[日] 小岛毅:《中国思想史》,东京大学出版会,2007 年 9 月版。转引自葛兆光《且借纸遁:读书日记选 1994 – 2001》,253 页。
⑤ 关于这点,可详参赵园《明清之际士大夫研究》,5~6 页。

为社会精英①便无疑是缩小了它的范围,因为历史上广义的"士大夫"中有民也有官,这一社群横跨不止一个阶层(特别要指出士大夫不完全是地主阶级)②,再加上这一社群并非始终都完全对历史进程做出着正面的贡献。因而具体而言,"士大夫可以作为研究宋朝社会文化教育层次的一个名词,但要作为一个阶级的观念,只怕是不妥当的"③。

不过就我的感受而言,越向近世发展,"士大夫"这一称谓中"官僚"的含义就越发淡化,这一称谓的包容性越来越强。在战国秦汉时期,"士大夫"这个称谓是和社会等级有关的,但到宋代及其后,似乎"士大夫"慢慢倾向于和"士"边界相同。因为近世有很多在野的士人对政治仍发挥着巨大的影响,士人于在朝和在野这两种身份状态间的转

---

① [美]包弼德:《斯文:唐宋思想的转型》,书中写道,"作为'士',他们是精英群体的分子,而不是'庶'或'民'中的成员"。除此以外,今天一些人在确定"士"的概念时似自觉或不自觉地将之模糊化、简单化处理,其中用尤以用其他概念代换的现象居多。

② 马克斯·韦伯提出,中国除了有接受官职的士,还存在四处周游的"处士"阶层,部分的士持有拒不入仕的原则。这一自由且流动的士阶层,"乃是当时哲学派别的形成与对立的担纲者"。但同时韦伯还指出,中国的士人存在一种团结,"由于感觉自身为同构型的中国文化之唯一担纲者而结合起来"。把两点看法结合来看,可得出"士"乃是一个外在趋于大同、内在可以细化的群体,不单纯等同于官僚,其组成具有复杂性。载氏著《中国的宗教》,170~171页。

③ 王曾瑜:《宋代社会结构》,《涓埃编》,155~182页。"士大夫阶级"一词,经常被学人用到,很难说这样的表述完全不能成立,但这种表述所适用的对象的范围是否就如同许多人运用这一词汇时所想象的那么广阔、士大夫能不能就用现代意义上的"精英"来简单替换,这更是值得商榷甚至质疑的。漆侠先生把"士大夫"等同于"地主阶级",朱瑞熙先生曾指出非身份性的官僚地主是宋代地主阶级的主体,王曾瑜先生提出民户中的部分知识分子后来成了官户的中坚。这些说法实际上也都可以再商榷,这一问题的学术史,可参看李天石、陈振《宋辽金史研究概述》,177~178页。社会是流动的,历史观和语言表述体系也是在变化的,"士大夫"和"地主阶级"此两者间到底是属于两套不同的语言表述系统,还是存在包含与被包含的关系,都可以延伸探讨。不过,设若史家对部分知识分子"地主阶级"身份的认定背后包含有意识形态因素主导的阶级批判思想,实不可取。

换也越发随意，不能因为一个士大夫舍官而去便视其为纯粹的文人，有官职的士人并不见得一定有较大的政治影响力，有时一个留名后世的艺术家却会在官僚队伍中有着一个闲职。"士大夫"这一概念不论是在界定还是在使用上都越发含糊。

在本书中，笔者承认士大夫在客观上并非士人的全部，但仍将在本书中把"士大夫"作为一较为宽泛的概念，其是知识阶层、知识社群的另称，即包括了地方精英、中央精英，也包括未入仕的知识人，只不过在科举制完善的背景下，较诸宋代之前的士大夫，宋代许多士大夫所具备的由"民"而"士"的身份转变显得尤为突出。之所以要采用广义，一方面是因为宋代社会的发展不单单由在朝官僚推动，在野士林对社会发展的影响也不可小觑；另一方面，广义的"士大夫"是为人接受的更为普遍的概念。不过，在很多时候"士大夫"又不得不被笔者用来专门指代士大夫官僚，所以更多时候对词义的辨析还是要看具体语境——不论是在解读文献时还是阅读今人著作时。

随着儒家知识分子的"自觉意识"或者说"政治主体意识"的不断高涨，士人文化开始转型，宋代社会开始有意识地扭转五代时期崇武抑文的风气，去继承在中晚唐以来的清流文化的庇护下以文为核心的新士大夫文化传统。这是一股伴随着士族社会的衰落而逐渐增强的并不明朗的潜流，从某种程度上讲，它对寒士主导的政治文化有着极强的包容性。它被世族政治最后的余晖遮掩，却又被出身庶族士大夫（核心是庶族科举士大夫）渐渐增强的政治实力推涌向上。唐代的清流文化本是以对寒士的包容为妥协而希冀让旧政治文化传统延续生命的文化，然而，正是这种妥协，给予了刚刚萌芽的新政治文化以生存空间，最终让后者在北宋仁宗朝形成不可逆转的取代旧政治文化之势。

宋代是中国历史上一个十分重要的时期，思想界情况冗杂，佛、道、儒相互竞争，其中仍然是以儒为主流。在儒学主导下，宋代的政治意识形态存在着一种人文精神，其伴随着为了抵抗佛、道冲击而掀起的儒学复兴运动①。这里的佛、道冲击，一方面是儒家思想在主流知识分子的精神世界中的独尊地位被冲击；另一方面则是在具体的哲学阐释层面，佛、道思想在一些问题上发原始儒学所未发，或者汉唐儒学由于其自身的问题而在一些哲学话题上已不能较佛、道对知识分子有更强的说服力。譬如史怀哲所指出的例子，先秦儒学在关于世界观的一些问题上并没有言明，而是认为道理自在文献之中，这容易使人们不能准确把握孔、孟将道德习俗等同于自然准则的观点，而仅仅以为他们强调对善恶的辨明，这种不够直白的表述，使得知识分子在接触到和孔孟伦理学一样是一种"关于存在的本质的基本理论"的佛家行为准则时，很容易动摇其内心原本竖立的儒家的权威形象②。

针对上述问题，宋儒展开了新儒学运动。需要说明的是，这场运动最大的特点便是宋代士人积极的主动意识，宋代新儒家士人的这种"以天下为己任"、致力于重建社会秩序的抱负，被余英时拔高为一种宗教精神，余英时认为宋代新儒家所关心的民生问题、道德问题近似于欧洲

---

① 陈弱水认为不应提"儒学复兴"，而应称作"儒家复兴"。他主要是针对中唐以来思想运动的情况来定义的。他说"安史之乱后的儒家复兴还有一个特色，就是，它基本上是士人群中意识层面的变化，整体而言，相对散漫，尤其在初期，不是个有核心主旨的思潮。这是我以'儒家复兴'——而非'儒学复兴'——来称呼这个变化的原因"。参见《唐代文士与中国思想的转型》，3页。
但笔者以为，宋代儒家在思想界的运动，称作"儒学复兴"并不为过，从中唐到宋初，是从"儒家复兴"到"儒学复兴"演化的过程，这种思想运动越发有着更为明确的主旨。且陈弱水自己在《文学与文化——论中唐思想变化的一条线索》一文中就将他所论述的士人思想的变化所存在的时间范围划定为"唐代安史之乱（766～863）到九世纪中叶之间"。这里为了统一行文，全书都将把唐宋儒家思想的发展、革新运动统称为"儒学复兴"。
另外，余英时提到宋代出现了儒教的"入世转向"，且其首先集中在治道，他一开始研究唐宋的思想变革就是关心"新禅宗的'入世转向'宋代'道学'所代表的新儒学伦理"。参见余英时《我与中国思想史研究》，载彭国翔编《中国情怀：余英时散文集》，393页。这种佛教的"入世转向"应当也起到了激励士大夫参与政治的作用，但这依然不能否认佛教对儒学的地位产生了冲击。
② ［德］阿尔伯特·史怀哲：《中国思想史》，87页。

加尔文教所关注的普遍性的宗教道德问题①。这种拔高或许值得商榷，但其所注意到的问题却是极有价值的。宋儒有"先觉"的意识，也就是一种自我反省。且不论他们打着怎样的旗号，包括所谓的复兴"古文"，不惑汉唐经学之传注，其实并非真的完全复古，在客观上他们其实正创造着一种全新的文化，只不过这种创新的过程里有着很复杂的情况。龚鹏程对此有所总结，他指出，宋儒在创新的同时，"也有着对传统的重新解释与选择性继承"，它与当时社会结构的变化有关，且宋代新儒家所复之"古"，乃是他们价值选择的产物，而非客观的历史事实②。宋代新儒学的这种复杂性体现出其是对前代思想、文化的批判吸取和创新，因而有着进步性和鲜明的宋学个性。事实上，新儒学对政治本身有着强烈的现实主义批判、革新精神，正如胡适所说，"道学起于政府的反对党"③，新儒学的思想背景和范仲淹等人的变革主张本身就是相辅相成的。

　　北宋新儒学运动的主流是对汉代以来儒学神学化发展的反动，倡导反对汉唐注疏与谶纬学，直抒己意。其萌芽于中唐。到了宋初，在学术上影响巨大的士人，其思想普遍如恭三先生所述，是"以儒家为本位而又对佛道两家兼容并包"④。直到庆历之际，范仲淹、欧阳修等方才正式主张发扬纯粹的儒学。这场运动尊奉韩愈的"原道"思想，反对汉儒杂糅阴阳五行的神学化儒家，强调人文主义，近似于欧洲由中古向近代的转型过程中打破神学的运动，所以陈来说宋代新儒学运动是"亚近代的理性化"运动⑤。这场运动和唐宋之际的古文运动以及禅宗的世俗化运动并行，同时还附带起了"孟子升格运动"以及新《春秋》学运动。

---

① 余英时：《中国近世宗教伦理与商人精神》，74~84页。
② 龚鹏程：《唐代思潮》，375~376页。
③ 胡适：《胡适日记全集》第五册，25页。
④ 邓广铭：《北宋的学风（未完成稿）》，《邓广铭全集》第七卷，441页。
⑤ 陈来：《宋明理学》，11页。

很多时候，朱熹"存天理，灭人欲"的思想常常被拿来和欧洲中世纪神学压制人性的现象作类比，可实际上此二者完全不同——中世纪天主教的神学，是以神断人，而朱熹的"灭人欲"并没有神学基础，他是以"理"断人，而这个"理"，不是神的旨意，而是儒家思想的要求。朱熹要求人们遵守原始儒家的礼教，同时还认可正当的人欲，他讲的"理"，没有宗教性。更重要的是，北宋新儒学运动对原始儒家学说的强调，在主观上本是为了增强士人作为政治参与者的角色意识，是为了申明道义、提振士风，至于后世所谓宋代儒学使人臣仆化，恐怕至多只能称作客观效果，并非范仲淹等宋儒的初衷，也不是以他们的眼光所能预料的。更何况，今人一味用"存天理，灭人欲"等口号化的教条说辞来给宋代新儒学"贴标签"，这本身就只会造成片面狭隘的认识，这种认识全然不足取。

受到一些传统史学说法的影响，今人对宋代道学和新儒家的错误认识甚多，甚至夹杂一些阶级偏见，正如徐复观先生所说，"最奇怪的是，以宋明理学家的'即事穷理'、'在事上磨炼'的'躬行实践'，而居然有许多人说他们是'玄虚'，说他们是'阳儒阴释'，以他们的强调'去私欲'，并为穷苦人众呼号，因而想解决土地问题，却说他们是代表地主阶级，以他们的提倡人物平等而普遍共有的天理，因而想达到人物一体的有机体的人文世界，却说他们是封建主义。这种知识分子在权势下的堕落，正反映出我们民族在专制下的堕落"[①]。徐先生的话发人深思，其中提到的坊间流行的对宋儒的诸多偏见，也未作为本书对宋代新儒学的基本认识。

关于宋代儒家与神秘主义的关系，许倬云有过一个描述，他说"宋代的回头，不是神圣的出现。宋代儒家思想重点，不具有神圣性格的转

---

① 徐复观：《程朱异同：平铺的人文世界和贯通的人文世界》，载《中国思想史论集续篇》，409页。

变,只是普世帝国国家本身的转变与解体。……宋儒有神秘的经验,靠每个人直接和天命的接触与体会,要从看得见的礼法与律法上找出'道'和'理'。……宋人神秘经验的根本,不在荀子,在孟子。孟子的神秘经验,一方面要把自己变成先圣先贤、载道之人,……另一方面,他的浩然之气通达天地。宋人从孟子得到的神秘经验,再加上受到佛家、道家的影响,认为个人就是山岳、天地,就是日星、宇宙"[1]。这种个人主体意识的觉醒,是中唐以来对汉代儒学接受阴阳学、强调"天"的现象的批判造就的。到了北宋,道学家普遍批判儒家的神学化,正是这种思想转型的体现。

尽管有着神秘色彩的学说依然支配着这个时代知识界的许多方面,然而,许多具有领袖身份的士大夫,却大多以批判的态度对之。比如欧阳修,在批判儒家神学化方面就立场鲜明。北宋士人用原始的儒家伦理道德,不仅来规范自己,还去要求君王,以此消抵汉代以来把君权和神权相挂钩的思维,而用士人的价值观来规范皇帝。小岛毅对之有一段很好的总结,他说,"直到宋真宗为止的神圣王权论失去市场,哲人王成为时代的要求。科举官僚们希望自己的上司不是高高在上的君临下界的君王,而是一个与自己具有相同的人间本性、服从相同的伦理规范、遵守相同的行动准则的君王"[2]。这种现象,可谓是专制时代对君权认识的一大进步。需要说明的是,此处的"哲人王"概念似乎更适合于西方思想中理想社会的执政者形象,"内圣外王"固然是南宋理学家们对理想君主的要求,但实际上其也仅仅停留在要求的层面而已,中国的专制君王不可能达到这样的要求。

总体而言,宋代已有不少士大夫不再徒劳地只"究天人之际",而是更多地关注现实,并且产生了个体和士大夫社群的自觉,这将推动宋

---

[1] 许倬云:《知识分子:历史与未来》,82~84页。
[2] [日]小岛毅:《中国思想与宗教的奔流:宋朝》,197页。

代士人社群在政治行为和理论方面的变革。"从神文到人文,从天命说到王者仁政说,这是唐宋之际思想变革的一大面相。从政治和思想意义上说,可能其重要性远远大于所谓文人价值从文到理的转变"①。

士人觉醒、关注现实,使得他们有了更多施展理想的想法。然而,任何成就不仅需要主观意愿,还需要客观环境的配合。宋代,恰恰是这样一个能让士大夫一展身手的时代,苏轼曾说宋代"大道之行,士贵其身。维人求我,匪我求人"②,那种身为士大夫的喜悦自豪之情溢于言表。宋代士人生逢其时。

诚然宋太祖赵匡胤是行伍出身,但整个宋代却是一个文治的时代。特别是在北宋的中前期,也即大致是10世纪后期到11世纪前期,宋代士林所关注的最核心的政治问题就是"王朝的生存与士恢复其政治领袖的地位"。③ 一方面,国家兴亡是古代知识分子关注的传统话题;另一方面,士林自身的地位和社会评价也成为儒家知识分子所关注的焦点。人们开始重新注重对士人身份的确认,用儒家的忠义道德作为衡量士人身份的标准,并将五代时期那些违背和破坏了这种儒家道德秩序和政治伦理的人物树立为反面典型,其中最著名的代表就是在五代政坛上长期屹

---

① 孙英刚:《神文时代:谶纬、术数与中古政治研究》,6页。
② [宋] 苏轼:《张文定公墓志铭》,《苏轼文集》卷十四,458页。
③ [美] 包弼德:《斯文:唐宋思想的转型》,155页。

立不倒的长乐翁冯道①。

事实上，宋代文治的出现，特别是士林"自贵"意识的产生，并不乏统治者的推动。傅乐成曾说，宋代士大夫自尊的产生，是在民族意识、儒家思想和科举制度发展到极致的时代背景下，由科举制度和文人政治造成的②，而科举制的繁荣与文人政治的出现，都与宋代君主的言行有关。宋代统治者鉴于五代时期兵乱不断，因而"以文抑武"，积极"与士大夫治天下"，形成了一种以士大夫为主体的官僚政治，在这一政治背景下，"皇帝不再担当主角，而是成了配角。皇帝或许可以罢免作为个人的官员，却无力与士大夫阶层全体相对抗"③。

---

① 宋代对冯道的评价本身也不是单一的，北宋前期出于社会仍然受到五代精英文化的价值观的影响的缘故，也由于官僚阶层的很多人如范质、陶榖，和冯道一样也曾仕宦于多朝，因而人们对冯道并不采取完全否定的态度。比如吴处厚在《青箱杂记》卷二就曾列举了一些冯道坚持基本的儒家观念的言论，认为在恶劣政治条件下，冯道也还保留有一定的处世原则。从仁宗朝开始，对冯道的批判越发激烈，尽管其后仍不乏少数如王安石、苏辙等人对冯道持肯定态度，但对冯道的负面评价渐成宋代的主流思想趋势却毋庸置疑。这一点可详参陈晓莹《历史与符号之间——试论两宋对冯道的研究》、路育松《从对冯道的评价看北宋气节观念的嬗变》。
皇祐三年（1051），仁宗曾说冯道"无可旌之节"，其后欧阳修、司马光等人也对冯道大加批判，这反映了宋代步入中期后统治阶层和士大夫社群对冯道的主流认识。特别是欧阳修在其著《五代史记》中对冯道进行了激烈的抨击，这是他出于想要改变旧有道德涣散局面的目的。
冯道在20世纪的史学研究当中一直是广受争议的人物，向来不乏学者为他翻案。很多人从五代乱世的政治大背景出发，对他的政治选择做以宽容地理解，可惜这样的解释未免过于简单化。再譬如笔者读到的严修《重新审视冯道》一文，说冯道有"清廉""爱民""团结""谦让""睿智""能干""果断"等优点，足以见冯道是"好人长期蒙受冤屈"。然而这样情绪化的评价实际上价值不高，多是在重复李贽等人的论调，且史学研究本身的目的并不是人生价值观探讨，对历史人物操行的评价，可以是众说纷纭的，任何的价值尺度都可以存在。对冯道的研究，重点还是要关注他背后所反映的政治文化以及对于他的历史书写。

② 傅乐成：《唐型文化与宋型文化》，《汉唐史论集》，372~373页。

③ 王瑞来：《走向象征化的皇权》，载朱瑞熙、王曾瑜、姜锡东、戴建国主编《宋史研究论文集》。

具体到祖、宗之时，宋太祖就曾勒石誓不杀士大夫及上书言事者①，极大地激励了士人社群。王夫之对此就曾说道："自太祖勒不杀士大夫之誓以诏子孙，终宋之世，文臣无欧刀之辟。……宋之初兴，岂有自贵之士使太祖不得而贱者感其护惜之情乎？夷考自唐僖、懿以后，迄于宋初，……士之贱，于此而极。则因其贱而贱之，未为不惬也。恶其贱，而激之使贵，必有所惩而后知改，抑御世之权也。然而太祖之于此，意念深矣。"②另外，宋太祖在建国后为了防止藩镇作乱和"陈桥兵变"的再现，进行了以确立三衙统兵体制为代表的人事调整和改革，被动钳制藩镇与武将的势力，同时还用主动的方式，提出"今之武臣欲尽令读书"，以此来令禁军诸将在主观上不愿意反叛③，避免叛乱发生。这一举措也反映了宋太祖推崇读书、以文治国的主张。

实际上，具体到太祖提倡读书的细节上，后人就可以发现，宋太祖强调的读书主要是读经史，因而其目的不单单是培养官员的人文素养，更重要的是为了克服文吏政治的弊端（这点从太祖敦促长于吏道而寡于学术的赵普读书可看出），是为了建立文治社会，把旧的军将改造成"明了尊卑名分、自觉维护治国秩序的将佐官僚"，他讲"宰相须用读书人"，或许更多强调的是对读书人的"用"，而此时宋朝需要"用"的，恰是能重建斯文的儒生④。其实在某种程度上，正是由于宋太祖对儒生的重视甚于文吏，才有了后来庆历兴学时的中央兴学，对士人灌输

---

① 一般认为，北宋不杀士大夫和言事官一点是毋庸置疑的，不过它可能只是一条不成文的祖宗家法，因为学界对最早见于曹勋于建炎元年转述的徽宗之言中的"太祖誓碑"一事的真实性向来众说纷纭。关于这一问题的学术史，可参李华瑞《改革开放以来宋史研究若干热点问题述评》，《视野、社会、人物——宋史、西夏史研究论文稿》，44～91页；刘浦江《祖宗之法：再论宋太祖誓约及誓碑》，载《文史》2010年03期。

② [清]王夫之：《宋论》卷一，6页。

③ 范学辉：《释宋太祖"今之武臣欲尽令读书"》，载《西北师范大学学报（社会科学版）》2006年第4期。

④ 邓小南：《祖宗之法：北宋前期政治述略》，149～184页。

以经术的教育,由文吏政治改向儒生政治。不过,理性审视宋太祖的一些做法,会发现他虽然有亲近文士的意向,但在实际的做法中,他对纯粹的读书人的赏拔远没有他自己"喊口号"喊得那么响亮,他和文士们的关系更没有后来的一些宋朝士大夫想象的那么亲近,宋太祖始终和读书人保持有一些距离。

到了宋太宗时期,统治者更加注重对文士的选拔,赵光义曾说:"朕欲博求俊彦于科场中,非敢望拔十得五,止得一二,亦可为致治之具矣。"① 宋太宗为了表现他个人在治国方略上的重文抑武,更是将开封皇宫的后殿——"讲武殿"更名为"崇政殿"。赵光义治国重视各家思想方略,作为政权建立初期的执政者,他还崇尚以黄老之术治国②,由于宋太宗在执政前期广兴兵事却屡屡战败,因而他后来形成了一种反动情绪,从欲以穷兵黩武来建功立业转变为重视文治③。他在执政时博采士林提出的其他各种意见,足见其对以文治国方略的重视。另外随着科举制度在宋朝的完善,进士的录取人数也大大提升,王禹偁在建议真宗"艰贡举"时就曾说宋太宗朝录取了将近一万名进士④。

真宗就更不用说了,坊间广为流传的"书中自有千钟粟,书中自有黄金屋,书中自有颜如玉"便出自真宗的《劝学诗》,其主张文治、鼓励读书的想法昭然若示。

随着儒士社群"自贵"意识的萌发和统治者文治方略的施行,北宋士人在政治参与方面变得更为积极主动。士大夫自谓"天下治乱系宰

---

① [元] 脱脱等:《宋史》卷一百八,3607 页。
② 《续资治通鉴长编》卷三十四载,宋太宗曾说:"清净致治,黄老之深旨也。夫万务自有为以至于无为,无为之道,朕当力行之。"758 页。翦伯赞主编《中国史纲要》讲两宋主流哲学思想是理学,这其实是失实的。理学先河始于仁宗朝宋初三先生。北宋前四十年一直是以黄老治国。详参张其凡《吕端与宋初的黄老思想》,《宋代政治军事论稿》,281~290 页。
③ 李华瑞:《论宋初的统治思想》,《宋史论集》,1~32 页。
④ [元] 脱脱等:《宋史》卷二九三,7976 页。

相，君德成就责经筵"①，士大夫们主动把治理天下和教育君主的任务揽了过来。真宗朝时，朝廷一直奉行"祖宗之法具在，……务行故事，慎所改作"②的保守政治，而在宋仁宗朝，士大夫积极于政治的意识随着社会矛盾激化所带来的一系列问题的加剧而越发明显，士大夫社群也随着他们自身对政治事务参与度的提高而有所发展。这一点最突出的表现就是宋代相权的加强③，特别是在真宗时期，由于传统社会的宗法关系令士大夫减少了对皇位正统性的关注，因而士大夫往往更关心政治活动中的权力问题，最终形成了一种"以宰相为主的执政集团在中央政治运作中的决策型态"，置言之，后来的宋代政治被推向了"宰辅专政的轨道"④。

"相"是士林的代表，准确地说，是当政的士大夫的代表，相权加强无疑提高了士林对政治决策的影响力。实际上，除了"相"个人，士林整体的绅权也有所加强，宋代士绅积极参与会社，其规模与频率较前代大有提升。而且，宋代新兴的乡约会社，较诸唐代，其目标不仅指向会社内部，而是开始关心士绅社群以外的群体的事，"表现出士绅开始具备超越自身利益，关注乡里公益的情怀"。在实际行政过程中，绅权也得以与国家权力结合，对行政产生更大影响。这种随着知识阶层的规

---

① ［宋］程颐：《论经筵第三劄子》，《二程集》，540 页。
② ［宋］欧阳修：《太尉文正王公神道碑铭》，《欧阳修诗文集校笺》，626 页。
③ 王瑞来《论宋代相权》一文较早提出了宋代相权增强的观点，修正了钱穆《论宋代相权》一文仅仅从制度设置层面片面得出的宋代相权被削弱的说法。张邦炜《论宋代的皇权和相权》在王瑞来观点的基础上提出了宋代皇权和相权都有所增强的观点，这一观点更为完善合理，"宋代的皇权和相权之所以都有所加强，在很大程度上是由于当时的士大夫阶层个体力量既小，群体力量又大。……我们既赞同宋代的政治是士大夫政治，又认为宋代的政治是皇权政治，两者岂不抵牾。其实，前者是指宋代国家政权的根本性质是以士大夫阶层为主的封建地主阶级专政，属于国体范畴；后者则是指当时国家政权的构成形式是君主专制，属于政体范畴。君主专制的政体取决于并体现着封建地主阶级专制这一国体，两者不是非此即彼、相互排斥，而是亦此亦彼、基本适应"。
④ 王瑞来：《宰相故事：士大夫政治下的权力场》，12~13 页。

模扩大、流动性增强所带来的会社活跃、绅权影响力增强的现象,恰恰就反映着"宋代士绅阶层自我组织的需求和能力",是士大夫政治力量崛起的显现①。

由于宋代祖宗之法的核心是一种保守政治②,所以北宋在历经三朝之后,表面繁华下积贫积弱的社会现实已经显而易见,在真宗朝社会稳定的表象下,实则存在着行政机制的故障、民族关系出现危机、贫富分化日益严重这三大问题,表露出彼时社会矛盾正在不断发展激化,人祸不断,就连天灾,也往往不乏人为的因素(例如整个宋代对社会危害最大的自然灾害——水灾——有时甚至是由于统治者的政治考量而人为造就的),这都是政治保守、专制强化造成的。特别是在吏治弊端重重、西北边患不断这两个问题上。同时,宋代财政也出现危机,所谓"夫当仁宗四十二年,号为本朝至平极盛之世,而财用始大乏,天下之论扰扰,皆以财为虑也"③。

不过总体来讲,此时北宋所面临的严峻局面和往后政权所面临的危局相比,相对而言显得并不严重。因而,出于预见到国家当前所面临政治、军事和经济危机将在未来变得愈发严重的现实④,一种希望革新、期盼改革者出现的舆论渐渐兴起,正如韦伯所说,"这种对于国家'正确的'内政不断关注的取向,对于导致封建时期的知识阶层产生一种影响深远而又实际的、政治的合理主义,具有决定性的影响。与后世僵硬的传统主义相反的是,史书经常会揭露出士人是果敢的改革者。"⑤

---

① 本段参考周扬波《宋代士绅结社研究》,208~212页。
② 张其凡曾将宋代政治思想的发展分为三个阶段,其中宋仁宗以前便是第一阶段,其特点是以黄老之术治国,政治上休养生息,力求社会稳定,其实就是实行一种保守政治。详参《试论宋代政治思想的发展》一文,《宋代政治军事论稿》,19~33页。
③ [宋]叶适:《水心别集》卷十一《财总论二》,772页。
④ 关于此点,详参李裕民《范仲淹变法新论》,《宋史考论》,13~17页。
⑤ [德]马克斯韦伯:《中国的宗教》,168页。

仁宗朝的士大夫因其忧患意识而开始积极投身政治,新士大夫群体以昂扬的姿态打破了北宋前三朝因循守旧的政风、士风。此前,真宗时就施行"不用浮薄新进喜事之人"①,此处所谓的"喜事之人",就是通变救弊意识高涨的新士大夫,由于北宋初年"不兴利",所以压制这种有功利主义色彩的士风,不任用在参政上过于积极主动的士大夫。这种局面在仁宗朝时被改变,在革新思潮出现的同时,士大夫间也因对国事的看法不同而开始有意识地结党,尽管有时"朋党"的名分只是被当作反对者进行舆论攻击时的武器,而并不被实际中已经结党的士人所承认,但客观上讲,此时的士大夫的确开始因国事而产生党议。

考察北宋士人朋党的起始点,按照王夫之所说,当是仁宗景祐亲政时期范仲淹等人与吕夷简(979—1044)一派的各自的朋党②,沈松勤先生进一步指出,应该把庆历党议看作明道废后之争、景祐范吕之争的延续,认为庆历新政中台谏"以'文字'排击政敌,根除异党势力的'过薄'之举"与仁宗废后之争和景祐党争中台谏养成的特殊心理有关③。沈先生所述,特别是对于庆历新政和明道废后之争两事中所反映的台谏风气之联系的论述,固然有其道理。但在笔者看来,景祐时期的党议、党争更宜视作一场大规模的党议、党争运动的前奏,因为彼时范仲淹一党还不成气候,与之作对的似乎也主要是吕夷简一人,至多再加上胥偃等为数不多的几个想攀附夷简的大臣罢了。就算宋仁宗年间范仲淹主持庆历新政时的党议、党争不是宋代党议、党争的开始,然而毋庸置疑,庆历新政是宋代党议、党争的第一个高潮。这场改革虽然持续时间不长、规模也有限,但是突出地体现了北宋士大夫政治的特点。特别是范仲淹、欧阳修等人提出统治者"当退小人之伪朋,用君子之真朋,

---

① [元]脱脱等:《宋史》卷二百八十二,9538页。
② [清]王夫之:《宋论》卷四,86页。
③ 沈松勤:《北宋文人与党争》,124~125页。

则天下治矣"①，大张旗鼓地掀起了北宋朝堂上的党议、党争之风，将北宋士大夫政治推上了一个更高的发展程度。宋代的士大夫固然有利己的一面——为个人、为家族、为士大夫社群。然而，之所以"'以天下为己任'可以视为宋代'士'的一种集体意识，并不是极少数理想特别高远的士大夫所独有；它也表现在不同层次与方式方面，更非动辄便提升到秩序全面重建的高度"②，那就是因为宋代的士大夫具备着"超越一己实际利害的理想层面"③。北宋的党议、党争，那种朝堂上弥漫出的士大夫对北宋政治走向的强烈关心，便是这一点的有力体现。

我们甚至也可以因此而说，庆历新政是北宋政治改革历程中最体现士大夫精神的一场新政，没有庆历士风对后世的深远影响，熙宁变法、元祐更化等都将失去出现的可能。所谓士风，即士大夫的精神状态、思想文化意识及其行为活动中的价值取向，士风影响士大夫的行为。

因此我们可以看到，北宋后来的新党、旧党之争乃是君子与君子、士大夫与士大夫的相争，仅仅是因大家政见不同所致，从出发点来看，双方都是为了维护政权发展的利益，并都坚持积极政治的原则，也就是说，庆历新政之后的宋代的科举士大夫虽然在具体政见上会有分歧，但作为国家的共同治理者，他们有一种超越朋党之争的、更大的、共同的群体意识，来维系着他们，使宋代士大夫社群成为一个有着共同理想和价值观的整体，使他们有一个"大同"的国家立场；而庆历新政是君子、小人之争，一面是范仲淹推行吏治改革铁面无私、手段干练，一面是反对派指责新政党人朋党作乱，是在为士大夫社群的"大同"扫清障碍。

实质上，庆历新政的改革触及的是旧官僚阶层的利益，推翻的是保守的旧政治文化。这种文化的载体不是固定不变的，所谓"旧官僚阶

---

① ［宋］欧阳修：《朋党论》，《欧阳修全集》卷十七，297页。
② 余英时：《朱熹的历史世界》，218页。
③ 余英时：《朱熹的历史世界》，219页。

层""保守派"等称谓都只是相对的概念,本书中采用这样的概念来进行论述时,也并不将之视作对士人社群绝对的划分。上世纪时漆侠先生曾以"集团"来称谓范仲淹领导下的革新士人群[1],这固然是考虑到了这其中各士大夫其主张的共性以及存在的人际关联,然而不可否认,过于绝对地给庆历之际的士大夫划分派别,会给人造成片面的认识,比如说王拱辰是保守党,可他也曾经与范仲淹有过共进退的经历,他的很多做法也是符合庆历之际高尚的士风的。庆历之际的党议中有着和而不同的风气。所谓的朋党并没有固定的、稳定的联系。美国汉学家曾提出唐宋士人的社会身份经历了门阀士人——文官——地方精英的转变,贯穿始终的是士人在地域、家族、科考、婚姻等方面的联系对士人政治立场的影响。地方精英代表地方利益,门阀士人会考虑家族利益,文官考虑的利益则复杂些。然而,地方利益的边界性决定了所谓的地方精英在涉及一些与地方无关的中央决策时能保持相对客观的立场,文官所牵涉的社会关系对其政治立场的影响也并不稳固。因而,研究北宋朋党、党争,不应该秉持"关系决定"论,那是对历史问题的简化处理。集团或者派别、派阀的划分固然利于我们理解和论述这一时期的政治纷争,但恪守界限的划分,而不把所谓的集团、派别视作具有一定开放性的群体,是会在阅读文献时为一些与"集团"标签不合的记载所困惑的。而且"和而不同"的士风会让所谓的"集团"在组织上看起来并非有着鲜明的目的性和统一性,就此,张希清先生就曾指出,"称之为一个新兴的士大夫群体或政治派别更好些"[2]。总之,从古至今尽管人们总是以党议、党争、朋党等说法来概述士大夫在对待某一或一类事件时持相近态度且可能存在互相声援的现象。但是绝对封闭而统一的朋党是不存在

---

[1] 漆侠:《范仲淹集团与庆历新政——读欧阳修〈朋党论〉书后》,《漆侠全集》第九卷,215~235页。

[2] 张希清:《"以天下为己任"——范仲淹为政之道研究之一》,《范仲淹研究文集(五)》,56页。

的，特别是在宋代，这些所谓的"党"大多边际模糊，几乎没有固定的组织和统一的行动，且更多时候只是存在于政治人物相互的口诛笔伐中，其实体的存在并不一定真实。

不过，近来学界在谈及中国历史上的朋党问题时，有一种说法，虽然正确地指出了古代的朋党并不具有近现代政党的性质，但又认为古代的朋党本身不具有政治影响力，常常只是学术团体，其对政治的影响只是指责别人朋党的人的虚构。比如明史学者樊树志先生在论及东林党时，就曾撰文数篇指出，东林党并非政治团体，而是"一支重整道德的十字军"，且应当称当时东林书院诸人的活动为"东林运动"①。但樊先生的论据多是东林书院诸人的表述，这些表述大体可分为两类，一类是顾宪成、高攀龙等人对东林书院宗旨和教学内容的介绍，一类是他们在被指控为朋党后的自我辩解。我以为前者不可尽信，因为人的说法常常和做法不同，且儒学中有很多内容涉及政治实践，论学会谈及政治，即便主观上无意谈论政治，也不能防止他人认为东林人有议政。至于后者，有时过度的辩解恰说明被指控的事情有存在的可能。由此看来，对于古人论及朋党的内容，不能古人说什么，今人就信什么。治宋史也是同理，需具体分析不同人物在事件中的行为、立场，关注其中的差别，特别是导致同一立场表现的不同因素的差别。另外，樊先生认为朋党不具有现代政党性质，便没有了政治参与，这未免矫枉过正。儒家讲君子"群而不党"，可见"群"异于"党"，然而不参与政治的"党"不就是"群"吗？"党"之特性便在于参与政治。总之，士人的朋党行为很难用现代概念来比附解释。对于范仲淹、欧阳修等人的朋党，我们有必要承认其政治参与。

庆历之际是政治文化和士人士风的转型期，革新士人在个别情况下也有意气用事的时候，而所谓的保守士人，有时也会是开明政治文化的

---

① 樊树志：《明史讲稿》，454~490页。

支持者。况乎君子小人之辨，本身可以看作是欧阳修、范仲淹等人的过激言论，虽然其背后有着合理的政治文化背景，但同时也存在着不理性的意气用事，庆历新政时期的"君子"、"小人"不见得就真是君子或小人，更何况庆历新政虽然夭折，革新士人及其所代表的政治文化在日后的历史中却取得了胜利，欧阳修等在"君子小人之辨"中的言辞甚嚣尘上，后来渐渐成为舆论的主流，这或许对为欧阳修、苏舜钦等所指责的"保守派"士大夫来说，是一种委屈。

旧官僚们作为以往政治生态中的受益者，他们身上所体现的是宋初消极政治的文化，同时，从作为新政反对者的夏竦有门第出身①这一点也可看出，这种门第出身的背景实际上体现了消极保守派承接了唐、五代的主流政治文化②，甚至或还可以说夏竦的出身决定了他会成为北方

---

① 《宋史》卷二八三载，"夏竦，字子乔，江州德安人。父承皓，太平兴国初，上《平晋策》，补右侍禁，隶大名府。契丹内寇，承皓由间道发兵，夜与契丹遇，力战死之，赠崇仪使，录竦为润州丹阳县主簿"。9571页。《归田录》卷一："夏英公父官于河北，景德间，契丹内犯，遂没于阵。"不仅要注意夏竦出身中等官僚家庭，与范仲淹、欧阳修等出身寒门或低级官僚家庭的背景不同，还要注意到夏竦是恩荫入仕，这在某种程度上或许就是使他日后反对新政的原因之一，因为仲淹等的新政中一大重要内容即是削减恩荫。另外，出身河北武人家庭，承接的是还是五代北方武人集团的藩镇文化，所以如果他对南方文人士大夫以及科举推动形成的、以寒门主导的新政治文化有偏见，是很能够让人理解的。

② 考察从唐到五代再到宋代政治文化的转型，寒素出身、以科举进阶、崇尚"文学"的士大夫所代表的政治文化无疑在宋代最为明显和繁盛，特别是从仁宗朝开始体现得最为突出，但它逐渐形成的过程，很难让人不猜想它从唐中后期就已经开始。晚唐五代是流品名士最后以主流姿态活跃在政治中心的时期，然而，在晚唐权贵把持贡举的局面下，依然存在孤进寒俊冲击权贵的趋势（参见吴宗国《唐代科举制度研究》，252～253页），且衣冠名士对政权的依附过甚亦促成其所代表的门阀政治文化的衰落，对此，毛汉光曾用数理统计的办法论证了士族门阀政治变迁的渐进性、长期性。从北宋仁宗朝时期的欧阳修、范仲淹等人开始，他们尽管多少继承了一点清流文化的资源，毕竟这种衣冠名士主导的清流文化存在着对寒门才俊的包容性。然而，欧阳修等来自不同群体的新兴士大夫更多地做的是对清流文化、对旧主流政治文化进行批判，这种道德谴责的产生，反映的是由思想观念的转向所导致的政治文化的改变。

集团旧政治文化①势力的代表。而范仲淹、欧阳修等人作为士人文化转型后新崛起的士大夫社群，不少都出身寒门、受过民间疾苦，以科举出身②，这是宋代时期文化传承者身份下移的表现。仁宗庆历时期的这场新政，打破了中唐以来逐渐兴起并在五代时期取得主导地位的清流文化的包容性，以欧阳修等人为代表的新型士大夫与以唐代清流文化、宋初保守主义"祖宗之法"为表象的旧政治文化传统发生了割裂，从而基本摆脱了晚唐五代政治文化之遗韵，真正开启了天水一朝的新风。

众所周知，隋唐是中国历史上一个非常重要的时期。傅斯年曾说，"中国之国体一造于秦，二造于隋，三造于元。……唐完隋业，宋又为唐之清白化，……唐代为民族文化之大混合，亦为中国社会阶级之大转变"。他敏锐地捕捉到，"隋唐帝室出身杂胡"导致了隋唐统治者在疆域统一后具备一种"政治结合力"，从而使得中国历史上的一次转变成

---

① 晚唐五代是藩镇政治、武人政治，核心政治力量集中在北方。而到了宋代，正如陆游在《论选用西北士大夫札子》所说，"天圣以前，选用人才，多取北人，寇准持之尤力，故南方士大夫沉抑者多。仁宗皇帝照知其弊，公听并视，兼收博采，无南北之异。于是范仲淹起于吴，欧阳修起于楚，蔡襄起于闽，杜衍起于会稽，余靖起于岭南，皆为一时名臣……及绍圣、崇宁间，取南人更多，而北方士大夫复有沉抑之叹。"（《渭南文集》第三卷，《陆游集》，1994页）从仁宗庆历年间开始，新士风是随着南方士大夫大量登上政治舞台而出现的。在文治政策主导下，宋代政治文化渐渐放弃了北方传统，而形成了南方政治文化。庆历时期是重南思想的萌芽的标志时期，黄宽重说，"北宋初期是江南人才的孕育期，……庆历以来，江南兴起，人才迭出足与北人争胜，熙宁变法即显示南北士人政见之差异"。见氏著《宋代的家族与社会》，240页。当时功利主义儒家的代表学者李觏在《寄上富枢密书》有论，李氏提出"当今天下根本在江淮"，批评过去"议者多轻东南"。该文是庆历初年标志南方政治文化崛起的典型文章之一。见《李觏集》卷二十七，317页。

② 尽管宋代不允许僧道、吏人应举，但宋代科举基本还是可谓取消了门第限制的，特别是较隋而言唐"工商杂类"能够应举，而且试卷实施封弥、誊录，制度公平完善，这才真正是大开了方便、公平之门。详参张希清等《宋朝典制》，188～190页。此外还可参何忠礼《贫富无定势：宋代科举制度下的社会流动》，载《学术月刊》2012年1月。

功完成，改变了社会上"贵贱之伦"错乱的现象，通过在选官制度上以诸科考试代替了魏晋的九品官人法，进而实现"渐少以阀阅登庸"①。

尽管在科举制诞生后，唐代取士仍然是以门阀为主导，但是从中唐以来，逐渐出现了重"文学"的"清流文化"，进士科改变了魏晋的"士庶之辨"，清、浊流的划分不再依据郡望，而由是否有进士科的出身这一标准重新划分，当然，并不能说这一时期选拔官员绝对完全不受郡望因素的影响，但这一时期确实潜藏着"士庶合流"的暗流②，"清流文化"当是这种暗流推动下的产物。

当时之所以会出现这种情况，与人才选拔制度方面摒弃重门第的思想有关，是重"文学""德望"这一新思想观念的出现促成了社会转型。所谓"德望"，按照陆扬的说法，就是张九龄强调的"践台阁，掌纶诰"，是以"词学"立言，是强调特殊的文学履历③。这种现象反映了一种潜伏于世族政治下的新政治文化的趋势，唐代的清流文化是世族政治文化和新政治文化间过渡的产物，在宋仁宗之后，宋人就自谓"今世用人，大率以文词进"④，范仲淹也讲"臣世专儒素，遭逢盛时，以文艺登科"⑤。可见宋代到此时是基本摒弃了世族政治的传统，文词出身的寒士所形成的政治文化已经强化到足以冲击甚至取代旧的世族政治文化以及作为过渡品的唐代清流文化。在寒士社群成为政治主导力量之一后，宋代抛弃了初期继承五代政治文化遗韵的状况，转而步入了真正以

---

① 傅斯年1931年10月致陈寅恪书札，抄件，残。载王汎森、潘光哲、吴政上主编《傅斯年遗札》第192，280~281页。

② 关于此点，胡如雷先生有极其精彩的论述，对笔者启发颇大。详参其《门阀士族兴衰的根本原因及士族在隋唐的地位和作用》一文，《隋唐五代社会经济史论稿》，283~323页。

③ 陆扬：《唐代的清流文化——一个现象的概述》，《田余庆先生九十华诞颂寿论文集》，550页。关于张九龄阻拦玄宗任用牛仙客一事，这说明了"文词"取代"门阀"，贵族政治走向衰落。

④ [宋]蔡襄：《国论要目》，《蔡襄集》卷二十二，384页。

⑤ [宋]范仲淹：《让观察使第一表》，《范仲淹全集》，403页。

"文"取士的时代。特别是宋代科举发达，不仅录取进士数量增加，举人的数目也大大提升，北宋末期举人占到了成年男子总数（约占总人口的百分之二十，即约两千万人）的百分之零点一五①，中等知识分子阶层实力大大增强，知识阶层规模扩大，这也推动了士大夫主体意识的觉醒和政治影响力的提升。甚至还有人提出，正是在宋代愈发严苛的科举制度，最终断送了贵族门阀政治复辟的可能②。

不过，有一点需要特别指出。以往的宋史研究，过度关注士大夫社群的地位抬升、结构变化，忽视了对皇权的关注。完善科举、擢拔寒士，不仅有利于士大夫，同时也有利于君主加强权威、实现权力一元化。中古的门阀政治、贵族制政治对皇权的膨胀产生了不小的抑制作用，宋代超越旧的门阀政治的体制，从底层擢拔寒士，实际上是以此来冲击旧的门阀世族、旧政治集团。

需要说明的是，上述说法绝不是落入了日本学者所谓宋代开启了中国君主独裁这一说法的窠臼。认为擢拔寒士是出于为君主专制服务的目的，很难说不是一种诛心之论，只能说在客观上、在一定程度上起到了这样的效果，但说这是君主在主观上有意为之，显然没有依据。且在实际上，宋代的士大夫并不能都被视作所谓的"寄生官僚"。

更重要的是，宋代之前的门阀政治时代，实际上也是以君主专制为主导，世族的威胁并不代表就能推翻秦代以来的君主专制制度。且真要论君主独裁的成熟，实际上应该上溯金元才对。日本汉学的"宋代近世说"忽视了元代对中国专制主义政治的影响，它着眼于明代君主专制的

---

① ［美］贾志扬：《宋代科举》，54页。
② 由于宋代科举的糊名、誊录制度隔绝了考官和举子联合作弊的可能，过去科举所谓的"行卷"就失去了意义。何怀宏依据贾志扬的相关研究，提出宋代科举渐渐成为"最淡化个人与其家族关系的一种制度"，他指出，科举制到宋代所出现"人格淡化、面对天子、取士途径趋一、考试内容趋一"的发展，使得科举选士变得尽量客观，造成一种选官制度上的决定性转变，断绝了贵族门第社会复辟的可能。见氏著《选举社会及其终结——秦汉至晚清历史的一种社会学阐释》，99页。

高度加强，上溯后认为宋代是独裁加强的开端。然而在元史研究中，都会强调元代的专制皇权是较前朝少所约束的，元代是中国专制社会后期的一个巨大转折点，它影响了"明乃至以后中国封建社会的发展的全貌与趋势"①，金元是没有完全汉化、保留有民族特权的王朝，存在着专制主义皇权的高度复兴与繁荣，与之相比，唐、宋只是皇权发展的阶段，故不宜称中国历史自宋始呈现君权加强、相权衰弱的特征。一切正如姚大力所说，"两宋时期曾经相当有力的臣下制衡君主权威的制度性安排和惯行体例，在元代却被终止或受到很大削弱。……渗透到元代君臣关系之间的主奴观念虽然没有在明代君臣关系中留下直接的痕迹，但是，过去时代长期形成的'共治'观念的淡化和约束君权的传统程序的削弱，……为朱元璋在明初大幅度地强化专制主义君权，扫清了唐、宋两朝的君主们所无法克服的来自中原传统的制度化障碍"②。

在庆历新政中，改革派和保守派反复争夺仁宗的支持，可以看出皇权在此时的重要影响力。然而，总览宋代，科举士大夫并没有完全沦为君主的政治打手，他们觉醒了的主体意识使得他们形成了新的政治集团，尽管士大夫社群内部存在政见不同而导致的不同派别，但总体而言，科举出身的士大夫们也至多是"和而不同"，他们有一定的通过形成新政治势力来在皇权下取得自主权利的意识。宋代统治者确立的专制体制，并没有起到预想中的那种作用，相反，"宋代建立的这个专制体制的成熟模式有着制衡矛盾的张力，即把专制政体的成熟阶段必然产生的对立面——民主的因素，长久地妥善安置在体制的内部"③。实际上，不仅仅是制度，宋代统治者其个人也常常会包容一定限度的民主，以"开明专制"来确保政权稳固。

---

① 周良霄、顾菊英：《元史》，466 页。
② 姚大力：《论蒙元王朝的皇权》，《蒙元制度与政治文化》，192~194 页。
③ 王水照、朱刚：《苏轼评传》，15 页。

宋代"取士不问家世"①使得以范仲淹为代表的这样一群寒士能充分鉴于他们个人在社会下层时对弊政的负面危害的深刻感受,去倡导积极政治,这些新兴士大夫更加希望能通变救弊、济世泽民,要改变此前"士"消极的社会性格②。

考察庆历新政的改革目标,尽管表面上其中心是进行吏治改革,整个改革的纲领性文件——《答手诏条陈十事》也重点关注宋代的吏治问题。但追根溯源,直接的现实危机只是革新士人用来加强仁宗的紧迫感的工具,作为一场士大夫社群合力通变救弊的政治运动,其本质目标乃是范仲淹作于天圣三年(1025)的《奏上时务书》中所提到的"救斯文之薄",即进行通盘的内政改革,立足长远,布局宏大。在这样一种关于儒家价值观下的社会想象的目标之下,具体的改革政策则针对性极强地指向了世族政治的传统和保守主义的"祖宗之法",庆历新政的十条改革中五条关乎吏治,而在吏治改革中对选官制度的改革目的就是为了完善科举取士、打击世族政治;对官员管理制度的完善,特别是对磨勘法的改革,则旨在扭转"祖宗之法"下士风颓靡的状况。

尽管庆历新政以失败告终,但它所留下的文化遗产却相当丰厚,正所谓"从此以后,宋代的士大夫们超越政治上、学术上的立场差异,一直以庆历为模范"③。正是这样一场改革,扭转了消极政治的士风,开启了北宋的君子党争,同时还使得"政制上则言官的发言权提高"④。范仲淹等人之所以致力于改良士风,目的是维护专制体制下有限度的民主,因为"宋代政治中的民主气氛根本是由'士气'撑托的"⑤。

除此以外,那种"以天下为己任"的公共责任感,以及庆历新政所

---

① [宋]郑樵:《通志二十略》,1页。
② 详参余英时《朱熹的历史世界》,209~229页。
③ [日]小岛毅:《中国思想与宗教的奔流:宋朝》,82页。
④ [美]刘子健:《欧阳修的治学与从政》,190页。
⑤ 王水照、朱刚:《苏轼评传》,19页。

建立起来的积极政治的士大夫社群与统治者在政治上相互合作的关系，也几乎贯彻、影响了整个北宋，成为北宋政治的重要特点。特别是在对熙宁变法的影响上，范仲淹与王安石有很多相似的主张，南宋吕中就曾将二人政改思想作以细致地比较，发现相似之处很多，吕中讲"范仲淹之于庆历，亦犹王安石之于熙宁也。……今观仲淹所言'穷则变，变则通'，即安石变法之言也；其言'兵久不用，则武备不坚'，即安石强兵之说也；其言'士未曾教则贤才不充'，即安石所谓'教之非其道'之说也，其言'中外奢侈则国用无度'，即安石所谓'理财大抵无法'之说也；其言'百姓困穷则天下无恩'，即安石所谓'优恤农民'之说也；其言'人主纳远大之谋久而成王道，纳浅末之议久而成乱政'，即安石'欲法尧、舜而不法太宗'之说也；其言'刑法之吏知丝发之轻重，钱穀之司举锱铢之利病，则往往谓之急务，或有条政教之源流，议风俗之厚薄，陈圣贤之事业，论文武之得失，则徃徃谓之迂说'，即安石所谓'人君出而亲事，不过有司之细故，未尝如古之有为之君学，士大夫讨论先王之法以措天下'之说也。"① 足见范仲淹所倡导的士大夫精神及庆历新政所体现的政治思想对后世巨大的影响，为整个北宋树立了建设儒家秩序、抬升士风的目标。

其实，不论庆历新政还是后来王安石主持的熙宁变法，总体而言都是立足长远、着眼全面的改革。二者虽然侧重点有不同——前者重吏治而后者重财政，却都是为了整治时弊、谋求兴治，因而他们所体现的精神是一致的，今人将这种精神总结为"通变救弊、志在当世"② 八个字。

从上文我们可以进一步意识到，作为庆历新政这样一场有着深远意义的政治改革的主持者，充当了新士大夫社群领袖的范仲淹应该发挥了

---

① ［宋］吕中：《类编皇朝大事记讲义》卷九，193～194页。
② 沈松勤：《北宋文人与党争》，1页。

十分巨大的士风引领作用，而事实也确实如此。所以，在考察整个庆历新政的来龙去脉、背景影响之时，范仲淹都将成为被重点关注的核心人物。

提振士林积极参政的风貌，为整个宋代士大夫树立了以天下为己任、先忧后乐的公共责任意识，强调儒家士人个人道德和品行的完善，还带头将个人因出身寒门却能步入仕途而产生的报恩感升华到"为一个朝廷尽忠尽力，为这个朝廷所代表的国家的最高利益——长治久安而尽心竭虑"①……范仲淹这些作为都推动了士大夫精神朝着良性、积极的方向发展。正如朱熹所说，"本朝惟范文正公振作士大夫之功为多""至范文正时便大厉名节，振作士气，故振作士大夫之功为多。"②。实际上，范仲淹更大程度上是成为宋代乃至宋以后整个儒家士大夫的一个人格典范，所以在其去世后韩琦曾评价他"前不愧于古人，后可师于来哲"③。而到了明代，李卓吾也说"范公何尝死也。宋亡，范公终不亡耳"④，足以证明文正公浩然的人格精神对后世影响深远。因而也难怪如张邦炜先生所述，后世一些从总体上将宋代士大夫生态比作"粪土"的学者，也不得不承认范仲淹是开在"粪土"上的为数不多的"鲜花"⑤。

范仲淹在新政时期的作为对后世影响其实也大抵等同于庆历新政对后世的影响，除了具体到现实问题层面的意义，范仲淹振励士风，不仅为自己立德立言，实质上也推动着仁宗朝的儒学复兴。尽管综观宋史，主流意识形态对非儒家思想的高度包容性"与儒学复兴同步反向，越来

---

① 王瑞来：《宋代士大夫主流精神论——以范仲淹为中心的考察》，载姜锡东、李华瑞主编《宋史研究论丛（第6辑）》。
② [宋] 黎德靖 编《朱子语类》卷一百二十九，3086页。
③ [宋] 司马光：《代韩魏公祭范文正公文》，《范仲淹全集》，1244页。
④ [明] 李贽：《史纲评要》卷二十九，804页。
⑤ 张邦炜：《君子欤？粪土欤？——关于宋代士大夫问题的一些再思考》，《人文杂志》2013年第7期，82~88页。

越萎缩"①,看起来这似乎是阻碍了社会思想的多元发展,但这种治国思想的趋同态势从国家治理角度而言,对北宋政治造成的积极影响却不可否认,儒家治国之道促进了北宋政治的良性发展。从这一点上说,庆历新政依旧起到了难以磨灭的推动作用。

需要说明的是,范仲淹主持庆历新政,表面的目的就是实现儒家式的政治理想,或者说,是要实现儒家式人间理想,而在实现过程中则要以儒家式政治秩序的构建为始。余英时曾提出"儒家的整体规划"的概念,即儒家价值观下的社会想象。余氏认同张载说的"朝廷以道学政术为二事,此正自古之可忧者"②,他在《"抽离""回转"与"内圣外王"——答刘述先先生》一文中主张在研究宋明理学的时候不把理学单独从社会、政治条件中抽离出来,不要把理学、道学从儒学中抽离出来,并认为宋代新儒学(Neo-Confucian)的复兴正是"儒家的整体规划"的再次活跃,北宋士人的政治革新运动正是按照传统儒家"得君行道"的思路在努力实现"儒家的整体规划"③,是要"回向三代"、复兴儒学。

实际上,结合余英时个人在宋代思想史研究上的治学取向,我们可以认为,他所强调的,正是钱穆所谓宋代新儒家的"政事治平之学"。钱穆曾在总结宋代学术时道,宋代新儒学有三方面,"一曰政事治平之学,一曰经史博古之学,一曰文章子集之学。宋儒为学,实乃兼经史子集四部之学而并包为一。若衡量之以汉唐儒之旧绳尺,若不免于博杂。又好创新说,竞标己见。然其要则归于明儒道以尊孔,拨乱世以返治"④。这段话里强调了宋代新儒学的致用性,钱穆认为汉唐儒者多有

---

① 姜鹏:《北宋经筵与宋学的兴起》,49页。
② [宋]张载:《答范巽之书》,《张载集》,349页。
③ 余英时:《从政治生态看宋明两型理学的异同》,《中国文化史通释》,24~49页。本书中多次用到余英时先生"儒家的整体规划"这一概念,特此说明。
④ 钱穆:《朱子新学案》第一册,14页。

"升平世"的心情，这和宋儒生于辽、夏与宋对峙的时代背景迥然不同，宋儒生于乱世，所以对经义多做新释，意在推动革新、于乱世治平。也就是说，在宋代新儒学里，"政事治平之学"最为关键，而以往的宋代思想史、哲学史研究，往往是架空的，纯粹探讨哲学观点，这实际上是轻重倒置。今人研究庆历新政与宋代新儒学，需具备关注儒家士大夫政治活动的意识。

范仲淹及北宋科举出身、积极革新的士大夫们用舆论，使得本来在内外交困的现实条件下就有了一定的革新想法的宋仁宗支持推行一场以内政改良为核心的改革，即所谓"得君"，这是范仲淹"行道"的重要基础。但实际上在改革的过程中，苏舜钦等改革派青年士人就已经指出整场改革在现实政治层面的革新效果并不显著。这正是范仲淹"庆历新政"的特别之处，他的"十条纲领"全部都是针对内政、制度，可见他打着拯救时弊的旗号，其实抱负宏大、立足长远，他要改革士风，这种设计并不足够贴近紧迫的现实问题，这不是一个符合"外向"这一北宋时代特征的设计，而是关注士人和社会的风气、关注"内圣"、复兴"斯文"①。这种思想取向的存在贯穿仲淹一生，仲淹年轻时立志"不为良相则为良医"，广交道、释、隐者，后来对激进的改革"自知其不可行"，这都体现着他思想世界中潜在的一种消极心态。这种"消极"是相对于在仕途顺风顺水的条件下形成的积极心态而言的，实际在某种程度上就表现为从重立功转到重立言，是在保有现实关怀的思想基础上"转向内在"，本质还是在积极实现"儒家的整体规划"，只是在一定程度上对"得君"这一传统儒家强调的"行道"的前提条件产生了一定的怀疑情绪，或者说对之有所放弃。这并不代表着范仲淹个人有着矛盾

---

① 此处斯文是范仲淹所谓"斯文"，即儒家式秩序。但陈弱水认为，"斯文"一词含有教化性意味的用法并不突出，很多时候只指文章。参见《唐代文士与中国思想的转型》48页。此处"斯文"取儒家秩序意，亦即陈弱水所述包弼德对"斯文"的理解——"既成的文化传统"。

的思想，而是他以"得君行道"为先，在遇到困境后转而重视皇权之下士人的生活和思想状况，范仲淹曾经写文赞美东汉隐士严光"云山苍苍，江水泱泱。先生之风，山高水长"①，似乎内中包含有一种消极情绪，然从另一个角度讲，这或许正表现着"先天下之忧而忧，后天下之乐而乐"的心理基础，范仲淹投身政治，是有着一定的自我约束的，即一定要服务于儒家理想、"儒家的整体规划"，而不是一味苟且顺从现实境遇。

范仲淹并不是在任何时候都只依靠君主的皇权来从上而下地进行改革，而是在中央推行政改的同时通过兴办教育、传播思想、提振士风来掀起一场自下而上的改革，着重改良了北宋的内在精神，"内圣外王"。在某种程度上，这几乎就是余英时总结的王阳明"觉民行道"的意识，只不过，从某种程度上讲，范仲淹在客观上更像是无意识地（或意识混沌地）处于"觉民行道"的状态中，受封建儒家思想束缚的他并没有完全脱离为皇权服务的意识而成长为职业政治家；而王阳明则在主观上认识到了"觉民行道"的必要性，当然，此"道"亦是封建儒道，不存在导向现代政治的因素。

实际上，北宋一直有着朝堂与学堂之分，朝堂上，士大夫积极向人君进言，北宋经筵旨在让人君自觉接受士林的政治理念和理想，即所谓儒者"以道学辅人主"②；而在学堂上，"庆历兴学"和宋学家们在民间的传道行为就是"觉民行道"，在某种程度上也是仕途失意后新儒学士大夫们"转向内在"的体现。

所以，刘子健先生的名著《中国转向内在》讲南、北宋间存在明显的由"外向"转为"内向"的思想变革，指出"11 世纪是文化在精英中传播的时代。它开辟新的方向，开启新的、充满希望的道路，乐观而

---

① ［宋］范仲淹：《桐庐郡严先生祠堂记》，《范仲淹全集》，191 页。
② ［宋］程颐：《上太皇太后书》，《二程集》，542 页。

生机勃发。与之相比，在 12 世纪，精英文化将注意力转向巩固自身地位和在整个社会中扩展其影响。它变得前所未有的怀旧和内省，态度温和，语气审慎，有时甚至是悲观。一句话，北宋的特征是外向的，而南宋却在本质上趋向于内敛"①。

然而，这里的"外向"与"内敛"，至多只能算是相对的概念，而且似乎并非有着明确的转型的时间点。

今人可以看到，"转向内在"的儒家依然是入世的，没有放弃参与现实政治的理想。宋代儒学复兴承自中唐，身为唐代儒家复兴的领袖之一的韩愈，就主张将儒家士大夫内心性理的修炼当作入世参政的精神基础②。这种理念影响着宋代士人，整个宋代的"道学"③，本质就是以韩愈所提出的"原道"思想为蓝本的，也即是尊奉原始儒学本义。

北宋士人几乎无一不对韩愈推崇备至，将其捧为复兴道统的代表。一方面是推崇韩愈的古文写作；另一方面也要继承和发展韩愈所提出的、尚未定型的"原道"论，最终形成"道学"④。尽管在思想方面，

---

① ［美］刘子健：《中国转向内在：两宋之际的文化转向》，9~10 页。
② 陈弱水：《唐代文士与中国思想的转型》，94 页。
③ 关于"理学"、"道学"、"性理之学"几个概念，历来有所争论。陈植锷在《北宋文化史述论》中说"理、欲问题，本是性情之辨这一传统题目的延伸和再起，而所谓理学，实质上也就是性学，或者说性学的延续，并没有什么特别玄乎的内容"（260 页）。钱穆则在《朱子新学案》第一册中提出，"北宋诸儒实已为自汉以下儒统中之新儒，而北宋之理学家，则尤当目为新儒中之新儒。今再进一步指出理学家之所以为学与其所谓为学者究何在。理学家在当时，自称其学曰道学，又称理学，亦可称曰性道之学或性理之学，又可称为心性义理之学。"（18 页）。土田健次郎在其《道学之形成》中认为，"道学"本来并非指某一派，而是儒、释、道都可使用的一个名词，他在宋代的"道学"的产生时认为，"因了程颢、张载、邵雍之死，他们的门弟子的一部分，被吸收到了寿命最长的程颐之周围，由此开始形成具备系统的学派，那便是道学。程颐在'关于真正的道的学问'的意义上作为普通名词使用的'道学'一词，此后逐渐成为专指一个学派的固有名词"（15 页）。综上述三说，我们大体可见，"道学"似乎是比"理学"更为宽泛的概念。在本书中，"道学"可以泛指北宋新儒学，取广义的概念。
④ 侯外庐、邱汉生、张岂之 编：《宋明理学史》（上卷），31 页。

宋儒从韩愈那里或许是受启发多于去继承，韩愈在文学上对宋代文人影响更大①。然而毋庸置疑，这种中唐以来逐渐形成的"文"的政治文化，以及道学，都是入世的，且对宋代新儒学以及士大夫政治影响深远。

南宋对北宋思想有所承袭，只是南、北宋思想"表""里"互换——北宋士大夫积极政治改良和主张"得君行道"，可他们同时有一种潜在的重"内圣"、以士人觉醒带动上层变革的想法，周敦颐、"二程"、苏轼、王安石都曾大谈"性理之学"；而南宋虽然道学昌盛、讲求修养个人"性理之学"，可朱熹、陈亮等士大夫从没放弃实现"儒家的总体规划"的目标，他们依然积极政治，一直希望能"得君行道"，对宋孝宗期待颇高，南宋理学家只是重"内圣"甚于投身于现实政治，而非放弃了对现实政治的高度关注，钱穆说"然则于宋学中，是否亦可称理学为内学，似亦无妨，然在理学家中则决不认此称"②。南宋理学家是绝不承认自己只重内在，外王是他们不变的追求。

实际上，两宋之际的名臣李纲对这种内外兼修、内圣外王的士人、士风的养成标准就有过详尽的议论，他指出了好的士人"内有所养，而见善明、用心刚者"，好的士风是"忠实、惇朴、静退"③。既批判了消极顾己的士风，也反对了盲目激进。强调内在修养，也强调外在作为。并非一味否定外在或内在。

总的而言，今人在研究活动中，不宜在解读历史现象时作出过于绝对的判断，尽管把现象标签化、放大化似乎是一种更为方便的处理手段。

明显的重"内"、重"外"之分在南北宋之间其实并不存在，南、

---

① 北宋张耒在其《韩愈论》中就曾提出，"韩退之以为文人则有余，以为知道则不足"，《张耒集》卷四十一，677页。
② 钱穆：《朱子新学案》第一册，19页。
③ [宋]李纲：《用人材以激士风札子》，《李纲全集》卷三十九，485页。

北宋的道学士大夫都是致力于实现"儒家的整体规划"的。北宋的时候，王安石是功利主义的，看起来最致力于"外"。可是反对他的人——那些看起来应该被视作潜在的"转向内在"者的士大夫——也并非对现实政治缺少热情，他们觉得王安石太激进，像法家，可他们也"绝不放弃'平天下'的目标"，他们只是"深深地奉行礼的客观规定，……认为这是自我修养必不可少的条件"①。即"内圣外王"。这样的想法同样存在于晚年的范仲淹、欧阳修身上，这是许多北宋士大夫的宿命。

邓广铭先生对两宋士大夫"内"的修养与"外"的追求间的关系早有到位认识，他曾指出，"把北宋学者作为一个整体来说，他们治学的总的取向，是要'致广大而尽精微'，也就是所谓'内圣外王之学'。当然，只有很少人能内外兼顾，既能在学以致用的实践方面体现其治国平天下的理想和抱负，又能在学术思想和儒家哲学方面深入阐发其义蕴"②。这可完善刘子健说。

同时我还看到，明代王阳明对宋代新儒学也是有所继承的，他所谓"致良知"，实际上也就是范仲淹所重视的改良士风、"救斯文之薄"，是"二程"讲的"志将以斯道觉斯民"③，是从下往上推动革新。这是宋、明思想的延续所在，王阳明是心学人物，但骨子里也致力于"行道"，且道学的发展过程中存在所谓"朱、陆合流"，王阳明的思想里有理学的因素并不奇怪。

实际上，在人们的普遍印象中，王阳明对朱子学的批判较多，这种印象有一定道理，但同时也是不全面的。沟口雄三曾归总道，认为"阳明学确实批判了朱子学之非平民性，扩大了面向平民的道德之学的门

---

① ［美］史华慈：《儒家思想中的几个极点》，《宋代思想史论》，105页。
② 邓广铭：《北宋的学风》，《邓广铭全集》第七卷，441页。
③ ［宋］程颐：《明道先生墓表》，《二程集》，640页。

户"①、"阳明学的兴起,完成了使作为道德之学的朱子学扩及乡村每个角落的作用。"② 这种现象实际反映着儒学对民间思想影响之深入,而此时,不断向民间渗透的儒教实际上就是朱子学,是朱熹的道德儒教。余英时说王阳明"觉民行道",或许就是受了沟口雄三这种认识的影响。王阳明的"知行合一"、讲学传道,实际上正是推动了这种儒家思想受众的下移,儒家思想实践的主体从儒家士大夫扩大到了士人和普通百姓、农民。王阳明或许是不自觉的,但他的思想和行动在客观上却有着传承、传播宋代新儒学的效果。

除了改良社会士风、整治国家弊政,庆历新政还衍生出了"庆历文学",而"庆历文学"也极大地推动了宋代的"古文运动"和儒学复兴,特别是在庆历新政中成长起来的欧阳修,他所主张的"文""质"兼顾的新古文用一种融合性和包容性几乎平衡了当时所有的文学势力。他倡导古文,但未陷入太学体那种诡异的文风,而且他对西昆体有着同情之理解,在文以载道的基础上,他认可华美辞藻对文学锦上添花的功效。这种包容的态度让他的文学观在后来为天下士人所接受,他把古文运动推上了最高峰,使起于景祐年间的古文在嘉祐年间获得了极大的兴盛,其间还和庆历新政有所配合,而他自己也最终成为宋代"古文运动"的领袖人物。此后的苏轼主要是在维持这种文学,但是苏轼扩大了文章之"道"的范畴,把它从儒家之道延展到事物、事理之道,这其实是对以文传道的这种文学思想的进一步推广③。

由于这一时期的儒学复兴运动是继承自韩愈,因而时人总以韩愈为宗师。其实在北宋中叶,不论是文学界还是思想界,几乎都是韩愈"原道"学说在主导,这种思想使得政治上有了回向三代的实践、文学上有了以"道"为先的主张、思想上提出了"救斯文之薄"的口号。但是

---

① [日] 沟口雄三:《中国的思想》,87页。
② [日] 沟口雄三:《中国的思想》,89页。
③ 详参王水照主编《宋代文学通论》,197~199页。

范仲淹、欧阳修等人倡导的北宋新古文对西昆体的批判吸收迥然不同于韩、柳的唐代古文，韩、柳古文更讲纯粹，更小众。柳宗元等人虽然也曾经写过骈文，但那仅仅是因为骈文仍是当时文学的主流，而不宜过度解释为柳宗元等已有骈、古中和的思想。这之中其实体现了北宋新儒学运动和古文运动的特点——它们作为对韩愈理论的扩大化实践，必然有着改良和提升。北宋最后由欧阳修定型的新古文，就很好地说明了这一点。

实际上，宋代的文人们普遍发现了文学话语权可以影响政治这一点，这就促使了宋代文学的繁荣中包含着宋代散文写作中对"道"和"质"的追求，强调文学的现实关怀性。欧阳修的很多文学创作，都与庆历新政及其为欧阳修带来的个人遭遇有着直接或间接的关系。而"庆历文学"作为北宋士大夫文学的代表之一，其核心价值观更与庆历新政对北宋士人人格的影响有着重要关联，尽管这之中很难找到直接的因果关系，但这一时期"文学与士风更多的是出于一个共同的网状结构中，或者说处于同一个文化生态环境中"①。比如石介的《庆历圣德诗》，它的精神内涵就是由"有宋以来儒道实践精神的逐步觉醒，文人朋党理念的积累和成熟，以及文学颂美意识的发展演变"共同造就的②。另外，范仲淹和韩琦"追踪宋初以来古文运动的发展轨迹，又以政治家和作家的敏锐，对古文运动的发展方向有着准确的把握"③，也推动了"庆历文学"的发展，特别是他们强调了文章的思想性。实际上，唐宋之际的文学观发展经历了三个时期，第一期是唐初到盛唐，此时史统影响文统；第二期是从中唐到北宋，此时文学观念上的"文质之辨"中的"质"被演绎成儒家的"道理"，道统对文统影响极大，文学理论上的争论由原先只停留在文学层面的"文质之辨"变成了兼及思想领域的

---

① 李强：《北宋庆历士风与文学研究》，210页。
② 张兴武：《宋初百年文学复兴的历程》，95页。
③ 祝尚书：《北宋古文运动发展史》，180页。

"文道之辨"。后来由于"文道之辨"愈演愈烈,"文""道"出现了鲜明的分离,宋中期以后到末期,文学对"载道"的追求慢慢又转变成了单纯的文学审美追求,是为唐宋之际文学观发展的第三期①。笔者以为,宋古文运动的衰落,在于没把握好对文章政治性、致用性的度量,强烈的政治性使得文章由强调实用激化成彻底的宣传工具,古文最终衰落。不过,庆历之际还是这种道统影响文学的发展期,范仲淹等人正处在唐宋之际文学观发展的第二期中,文学对"质""道"的要求正迎合了他们对现实的强烈关怀。正是这种现实关怀,使得"文""道"分离后,到了明末清初,一些捍卫儒道的士人依旧坚持着对文章之"质"的推崇,譬如黄宗羲,就曾对苏洵《书论》中"忠之变而入于质,质之变而入于文,其势便也。……人之喜文而恶质与忠者,犹水之不肯避下而就高也"的观点做过评价,黄宗羲对"喜质而恶文"充满同情之理解,尽管他承认"自忠而至于文者,圣王救世之事也",但他同时也说重"质"恶"文"是可以接受的"凡人之情"②。可见在宋代古文运动之后,古文与新儒学相结合的精神依旧在近世后期存在,只不过那种"文""质"兼顾的状况被后来的人理想化、崇高化了,变得有些遥不可及。

另外,我们还应该把五代到宋初的文学状况结合当时政治文化演变的背景加以论述。五代时期,随着科举制度的发展、衣冠名士政治影响力的减弱,士大夫身上所具备的学才与吏干之比重发生了变化。正如前文所述,晚唐五代的清流文化具有包容性和过渡性的特点,旧的名门士人群体以在政治秩序和文化上对科举发迹的寒门士人的包容而自保。这一时期的清流名士如卢程、薛融等人更多表现出的是充沛的文才,或是长于空谈儒学经义,而在吏干上则有所不足。五代的乱世在客观上创造

---

① 详参罗立刚《史统、道统、文统:论唐宋时期文学观念的转变》,东方出版中心2005年5月版。

② [明] 黄宗羲:《文质》,《黄宗羲全集》第一册,416页。

了政治社会对吏的大量需求，从而加剧了士大夫文、吏属性分化的趋势，文才属性在名门士人身上强化，吏干则更多体现在非名门出身的官员身上。可这种偏执强化一面的做法，在某种程度上也可看作是清流名士势力的妥协自保，至少从今人"后见之明"的眼光看，若这些名士于文才上也有所弱化，那科举士人就会是文、吏兼备的人才，只有旧的名门士人强化自身的文士属性，才能逼科举士人走向一个极端，从而使得清流名士凭借对另一极端的占据而苟延残喘。这也就是晚唐、五代时期清流政治文化之过渡性的体现。而作为文才展现的载体，晚唐、五代时期的文学写作在风格上呈现出一种靡丽浮华，这正是衣冠名士们对于自身之文化优越和身份高贵的彰显，至于这一时期一些非名门出身的文士在文学追求上也趋向于靡丽浮华，则恰证明晚唐、五代的清流文化具有过渡性和包容性，异类的存在恰是包容的体现，同样的文学属性出现在不同背景的文士身上则恰是过渡时期的特点，非名门出身的文士对清流名士之文学风格的学习也证明着五代仍是旧文化以微弱优势占据主导地位。由于宋初官僚队伍中有大量从后周继承来的士大夫，因而尽管宋太祖时期科举频繁、宋太宗时期科举录取量大增，但宋初的文学在整体上还是没有呈现新气象，杨亿等人在文学上尽管有改变的想法，但最终还是未逃出五代浮华文风的窠臼，或也可从当时社会上士人之构成背景角度加以理解。王禹偁、田锡虽然文风平实，然而却在北宋初期未成主流。仁宗时期科举制的完善，北宋前期培养的科举士人群在此时崛起，士大夫队伍的构成背景发生较大变化，新士人孕育了新主张、新思想，并以新文学的形式加以表达。范仲淹主张"文""质"相救、"质"在"文"先，"太学体"则独独着力于让新文学发挥宣扬新儒学思想之功能，至后来有欧阳修在嘉祐年间痛矫太学体，秉持对西昆体的宽容态度，开创融合性更强且"文""质"分配更均衡的新文学，完成了对韩愈古文理论的扩大化实践。所以，庆历之际士人的文学主张也具有革新意义，和新政的革新精神相呼应。

今人但凡讲到宋代士大夫政治、讲到北宋变革，都会提到士人的结盟。这种结盟不仅出现在政治领域，在整体上体现着一种外向、积极气质的北宋还一直存在着文学结盟意识①，这种文学结盟的形成与文人的价值观念息息相关。古往今来的人们在谈到唐宋古文运动时常常会讲到"文以载道"的文章理论，大抵也就体现在这里，"其'道'实指本其'所学'而独自树立的一家之言，与'言志'恰为同义"②，庆历时期文士的文章就反映着他们对现实问题、对士风道德的认识与看法。庆历新政前后革新派文人互相唱和，例如蔡襄作《"四贤一不肖"诗》为因触怒权相吕夷简而被贬的范仲淹、余靖等人辩诬，该诗广为流传，为革新派博得了广泛的同情，这就是文学结盟对现实政治发挥了作用。

当然，除了文学，承"《春秋》之志"的历史书写也是士人借以宣传思想观念的媒介。北宋中前期的修史活动和史学思想也同当时的社会思潮和儒学运动有着千丝万缕的联系。士人通过对历史的纂修，特别是对于五代历史和北宋前三朝史事的删排，表面上讲是为了宣传前代君王的"圣政"以资后世。实际上，在对"圣政"的判别中，士人已自觉或不自觉地向其纂修的史书中渗透了自己的价值观。欧阳修的《五代史记》、石介的《三朝圣政录》等，皆是如此。

另外，"庆历兴学"也颇值得一提。范仲淹重建太学、兴办州学，大大推动了宋代教育的发展，官办学校既讲经义之学还讲经世之道，扩大了知识阶层，培养了士大夫人才，为社会发展提供了较之于过去更为良好的人才条件。范仲淹对孙复、李觏等人的扶助使得道学广为流传，带动了思想界的革新，经学改良和孟子升格等运动都促进了宋代的学术进步。

结合上述，在回顾了庆历新政发生的时代背景以及庆历新政的性

---

① 王水照：《北宋的文学结盟与尚"统"的社会思潮》，载《国际宋代文化研讨会论文集》。

② 朱刚：《唐宋"古文运动"与士大夫文学》，41页。

质、影响后，我们大致可以总结出：

北宋的庆历新政作为一场以内政改革为中心的政治运动，总体而言，它涉及的问题是全面的，而非专于吏治，只是在吏治方面有所侧重。它以现实问题为引，本质是布局长远的改革，而非局促于当下。

它的产生，不仅与北宋士大夫社群自觉意识的高涨有关，积贫积弱的现实状况对出身寒门的士大夫在政治参与方面的激励乃是更为直接的原因。其中特别要强调，发生在仁宗宝元、康定、庆历年间的宋夏战争对于庆历新政的产生起到了现实层面和思想层面的直接推动作用——巨大的边患压力加剧了政改，特别是内政改革的需求；同时也致使士大夫产生了以巩固国家自身实力来增强对抗外患之能力的政治思想。或者说，尽管北宋在初期的宋夏战争中表现并不出色，但就当时的政治影响而言，宋夏战争更突出的意义则在于其以一种政治话语资源的形式为当时的士大夫描述改革之必要性提供了有力的材料。

庆历新政是被士林舆论抬起的改革运动，虽然宋仁宗的支持起到了一定作用，但其支持行为的本身乃是内外交困的现实压力以及士林呼声的舆论压力双重作用的结果，且我们不能过度夸大这一时期北宋内政问题的暴露程度，宋代士大夫在文章和进言中常常会用一些情绪化的表述或者夸大了的情况来强调个人的见解，他们以此作为一种讲演手段，这使得后人在阅读史料时常常被他们诱导而产生罔顾逻辑的误判。因而就庆历新政的发生而言，抛去大多数历史事件的发生所不可避免的偶然性，发挥了最大作用的应是士林——特别是"患法之不变"且受到新儒家思想影响的士人——的呼吁。相较于现实的弊政，更直接推动庆历新政产生的是士人对产生弊政的焦虑。正如李裕民先生在反驳宋代"积贫积弱"说时所论，实际上，庆历之际北宋的弊政，远没有士人描绘的那般严重，其复杂程度也比不得王安石变法时所遇的问题，新政的产生主要源自士人的自觉，也正是因为士林支持新政的基础只是一种较为普遍的思想自觉而非绝对迫切的现实窘境，因而同样是支持新政的士人，他们对新政的节奏、手段、力度都或多或少地有着不同认识，这种深层的分歧使得新政在开始后不久即在一些问题上遇到部分支持新政的士大夫的异议，如富弼质疑范仲淹整顿吏治太严酷、苏舜钦批评范仲淹改革缺少立竿见影的成效。这些内部的分歧比外部的压力更致命，最终在某种程度上瓦解了支持新政的士大夫群体的向心力，从而成为导致新政中止的因素之一。

它的主要影响，则是改良政治（世族政治的衰落）、振作士风（对"祖宗之法"下颓靡士风的改良）、"救斯文之薄"（维护儒家道统、实现儒家式社会理想）、"觉民行道"（"宋初三先生"带动下宋学的兴起与传播）。由于北宋在仁宗朝所面临的危机相对而言很有限，且仲淹的改革本身就效果有限并还以失败告终，因而庆历新政对现实问题的解决作用有限，它更多的是在改良无形的东西。尤其是范仲淹在景祐党争后经历了贬谪、最终被重新启用后，变得"犹欲伸前志，久之，自知其不可行"①，最终在政治上并未有大作为。所以庆历新政和范仲淹个人对后世的影响，主要集中于弘扬儒家士大夫积极正直的精神。同时，要指出，庆历新政在某种程度上是士权高度膨胀的产物，这场改革在客观上起到了冲击皇权的效果，其夭折虽然与保守政治文化的反击有关，但最终却是以皇权压制住了过度自由的士权为结局，但是，没有这一次士权尝试突破皇权来取得政治变革自主权的实践，后来宋代相对宽松的士权环境要形成恐怕不易。曹家齐先生曾撰文指出"宋代文化政策之所以宽明，是历史上多元文化格局及宽松文化政策之延续和宋朝之过分抑武，而大倡文治并与士大夫共治天下之结果"②，其说不尽然也，曹老师只关注了士大夫群体自身以外来源于历史传统、皇权、政策的因素，而忽视了诸如苏舜钦、王洙等文人色彩极为浓厚的士大夫的出格行为以及一些

---

① ［宋］李心传：《建炎以来系年要录》卷七十九，1487页。
② 曹家齐：《宋代文化政策宽明之原因》，《宋史研究丛稿》，249~250页。

志在救弊的士大夫的呼喊对皇权造成的紧张感，尽管士大夫、文人的争取在专制时代无一不是失败的，甚至士大夫、文人们本来并未曾想过要打破专制、超越皇权，但"周公孔子驱为奴"的文士放荡却一次次压迫着皇帝敏感的神经，这也是范仲淹、欧阳修、苏舜钦等士大夫们争取士权的意义。

它的性质，有史家说作"新兴官僚地主阶级的首次全面改革尝试"①，但从本书的立场来看，不如称作"新兴士大夫社群企图挽救政权危局和复兴儒家道统的改革尝试"，另外还应强调，整场新政中所活跃的政治人物，亦即"11世纪中叶以范仲淹、欧阳修为代表的新兴政治派别，就是宋朝第一代独立探索儒家文化价值的士大夫群"②，他们身上有着强烈的儒家卫道士的特征，道统、学统与政治派阀的背景都对他们的学术主张和政治主张产生了巨大作用。

然而，对整场庆历新政作以这样的描述也只是大致、粗略的。真正具体到整个新政过程中，依旧有许多问题有待解释。纵观整个北宋政治史的研究，庆历新政和熙宁变法一直都是研究重点，以往在总结学术史的时候，常会说"尤其对熙宁变法（亦即王安石变法）的研究，更成为本世纪宋史研究的热点之一，长久不衰。在研究中，学者们对庆历新政多持肯定态度，意见一致；而对熙宁变法的看法却众说纷纭、莫衷一是"③。

这样的梳理明显反映出了以往宋史研究对庆历新政过于简化的认识，而且以往的宋史研究多以王安石变法为庆历新政的扩大，以庆历新政为王安石变法的先声，这种认识自有其合理性，但客观上容易导致学

---

① 朱瑞熙：《新兴的官僚地主阶级的首次改革尝试——北宋庆历新政》，《浙江学刊》，2014年01期。

② 包伟民、吴铮强：《宋朝简史》，68页。

③ 王晓薇：《从庆历新政到熙宁变法——两次变法之间的北宋政治研究》序言，河北大学中国古代史硕士学位论文，2001年5月，导师漆侠。另按：引文中提到的"本世纪"指二十世纪。

人对庆历新政之影响认识不够充分。

实际上，在本书中，笔者将指出，不论是熙宁变法中的新党还是旧党，他们各自都有着不同程度的对庆历新政时期范仲淹等人政治思想和主张的继承，而为学界所津津乐道的富弼、张方平等人在熙宁时期的立场转变，其实与其在庆历新政时积极革新的主张并不矛盾，这种表面上的思想转向实际上有着内在的关联，其中一以贯之的是对实现儒家整体规划的目标的追求，而富弼等人晚年的保守主义倾向，实则与儒家政治思想本身的特性有关。儒家理想政治法不求密的原则与王安石颇具儒法家色彩的严厉政风相悖，以致存在温和改良与激进改革的冲突，富弼等人对庆历新政中择官长、改革磨勘等政策中的儒法家倾向或许有过反思，熙宁时期他们在经历了政治浪潮的洗礼后一方面不再完全寄希望于得君行道（譬如欧阳修提前退休并专事文学），另一方面，其对政治上的相对保守主义的鼓吹实际上是其纯儒色彩的彰显，推崇温和、渐进改良的立场迎合的是儒家政治的包容原则。这并非等同于祖宗之法下过度"召和气"的保守政治，那是种求稳不求变的政治，而富弼等人后来主张的是求稳亦求变的政治。改良社会的信念始终存在于富弼等人的思想世界中。

综合上述，诚然笔者并无意推翻学界以往对庆历新政肯定的态度，但在我看来，对庆历新政的研究仍需要更加细致化，对其历史意义的评价也需要有所拔高。其实在相关问题的研究上，刘子健、余英时、漆侠、张希清、王瑞来、诸葛忆兵、李强、程晓文、马茂军、刘兴亮、郭学信①等学者已有一定数量的相关论著,且他们的研究往往会扩展到对整个北宋中前期士风和士大夫政治的方面上来。本书的撰写,正是旨在于研究庆历新政的同时,关照到这一时期士大夫社群自身的发展、士人精神的嬗变、庆历之际文学与学术的发展、士风与政治文化的转变,尽管我或许并没能真的完全实现自己的写作初衷,但人生本就是不断修正自我的过程,至少我的目标,是想能更好地展现这样一段士大夫精神的长歌。

---

① 参见刘子健《宋初改革家:范仲淹》、《欧阳修的治学与从政》,余英时《朱熹的历史世界》,漆侠《范仲淹集团与庆历新政——读欧阳修《朋党论》书后》,张希清《"以天下为己任"——范仲淹为政之道研究之一》,王瑞来《宋代士大夫主流精神论——以范仲淹为中心的考察》,诸葛忆兵《范仲淹研究》,李强《北宋庆历士风与文学研究》,程晓文《文章、学术与政治:北宋庆历学者之文化网络与学术观念》,马茂军《论宋初百年士风的演进》,刘兴亮《北宋士风研究》,郭学信《北宋士风演变的历史考察》。另外,关于范仲淹与庆历新政的研究,也可参见朱瑞熙、程郁《宋史研究》一书 102~114 页,该书名为研究综述,实则已有不少撰者的个人见解在内。

# 附录2：关系、范式、历史想象
## ——对历史研究的若干随想

近读祁琛云《北宋科甲同年关系与士大夫朋党政治》一书，该书从北宋士大夫对同年关系的认同、北宋同年进士间的诗文唱和与荐举互助、北宋同年进士在价值取向上的特点等方面入手，分析了北宋士大夫科甲同年关系对士大夫朋党政治的影响。学界在过去对这一题目已有较多关注，但大多挖掘不深，且为文旨趣多停留在对作为构成朋党政治的要素的士人关系的分析上。其中，何冠环《宋初朋党与太平兴国三年进士》一书颇具特色，该书将影响朋党政治的人际关系细化到了进士同年关系的层面；徐红《北宋初期进士研究》则详细分析了北宋初期进士的地缘背景、社会关系对其政治联谊、利益链建构的影响，曾枣庄在其《文星璀璨：嘉祐二年贡举考论》一书中也表露过这种细化的旨趣。祁著在前人成果的基础上，选取了作为人际关系之一的科甲同年关系作为研究朋党政治的切入点，通过对景祐朋党、"庆历同年党"等事例的分析，探讨了作为一种影响因素的士大夫科甲同年关系对北宋士大夫政治的作用。

另外，祁著的不同之处还在于，曾先生和何先生的思路基本都是由因寻果，从一个同年科甲榜单入手，看这个榜单上的人在一些他们共同参与的事情上的表现，而祁著则是由果寻因，祁先生通过考察一些政治事件中的参与者在社会背景上的共性，寻找其中有没有科甲同年这个因素，若有，则进而推论科甲同年关系对事件当事人的行为选择产生了重大影响。窃以为，苛刻地讲，由因寻果的遗憾在于可以去考量、解释的事件的范围受到了局限，而由果寻因则容易放大次要因素的作用，以致忽略政治事件本身的独立性、复杂性，进而容易造成过度发挥的历史解释。

在笔者看来，科甲同年关系虽然是一个更细致的角度，但是其和其他人际关系在对政治史的影响效果方面，是互有重叠的。诗文唱和、党议声援、荐举互助，这些现象也存在于其他关系对朋党政治的影响中。因而，祁著的这种视角选择或许并不能算是有着某种特别的意义，至少可以讲，较诸其他人际关系，士大夫科甲同年关系在对政治史的影响上，其"别样"的程度或许并没有祁著的作者在确立选题时想象的那么深。祁著第六章所举由科甲同年关系延伸出的其他关系对朋党政治产生的诸影响，大多与科甲同年关系对朋党政治所造成的影响相似甚至相同，这进而也印证了笔者的观点。

就我的反思来看，对科举同年士人间那种在文学和政治上往来频繁的状态的历史书写，不排除有时候在某种程度上受到了时代氛围的影响。就以曾枣庄先生的《文星璀璨：嘉祐二年贡举考论》为例，我以为，这本书的逻辑似乎是弄颠倒了。现实的情况应该是北宋中期这样一个士风高昂、较为安定的政治、文化、社会环境成就了当时的这批士人，也使得对这批士人的历史书写都特别的全面、正面、详细，所以反过来显得嘉祐二年科举似乎得人甚盛。这种盛，是特别情况下的历史书写留给后人的印象而已，不一定就是历史真实，嘉祐二年科举不见得有曾先生考察出的那般特别，只是因为这批人后来在一个特别的、优越的环境中崭露头角，对他们的历史书写在内容上才显得特别。

掩卷抚思，我对祁著的选题还产生了不少天马行空的想法。

古来士人相"朋"是一种常见的现象。至于"朋"而为"党"，则是一个不确定事件，其实现的关键在于相"朋"的士人要对现实政治有较高的参与度。宋代是中国古代士大夫政治高度繁盛的时代，士大夫由"朋"而"党"在这一时期尤为频繁，漆侠先生的《范仲淹集团与庆历新政——读欧阳修〈朋党论〉书后》一文就选取了庆历之际范仲淹等人的朋党及其掀起的政治运动作为典例，阐释了北宋士大夫朋党干政的现象，漆先生的这篇文章，也成为以士大夫朋党为关注点研究宋代政治史的代表之作。

士大夫朋党的形成，常常是因为某种人际关系。同年之谊、姻戚之情等都是造成这种纷繁复杂关系的因素。在常见的叙述中，人们常常会把某种人际关系对政治的影响想象得太大、太绝对、太固定，这其实并不太合适。正如我在《忧乐为天下：范仲淹与庆历新政》一书中所述，"以往学界论及宋代政治，特别是论及士大夫党争政治，多注重考察人物的'关系'，……但实际上，同年、姻亲、同乡等本就属基本的人际关系，它们固然会影响士大夫的立场选择，但这种影响却并无常态。"若说商周至战国的政治社会里，人与人之间的关系对人的政治立场还影响很大，那么自战国以来，随着官僚制的确立，不论是政府还是民间的政治社会，都渐渐从氏族血缘的关系网上脱离，人与人之间即便是亲戚关系，他们各自的政治立场也与他们间的人际关系不绝对相关，更遑论非血缘关系的同年之谊，其在通常情况下是不可能对士人的立场起到决定性作用的。

漆侠先生特意强调要以"集团"来指称范仲淹、欧阳修等政治主张相近的士大夫所组成的社群，然而这种称谓，在学界对其后的中国古代政治史的叙述中，似乎逐渐发生了一种变化。在明代政治史的叙述中，学人大多以"党"来称呼士大夫结盟；在清代政治史的叙述里，士大夫联盟的形态、程度、状况纷繁复杂，以致研究清史的学人大多放弃了

"集团"的称谓,甚至连"朋党"也很少提及,而是针对具体的政治史现象作出具体的解释,其对士人政治利益关系的表述更细致。

由此看来,距今越远的历史,往往更容易让学人在政治史、政治文化史研究中归总出所谓的政治人物间形成的"集团"。譬如中古政治史方面就有陈寅恪的"关陇贵族集团"说等,秦汉之际的政治史研究有李开元的"砀泗楚人集团"说等。在我看来,这些概括的说法,即便其本身在阐释已知记载中的历史方面可称得上是极为精妙,但其也可能只是不全面的历史书写和传世文献记载所带给学人的一种假象,毕竟流传越久,文献往往损失越大,相对简单的文献状况虽然便于学人总结历史特征、进行历史想象,但也使得这些通论和想象变得更加难以印证。

影响士大夫行为选择的因素必然不会是单一的,历史时空的复杂多样,决定了即便是同一个士大夫,其做出每一次抉择的背景也总是缺少常态,而其中的核心影响因素,大多时候也断不会是人际关系这样肤浅的事物。诚然,因循人际本就是人之常情,然而理智的经验却很少能让人相信士大夫在政治上的重大抉择并非主要由士大夫的主观意愿和志向决定。在很多时候,人际关系对士大夫的政治行为所起到作用的应只是强化其已有看法和决定。偏执地认为人际关系的亲近就有极大可能或者必然造成士大夫在政治立场、价值取向和政治行为上的趋同,并进而形成利益共同体,这种观点,缘何会在以往的中国古代政治史研究中常常出现呢?

学术的不谋而合,背后常常有某些复杂的思想理路为背景。在我看来,这种现象的背后表现出的,大抵是史学研究中对历史规律的探索。正是有了这种"某一人际——某一政治立场"的关系对应,才方便了政治史研究者以这样的关系来类推其他的政治史现象,这种类推的可行性,能使学人感受到其对历史的把握感变得更加真实。同时,这种对"集团"、"人际——政治立场"的归总,也让学人更方便地把复杂的历史现象凝练成表述起来更简易的概念,进而有助于使学人更为流畅地进行宏观的历史表述、减少宏观论述时的"枝蔓"。

从纵向的历史时空来看，史学自萌发之初至今，就一大部分学人的主观动机而言，他们的研究中都包含有把握历史规律、总结历史经验并以此类推未来社会历史发展的追求，这种致力于让史学变得经世致用的旨趣，使他们希望能够在历史研究中总结出便于让他们去类推历史的方法论和解释范式。通过对士大夫间的人际关系的考察来类推或者印证士大夫在政治立场上的联合，这种研究，本身也是一种套路化的史学研究范式，而且这种范式是由阅读史料时的经验的积累和对经验的反复表述构建并巩固的——史料中大量的对政治主张相近的士人间的姻亲、同年等关系的叙述使得学人在阅读史料时会形成一种判断上的经验，而不同学人在各自著作中对这种经验的反复表述和运用则加强了这种经验的流传和被使用的频度。这种经验化的判断模式最终因其为学人广泛地认同、运用，进而就成为一种通行的解释范式。

由此看来，范式的出现，与史料的状况是有关联的。正是由于史料在叙述和被采用的过程中，将某种历史现象凸显了出来，这一段历史才变得具有特点。

用今天的学术眼光来看，传世至今的中古史史料中常会特别地凸显一些历史特征，这种现象缘何会产生呢？文献记载的历史本身都是片面的历史，尽管今人常想当然地认为史料中出现频率高的现象应当在当时的历史中较为普遍地存在着，但实际上，这种逻辑至多只能被视作是一种有一定合理性的想象，有时一些时期、一些方面的史料因为佚失太过严重，因而残存文献所反映的"普遍现象"是不一定可靠的。正如越靠近现代，历史的特点越难总结一样，对以往历史特点的归总，常常来自于文献对历史不全面的叙述和学人对文献不全面的采用。采用文献的不全面，有时并不全是由于学人在主观认识上存在问题，而是由于存世文献记载本身的不全面以及史料的佚失。一些史料因为佚失或者被历史书写者有意无意地篡改，其可资史学研究的价值被大大降低，正因为此，学人在运用现存文献时才会产生不全面的认识，且很多时候，这种认识上的先天缺陷是不能为研究者所自觉的。

晚清史、近代史的史料繁多，使得学人难以归总出覆盖面较广的特征和研究范式。费正清的"冲击——反应"理论虽然是一套曾长期被海内、外中国近代史学界奉为圭臬的研究范式，但如今随着近代史研究的细化、一些区域社会史研究的个案冲击以及人们对旧史观的反思，这种范式也受到了不少质疑。因而，抛开意识形态领域的干预，相对而言，纯粹的中国近代史研究是一块较为琐碎的研究领域。这一切，反过来说明了史料的流传本身具有筛漏历史的作用，近代史由于距今时间较短，与其相关的史料尚未经过大量的筛漏，因而才使得对这一段历史的记载显得纷繁复杂、线索难寻。

尽管史料的状况本身会受到史学家的影响，但对更多的史料而言，其研究价值的降低常常是一些偶然事件或者非学术目的的行为造就的。就精简史料的留存而言，假使由历史学家操作，在其不考虑为了著书立说而刻意隐藏、消抹对立史料的情况下，其对文献的删、留应会比较平均。然而史料在流传过程中的自然消耗，其随机性就很大了，即便是本身在历史时空和后世文献记载中很普遍地存在着的现象，文献对其的记载也不一定能在文献的流传中始终保持一种原本的状态。进而，史学家所"发现"的特征，很可能是不同现象在文献记载数量上不均而造成的不确定的假象，这就在客观上使史学家面临一种尴尬的境地。

除了这种客观上的先天缺陷，历史书写本身就受到书写者的主观认识的影响，再加上学人对传世记载的理解、利用也会有分歧，因而，文献解读的不确定性实在太高了。更何况，学人对史料状况判断的准确性也不能保证，人们至多只能推想传世记载所聚焦的现象在很大程度上可能就是史料中原本记载量很大的现象，但正如最丰富的历史——日常每个百姓的社会生活史——在中国古代的传统文献中几乎完全缺失那样，很难说现存的文献中没有佚失掉某些更普遍的现象，尽管出现这种情况的可能性很低。学人几乎没有可能去认定其对史料佚失状况的判断是全面的。可偏偏范式的形成,正是来自学人所发现的数量极大的历史的共性。有鉴于此,我进而有了一个大胆的想法,即范式大多是不可靠的。因为可能还有数量更大的现象,却在记载和流传的过程中被佚失了,这些被遗忘的历史并没能参与到范式的构建中,无法验证范式是否可以支持这些不确定的、未知的历史。

更何况,从历史的本质面貌来看,后人认为某一时期的社会或者社会中的某一方面会存在特别突出的特征,这似乎是把历史和社会想得太简单了。范式的"野心"太大,其想要构建历史的通论,却忽略了历史和社会本身就是极为复杂、多元的,所谓的特点,大多只存在于学人所局限的视野内。未知的历史浩瀚无边,这很难不让人产生一点后现代主义的想法,即"寻求历史的主要特征"本身就是一个忽略了历史、社会之多元性、复杂性的追求,学人也根本没有条件去印证其凭借对存世历史记载的主观解释而构建的范式是否真的可作为历史解释的通论。

除了"某一人际——某一政治立场"这种简单的逻辑,史料引导学人构建起的范式还可以是对象范围更宏大的解释体系,比如陈寅恪的"关中本位"说、"士庶之辨",京都学派的"唐宋变革"论、宋代近世说,海外学界在研究民族史和边疆史时用到的内亚史本位(如"新清史"),傅衣凌等学者的明清资本主义萌芽论,田余庆先生在《说张楚》中对秦、楚在历史和文化上诸关联的挖掘……凡此种种,皆是范式。范式带给人精简的感受,从而容易让范式的结论和范式本身易于流传,但这种精简,本身源于学者对史料不全面的掌握和对不全面的史料的应用。范式意欲涵盖的对象越广博,往往越是容易有漏洞,即便学问高如陈寅恪,也有黄永年、岑仲勉等学人指出其关陇集团说等观点的错漏。尽管有学者指责黄、岑等人只破不立,然而这或许恰反映着黄、岑等先生并不认同史学应以建构贯通的历史解释通论为旨趣,或者说,至少黄、岑等先生对这种范式构建没有太大的兴趣。

好为历史解释建构范式，这大抵是近代以来海外汉学的学术特色，民国学人中有不少人受汉学学统，从而使得现代学术承继了这种旨趣，当然，这或许本也就是学术发展到现代而该有的一种特色。中国传统的文史之学，在大多时候都是针对具体的话题进行具体的解释，尽管并不能说中国传统的史论著作中缺少贯通的想法和眼光，但以往许多封建文人在纵向历史时空中进行的兴亡成败的历史对比，并不足以被上升到现代意义的史学范式的高度。谁都不能否认，范式是史学发展、进步的产物。但是由于人们对已佚失史料的状况的不可知，因而即便某一史学范式很巧妙，也难以确认其不是一叶障目的管窥之见。

　　范式是解释模板，范式本身不会是史实。有可能是真实的历史的，是范式推演出的"历史"。如果不考虑研究学术史和史学史，在历史研究中太执着于构建史学解释的范式，以致忘却了构建范式本身也不过是寻求历史真相的途径之一，这种研究实是有买椟还珠、舍本逐末之感。

　　没有一种解释范式能涵盖所有历史，史学永远只会带来无限趋近真相的可能。历史的难以捉摸，恰在于它有存在真相的合理性，但学人发现的真相却永远不能被证明其合理。这种难以证伪的特点，恰是历史学之生机的源头。历史学固然强调对材料把握全面、逻辑推理的缜密，但是历史解释有时更像是在展现一种话语的艺术。话语、范式是已有学术经验的结晶，但学人也不能忘记范式只是工具，而且，其并非唯一的工具。放下已有的范式，往往才能开拓新的研究。同老在其悼念田余庆先生的文章里讲，田先生在晚年时就曾说，两晋南北朝的研究也不宜总围着门阀政治的话题展开，总围着门阀政治的话题，反而会使人忽视其他的现象，且这种现象也会使得对门阀政治的描述被夸大、扭曲。同老的《知识至上的南朝学风》一文，在客观上正是对这种以门阀政治为中心话题的中古史研究趋势的反动。

　　史学是一门解释的学问，然而解释本身有着过强的主观性，所以历史解释很难避免想象的色彩。范式对历史的过度解释其实就是一种对历史的过度想象。精明的治史者，应当努力去将想象的尺度把握得恰到好处，且不该对历史想象寄予太高的期盼。然而，想象的感受实在太过迷人，让学人在想象中保持克制和理性，这实在是件极为困难的事。

我进而想到了李开元先生的著作。自写作《汉帝国的建立与刘邦集团》一书起，李先生就一直表露自己想建立一套新史学。近年来，李先生致力于创作秦汉史的历史叙述作品，在其近作《楚亡》中，李先生提到了历史想象的合理性问题，他指出，"在史料的空白处，合理的推测和构筑，应当是逼近历史真实的有力武器"，李先生还认为，后人在历史叙述中构筑的故事，只要其是具有逻辑真实性的想象，就具备接近历史真相的可能。

这种说法看似合理，但我以为，其说似乎还有值得商讨之处。史料中确实常常会出现一些关乎事件过程等方面的空白，然而，没人能保证学人对这些空白处的历史想象就一定是合理的，更何况古人不见得思维与今人一致，古人掌握的信息也不见得与今人一致，今人想到的"理"，永远不能被确定其合乎古人的"理"。置言之，"想象"作为行为，在一些情况下具有合理性，但是"想象"的内容合理与否，这是不可证的。我承认，历史学家需要有基于史料去想象的能力，甚至无法避免想象，有时问题意识恰来自于想象和实证的差异，现实对"常识"的背离。但从科学的眼光看，想象本不该成为史学研究的主流手段之一。

笔者还有一例，可用来说明历史想象之难以评价。关于"烛影斧声"一事的文献记载，有很多可供后人想象、填补的空白处。其中有一点耐人寻味，即有学人认为赵匡胤的暴毙可能是因为赵光义在酒中下了毒。范学辉老师在他的《宋朝开国六十年》一书中否认这种观点，他的理由有四：赵匡胤、赵光义兄弟在"烛影斧声"发生当夜饮酒一事仅见《续湘山野录》；即便二人有饮酒，宫中酒食由皇宫提供，赵光义不该有下毒机会；兄弟喝酒，赵光义再谦让也不会滴酒不沾，但他在事后却安然无事；从兄弟聚会到太祖暴毙相隔一天多，而当时的毒药多是剧毒急性药，且中毒者常七窍流血，赵光义很难不露马脚。与范学辉老师不同，虞云国先生在《细说宋朝》中认同太祖暴毙于毒酒之说，他认为赵光义曾以毒酒害死孟昶、李煜，可见宋太宗精于此道，且赵匡胤饮酒很节制，再加上宋皇后的反常反应，可知宋太祖是非正常死亡。关于宋太宗皇位来历及宋太祖的死因，相关争论很多，笔者之所以举上述两例，是因为这两种说法对赵匡胤死于赵光义的毒酒的观点有着截然相反的看法，而两种说法的论据，皆含有历史想象的成分。在范老师和虞先生看来，他们的推论大抵都是有一定合理性的，但仔细推敲起来，今人并不能排除太宗有可能专门寻求到了需要一天时间才会发挥的毒药，宋太宗惯用毒酒害人也不足以说明其就一定会用毒酒来害赵匡胤。我并无意评判这两种说法，只是想说明，这些看似合理的历史想象，其实都还有延伸想象的空间，如此无休止地想象下去，最后还是会无解。诚然历史的空白需要被历史想象填补，但具体到对一些历史过程的想象时，"合情合理"的推论实在可以有很多。

太寄情于历史想象，难免会以今度古。比如日本汉学界的一些蒙古史方面的研究，其特点是从全球史的角度强调蒙古帝国的世界性，或者以欧亚本位来叙说游牧民国家的历史。然而，这种论述具体到对成吉思汗、忽必烈的统一意识的表述上时，常常会给历史人物赋予现代意识。忽必烈大抵是没有欧亚本位观念的，其对蒙古帝国的世界性也不该有认识，因为这些都是现代史学在进行历史解释中建构的说法，而不是历史本身。除了蒙元史研究的此类问题外，用社会科学方法研究历史，尺度也很难把握，学人一不小心就会刻意地用社会科学的概念去硬套历史，甚至是把一些现代思维当作是古人已有的想法。沉浸在范式和历史解释的话语中，在想象之上完善想象，这样的史学研究，其宗旨或许已经偏离求索历史真相的目的了。

综上，我先对政治史研究中"某一人际——某一政治立场"的研究范式进行了反思，指出这种范式有着一定的先验性，并不可靠。进而，我又讨论了史学范式本身的问题，认为史学范式是经验化的解释套路，学人建构范式的目标是使范式成为一套能贯穿所有研究对象的解释体系，但这本身可能就违背着历史、社会本身的复杂性，有些范式可能只是学人受不完整的史料诱导而归总出的一种历史假象。最后，我由对史学范式的讨论上升到对史学研究中的历史想象的讨论，提出历史想象需要适度，且学人并不能让历史想象成为学人创造新观点的主要来源，历史想象往往夹杂着太多的解释者个人意识，甚至是强作人解。

  但是，总的来说，笔者并无意挑战、否定史学发展到今天所形成的种种状况，史学范式、历史想象在一定程度上都有其合理性。我撰述这些散漫的随想，也并非想要参与讨论"史学是否只是史料学""如何看待后现代主义思潮对史学的冲击"之类的话题，而只是想通过写下这些琐碎的思考，来抒发一种怯懦的焦虑。我从未将史学想得多么崇高，但有时对实证主义的史学确实会有忍不住的好感。历史研究中有太多历史解释的说法、套路，研究者们在建构和解构的路途上前仆后继。失却语言技巧的历史解释是生硬且缺少深度的，所以好的史学家，大多文学功底都不差。但是，在我看来，纯粹才是好的史学所具有的更为珍贵的品质，没有意识形态的掺杂，也没有追求通论的功利心，这样的史学，可能才是更为踏实的。当然，这些也可能只不过是我浅陋的愚见罢了，毕竟我自己也并不能总做到在历史解释时不把自己的逻辑强加给古人，我也未曾做到总自觉地不把某种我自认为合理的历史想象当作较为可靠的历史事实。

# 参考书目

## 基本文献

程树德：《论语集释》，程俊英、蒋见元点校，中华书局1990年8月版。

洪本健编：《欧阳修资料汇编》，中华书局1995年5月版。

司义祖整理：《宋大诏令集》，标点本，中华书局1962年10月版。

曾枣庄、刘琳主编：《全宋文》，上海辞书出版社2006年6月版。

周义敢、周雷编：《梅尧臣资料汇编》，中华书局2007年8月版。

周义敢、周雷编：《苏舜钦资料汇编》，中华书局2008年1月版。

[春秋] 孔丘：《论语》，杨伯峻译注，中华书局1980年12月版。

[汉] 董仲舒：《春秋繁露》，苏舆义证，钟哲点校，中华书局1992年12月版。

[汉] 郑玄注、[唐] 孔颖达疏：《礼记正义》，北京大学出版社1990年12月版。

[南朝宋] 范晔：《后汉书》，点校本，中华书局1965年5月版。

[唐] 白居易：《白居易集》，顾学颉点校，中华书局1979年10月版。

[唐] 韩愈：《韩昌黎文集》，马其昶校注、马茂元整理，上海古籍出版社1986年12月版。

[唐] 柳宗元：《柳宗元集》，中华书局1979年10月版。

［五代］刘昫等：《旧唐书》，点校本，中华书局 1975 年 5 月版。

［宋］安焘：《王拱辰墓志》，载《中原文物》1985 年 04 期。

［宋］百岁老人袁褧：《枫窗小牍》卷上，《全宋笔记》第四编第五册，俞钢、王彩燕整理，大象出版社 2008 年 9 月版。

［宋］包拯：《包拯集》，杨国宜校注，黄山书社 1999 年 6 月版。

［宋］蔡宽夫：《蔡宽夫诗话》，载郭绍虞《宋诗话辑佚》，中华书局 1980 年 9 月版。

［宋］蔡襄：《蔡襄集》，吴以宁点校，上海古籍出版社 1996 年 8 月版。

［宋］晁公武：《郡斋读书志》，孙猛校证，上海古籍出版社 1990 年 10 月版。

［宋］陈辅之：《陈辅之诗话》，载郭绍虞《宋诗话辑佚》，中华书局 1980 年 9 月版。

［宋］陈鹄：《耆旧续闻》，《全宋笔记》第六编第五册，储玲玲整理，大象出版社 2013 年 3 月版。

［宋］陈均：《皇朝编年纲目备要》，许沛藻、金圆、顾吉辰、孙菊园点校，中华书局 2006 年 12 月版。

［宋］陈亮：《陈亮集》，点校本，中华书局 1974 年 12 月版。

［宋］陈师道：《后山丛谈》，李伟国点校，中华书局 2007 年 11 月版。

［宋］陈振孙：《直斋书录解题》，徐小蛮、顾美华点校，上海古籍出版社 1987 年 12 月版。

［宋］程颐、程颢：《二程集》，王孝鱼点校，中华书局 1981 年 7 月版。

［宋］范公偁：《过庭录》，《全宋笔记》第六编第五册，储玲玲整理，大象出版社 2013 年 3 月版。

［宋］范致明：《岳阳士风记》，《全宋笔记》第二编第七册，查清华、潘超群整理，大象出版社 2006 年 1 月版。

［宋］范仲淹：《范仲淹全集》，李勇先、王蓉贵点校，四川大学出版社 2007 年 11 月版。

［宋］韩忠彦：《忠献韩魏王家传》，《宋集珍本丛刊》第六册，影印本，线装书局 2004 年 7 月版。

［宋］洪迈：《容斋三笔》，《全宋笔记》第五编第六册，孔繁礼整理，大象出版社

2012 年 1 月版。

［宋］洪迈：《容斋四笔》，孔繁礼点校，中华书局 2005 年 11 月版。

［宋］江少虞：《宋朝事实类苑》，点校本，上海古籍出版社 1981 年 7 月版。

［宋］孔平仲：《谈苑》，《全宋笔记》第二编第五册，池洁整理，大象出版社 2006 年 1 月版。

［宋］黎德靖编：《朱子语类》，王星贤点校，中华书局 1986 年 3 月版。

［宋］李纲：《李纲全集》，王瑞明点校，岳麓书社 2004 年 5 月版。

［宋］李觏：《李觏集》，王国轩点校，中华书局 2011 年 2 月版。

［宋］李焘：《续资治通鉴长编》，上海师范大学古籍整理研究所、华东师范大学古籍研究所点校，中华书局 2004 年 9 月第二版。

［宋］李心传：《建炎以来系年要录》，胡坤点校，中华书局 2013 年 12 月版。

［宋］李心传：《旧闻证误》，《全宋笔记》第六编第八册，金园整理，大象出版社 2013 年 3 月版。

［宋］李埴：《皇宋十朝纲要》，燕永成校正，中华书局 2013 年 6 月版。

［宋］林逋：《林和靖集》，沈幼征校注，浙江古籍出版社 2012 年 6 月版。

［宋］刘克庄：《刘克庄集》（《后村先生大全集》），辛更儒笺校，中华书局 2011 年 11 月版。

［宋］刘师旦：《宋故同州朝邑县主簿范君墓志铭》，载《出土文献研究（第七辑）》，上海古籍出版社 2005 年 11 月版。

［宋］柳开：《河东柳仲涂先生文集》，《宋集珍本丛刊》第一册，影印本，线装书局 2004 年 7 月版。

［宋］陆游：《老学庵笔记》，李剑雄、刘德权点校，中华书局 1979 年 11 月版。

［宋］陆游：《陆游集》，点校本，中华书局 1976 年 11 月版。

［宋］罗大经：《鹤林玉露》，王瑞来点校，中华书局 1983 年 8 月版。

［宋］吕中：《类编皇朝大事记讲义》，张其凡、白晓霞整理，上海人民出版社 2014 年 1 月版。

［宋］吕中：《类编皇朝中兴大事记讲义》，张其凡、白晓霞整理，上海人民出版社 2014 年 1 月版。

［宋］马端临：《文献通考》，上海师范大学古籍研究所、华东师范大学古籍研究

所点校，中华书局 2011 年 9 月版。

［宋］梅尧臣：《梅尧臣集》，朱东润编年校注，上海古籍出版社 2006 年 11 月版。

［宋］孟元老：《东京梦华录》，邓之诚注，中华书局 1982 年 1 月版。

［宋］欧阳修、宋祁：《新唐书》，点校本，中华书局 1975 年 2 月版。

［宋］欧阳修：《归田录》，李伟国点校，中华书局 1981 年 3 月版。

［宋］欧阳修：《欧阳修全集》，李逸安点校，中华书局 2001 年 3 月版。

［宋］欧阳修：《欧阳修诗文集》，洪本健校笺，上海古籍出版社 2009 年 8 月版。

［宋］欧阳修：《新五代史》，点校本，中华书局 1974 年 12 月版。

［宋］欧阳修：《于役志》，载顾宏义、李文整理标校《宋代日记丛编（一）》，上海书店出版社 2013 年 7 月版。

［宋］彭百川：《太平治迹统类》，影印玉玲珑阁钞本。

［宋］钱若水：《宋太宗皇帝实录》，范学辉校注，中华书局 2012 年 11 月版。

［宋］强至：《忠献韩魏王遗事》，《宋集珍本丛刊》第六册，影印本，线装书局 2004 年 7 月版。

［宋］邵博：《邵氏闻见后录》，《全宋笔记》第四编第六册，夏广兴整理，大象出版社 2008 年 9 月版。

［宋］邵伯温：《邵氏闻见录》，李剑雄、刘德权点校，中华书局 1983 年 8 月版。

［宋］沈括：《梦溪笔谈》，胡道静校证，上海古籍出版社 1987 年 9 月版。

［宋］沈括：《续笔谈》，《全宋笔记》第二编第三册，胡静宜整理，大象出版社 2006 年 1 月版。

［宋］石介：《徂徕石先生文集》，陈植锷点校，中华书局 1984 年 7 月版。

［宋］司马光：《稽古录》，［美］王亦令点校，中国友谊出版公司 1987 年 12 月版。

［宋］司马光：《司马光集》，李文泽、霞绍晖整理，四川大学出版社 2010 年 2 月版。

［宋］司马光：《涑水记闻》，邓广铭、张希清点校，中华书局 1989 年 9 月版。

［宋］司马光：《资治通鉴》，点校本，中华书局 1956 年 6 月版。

［宋］宋敏求：《春明退朝录》，《全宋笔记》第一编第六册，郑世刚整理，大象出版社 2003 年 10 月版。

［宋］苏轼：《苏轼文集》，孔繁礼点校，中华书局1986年3月版。

［宋］苏舜钦：《苏舜钦集》，傅平骧、胡问涛编年校注，巴蜀书社1991年8月版。

［宋］苏舜钦：《苏舜钦集》，沈文倬校点，上海古籍出版社2011年6月第2版。

［宋］苏颂：《苏魏公文集》，王同策、管成学、颜中其等点校，中华书局1988年9月版。

［宋］苏洵：《嘉祐集》，曾枣庄、金成礼笺注，上海古籍出版社1993年3月版。

［宋］苏辙：《龙川别志》，俞宗宪点校，中华书局1982年4月版。

［宋］苏辙：《栾城集》，曾枣庄、马德富点校，上海古籍出版社2009年10月版。

［宋］孙复：《孙明复小集》，《宋集珍本丛刊》第三册，影印本，线装书局2004年7月版。

［宋］孙奕：《履斋示儿编》卷七，侯体健、况正兵点校，中华书局2014年1月版。

［宋］田况：《儒林公议》，《全宋笔记》第一编第五册，储玲玲整理，大象出版社2003年10月版。

［宋］田锡：《咸平集》，罗国威校点，巴蜀书社2008年4月版。

［宋］王安石：《临川先生文集》，点校本，中华书局1959年1月版。

［宋］王称：《东都事略》，孙言诚、崔国光点校，齐鲁书社2000年5月版。

［宋］王巩：《张方平行状》，《钦定四库全书》集部，影印文渊阁本。

［宋］王明清：《挥麈前录》，《全宋笔记》第六编第一册，燕永成整理，大象出版社2013年3月版。

［宋］王明清：《玉照新志》，《全宋笔记》第六编第二册，戴建国、赵龙整理，大象出版社2013年3月版。

［宋］王辟之：《渑水燕谈录》，吕友仁点校，中华书局1981年3月版。

［宋］王溥：《五代会要》，点校本，上海古籍出版社1978年1月版。

［宋］王钦若等：《册府元龟》，周勋初等校订，凤凰出版社2006年12月版。

［宋］王象之：《舆地纪胜》，李勇先点校，四川大学出版社2005年9月版。

［宋］王应麟：《困学纪闻》卷八，［清］翁元圻等注，栾保群、田松青、吕宗力点校，上海古籍出版社2008年12月版。

[宋] 王栐：《燕翼诒谋录》，诚刚点校，中华书局 1981 年 9 月版。

[宋] 王禹偁：《王黄州小畜集》，《宋集珍本丛刊》第一册，影印本，线装书局 2004 年 7 月版。

[宋] 王铚：《默记》，朱杰人点校，中华书局 1981 年 9 月版。

[宋] 魏泰：《东轩笔录》，《全宋笔记》第二编第八册，燕永成整理，大象出版社 2006 年 1 月版。

[宋] 文莹：《续湘山野录》，郑世刚点校，中华书局 1984 年 7 月版。

[宋] 文莹：《玉壶清话》，杨立扬点校，中华书局 1984 年 7 月版。

[宋] 吴曾：《能改斋漫录》，《全宋笔记》第五编第四册，刘宇整理，大象出版社 2012 年 1 月版。

[宋] 吴处厚：《青箱杂记》，李裕民点校，中华书局 1985 年 5 月版。

[宋] 徐自明：《宋宰辅编年录》，王瑞来校补，中华书局 1986 年 12 月版。

[宋] 薛居正：《旧五代史》，陈尚君新辑会证，复旦大学出版社 2005 年 12 月版。

[宋] 杨仲良：《皇宋通鉴长编纪事本末》，李之亮点校，黑龙江人民出版社 2006 年 12 月版。

[宋] 杨亿 编：《西昆酬唱集》，王仲荦注，中华书局 2007 年 11 月版。

[宋] 叶梦得：《石林燕语》，《全宋笔记》第二编第十册，徐时仪整理，大象出版社 2006 年 1 月版。

[宋] 叶适：《叶适集》，刘公纯、王孝鱼、李哲夫点校，中华书局 1961 年 12 月版。

[宋] 佚名编：《锦绣万花谷》，影印本，上海辞书出版社 1992 年 12 月版。

[宋] 佚名：《道山清话》，《全宋笔记》第二编第一册，赵维国整理，大象出版社 2006 年 1 月版。

[宋] 尹洙：《河南先生文集》，《宋集珍本丛刊》第三册，影印本，线装书局 2004 年 7 月版。

[宋] 余靖：《武溪集》，《钦定四库全书》集部，影印文渊阁本。

[宋] 曾巩：《曾巩集》，陈杏珍、晁继周点校，中华书局 1984 年 11 月版。

[宋] 曾巩：《隆平集》，王瑞来校证，中华书局 2012 年 7 月版。

[宋] 张方平：《乐全集》，《钦定四库全书》集部，影印文渊阁本。

［宋］张耒：《张耒集》，李逸安、孙通海、傅信点校，中华书局1999年7月版。

［宋］张载：《张载集》，章锡琛点校，中华书局1978年8月版。

［宋］赵汝愚编：《宋朝诸臣奏议》，北京大学中国中古史研究中心校点整理，上海古籍出版社1999年12月版。

［宋］郑樵：《通志二十略》，王树民点校，中华书局1995年11月版。

［宋］周敦颐：《周子通书》，徐洪兴导读，上海古籍出版社2000年12月版。

［宋］周辉：《清波杂志》，《全宋笔记》第五编第九册，刘永翔、许丹整理，大象出版社2012年1月版。

［宋］朱熹：《三朝名臣言行录》，严佐之、刘永翔主编《朱子全书》第12册，安徽教育出版社2010年9月版。

［宋］朱熹：《五朝名臣言行录》，严佐之、刘永翔主编《朱子全书》第12册，安徽教育出版社2010年9月版。

［金］元好问：《夷坚续志》，常振国点校，中华书局1986年5月版。

［元］李京：《云南志略》，王叔武辑校，云南民族出版社1986年12月版。

［元］脱脱等：《辽史》，点校本，中华书局1974年10月版。

［元］脱脱等：《宋史》，点校本，中华书局1977年11月版。

［元］佚名：《宋季三朝政要》，王瑞来笺证，中华书局2010年8月版。

［元］佚名：《宋史全文》，李之亮点校，黑龙江出版社2005年1月版。

［明］陈邦瞻：《宋史纪事本末》，点校本，中华书局1977年5月版。

［明］黄淮、杨士奇编：《历代名臣奏议》，影印本，上海古籍出版社2012年12月版。

［明］黄宗羲：《黄宗羲全集》，点校本，浙江古籍出版社1985年11月版。

［明］李贽：《史纲评要》，标点本，中华书局1974年11月版。

［明］倪辂·辑：《南诏野史》，［清］王崧校理，［清］胡蔚增订，木芹会证，云南人民出版社1990年3月版。

［清］顾炎武：《日知录》，［清］黄汝成集释，栾保群、吕宗力点校，花山文艺出版社1990年8月版。

［清］顾祖禹：《读史方舆纪要》，贺次君、施和金点校，中华书局2005年3月版。

［清］皮锡瑞：《经学历史》，周予同注释，中华书局1959年12月版。

［清］王夫之：《宋论》，舒士彦点校，中华书局1964年4月版。

［清］吴广成：《西夏书事》，龚世俊等校证，甘肃文化出版社1995年5月版。

［清］徐松辑：《宋会要辑稿·崇儒》，苗书梅点校，王云海审定，河南大学出版社2001年9月版。

［清］徐松辑：《宋会要辑稿》，影印本，中华书局1957年11月版。

［清］章炳麟：《訄书》，徐复详注，上海古籍出版社2000年12月版。

［清］章学诚：《文史通义》，叶瑛校注，中华书局1985年5月版。

［清］昭梿：《啸亭杂录》，何英芳点校，中华书局1980年12月版。

［清］赵翼：《廿二史札记》，王树民校证，中华书局1984年1月版。

# 今人论著

## A

［德］阿尔伯特·史怀哲：《中国思想史》，常暄译，社会科学文献出版社2009年9月版。

## B

［美］巴菲尔德：《危险的边疆：游牧帝国与中国》，袁剑译，江苏人民出版社2011年7月版。

白滨：《元昊传》，吉林教育出版社1988年1月版。

［美］包弼德：《历史上的理学（修订版）》，王昌伟译，浙江大学出版社2012年7月版。

［美］包弼德：《斯文：唐宋思想的转型》，刘宁译，江苏人民出版社2001年1月版。

［美］包弼德：《唐宋转型的反思——以思想的变化为主》，载刘东主编《中国学术（第三辑）》，商务印书馆2000年7月版。

包伟民、吴铮强：《宋朝简史》，福建人民出版社2006年1月版。

包伟民、吴铮强《形式的背后：两宋劝农制度的历史分析》，载《浙江大学学报》2001 年 1 月期。

包伟民：《精英们"地方化"了吗?》，载邓小南、荣新江主编《唐研究》第十一卷，北京大学出版社 2005 年 12 月版。

包伟民：《宋代地方财政史研究》，中国人民大学出版社 2011 年 3 月版。

# C

曹家齐：《宋史研究丛稿》，新文丰出版公司 2006 年 3 月版。

岑仲勉：《府兵制度研究》，上海人民出版社 1957 年 3 月版。

陈峰：《宋代军政研究》，中国社会科学出版社 2010 年 9 月版。

陈峰：《武士的悲哀：北宋崇文抑武现象透析》，人民出版社 2011 年 5 月版。

陈来：《宋明理学》，三联书店 2011 年 1 月版。

陈荣照：《范仲淹研究》，香港三联书店 1987 年 1 月版。

陈弱水：《唐代文士与中国思想的转型》，广西师范大学出版社 2009 年 10 月版。

陈弱水：《文学与文化——论中唐思想变化的一条线索》，载田浩编：《文化与历史的追索——余英时教授八秩寿庆论文集》，联经出版公司，2009 年 12 月版。

陈苏镇：《〈春秋〉与"汉道"：两汉政治与政治文化研究》，中华书局 2011 年 10 月版。

陈文龙：《庆历兴学三题》，载武汉大学历史学院主编《珞珈史苑》2011 年卷，武汉大学出版社 2012 年 3 月版。

陈湘琳：《欧阳修的文学与情感世界》，复旦大学出版社 2012 年 9 月版。

陈晓莹：《历史与符号之间——试论两宋对冯道的研究》，载《史学集刊》2010 年第 2 期。

陈寅恪：《唐代政治史述论稿》，三联书店 2009 年 9 月版。

陈振、周宝珠主编：《宋史》，人民出版社 2007 年 1 月版。

陈振：《宋史》，上海人民出版社 2003 年 4 月版。

陈植锷：《北宋文化史述论》，中国社会科学出版社 1992 年 3 月版。

陈植锷：《从党争这一侧面看范仲淹改革的失败》，载《北京大学学报（哲学社会科学版）》，1986 年 04 期。

陈植锷：《胡瑗、孙复、石介同读泰山辩》，载《学林漫录》第十集。

陈植锷：《石介事迹著作编年》，周秀蓉整理，中华书局2003年1月版。

陈植锷：《试论王禹偁与宋初诗风》，载《中国社会科学》1982年02期。

成长健、师君侯：《从三篇〈朋党论〉看北宋的党争》，载《中国文学研究》1993年02期。

程民生：《宋代洛阳的特点与魅力》，载《河南大学学报（社会科学版）》1994年05期。

程晓文：《文章、学术与政治：北宋庆历学者之文化网络与学术观念》，国立台湾大学中国文学研究所2005年硕士论文，导师夏长朴。

程应镠：《程应镠史学文存》，上海人民出版社2010年4月版。

## D

［美］戴仁柱：《十三世纪中国政治与文化危机》，刘晓译，中国广播电视出版社2003年5月版。

邓广铭：《邓广铭全集》，河北教育出版社2005年7月版。

邓小南：《朗润学史丛稿》，北京大学出版社2010年6月版。

邓小南：《宋代文官选任制度诸层面》，河北教育出版社1993年4月版。

邓小南：《祖宗之法：北宋前期政治述略》，三联书店2006年9月版。

邓子勉：《宋人行第考录》，中华书局2001年5月版。

［日］东英寿：《复古与创新：欧阳修散文与古文复兴》，王振宇、李莉等译，上海古籍出版社2013年10月版。

杜建录：《西夏与周边民族关系史》，甘肃文化出版社1995年5月版。

杜维运：《史学方法论》，三民书局1986年版。

段玉明：《大理国史》，云南人民出版社2011年10月版。

## F

范国强主编：《范仲淹研究文集（1900~1999）》，人民出版社2003年11月版。

范敬中主编：《中国范仲淹研究文集》，群言出版社2009年4月版。

樊树志：《明史讲稿》，中华书局2012年11月版。

范铁寒：《宋代的学校教育》，载《宋史研究集》第四辑，国立编译馆1986年8月第二版。

范学辉：《释宋太祖"今之武臣欲尽令读书"》，载《西北师大学报（社会科学版）》2006年第4期。

范学辉：《宋代三衙管军制度研究》，中华书局2015年4月版。

方诚峰：《补释宋高宗"最爱元祐"》，载《清华大学学报（哲学社会科学版）》2014年02期。

方诚峰：《走出新旧：北宋哲宗朝政治史研究（1086～1100）》，北京大学2009年中国古代史博士论文，导师邓小南。

方健：《北宋士人交游录》，上海书店出版社2013年11月版。

方健：《范仲淹评传》，南京大学出版社2011年4月版。

［美］费正清编：《中国的世界秩序：传统中国的对外关系》，杜继东译，中国社会科学出版社2010年5月版，杜继东译。

冯志弘：《北宋古文运动的形成》，上海古籍出版社2009年4月版。

［法］伏尔泰：《哲学通信》，高达观等译，上海人民出版社2005年4月版。

傅乐成：《汉唐史论集》，联经出版公司1977年9月版。

## G

［美］葛艾儒：《张载的思想（1020～1077）》，罗立刚译，上海古籍出版社2010年11月版。

葛晓音：《北宋诗文革新的曲折历程》，载《中国社会科学》1989年02期。

葛兆光：《"唐宋"抑或"宋明"——文化史和思想史研究视域变化的意义》，载《历史研究》2004年01期。

葛兆光：《且借纸遁：读书日记选1994-2001》，广西师范大学出版社2014年8月版。

葛兆光：《宅兹中国：重建有关"中国"的历史论述》，中华书局2011年2月版。

葛兆光：《中国思想史》第二卷《七世纪至十九世纪中国的知识、思想与信仰》，复旦大学出版社2000年12月版。

葛兆光：《中国思想史》第一卷《七世纪前中国的知识、思想与信仰世界》，复旦大学出版社2000年12月版。

葛兆光：《古代中国的历史、思想与宗教》，北京师范大学出版社，2006年10月版。

龚鹏程：《江西诗社宗派研究》，文史哲出版社1983年10月版。

龚鹏程：《唐代思潮》，商务印书馆2007年9月版。

龚延明、祖慧：《宋登科记考》，江苏教育出版社2005年9月版。

龚延明：《宋朝官制词典》，中华书局1997年4月版。

［日］沟口雄三：《中国的思想》，赵士林译，中国社会科学出版社1995年12月版。

谷霁光：《府兵制度考释》，上海人民出版社1962年7月版。

顾吉辰：《北宋奉使邈川唃厮啰政权使者刘涣事迹编年》，载《西藏研究》1988年01期。

郭文佳、彭学宝：《从庆历新政和王安石变法看韩琦》，载《殷都学刊》2000年03期。

郭文佳：《也谈庆历新政失败的原因》，载《黄淮学刊（社会科学版）》1995年04期。

郭文佳：《应天书院与北宋文化的发展》，载《商丘师范学院学报》2009年02期。

郭学信：《北宋士风演变的历史考察》，中国社会科学出版社2012年12月版。

# H

［美］郝若贝：《750－1550年期间中国的人口、政治和社会变迁》，载《中国史研究动态》1986年第9期。

何怀宏：《选举社会及其终结——秦汉至晚清历史的一种社会学阐释》，三联书店1998年12月版。

何寄澎：《北宋的古文运动》，上海古籍出版社2011年6月版。

何寄澎：《唐宋古文新探》，北京大学出版社2010年1月版。

何俊、范立舟：《南宋思想史》，上海古籍出版社2008年10月版。

何忠礼：《论宋学的产生和衰落》，载《福建论坛（人文社会科学版）》2001年第5期。

何忠礼：《略论北宋前期的制度革新》，载《浙江社会科学》2011年第3期。

何忠礼：《贫富无定势：宋代科举制度下的社会流动》，载《学术月刊》2012年1月。

何忠礼：《宋代政治史》，浙江大学出版社2007年6月版。

何忠礼：《宋史职官志补正（修订本）》，中华书局2013年1月版。

洪本健：《论尹洙》，载《井冈山师范学院学报（哲学社会科学）》2000年第3期。

洪本健：《庆历士人的悲歌：论苏舜钦的散文创作》，载程章灿编《中国古代文学文献学国际学术研讨会论文集》，凤凰出版社2006年1月版。

侯外庐、邱汉生、张岂之主编：《宋明理学史》（上卷），人民出版社1987年6月版。

胡如雷：《隋唐五代社会经济史论稿》，三联书店1996年12月版。

胡适：《胡适日记全集》，曹伯言整理，联经出版公司2004年5月版。

胡玉：《宋代医政研究》，河北大学中国古代史2005年硕士论文，导师汪圣铎、刘秋根。

华春勇：《宋代太医局医学教育诸问题》，西北大学中国古代史2006年硕士论文，导师陈峰。

黄纯艳：《宋代海外贸易》，社会科学文献出版社2003年3月版。

黄俊杰：《孟子》，东大出版公司1993年2月版。

黄宽重：《南宋地方武力：地方军与民间自卫武力的探讨》，国家图书馆出版社2009年7月版。

黄宽重：《宋代的家族与社会》，国家图书馆出版社2009年5月版。

# J

贾玉英：《宋代监察制度》，河南大学出版社1996年6月版。

[美]贾志扬：《宋代科举》，东大图书公司1995年6月版。

姜国柱：《李觏评传》，南京大学出版社1996年3月版。

姜鹏：《北宋经筵与宋学的兴起》，上海古籍出版社2013年10月版。

姜鹏：《以思想史的方式理解〈资治通鉴〉》，载2013年8月5日《文汇报》。

## K

［美］克利福德·格尔茨：《文化的解释》，韩莉译，译林出版社1999年11月版。

## L

［美］李怀印：《重构现代中国：中国历史写作中的想象与真实》，岁有生、王传奇译，中华书局2013年10月版。

［美］刘子健：《两宋史研究汇编》，联经出版公司1987年11月版。

［美］刘子健：《欧阳修的治学与从政》，新文丰出版公司1984年10月版。

［美］刘子健：《宋初改革家：范仲淹》，载费正清编《中国的思想与制度》，世界知识出版社2008年1月版。

［美］刘子健：《中国转向内在：两宋之际的文化转向》，赵冬梅译，江苏人民出版社2012年1月版。

赖瑞和：《唐代基层文官》，中华书局2011年9月版。

雷海宗：《中国的文化中国的兵》，商务印书馆2001年6月版。

李昌宪：《中国行政区划通史（宋西夏卷）》，复旦大学出版社2007年8月版。

李承贵：《欧阳修与佛教——兼论欧阳修佛教观特质及其对北宋儒学的影响》，载《现代哲学》2007年第1期。

李从昕：《范仲淹身世、祖籍与出生时间地点考》，载景范教育基金会统筹《范仲淹研究文集（一）》，香港新亚洲文化基金会2000年8月版。

李范文：《李范文西夏学论文集》，中国社会科学出版社2012年9月版。

李范文主编：《西夏通史》，人民出版社2005年8月版。

李贵：《中唐至北宋的典范选择与诗歌因革》，复旦大学出版社2012年10月版。

李华瑞：《视野、社会、人物——宋史、西夏史研究论文稿》，中国社会科学出版社2012年10月版。

李华瑞：《宋朝"积弱"说再认识》，载《文史哲》2013年第6期。

李华瑞：《宋史论集》，河北大学出版社2001年8月版。

李华瑞：《宋夏关系史》，中国人民大学出版社2010年3月版。

李建军：《宋代〈春秋〉学与宋型文化》，中国社会科学出版社2008年6月版。

李强：《北宋庆历士风与文学研究》，上海书店出版社 2011 年 1 月版。

李强：《政治文化视野中的宋仁宗》，载《中华文史论坛》2008 年第 1 期。

李开元：《汉帝国的建立与刘邦集团——军功受益阶层研究》，三联书店 2000 年 3 月版。

李天石、陈振：《宋辽金史研究概述》，天津教育出版社 1995 年 10 月版。

李蔚：《西夏史》，人民出版社 2009 年 6 月版。

李锡厚：《辽史》，人民出版社 2006 年 3 月版。

李细珠：《晚清保守思想的原型——倭仁研究》，社会科学文献出版社 2000 年 1 月版。

李新峰：《论元明之间的变革》，载《古代文明》2010 年 04 期。

李裕民：《宋史考论》，科学出版社 2009 年 1 月版。

李泽厚：《论语今读》，安徽文艺出版社 1998 年 10 月版。

梁庚尧：《宋代经济社会史论集》，允晨文化实业股份有限公司 1997 年 4 月版。

林干：《东胡史》，内蒙古人民出版社，2007 年 7 月版。

林文勋：《唐宋社会变革论纲》，人民出版社 2011 年 7 月版。

刘复生：《北宋中期儒学复兴运动》，文津出版社 1991 年 7 月版。

刘复生：《宋代羁縻州"虚像"及其制度问题》，载《中国边疆史地研究》2004 年 04 期。

刘季洪：《范仲淹对于宋代学术之影响》，载《宋史研究集（第一辑）》，国立编译馆 1958 年版。

刘静贞：《社会文化理念的政治运作——宋代母/后的政治权力与位置试探》，载邓小南、程民生、苗书梅主编《宋史研究论文集（2012）》，河南大学出版社 2014 年 3 月版。

刘连开：《再论欧阳修的正统论》，载《史学史研究》2001 年第 4 期。

刘浦江：《"五德终始"说之终结——兼论宋代以降传统政治文化的嬗变》，载《中国社会科学》2006 年 02 期。

刘浦江：《祖宗之法：再论宋太祖誓约及誓碑》，载《文史》2010 年 03 期。

刘卫东：《论应天府书院教育的历史地位》，载《河南大学学报（社会科学版）》2001 年 05 期。

刘咸炘：《刘咸炘学术论集（史学编）》，黄曙晖编校，广西师范大学出版社 2007 年 7 月版。

刘兴亮：《北宋士风研究》，西北师范大学 2009 年中国古代史硕士学位论文，导师刘建丽。

刘越峰：《庆历学术与欧阳修散文》，商务印书馆 2013 年 8 月版。

柳立言：《宋代的家庭和法律》，上海古籍出版社 2008 年 7 月版。

罗志田：《"新宋学"与民初考据史学》，载《近代史研究》1998 年 01 期。

陆扬：《论冯道的生涯——兼谈唐末五代政治文化中的边缘与核心》，载《唐研究》第 19 卷，北京大学出版社 2013 年 12 月。

陆扬：《唐代的清流文化——一个现象的概述》，载北京大学中国古代史中心编《田余庆先生九十华诞颂寿论文集》，中华书局 2014 年 2 月版。

路育松：《从对冯道的评价看北宋气节观念的嬗变》，载《中国史研究》2004 年第 1 期。

罗炳良：《宋史瞥识》，北京师范大学出版社 2011 年 10 月版。

罗家祥：《朋党之争与北宋政治》，华中师范大学出版社 2002 年 1 月版。

罗立刚：《史统、道统、文统：论唐宋时期文学观念的转变》，东方出版中心 2005 年 5 月版。

罗祎楠：《模式及其变迁——史学史视野中的唐宋变革问题》，载《中国文化研究》2003 年 02 期。

吕思勉：《白话本国史》，上海古籍出版社 2005 年 7 月版。

# M

［德］马克斯·韦伯：《学术与政治》，冯克利译，三联书店 1998 年 11 月版。

［德］马克斯·韦伯：《中国的宗教》，康乐、简惠美译，广西师范大学出版社 2004 年 5 月版。

马茂军：《论宋初百年士风的演进》，载《华南师范大学学报（社会科学版）》2004 年 04 期。

马茂军：《庆历党议与苏舜钦诗风的嬗变》，载《商丘师范学院学报》2006 年第 3 期。

毛汉光：《中国中古政治史论》，上海书店出版社 2002 年 12 月版。

蒙文通：《中国史学史》，上海人民出版社 2006 年 5 月版。

苗书梅：《宋代官员选任和管理制度》，河南大学出版社 1996 年 6 月版。

缪钺：《缪钺全集》，河北教育出版社 2004 年 7 月版。

莫砺锋：《宋诗三论》，载《广西师范大学学报（哲学社会科学版）》，2005 年第 2 期。

牟润孙：《注史斋丛稿》，中华书局 1987 年 3 月版。

## N

［日］内藤湖南：《概括的唐宋时代观》，载刘俊文主编《日本学者研究中国史论著选译（第一卷）》，黄约瑟译，中华书局 1992 年 7 月版。

［日］内藤湖南：《中国史学史》，马彪译，上海古籍出版社 2008 年 6 月版。

聂崇岐：《宋史丛考》，中华书局 1980 年 3 月版。

宁超：《"宋挥玉斧"辨》，载《思想战线》1978 年第 4 期。

## P

彭国翔编：《中国情怀：余英时散文集》，北京大学出版社 2012 年 4 月版。

［日］平田茂树：《宋代政治结构研究》，上海古籍出版社 2010 年 8 月版。

## Q

漆侠：《漆侠全集》，河北教育出版社 2009 年 4 月版。

钱穆：《论宋代相权》，载《宋史研究集（第一辑）》，国立编译馆 1980 年 12 月版。

钱穆：《秦汉史》，联经出版公司，1998 年 5 月版。

钱穆：《中国近三百年学术史》，联经出版公司，1998 年 5 月版。

钱穆：《朱子新学案》，三民书局 1971 年 9 月版。

邱志诚：《错开的花：反观宋代皇权与相权研究及其论争》，载《海南大学学报（人文社会科学版）》，2007 年 05 期。

## R

饶宗颐:《中国史学上之正统论》,上海远东出版社1996年8月版。

[美] 芮沃寿:《中国历史中的佛教》,常蕾译,北京大学出版社2009年6月版。

## S

桑兵:《民国学人宋代研究的取向及其纠结》,载《近代史研究》2011年06期。

沈松勤:《北宋文人与党争》,人民出版社1998年12月版。

史金波:《西夏社会》,上海人民出版社2007年8月版。

宋晞:《宋史研究论丛(第五辑)》,中国文化大学出版部1999年9月版。

苏基朗:《唐宋法制史研究》,香港中文大学出版社1995年12月版。

孙英刚:《神文时代:谶纬、术数与中古政治研究》,上海古籍出版社2014年2月版。

## T

汤开建:《党项西夏史探微》,商务印书馆2013年12月版。

陶晋生:《宋辽关系史研究》,中华书局2008年5月版。

田彩林:《从"劝农文"看两宋经济社会》,云南大学2013年专门史方向硕士论文,导师张锦鹏。

[美] 田浩编:《宋代思想史论》,社会科学文献出版社,2003年12月版。

[美] 田浩:《从宋代思想论到近代经济发展》,载刘东主编《中国学术(第十辑)》,商务印书馆2002年10月版。

[美] 田浩:《评余英时的〈朱熹的历史世界〉》,载《世界哲学》2004年第4期。

[美] 田浩:《西方学者跟中的澶渊之盟》,载张希清主编《澶渊之盟新论》,上海人民出版社2007年3月版。

田余庆:《东晋门阀政治》,北京大学出版社,2012年5月第5版。

田志光:《北宋宰辅政务决策与运作研究》,人民出版社2013年4月版。

[日] 土田健次郎:《道学之形成》,朱刚译,上海古籍出版社2010年4月版。

## W

汪荣祖：《史学九章》，三联书店 2006 年 3 月版。

汪圣铎：《两宋财政史》，中华书局 1995 年 7 月版。

王葆玹：《西汉经学源流》，东大图书公司 2008 年 8 月版。

王曾瑜：《点滴编》，河北大学出版社 2010 年 10 月版。

王曾瑜：《涓埃编》，河北大学出版社 2008 年 11 月版。

王曾瑜：《丝毫编》，河北大学出版社 2009 年 6 月版。

王曾瑜：《宋朝军制初探（增订本）》，中华书局 2011 年 3 月版。

王德毅：《宋代的科举与士风》，载《厦门大学学报（哲学社会科学版）》，2005 年 06 期。

王德毅：《宋代士大夫的辞官风气》，载《宋史研究集（第三十五辑）》，兰台出版社 2005 年 7 月版。

王汎森、潘光哲、吴政上主编：《傅斯年遗札》社会科学文献出版社 2014 年 9 月版。

王汎森：《记杜希德教授》，载 2013 年 12 月 1 日《上海书评》。

王汎森：《执拗的低音：对一些历史思考方式的反思》，三联书店 2014 年 1 月版。

王赓武：《华人与中国——王赓武自选集》，上海人民出版社 2013 年 6 月版。

王开玺：《清代外交礼仪的交涉与论争》，人民出版社 2009 年 7 月版。

王丽芳：《韩琦与庆历新政》，载《新国学》第七卷，巴蜀书社 2008 年 6 月版。

王瑞来：《"范仲淹"问世——文正的归宗更名》，载《文史知识》2012 年 06 期。

王瑞来：《"将错就错"：宋代士大夫"原道"略说——以范仲淹的君臣关系论为中心的考察》，载《学术月刊》2009 年 04 期。

王瑞来：《从宋人的冯道论看历史人物评价》，载 2014 年 8 月 4 日《文汇报》。

王瑞来：《导致庆历新政失败的一个因素——读范仲淹致叶清臣信》，载《学术月刊》1990 年 09 期。

王瑞来：《范吕解仇公案再探讨》，载《历史研究》2013 年第 1 期。

王瑞来：《论宋代相权》，载《历史研究》1985 年第 2 期。

王瑞来：《宋代士大夫主流精神论——以范仲淹为中心的考察》，载姜锡东、李华瑞主编《宋史研究论丛（第6辑）》，河北大学出版社2005年1月版。

王瑞来：《宰相故事：士大夫政治下的权力场》，中华书局2010年1月版。

王瑞来：《走向象征化的皇权》，载朱瑞熙、王曾瑜、姜锡东、戴建国主编《宋史研究论文集》，上海人民出版社2008年7月版。

王瑞明：《宋代政治史概要》，华中师范大学出版社1989年12月版。

王水照主编：《宋代文学通论》，河南大学出版社1997年6月版。

王水照、朱刚：《苏轼评传》，南京大学出版社2004年9月版。

王水照：《北宋的文学结盟与尚"统"的社会思潮》，载《国际宋代文化研讨会论文集》，四川大学出版社1991年10月版。

王维江：《谁是"清流"？——晚清"清流"称谓考》，载《史林》2005年03期。

王小甫：《中国中古的族群凝聚》，中华书局2012年8月版。

王晓薇：《从庆历新政到熙宁变法——两次变法之间的北宋政治研究》，河北大学中国古代史硕士学位论文，2001年5月，导师漆侠。

王晓薇：《论张方平的政治改革主张与实践——以庆历新政前后为例的分析》，载《贵州文史丛刊》2006年01期。

王志双：《吕夷简与宋仁宗前期政治研究》，河北大学中国古代史硕士学文论文，2000年4月，导师漆侠、高聪明。

王仲荦：《隋唐五代史》，上海人民出版社2003年4月版。

文娟、范立舟：《李觏与范仲淹的交游及政治思想刍论》，载《江西社会科学》2007年07期。

吴国武：《经术与性理——北宋儒学转型考论》，学苑出版社2009年3月版。

吴天墀：《西夏史稿》，广西师范大学出版社2009年9月版。

吴宗国：《唐代科举制度研究》，辽宁大学出版社1992年12月版。

吴宗国主编：《中国古代官僚政治制度研究》，北京大学出版社2004年11月版。

## X

［日］小岛毅：《中国思想与宗教的奔流：宋朝》，何晓毅译，广西师范大学出版社2014年1月版。

萧公权：《翁同龢与戊戌维新》，杨肃献译，中国人民大学出版社 2014 年 6 月版。
萧启庆：《内北国而外中国：蒙元史研究》，中华书局 2007 年 10 月版。
辛更儒：《略论北宋学者的夷狄观》，载陈义初主编《开封与宋学——第二届宋学国际学术研讨会论文集》，华东师范大学出版社 2014 年 10 月版。
徐复观：《中国思想史论集续篇》，上海书店出版社 2004 年 6 月版。
徐规：《王禹偁事迹著作编年》，商务印书馆 2003 年 4 月版。
徐洪兴：《思想的转型：理学发生过程研究》，上海人民出版社 1996 年 12 月版。
徐红：《北宋初期进士研究》，人民出版社 2009 年 4 月版。
许倬云：《我者与他者：中国历史上的内外分际》，三联书店 2010 年 8 月版。
许倬云：《知识分子：历史与未来》，广西师范大学出版社 2011 年 9 月版。

# Y

严修：《重新审视冯道》，载《复旦学报（社会科学版）》2006 年第 1 期。
阎步克：《士大夫政治演生史稿》，北京大学出版社 1996 年 5 月版。
杨国强：《晚清的士人与世相》，三联书店 2008 年 4 月版。
杨浣：《辽夏关系史》，人民出版社 2010 年 4 月版。
杨联陞：《国史探微》，新星出版社 2005 年 5 月版。
杨念群：《何处是江南？：清朝正统观的确立与士林精神世界的变异》，三联书店 2010 年 7 月版。
杨世文：《宋代经学怀疑思潮研究》，四川大学中国古代史 2005 年博士论文，导师蔡崇榜。
姚大力：《蒙元制度与政治文化》，北京大学出版社 2011 年 4 月版。
尹恭弘：《对〈试论王禹偁与宋初诗风〉的意见》，载《中国社会科学》1983 年 01 期。
余英时：《论天人之际：中国古代思想起源试探》，中华书局 2014 年 7 月版。
余英时：《中国近世宗教伦理与商人精神》，联经出版公司 2013 年 12 月版。
余英时：《中国文化史通释》，三联书店 2012 年 1 月版。
余英时：《朱熹的历史世界：宋代士大夫政治文化的研究》，三联书店 2011 年 7 月版。

虞云国：《宋代台谏制度研究（增订本）》，上海书店出版社 2009 年 4 月版。

虞云国：《细说宋朝》，上海人民出版社，2007 年 4 月版。

虞云国：《两宋历史文化丛稿》，上海人民出版社 2011 年 4 月版。

## Z

曾瑞龙：《经略幽燕：宋辽军事灾难的战略分析》，北京大学出版社 2013 年 1 月版。

曾瑞龙：《拓边西北：北宋中后期对夏战争研究》，北京大学出版社 2013 年 1 月版。

曾枣庄：《文星璀璨的嘉祐二年贡举》，载《北京大学学报（哲学社会科学版）》2010 年 01 期。

[日] 泽田勳：《匈奴：古代游牧国家的兴亡》，内蒙古人民出版社 2010 年 12 月版，王庆宪、丛晓明译。

札奇斯钦：《游牧民族军事行动的机动》，载《宋史研究集（第九辑）》，国立编译馆 1977 年版。

张邦炜：《君子坎？粪土坎？——关于宋代士大夫问题的一些再思考》，载《人文杂志》2013 年第 7 期。

张邦炜：《宋代皇亲与政治》，四川人民出版社 1993 年 12 月版。

张邦炜：《宋代婚姻家族史论》，人民出版社 2003 年 12 月版。

张邦炜：《宋代政治文化史论》，人民出版社 2005 年 10 月版。

张帆：《关于元代陆学的北传》，载北京大学中国古代史研究中心编《邓广铭教授百年诞辰纪念论文集》，中华书局 2008 年 11 月版。

张家驹：《张家驹史学文存》，上海人民出版社 2010 年 3 月版。

张林：《从平庸到仁圣——两宋政治递变中的仁宗形象》，中山大学中国古代史 2010 年博士论文，导师曹家齐。

张其凡：《宋代史》，澳亚周刊出版有限公司 2004 年 7 月版。

张其凡：《宋代政治军事论稿》，安徽人民出版社 2009 年 5 月版。

张其凡：《赵普评传》，北京出版社 1991 年 5 月版。

张文昌：《制礼以教天下——唐宋礼书与国家社会》，国立台湾大学出版中心，

2012 年 5 月版。

张希清 等：《宋朝典制》，吉林文史出版社 1997 年 12 月版。

张希清、范国强主编：《范仲淹研究文集（五）》，北京大学出版社 2009 年 11 月版。

张希清：《范仲淹与富弼关系考》，载《中州学刊》2010 年第 3 期。

张希清：《范仲淹与庆历科举改革》，载张其凡、李裕民主编《徐规教授九十华诞纪念论文集》，浙江大学出版社 2009 年 4 月版。

张兴武：《宋初百年文学复兴的历程》，中华书局 2009 年 5 月版。

张祎：《制诏敕札与北宋的政令颁行》，北京大学历史学系 2009 年中国古代史博士论文，导师邓小南。

张义生：《宋初三先生研究》，山东人民出版社 2012 年 12 月版。

赵冬梅：《文武之间：北宋武选官研究》，北京大学出版社 2010 年 3 月版。

赵永春：《辽人自称"北朝"考》，载《史学集刊》2008 年 5 期。

赵雨乐：《唐宋变革期之军政制度——官僚机构与等级》，文史哲出版社 1994 年 4 月版。

赵园：《明清之际士大夫研究》，北京大学出版社 1999 年 1 月版。

郑学檬：《中国古代经济重心南移和唐宋江南经济研究》，岳麓书社 2003 年 10 月版。

郑志强：《范仲淹和宋仁宗政治关系新论》，载《社会科学研究》2010 年第 6 期。

周宝珠：《后乐斋集》，河北大学出版社 2012 年 12 月版。

周剑之：《"以天下为己任"诗风之开启——北宋景祐三年朋党事件中的诗歌写作及其诗歌史意义》，载《广西社会科学》，2010 年第 11 期。

周良霄、顾菊英：《元史》，上海人民出版社 2003 年 4 月版。

周淑萍：《宋代孟子升格运动与宋代儒学转型》，载《史学月刊》2007 年 08 期。

周伟洲：《唐代党项》，广西师范大学出版社 2006 年 6 月版。

周扬波：《宋代士绅结社研究》，中华书局 2008 年 9 月版。

朱刚：《唐宋"古文运动"与士大夫文学》，复旦大学出版社 2013 年 3 月版。

朱刚：《唐宋四大家的道论与文学》，东方出版社 1997 年 10 月版。

朱瑞熙：《范仲淹"庆历新政"行废考实》，载《学术月刊》1990 年 02 期

朱瑞熙：《新兴的官僚地主阶级的首次改革尝试——北宋庆历新政》，载《浙江学刊》2014 年 01 期。

朱瑞熙：《中国政治制度通史（宋）》，人民出版社 1996 年版。

朱瑞熙、程郁：《宋史研究》、福建人民出版社 2006 年 1 月版。

朱维铮：《帝制中国初期的儒术（三）》，载 2014 年 11 月 2 日《东方早报》。

朱维铮：《帝制中国初期的儒术（一）》，载 2014 年 10 月 19 日《东方早报》。

朱维铮编：《周予同经学史论著选集 4（增订版）》，上海人民出版社 1996 年 7 月版。

诸葛忆兵：《范仲淹研究》，中国人民大学出版社 2010 年 10 月版；

［日］竺沙雅章：《宋朝的太祖和太宗——变革时期的帝王》，方建新译，浙江大学出版社 2006 年 12 月版。

祝尚书：《北宋古文运动发展史》，北京大学出版社 2012 年 2 月版。

邹逸麟：《北宋黄河东北流之争与朋党政治》，载张其凡、李裕民主编《徐规教授九十华诞纪念论文集》，浙江大学出版社 2009 年 4 月版。

# 后记

《文景之治》于2013年初秋交稿后,一旦再看两眼,我就觉得那像一堆可怕的呓语,以致我后来再也没敢从头把它通览一遍,出版前唯一的一次校对也只是一目十行地草草翻过,敷衍了事。这样做似乎对自己和读者都不太负责任,实际上那本书里除了存在市面许多通俗书都存在的用语不够严谨、出言太过浮躁的毛病,确实还有几处显而易见的疏漏。但由于某种力不从心的无奈感常常涌上,所以当时的我总能轻易为自己的懒惰和笨拙找到借口。这本通俗故事书后来更名《当道家统治中国:道家思想的政治实践与汉帝国的迅速崛起》,由读客图书出品,全书的选题策划、书名及文案设计和产品营销全是读客的团队经办的,我几乎完全尊重了他们的各种提议,这不仅因为我一向认为在出版和市场营销上他们比我更专业,更是由于我心里一直愧疚自己那本粗糙的通俗书恐怕配不上他们的期待和用心。

那本仓促成书的作品是我的遗憾,我过去对它缺少足够的正视,一开始只是写着玩,后来为了出版又迎合大众口味调整了许多内容,我实在看不起当时轻薄的自己,看不起那本书。但我的精力又是多么的有限,想重头来过是完全不能的。我一向少有什么功利的想法,但让我轻易放弃难得的机会更是不易,我自认是个凡人,不过也清楚人贵有自知之明。

　　过了一年多，我又要出新书了。这本书大体完成于2014年9月之前，原名《"救斯文之薄"：北宋庆历年间的新政、党议和新儒学运动》，显而易见，这个过于书生气的名字不够讨市场的巧，于是，在出版方的建议下，书名最终改为《忧乐为天下：范仲淹与庆历新政》。尽管从一开始这本书就没有被定为彻底的通俗著作，整个写作过程也不似上一本那般散漫随意，但不得不讲，我还是顺从了多数读者希望能听故事的愿望，我更不好意思给出版社的朋友增加负担。于是乎，这本书便有点显得不伦不类，正文行文看起来并不呆板，特别是叙事部分，而一些严肃的内容都从简写在了注释中。我的一个编辑朋友看过稿子后就跟我打趣说，这书至多算作"轻学术"著作——也就是说，其实还是不能算作完全的学术书——这也大抵是符合我的写作预期的，这本书里依旧有许多常识性的、故事性的叙述，在许多大的问题上仍囿于旧说，有新意处大多只是在一些小问题上，且在书中零星散落，更加不够凸显。我最怕的结果是，专业读者嫌我学术新意不够，普通读者又觉得我的书不好读，两头不讨好，会让我极度惭愧。

　　写作这本书的过程是"兵荒马乱"、压力重重的。除却我的身体健康总是出状况外，学识上的捉襟见肘更常常令我尴尬。我向来自知学识尚浅，每当书中涉及皇权、士权、宋代贫弱状况等争论较多的大议题时，我都感觉说出来的话难免要么草率，要么无甚新意。而且我在整理关于本书的资料时也意识到前人对于范仲淹、庆历新政、宋代士大夫政治、新儒学运动的研究其实已经成果繁多且相当卓著了，这一时期思想史、文学史、政治史间的关联互动也被不少人注意到。这无疑会带给了我一种失落感。

　　我在写作本书时尝试用到了大历史的视野，不局限于庆历新政，而是关注了在救弊革新的时代"风"势下，政治领域、文学领域、思想领域各自的反应与相互的关联，对革新思想的形成与发展以及北宋的积弊都做了回溯，同时也斗胆对近世儒家士大夫清流的命运稍稍做了试探。

在写作中我比较注重的是展现历史发展的过程。有时能看到，一些学者讲制度变革时光讲新政的出台，仿佛要给人一种制度变革不存在渐进过程和前期酝酿的印象，同时他们似也不太重视此类历史行为的实际效果及其对社会思潮的影响。从我的主观意愿上讲，我是想尽量规避这种做法的。

在我不得不交稿的时候，自己心里其实很清楚这本书有很多有待打磨甚至该推翻重写的地方，而且我自己在写作中也有一些感悟和反思。比如我常想自己在谈论士大夫自觉意识时是不是存在解释过度或者带入了解释者自我人格的现象，是不是潜意识里用先验的解释框架套在了历史本身之上。我会怀疑以个别士人精神自觉来论述整个士大夫群体是不是合适，担心自己想要超越那种从二元党争的角度来解释北宋士人政治的思维是不是演变成了一种过度的解释焦虑，以致不自觉地强词夺理。

在本书的个别地方，我可能没大没小地讲了几句妄语，我自己也经常在网上会关注到一些与历史学有关的讨论，但在更多时候，我还是觉得，大多数人关于史学方法和范式的讨论不过是一种对自己观点的自圆其说、自我辩护，有时看到同一个学者一会儿说史学研究缺少思想与关怀，一会儿又批评意识先行、以论带史，我就会想，学问到底还只是个人的事，自己有着大概的方向和感觉就好，过度关注甚至参与进某些无聊的讨论是没有意义的，更何况我并没有一副可以整日和人激辩的好身体，性情上也素来不喜欢争执太多。学问无绝对客观的尺度，我愿常以"踏踏实实做自己的事就好"自勉。

附录中的《关系、范式、历史想象——对历史研究的若干随想》一文记述了我最近读书时的一些感想，其中一些想法或许还颇有些后现代主义的色彩，表达了我对作为史学方法的"范式"、"大判断"等的怀疑。但大体而言，这篇文章因为较少引入史学理论方面的内容，而纯粹是从我浅薄的阅读经验发出，因而，文章在表述和内容上还稍显杂乱，不够完善。《晚唐至宋初社会历史大背景与庆历新政》一文，鉴于出版方认为其有碍书稿之可读性，我和编辑删减了许多文献引文和注释。

自打我从学之日起，有许多与我相知相伴的朋友和师长，没有他们的勉励和帮助，就没有我如今取得的这点微不足道的成绩。特别是在本书的写作中，有许多师友给予我莫大的鼓励和支持——

86岁高龄的李范文先生作为西夏学界的泰斗，应允为本书题签。"救斯文之薄"、"宁鸣而死，不默而生"二语皆出自范仲淹的作品，其实也合乎李老师平日坚忍、嫉恶的性格。李老师是我自接触到西夏学起便仰慕的学术大家，他坚定的学术信念、刻苦的学术精神是我永远要学习的。李老师曾与我、王荣飞在陕师大启夏苑有"启夏三结义"，他对后学的热心关照令我感激万分。感谢李老师的鼓励和帮助，愿先生能一直身体健康。

宋史大家李裕民先生能为拙著作序，令我既欣喜又惭愧，第一次见先生时，他在我买的《宋史考论》上题写了"考据是治学的基本功"一语，考据看似基础，其实最见学人功夫。我以为，一方面，考据可显出学人的文献积累；另一方面，考据并非纯粹客观、孤立的，而是与议论相结合的，最显学人的见识。我自己是初学、小辈，考据功夫还差得远，愿以先生寄语为座右铭，以期在日后的求学中能有所进步。

四川大学的刘复生老师曾在百忙中阅读了拙著的初稿，给予很大的鼓励。北京师范大学的罗炳良老师曾被我冒昧地请求审阅拙稿，罗老师当时尚在病中且正接受治疗，仍回信向我解释他暂时不能从事学术活动，指点我赶紧把稿子发给别的老师审阅。中央民族大学的彭勇老师曾在浏览过本书初稿的部分章节后给予我勉励，彭老师常常教学生要踏实、勤奋，这一点我牢记在心。2015年暑期在京期间，我拜访了北京大学的邓小南老师和北京师范大学的游彪老师，邓老师温婉可亲，向我传授了治学中如何处理好理论建构和文献实证的关系；游老师讲起学问来口若悬河、纵论古今，一提到我的选题便首先谈到要具体分析士大夫在政治活动中的关系，与我一拍即合。山东大学的范学辉老师与我素未谋面，我却在网上常得范老师指点和谬赞，范老师还曾签名赠我他的《宋代三衙管军制度研究》，关照之情，我感激不尽；陕西师范大学的张艳云老师在《中学历史教学参考》上发表我拙陋的小随笔，令我惭愧。但愿我能在日后的努力中能渐渐地配得上师长们的期待和勉励吧。

中山大学的曹家齐老师不仅对我有所鼓励，更指出了本书的不足，他希望我能再多积累，日后再脱颖之异。这恰是我在写作本书前后内心所惶惶不安的地方，我本无急功近利之心，写书出版的过程，可谓是在懵懵犹豫中最后木已成舟。我心中很是接受曹老师的建议，曹老师把话说得很是赤诚，也令我感触良多。我曾自谓有"三多三少"之座右铭——"多看、多写、多想，少空论、少争辩、少发表"，其实也就是多去踏实地积累、自我感悟、少轻薄地谈论的意思。在我这个年纪出书，其实是违背了这样的原则的，或许终还是在机会面前有小小的自私在作祟吧，不过，其实到本书完稿之后，我已大抵看开这些事。我一向很少，也很不愿意参加各种比赛、征文等出镜、露脸的活动，在我的同学中，不乏在媒体上出足了风头者，我诚心祝贺他们，但一向自觉这种事不适合我，以致有时会拒绝学校让我参加的活动，还被老师戏称作"不爱校"。我何尝不知道早出书将会带来种种纷扰，甚至在某种程度上成为我的"黑材料"，但周围的人和现实中的一些压力影响我太多，使我忍着写作时的惶惶不安，把压力转化成尽力把书写好的动力，尽管我清楚我是写不出自己心中满意的水准的。

市场化是图书出版无可厚非的大势，在没有出版基金支持的情况下，《"救斯文之薄"：北宋庆历年间的新政、党议和新儒学运动》经更名和删改后能以大致的原貌出版，这实在有赖于山西人民出版社和崔人杰编辑的包容。

湖州师范学院的周扬波教授和四川大学的李勇先教授慨然授权我使用他们提供的照片作为本书的插图，在此特别感谢。

复旦大学胡耀飞博士为我引荐出版方；陕师大出版社的姚蓓蕾编辑与我相识近三年，平日对我写作、出版多有建议；《文景之治》的编辑王菁菁曾热心地为本书的写作出版予以鼓励和指点，我对她其实有些愧意；北大社麦田书坊的冯俊文、广西师大社理想国的马希哲、岳麓书社的胡宝亮、北师大出版社的谭徐锋、三联书店的曾诚、中华书局上海出版公司的贾雪飞曾给予本书的出版以关心和襄助。感谢他们。

北方民族大学西夏研究所的王荣飞不仅在治学上对我有所助益，平日里也对我关照甚多，他经常鼓励我、关心我、帮助我，也常常提醒我、鞭策我、为我着想，我实在太感谢能够结识如此热心的他。王荣飞治学勤奋、见识好、气度好，我只觉得以后该向他学习，也真心祝愿他在西夏语言文字和文献的研究上不断取得骄人的成绩。

刘雅雯为本书注释的查核做出了巨大的贡献，感谢她的付出以及相识以来对我的照顾。等到这本书出版面市，我们就相识两年了，两年来她让我有了不少新的经历和见识，我有时候自觉好像很明白她，有时候又费解于她的个别固执和单纯。刘雅雯是个理想主义者，我想，我现在这样说她，应该是在赞美，还记得我们认识后不久她说过的话——"理想主义是对一个人最好的赞美"。我不知道如今的她算不算是更成熟了，一年多来她也经历了不少，教书是令她最开心的事，当然，仅就我所知道的，她也受了不少委屈。尽管我过去常调侃她，有时候还站在很现实主义的立场上给她泼冷水，但我希望，不论日后她过起了怎样的生活，她总能多保留一些原来的单纯和理想，但也别耽于太庸凡的生活。这种祈愿或许带着点小小的私心，毕竟她曾给我留下太多难以磨灭的印象，那些印象都是很美的，而且我觉得刘雅雯也是对我挺重要的人之一，我发自内心的感谢并祝福她。

特别要被感谢的是一群特殊的老师，正所谓"独学而无友，则孤陋而寡闻"，我其实常常苦于没有做学问的好氛围，好在几年来我在微博上的所见所闻真真切切地丰富了我，正是有了在微博上和许多师友的学习、交流，我才能从对学术的一无所知到今天的懵懵懂懂。他们中有高校里的老师，有科研机构的研究人员，有在读的硕士、博士生，还有几位编辑、自由撰稿人。我虽然未在此一一具名——我自认自己的成绩还不足以回报他们在有意、无意间对我的指点和启发，且我实在不愿俗气地向他人摆出一副我认识谁谁谁的世故模样——但在我心里，微博上的每位老师都是我心中极其感激和钦佩的师长，我的成长和学习始终没离开他们有意、无意的教导与帮助。

几年来，我读书、写作的时间都是在上学之余分秒必争地挤出来的，其间还承受了不少心理和身体状况的压力，个中辛苦，积郁到让人欲语无言。当初写这本书，其实是有点意气用事的，望着这部书稿，想到许多师友的鼓励，我其实感到很惭愧。未来的日子，希望自己能沉稳下去，多读书，也希望自己能有更好的生活氛围，能走出现在较为沉郁、封闭的生活。尽管我清楚，不论如何用外界的现象障碍自己的认知，人们都总要面对自己内心孤独的感受。

是为后记。

林嘉文　2014 年 7 月 23 日　初稿　于北师大图书馆
　　　　　2015 年 10 月 17 日　定稿　于西安